ATELIER **ROBERT CAPA**

37, RUE FROIDEVAUX - PARIS (XIVe)

TÉL. : DANTON 75-21

PARIS LE 193

Robert Capa

ROBERT

BERNARD LEBRUN ★ MICHEL LEFEBVRE
en collaboration avec Bernard Matussière

CAPA

L'INVENTION D'UN PHOTOGRAPHE

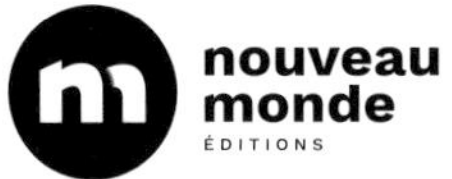

« À travers ce que la France a fait de moi
inlassablement toute ma vie j'ai essayé
de rejoindre ce que l'Espagne avait laissé
dans mon sang et qui selon moi était la vérité. »

ALBERT CAMUS (in *Carnets III*, Paris, Gallimard)

« Immobile derrière mon tank, je répétais
une petite phrase qui me revenait de la guerre d'Espagne,
"Es una cosa muy seria. Es une cosa muy seria" :
La situation est grave. La situation est grave. »

ROBERT CAPA,
le 6 juin 1944 sur la plage d'Omaha Beach. (in *Slightly out of Focus*, p. 167)

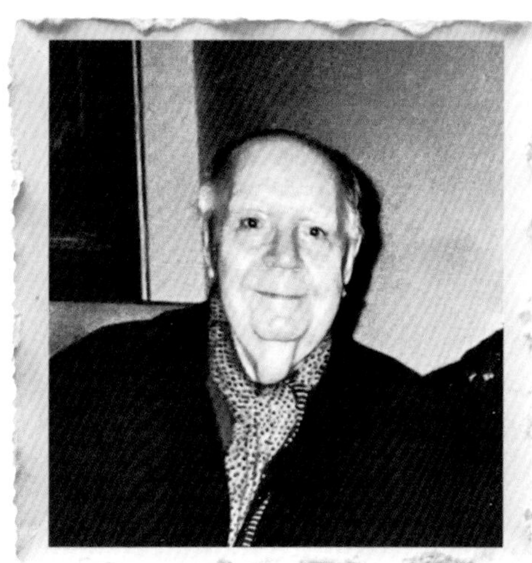

Jimmy Fox, longtemps rédacteur en chef de Magnum Paris et ami de Cornell Capa et de Richard Whelan, a été un témoin privilégié des découvertes autour de Capa.

Quarante ans de découvertes

C'est à New York, en mai 1966, que j'ai rencontré pour la première fois Cornell Capa. C'était dans le bureau de l'agence Magnum, alors située sur la 45e Rue. Il m'a embauché comme archiviste pour dresser l'inventaire et créer le fichier des archives de l'agence. Cornell et Edie Capa, son épouse, sont devenus des amis très proches. Je travaillais beaucoup avec Edie, qui avait un système bien à elle pour se retrouver dans le classement des archives de Robert Capa qu'elle conservait dans leur appartement de la 5e Avenue. En 1976, je devins rédacteur en chef de Magnum Paris où je demeurai jusqu'à mon départ à la retraite, en 2000.

Un jour de septembre 1986 – l'agence était alors passage Piver – je reçus la visite d'un professeur de la Sorbonne du nom de Carlos Serrano. Il voulait voir des photographies de la guerre d'Espagne ainsi que le livre *Death in the Making*, que Robert Capa avait édité en 1938 à New York en hommage à Gerda Taro. Le professeur Serrano m'avait été recommandé par Michel Quétin, conservateur aux Archives nationales de Paris, un passionné de photographie qui fréquentait les expositions de l'agence Magnum.
C'est lors d'une de ces expositions qu'il m'informa que le professeur Serrano avait découvert, dans une série des Archives nationales, huit cahiers d'écolier remplis de planches-contacts découpées : des photographies prises en Espagne par Robert Capa, et on sait aujourd'hui grâce à la « valise mexicaine » et à ses négatifs qu'il y en avait aussi de Gerda Taro et de David Seymour, dit Chim. Une découverte majeure.

Évidemment, je me rendis au plus vite aux Archives pour examiner ces carnets. Pendant trois heures, je notai le plus de détails possible. J'envoyai ensuite un télex à Cornell – alors à New York – pour lui rapporter ce que j'avais vu. Je suis retourné aux Archives pour lui fournir plus de précisions sur chacune des pages. Par exemple, dans le carnet n° 5 : « 9 novembre 1938, 4e reportage : 30 images dont 6 d'Ernest Hemingway ». Ma mission suivante – à la demande de Cornell et avec l'accord de monsieur Quétin – fut de faire photographier l'ensemble des carnets, couvertures comprises. J'envoyai, *via* Magnum, le paquet de clichés à Cornell.

Des années plus tard, en 2002, je reçus de Richard Whelan le message suivant : « Cher Jimmy. À la fin de 1938, Cornell se disposait à quitter Paris pour New York, alors que Robert était en reportage en Chine. Cornell était alors laborantin pour l'agence Pix à New York. Avant de quitter Paris, il fabriqua lui-même le carnet des reportages en Chine de son frère, tout comme il participa à la réalisation des carnets espagnols. » En mai 2009, alors que le carnet chinois de Robert Capa, retrouvé en 1983 rue Froidevaux par Bernard Matussière, est récupéré par les archives de l'International Center of Photography à New York, Cynthia Young, conservatrice de l'ICP, m'écrivit : « J'ai trouvé étonnant ce que disait Richard Whelan à propos des "Carnets Capa" qui auraient été tous fabriqués par Cornell. Ce n'est pas possible, car nombre de photos qu'ils contiennent ont été réalisées après son départ pour New York. Cornell y a sans doute contribué lorsqu'il était présent, mais c'est l'équipe du studio de Capa qui a poursuivi ce travail après son départ. »

La dernière tâche que j'entrepris avec Edie et Cornell, dans leur appartement de la 5e Avenue, fut une recherche pour un livre qu'édita Magnum à l'occasion du 50e anniversaire de la création de l'État d'Israël. Entassées dans un petit placard inoubliable, il y avait un grand tas de boîtes de photos de Robert Capa, pleines de tirages vintage et de négatifs. C'est ici qu'étaient en partie conservées ses archives. Edie était la gardienne de ces trésors. Une seule personne du bureau de Magnum New York avait le droit de transporter des éléments de ces archives privées : Allan Brown, véritable mémoire vivante de l'agence. Il avait connu Robert Capa pendant la Seconde Guerre mondiale. Il contribua beaucoup à rassembler son œuvre et resta très dévoué à la famille.

Vivant désormais de l'autre côté de l'Atlantique, je me souviens très bien que dans les années 1980, Cornell et Richard Whelan furent absolument enchantés d'avoir enfin localisé la « valise mexicaine » (que l'on appelait alors la « valise espagnole »). Le fait qu'elle réunisse, par-delà leur mort, les négatifs de Gerda Taro, David Seymour et Robert Capa prouvait assurément le lien infini et la détermination qui liait cette équipe d'amis, dans leur volonté de montrer les combats pour la liberté.

James A. Fox, mars 2011

Robert Capa photographié avec sa caméra Eyemo au poing par Gerda Taro pendant la guerre d'Espagne.

Capa studies

Depuis la première publication de ce livre en 2011, la connaissance autour du travail de Robert Capa a progressé. Après sa mort en 1954 en Indochine où il a sauté sur une mine alors qu'il accompagnait l'armée française, son travail et sa vie ont fait l'objet de multiples recherches, découvertes, polémiques. Mieux encore, son œuvre comme son personnage, à l'égal de ceux de son amie Gerda Taro, disparue en juillet 1937 sur le champ de bataille à Brunete, sont devenus une matière littéraire servant de base à de nombreux essais et romans.

Robert Capa s'est inventé lui-même. D'abord son nom à consonance américaine, qu'il a choisi, tout comme Gerda Taro a imaginé le sien, pour essayer de percer dans un Paris des années 1930 où les photographes pullulent. Ensuite, sa carrière fulgurante pendant la guerre d'Espagne qui le fait passer en trois ans d'immigré hongrois sans le sou à reporter de guerre connu dans le monde entier publiant ses photos jusque dans le *Life* américain. Deuxième étape, sa couverture de la Seconde Guerre mondiale dont il fera certaines des photos les plus célèbres, toujours au premier rang, du débarquement en Afrique du Nord à la chute de Berlin, aux côtés de l'armée américaine. En 1946, l'éternel réfugié devient citoyen américain, il est au sommet de sa gloire.

Au-delà des photos, c'est bien la profession de photojournaliste dont il a posé les bases avec ses amis David Seymour-Chim et Henri Cartier-Bresson. Dès 1937, il réfléchit à une agence de photographes qui commercialiseraient leurs photos, conserveraient leurs négatifs et écriraient les légendes qui les accompagnent. Il concrétisera cette idée dix ans plus tard avec ses amis en fondant l'agence Magnum à New York. Toujours en 1937, il parcourt l'Espagne en guerre caméra au poing pour les actualités américaines, diffusées dans des cinémas. Il est fasciné par l'image animée : Gerda Taro l'immortalise avec son Eyemo en mains. Capa construit lui-même sa légende, dont la bible est son étonnante biographie parue en 1947, *Slightly out of Focus* (Juste un peu flou). Un véritable scénario de cinéma, qui enjolive un peu la réalité. Il a aussi, bien malgré lui, dispersé son travail en fuyant la France en 1939 devant la menace d'une invasion nazie. Retrouver ses négatifs et ses tirages est la mission que

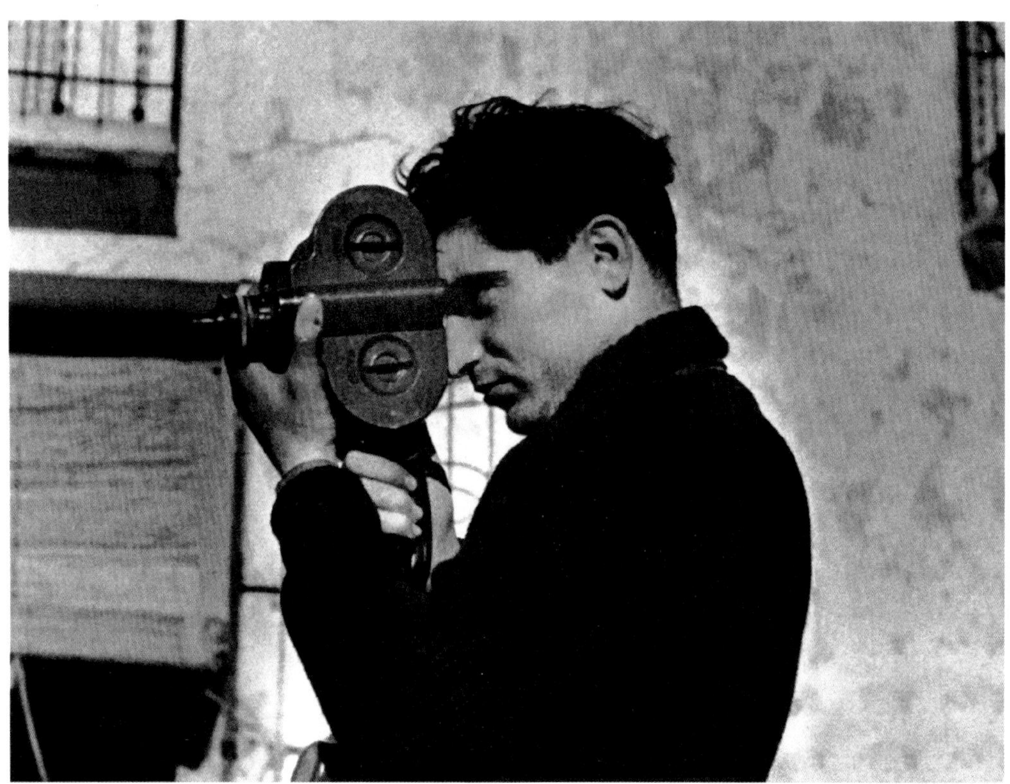

s'était donnée son frère Cornell pour les rassembler à l'International Center of Photography (ICP) de New York qu'il a créé. Cela lui a pris des décennies d'efforts, et ce travail n'est pas terminé.

Notre idée à Bernard Lebrun, Bernard Matussière et moi, en 2011, était de rassembler toutes les informations que nous pourrions trouver pour brosser un portrait de Robert Capa « non officiel », non pas contre l'histoire officielle, mais à côté. Sans minorer le travail fait par Cornell Capa pour reconstituer l'œuvre de son frère, ni celui de son biographe Richard Whelan et de Cynthia Young dont les recherches ont permis de grandes avancées. Il s'agissait de rectifier certaines imprécisions, d'éclaircir plusieurs énigmes, à partir de documents retrouvés ici et là, des tirages rares, des films oubliés, des objets égarés, des traces, d'où le titre que nous avions imaginé en 2011 : « Traces d'une légende ».

Le point de départ de nos recherches a été le 37, rue Froidevaux, l'immeuble où Robert Capa avait son studio à partir de mars 1937. Ce Parisien d'adoption habite depuis son arrivée à Paris en 1933 chez des amis ou dans

ATELIER R. CAPA
37, Rue Froidevaux, 37
PARIS

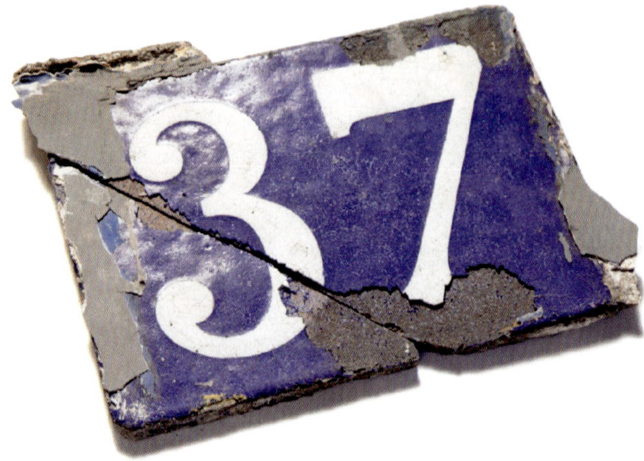

des hôtels autour de Montparnasse, quand il réussit, avec Gerda Taro, à se payer une chambre. C'est la dèche. Il fréquente le Dôme, à la terrasse duquel leur ami Fred Stein les immortalisera. Ces réfugiés se nourrissent de cafés au lait et font la chasse aux petits boulots. La guerre d'Espagne permet à Capa et Taro (qui photographie aussi mais tardera à signer de son nom ses photos) de gagner enfin de l'argent en couvrant le conflit pour le magazine *Regards* et d'autres en Europe. Le studio est à Montparnasse, de l'autre côté du cimetière. Un atelier d'artiste dont nous racontons longuement l'histoire en introduction. Un lieu où Capa a créé sa légende et où il a laissé beaucoup de choses en partant précipitamment fin 1939 aux Amériques. Dont la fameuse « valise mexicaine » que l'ICP récupérera après des années d'errance début 2008. Mais aussi des tirages, des négatifs, des objets confiés à son voisin, un autre photographe, Emile Muller. Après la guerre et la mort de Capa, son frère Cornell récupère auprès de Muller une partie du matériel. Mais il en reste que Bernard Matussière, qui a succédé à Muller, va rétrocéder à l'ICP en gardant quelques objets. À la fin des années 1980, Taci Czigany, l'ami de Capa qui occupe son studio, meurt, il n'a pas de descendant, la mairie débarrasse l'appartement, des centaines de boîtes de tirages sont jetées à la poubelle. Par miracle, un brocanteur qui passait par là sauve quelques tirages et papiers. En 2018, la mairie de Paris a fait apposer une plaque 37, rue Froidevaux rendant hommage aux trois photographes, Capa, Taro et Chim, « pionniers du reportage de guerre ».

Cette édition refondue et actualisée fait le point sur deux des photos les plus célèbres du photographe. En novembre 2019, un tirage extraordinaire du *Falling Soldier* (« Le milicien qui tombe ») passe en vente chez Sotheby's à Paris. La plus célèbre photo de Capa est vendue 75 000 euros au marteau.

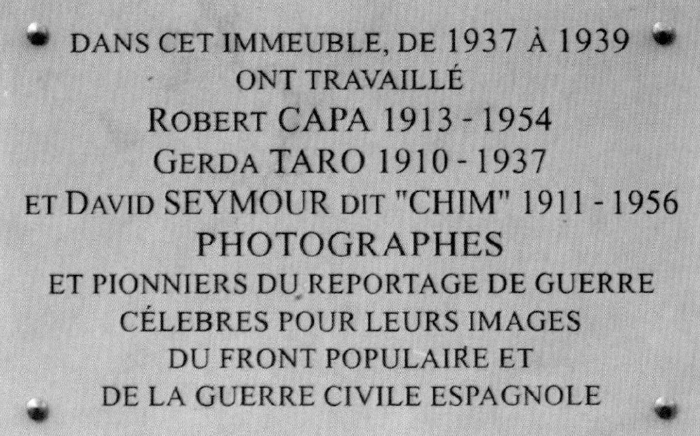

DANS CET IMMEUBLE, DE 1937 À 1939
ONT TRAVAILLÉ
ROBERT CAPA 1913 - 1954
GERDA TARO 1910 - 1937
ET DAVID SEYMOUR DIT "CHIM" 1911 - 1956
PHOTOGRAPHES
ET PIONNIERS DU REPORTAGE DE GUERRE
CÉLEBRES POUR LEURS IMAGES
DU FRONT POPULAIRE ET
DE LA GUERRE CIVILE ESPAGNOLE

En novembre 2018, une plaque est apposée sur l'immeuble du 37, rue Froidevaux, à Paris, où Capa louait le studio où il travaillait avec ses amis Gerda Taro et David Seymour-Chim.

L'acheteur, François Pinault, est un des plus grands collectionneurs du monde, il estime qu'elle est « l'une des icônes du xxe siècle ». Cette nouvelle version de la photographie mystérieuse apporte-t-elle des éclaircissements sur quand, où et comment elle a été prise ? Ce sont des questions auxquelles nous répondons dans ce livre. La connaissance a progressé aussi autour des photos du débarquement du 6 juin 1944. Contrairement à la légende des pellicules brûlées dans le séchoir de la chambre noire à Londres, les recherches du journaliste américain A. D. Coleman démontrent qu'il n'y a eu qu'une pellicule et onze photos prises par Capa lors du débarquement, ce qui est déjà bien.

Les recherches autour de Capa ont longtemps été l'apanage de l'ICP où les « capaïstes » se rendaient en espérant trouver des réponses et des autorisations pour réaliser livres ou documentaires. Elles se sont aujourd'hui mondialisées et sont le fait de chercheurs indépendants. En novembre 2024, une rencontre internationale s'est tenue à Madrid rassemblant une vingtaine de spécialistes venus d'Allemagne, d'Italie, des États-Unis, de Hongrie, ou d'Espagne. À Madrid, la photo de trois enfants devant une maison bombardée est à l'origine d'un projet de musée Capa mené par les organisateurs de la rencontre. À Leipzig, le musée existe déjà. Là encore l'idée part d'une photo prise en avril 1945 d'un soldat américain foudroyé par une balle lors de la libération de la ville. Il existe des initiatives similaires à Troina en Sicile ou à Aitona avec un parcours sur les lieux de la bataille du Sègre. Aucun autre photographe ne fait l'objet d'études aussi poussées et ne suscite autant d'intérêt. Ce que j'appelle les Capa studies est appelé à un bel avenir.

Michel Lefebvre, journaliste et collectionneur de photos.

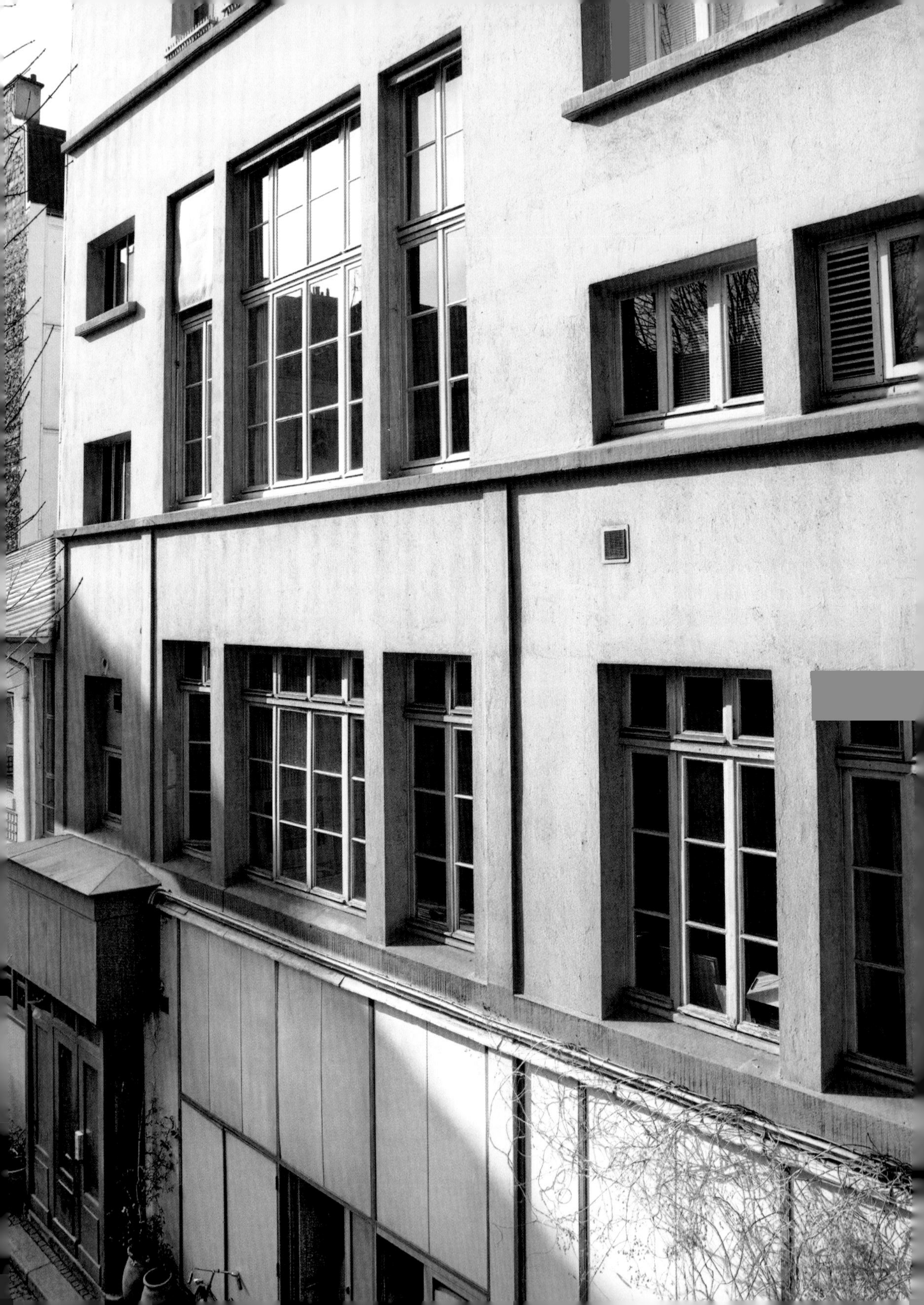

L'immeuble du 37, rue Froidevaux, dans le XIVe arrondissement de Paris, photographié en 2011. Le studio occupé par Robert Capa de 1937 à 1939 est au deuxième étage.

ANDRÉ, ROBERT, BOB ET LES AUTRES

37, rue Froidevaux, dans le XIVe arrondissement de Paris. C'est ici que va naître la légende de Robert Capa. Nous avons choisi pour raconter sa vie et son travail de nous fixer sur ce lieu, Paris, et singulièrement son studio de Montparnasse, l'unique appartement – un atelier d'artiste – qu'il ait jamais loué de sa vie. Là, en moins de trois ans, il va devenir Capa « le-plus-grand-photographe-de-guerre-du-monde ». Ce livre ne va pas raconter pour la énième fois toute la vie du photographe hongrois né Endre Ernö Friedmann le 22 octobre 1913 à Budapest et décédé, en pleine gloire, le 25 mai 1954 en Indochine. Il va s'attarder sur le « Capa français » quelque peu oublié, presque effacé par sa légende américaine. De 1933 à 1954, Robert Capa utilisa Paris pour plateforme planétaire à son œuvre photographique, et c'est là qu'il est né littéralement en choisissant avec Gerda Taro ce nom, *Capa*, et ce prénom, *Robert*, synonymes aujourd'hui de photojournalisme. Rien que le choix de ces deux pseudonymes, Gerda Taro et Robert Capa, est mystérieux…

Au milieu des années 1930, Paris est la capitale de la photo. Début 1937, Capa, qui vient de se faire connaître pour ses reportages sur la guerre d'Espagne, s'installe dans l'atelier de la rue Froidevaux et l'occupe jusqu'à son départ pour New York à l'automne 1939. Les 4 500 négatifs de la « valise mexicaine » ramenés en 2007 du Mexique, ses huit carnets de contacts conservés aux Archives nationales à Paris, mais aussi des tirages et des objets lui ayant appartenu, aujourd'hui retrouvés, tout provient de cet endroit. L'immeuble existe toujours, il n'a pas changé. Au numéro 37 s'ouvre une impasse fermée par une grille. Il faut longer la façade, passer la loge de la concierge, puis deux autres portes d'entrée pour enfin

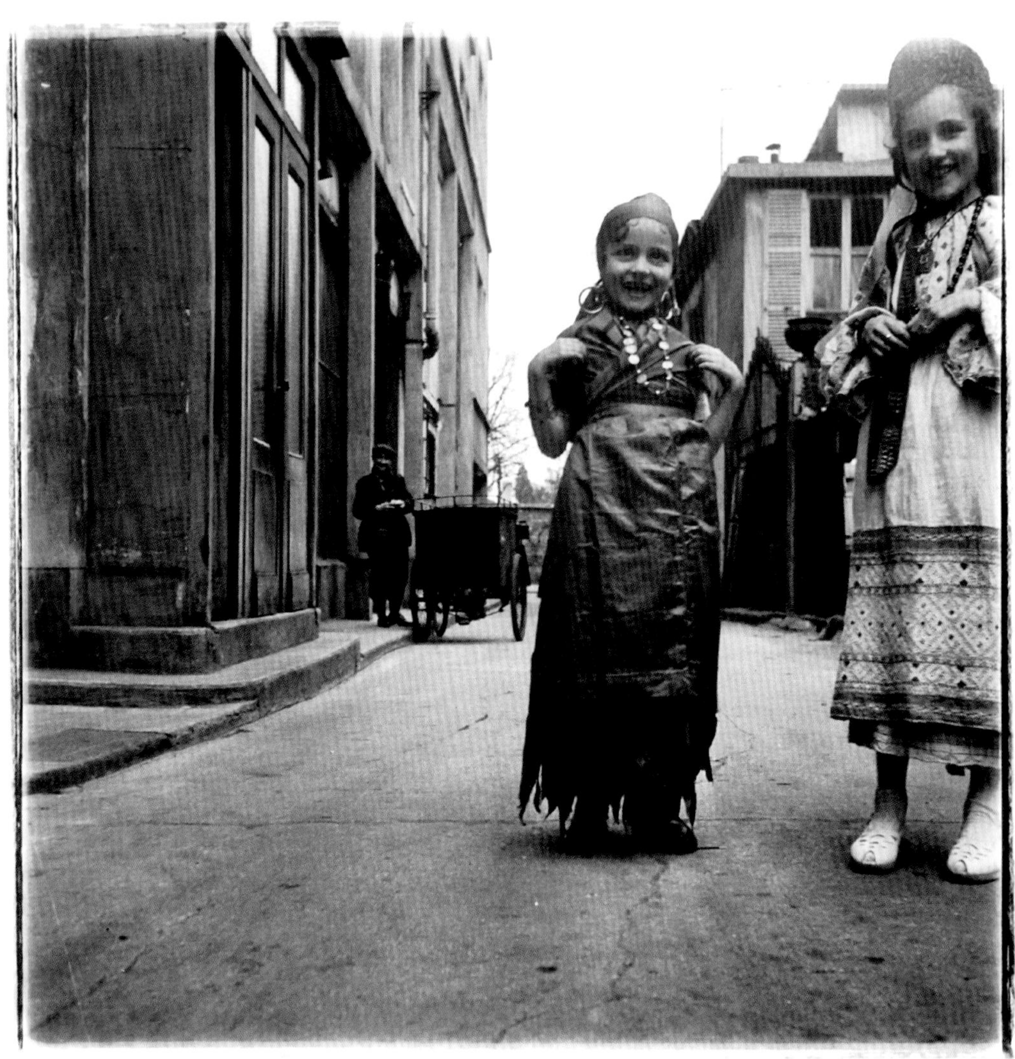

CI-DESSUS : **Deux petites filles déguisées jouent dans l'allée du 37, rue Froidevaux. Cette photo a probablement été prise avant la Seconde Guerre mondiale. Derrière les enfants, le mur du cimetière de Montparnasse.**

À DROITE : **Photo prise par Csiki Weisz dans les années 1930 à Paris. Il vit et travaille dans l'atelier de la rue Froidevaux où il tire les photos. Au verso du cliché, le tampon présente une francisation de son nom : « Tchiki ».**

arriver à celle qui mène à l'appartement. La porte à double battant donne accès à un escalier en bois très raide. Après un premier palier, encore une volée de marches, puis nous tournons à droite dans un couloir sombre. C'est là que se trouvait le studio de Robert Capa. Sur son papier à en-tête : Atelier Robert Capa, 37, rue Froidevaux, Paris (XIVe). Tél. : DAN 75-21. DAN signifie Danton, il correspond aux chiffres 3, 2, 6 sur les anciens cadrans de téléphone. La porte du studio s'ouvre sur un très bel espace, peut-être quarante mètres carrés au sol et plus de cinq mètres de hauteur sous plafond. D'immenses fenêtres laissent pénétrer la lumière. À droite de la porte d'entrée, un escalier en colimaçon mène à une mezzanine qui court sur toute la longueur du local sur deux à trois mètres de large. C'est un atelier d'artiste parisien tout à fait classique avec une petite cuisine au premier niveau et une salle d'eau à l'étage. On ne sait pas où était installé le laboratoire de développement des photos à l'époque. Nous n'avons retrouvé qu'un seul cliché de cet atelier datant d'avant la Seconde Guerre mondiale. Il représente Ruth Cerf, une amie de Gerda Taro et de Robert Capa, assise sur un fauteuil bas, les pieds reposant sur un poêle. En revanche, nous avons plusieurs photos du studio dans les années 1970, il est alors occupé par Taci Czigany, un ami de Capa. L'endroit est très émouvant, très calme. Rien n'a vraiment changé ici. Ah ! si les murs pouvaient parler.

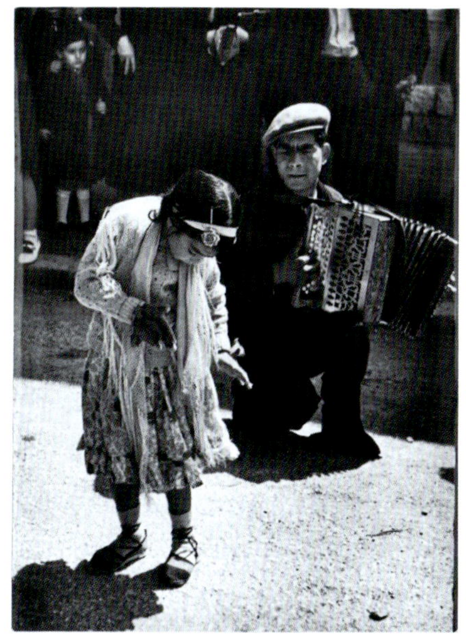

Capa est un formidable sujet d'étude, mais surtout un diable qui sort toujours de la boîte où on l'a enfermé et qui fait des pieds de nez par-delà la mort. C'est « le » reporter-photographe, celui qui a bâti lui-même sa légende. L'inventeur du photojournalisme moderne et le fondateur, avec ses amis, de l'agence Magnum. Le prototype du photographe « engagé » en français, *concerned* en anglais, *comprometido* en espagnol. Celui qui a couvert cinq guerres en inventant tout ou presque : la conception du sujet dès la prise de vue, le regroupement des photographes en coopérative pour commercialiser leurs travaux et conserver leurs négatifs, le contrôle de l'utilisation des images par le journal en fournissant des légendes. Hâbleur et charmeur, courageux et voyou, attachant et agaçant mais surtout tellement brillant. Depuis trente ans, les découvertes sur sa vie et son œuvre se suivent, s'assemblent comme les pièces d'un puzzle et dessinent à chaque fois un personnage de plus en plus complexe.

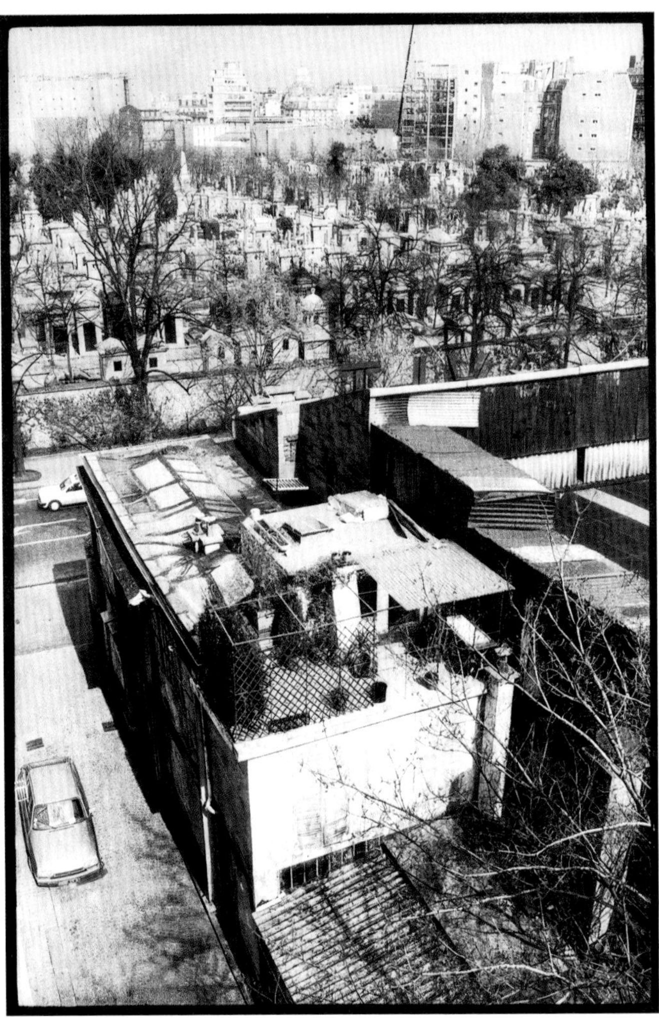

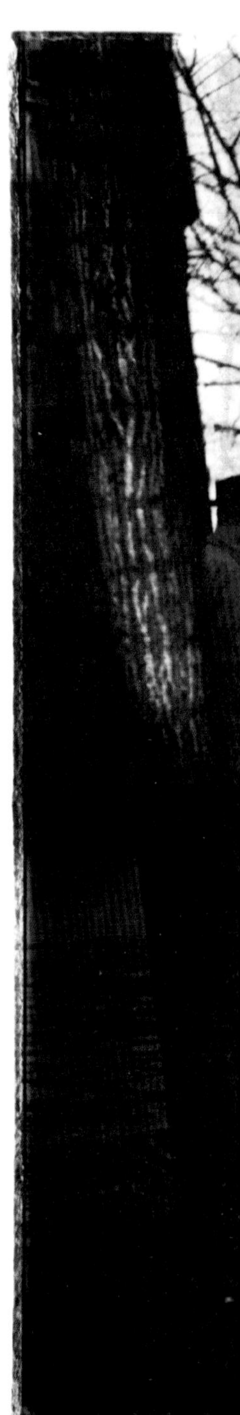

CI-DESSUS : **La maison occupée par Emile Muller avant et après la guerre, photographiée depuis l'immeuble du studio Capa. Le toit permettait d'accéder à une terrasse où se trouvait le grenier dans lequel Bernard Matussière a retrouvé une partie des négatifs et tirages de Capa.**

À DROITE : **Dans les années 1950, la rue Froidevaux, à la hauteur du 37, qui longe le cimetière Montparnasse.**

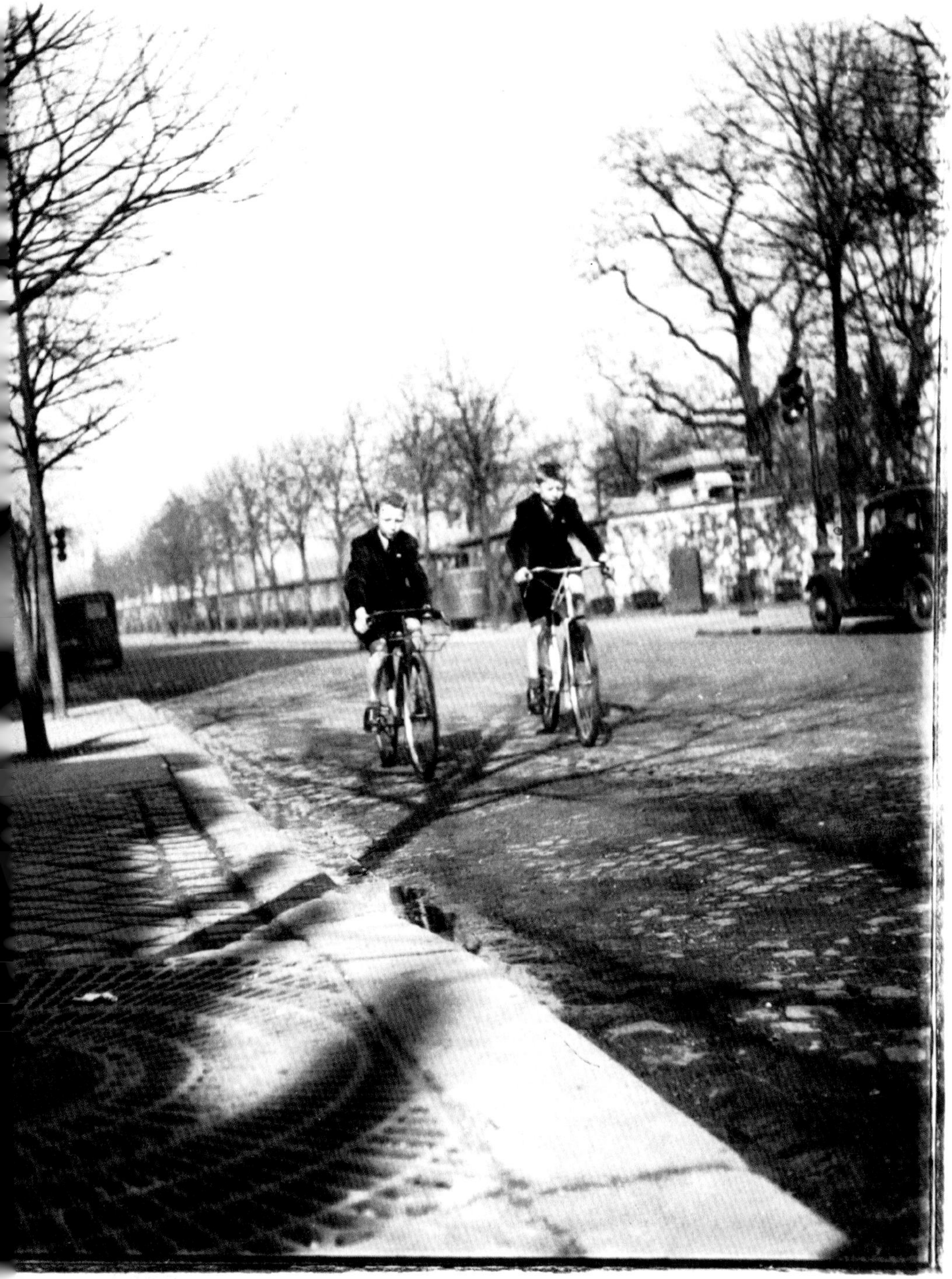

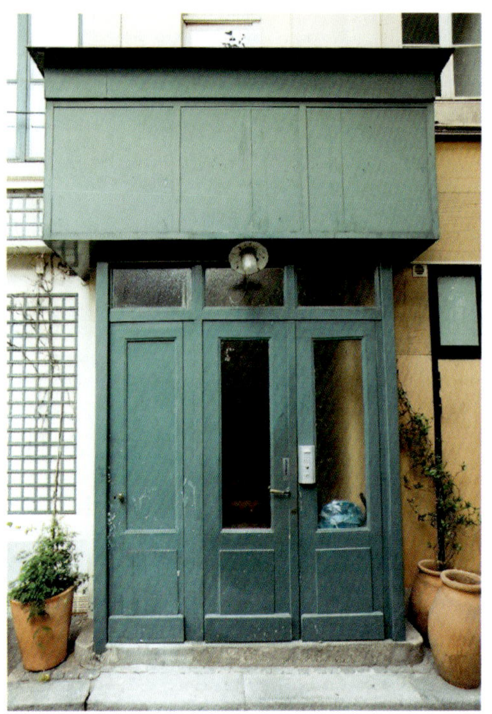

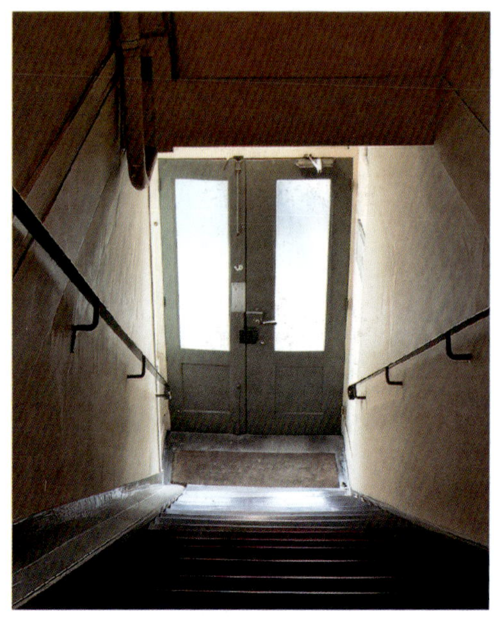

La porte de l'immeuble, l'escalier et le palier du deuxième étage du 37, rue Froidevaux, photographiés en 2011. C'était le chemin à suivre pour arriver au studio Capa.

Ce que l'on croyait établi une fois pour toutes est remis en cause un jour, ce que l'on estimait perdu à jamais réapparaît par hasard un autre. Capa est un sujet de passion qui mobilise chercheurs professionnels, amateurs éclairés et chercheurs d'or. Certains traquent la faute, le faux, le montage, la preuve qu'il était un tricheur. D'autres se complaisent autour de l'amateur de romance, alignant conquêtes féminines, parties de poker, bouteilles de champagne. Les derniers encensent le prince des reporters, n'ayant peur ni de Dieu ni du diable, toujours au bon endroit avec le bon angle. Dans les universités américaines, les domaines de recherche s'appellent *spanish studies* ou *french studies* (études espagnoles ou études françaises), on pourrait presque maintenant parler des *Capa studies*. Elles permettraient de fédérer le travail de ceux qui, à Paris, New York, Mexico, Madrid, Liepzig, Troina, Budapest, Barcelone ou San Sebastián, cherchent à approfondir notre connaissance sur Robert Capa. Car on n'en a pas fini de trouver des choses sur ce diable de Hongrois.

Des années 1980 jusqu'aux années 2000, Robert Capa a été « le » sujet d'étude de Richard Whelan (1946-2007), amoureux de la photographie et de Brooklyn, universitaire américain, historien de la photographie et gardien sourcilleux du temple. Avec ses vestes en tweed et son allure inimitable d'intellectuel new-yorkais, il affectait un abord bourru au service d'une

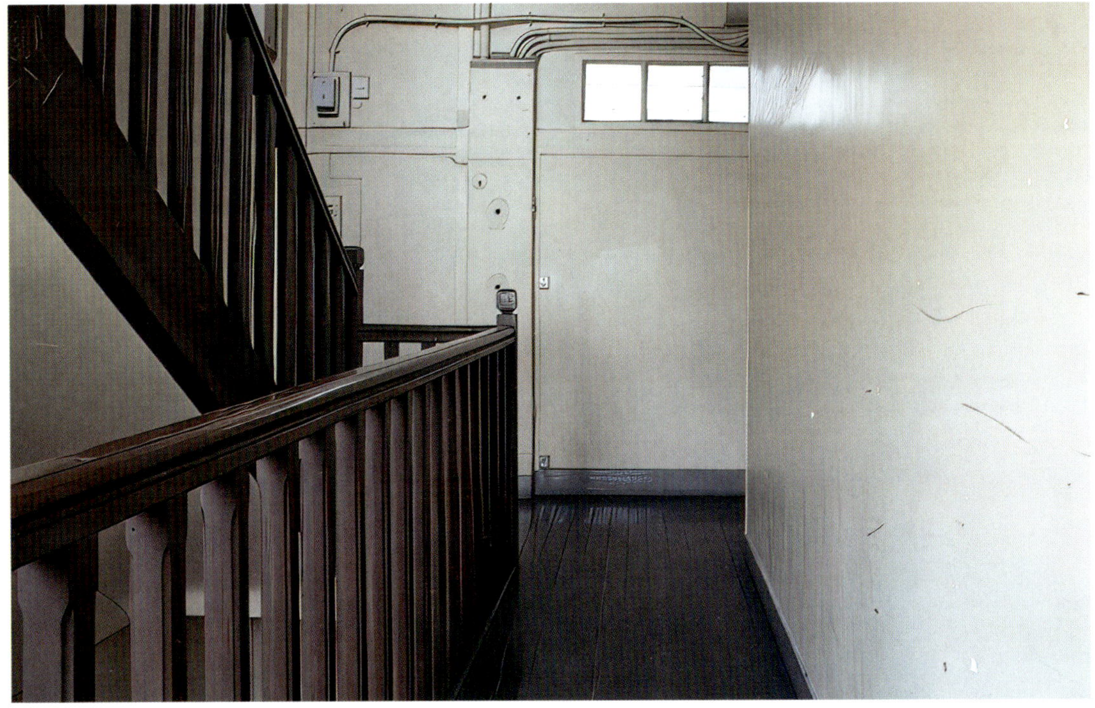

grande capacité d'analyse. Sa rigueur et sa position l'ont amené à dresser une sorte de cordon sanitaire autour de son sujet, décourageant tous ceux qui n'avaient pas acquis sa confiance. Cette fonction de « capalogue » en chef lui avait été assignée par Cornell Capa (1918-2008), le frère de Robert, et son immense avantage était d'être chercheur à plein temps et à vie des *Capa studies*. Sortira de son travail d'abord une biographie publiée en 1980. Non pas une biographie autorisée mais une biographie commandée, et pourtant formidable. Il sera difficile de faire mieux. Ce qui fait une bonne biographie, ce sont les témoins, les documents et le talent. Richard Whelan a eu les trois et tout le temps qu'il fallait pour en tirer le maximum.

Il a, en particulier, pu rencontrer des témoins aujourd'hui disparus et consulter la correspondance entre Robert Capa et sa mère Julia. Ce modèle de dialogue filial entre une mère juive et son fils est infiniment précieux pour comprendre le personnage. On ne peut que souhaiter qu'elle soit publiée un jour.

Nous n'avons pas voulu écrire une nouvelle biographie, nous avons essayé de dépeindre le personnage autrement, par touches successives. Capa a laissé, comme le Petit Poucet, des cailloux blancs qui éclairent les zones d'incertitudes et les parts d'ombre. Il a parsemé le monde – parce que le monde était son terrain de chasse – de signes, de traces, de photos, de publications, d'amis ou d'ennemis.

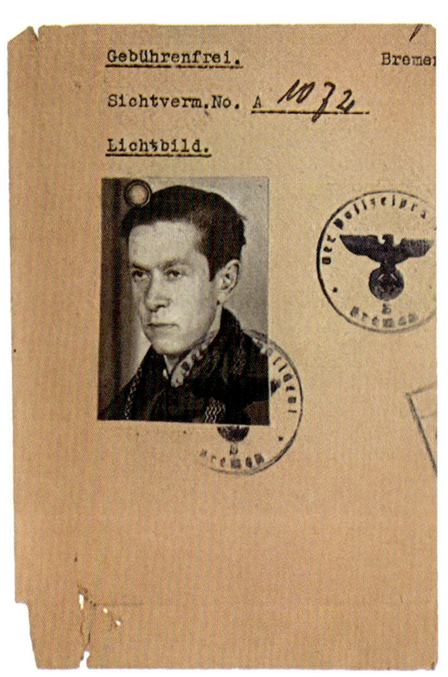
Gebührenfrei. Bremen
Sichtverm.No. A 1072
Lichtbild.

L. CZIGANY
Photographe
37, Rue Froidevaux, 37
PARIS-XIVe
Tél. : DAN. 64.37

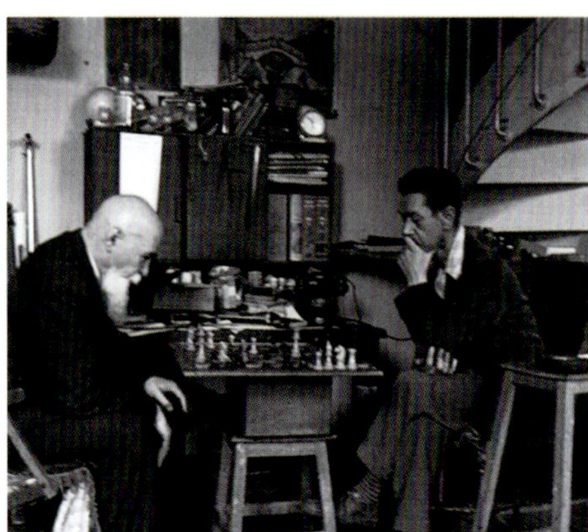

Le tampon au dos de la photo de Taci Czigany et le laissez-passer allemand au nom de Czigany, délivré pendant la guerre.

L'immeuble de la rue Froidevaux est perpendiculaire au cimetière Montparnasse, qui abrite pour toujours Baudelaire, Maupassant, Beckett, Sartre, Zadkine et beaucoup d'autres encore. Une photo d'André Kertész de 1926, prise probablement du toit de la maison qui jouxte le 37, montre la perspective de la rue et celle du cimetière. Dans les années 1930, ce quartier, le Petit Montrouge, est un peu excentré par rapport aux lumières du boulevard du Montparnasse, célèbre pour ses cafés, Le Dôme et La Coupole. C'est un faubourg ouvrier où s'alignent petites maisons, ateliers d'artisans et vergers. Peintres, sculpteurs et photographes se sont établis à Montparnasse au début du xxe siècle, où ils occupent des ateliers dans les étages des immeubles ou dans les cours. Cela donne au quartier une ambiance bohème. Anciennement voie de la commune de Montrouge, annexée à Paris en 1860, la rue Froidevaux s'appelait à l'origine rue du Champ d'Asile, premier nom du cimetière.

Parallèle à la rue Daguerre, artère très commerçante, elle commence d'un côté place Denfert-Rochereau avec sa statue du Lion de Belfort et se termine avenue du Maine. Le 37 est un curieux immeuble construit à partir de 1919 en plusieurs étapes, prenant pour base une première maison à laquelle ont été ajoutés des étages d'ateliers d'artistes et des hangars. La maison appartenait à un entrepreneur de pompes funèbres, M. Jofin, qui entreposait

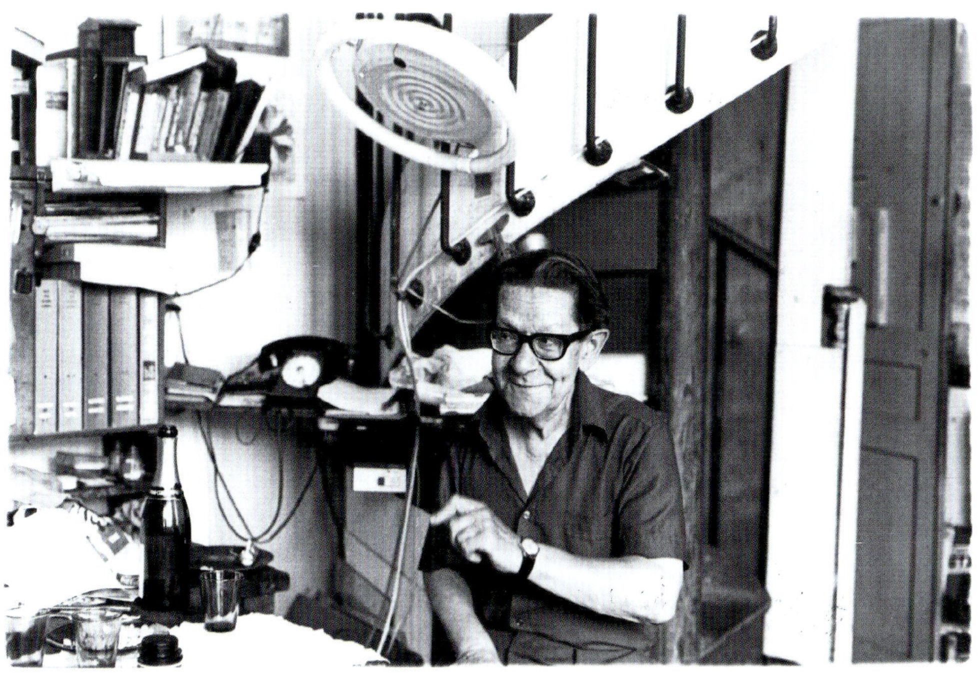

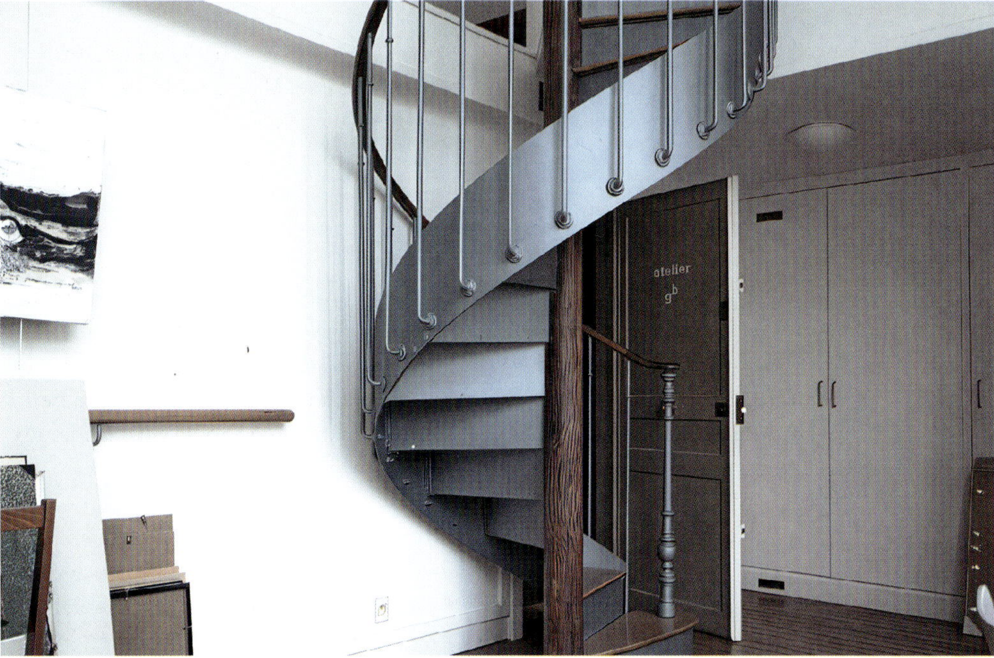

Vues dans les années 1960 et 2011 du studio Capa, occupé depuis 1939 par son ami Ladislas Czigany, dit Taci.

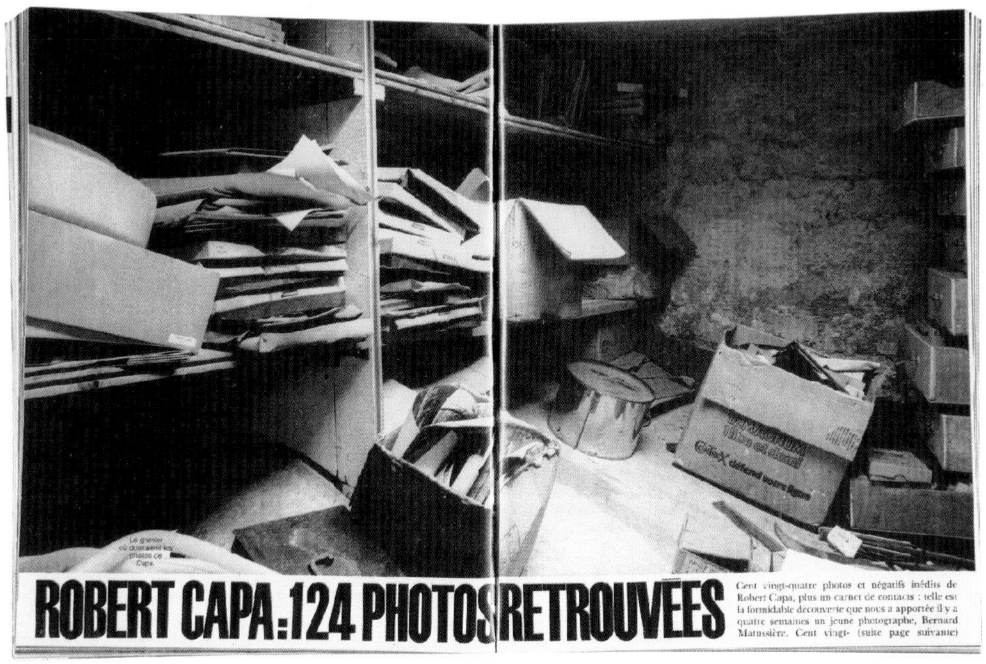

ROBERT CAPA : 124 PHOTOS RETROUVÉES

Cent vingt-quatre photos et négatifs inédits de Robert Capa, plus un carnet de contacts : telle est la formidable découverte que nous a apportée il y a quatre semaines un jeune photographe, Bernard Matussière. Cent vingt- (suite page suivante)

En 1983, le magazine *Photo* publie un dossier sur la découverte de négatifs et de tirages de Robert Capa rue Froidevaux.

au fond de l'impasse des pierres tombales et du matériel d'échafaudage. Ici ont habité Marcel Duchamp, les frères Giacometti, Marie Vassilieff, peut-être André Kertész. Ici flotte le souvenir de Robert Capa bien sûr, de Gerda Taro aussi. Ils n'habitaient pas là, c'était un lieu de travail. La photographe hongroise Ata Kando, à la fin des années 1930, vivait au premier étage sous le studio Capa, avec son mari peintre. Elle se souvient de Capa, si gentil, parfois ivre, qui venait entre deux voyages en Espagne au studio voir Csiki Weisz, son ami qui logeait là. Habitaient aussi dans l'immeuble, au premier étage sur rue, l'écrivain Philippe Soupault et sa femme Ré Soupault (1901-1996), allemande, créatrice de mode et photographe. L'atelier, financé par un riche Américain et décoré par Mies van der Rohe, abrite la maison de couture Ré Sports, où Man Ray photographie les collections. Au rez-de-chaussée de l'immeuble habitait une autre photographe, hongroise de Slovaquie, Rosie Rey (1897-1972). À sa mort, rue Froidevaux, elle laisse une valise de négatifs, encore une, récupérée ensuite par Bernard Matussière, puis par un musée de Bratislava.

Il reste bien des choses à découvrir sur le fonctionnement du studio Capa, sur son financement, sur les personnes qui le fréquentent. Il y a peu de témoignages directs. Grâce aux courriers de Capa et à plusieurs documents

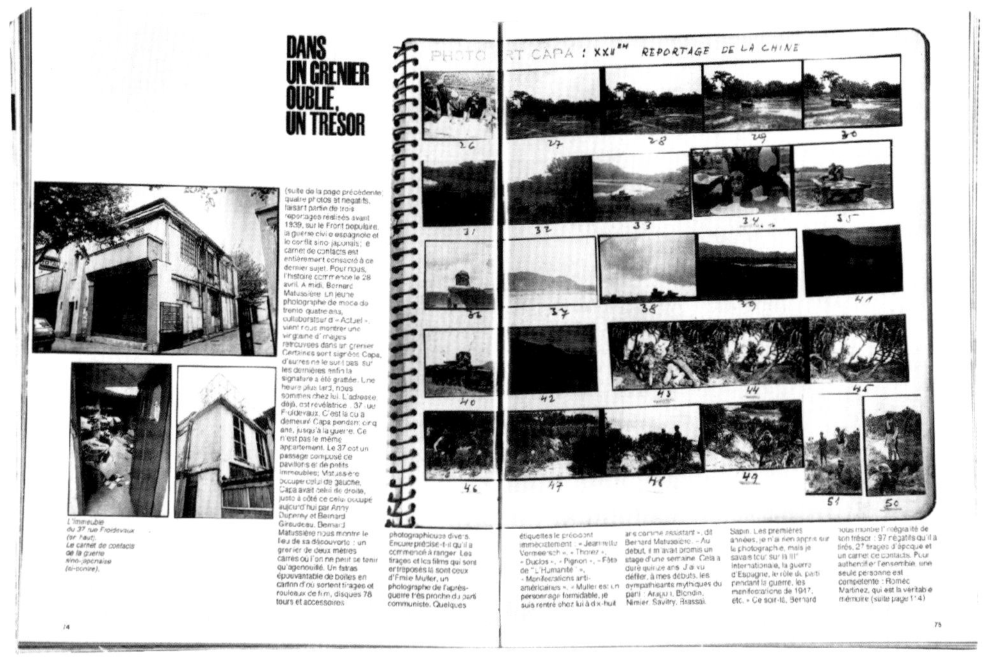

DANS UN GRENIER OUBLIE, UN TRESOR

(suite de la page précédente) quatre photos et negatifs, faisant partie de trois reportages réalisés avant 1939, sur le Front populaire, la guerre civile espagnole et le conflit sino-japonais ; le carnet de contacts est entièrement consacré à ce dernier sujet. Pour nous, l'histoire commence le 28 avril. A midi, Bernard Matussière, un jeune photographe de mode de trente quatre ans, collaborateur d'« Actuel », vient nous montrer une vingtaine d'images retrouvées dans un grenier. Certaines sont signées Capa, d'autres ne le sont pas : sur les dernières enfin la signature a été grattée. Une heure plus tard, nous sommes chez lui. L'adresse, déjà, est révélatrice : 37 rue Froidevaux. C'est là qu'a demeuré Capa pendant cinq ans, jusqu'à la guerre. Ce n'est pas le même appartement. Le 37 est un passage composé de pavillons et de petits immeubles ; Matussière occupe celui de gauche, Capa avait celui de droite, juste à côté de celui occupé aujourd'hui par Anny Duperey et Bernard Giraudeau. Bernard Matussière nous montre le lieu de sa découverte : un grenier de deux mètres carrés où l'on ne peut se tenir qu'agenouillé. Un fatras épouvantable de boîtes en carton d'où sortent tirages et rouleaux de film, disques 78 tours et accessoires photographiques divers. Encore précise-t-il qu'il a commencé à ranger. Les tirages et les films qui sont entreposés là sont ceux d'Emile Muller, un photographe de l'après-guerre très proche du parti communiste. Quelques étiquettes le prouvent immédiatement : « Jeannette Vermeersch », « Thorez », « Duclos », « Pignon », « Fête de "L'Humanité" », « Manifestations anti-américaines ». « Muller est un personnage formidable, je suis rentré chez lui à dix-huit ans comme assistant », dit Bernard Matussière. « Au début, il m'avait promis un stage d'une semaine. Cela a duré quinze ans. J'ai vu défiler, à mes débuts, les sympathisants mythiques du parti : Aragon, Blondin, Nimier, Savitry, Brassaï, Sapin. Les premières années, je n'ai rien appris sur la photographie, mais je savais tout sur la IIIe Internationale, la guerre d'Espagne, le rôle du parti pendant la guerre, les manifestations de 1947, etc. » Ce soir-là, Bernard nous montre l'intégralité de son trésor : 97 négatifs qu'il a tirés, 27 tirages d'époque et un carnet de contacts. Pour authentifier l'ensemble, une seule personne est compétente : Romeo Martinez, qui est la véritable mémoire (suite page 114)

L'immeuble du 37 rue Froidevaux (en haut). Le carnet de contacts de la guerre sino-japonaise (ci-contre).

La maison d'Emile Muller, aujourd'hui détruite, ainsi que le fameux « carnet chinois » de Capa.

conservés à l'ICP (International Center of Photography), nous pouvons essayer de reconstituer la vie de l'atelier. À cette adresse sont émises des factures pour l'utilisation de photos. Les courriers commerciaux témoignent d'une activité intense et mondiale. Mme Garai, la secrétaire, et Ruth Cerf, l'amie de Gerda, gèrent les affaires courantes. La petite entreprise Capa and Co tourne à plein régime début 1937. Les photos sont tirées par Csiki et partent par courrier à Amsterdam, Londres, New York… où elles sont publiées par les plus grands magazines, le *Picture Post* de Londres ou le *Life* américain.

Les différentes officines de soutien à la République espagnole sont aussi des clients de l'atelier. Elles achètent des clichés pour alimenter journaux, brochures et films. Capa est responsable photo du quotidien *Ce Soir*, lancé en mars 1937 à Paris. Henri Cartier-Bresson est engagé comme photoreporter. Pour tous les deux, il s'agit de leur premier emploi salarié. Gerda Taro, toujours en Espagne, bénéficie d'un accord d'exclusivité avec *Ce Soir*. David Szymin, dit Chim, est aussi dans les parages. Il a introduit Capa au magazine *Regards*, où celui-ci publie ses photos depuis 1933. Cette guerre permet ainsi à Capa, Taro et Chim de révéler leur talent de photographes. « L'image de la guerre d'Espagne, c'est eux », dira Aragon. D'autres personnages gravitent autour de cet endroit. Gisèle Freund habite

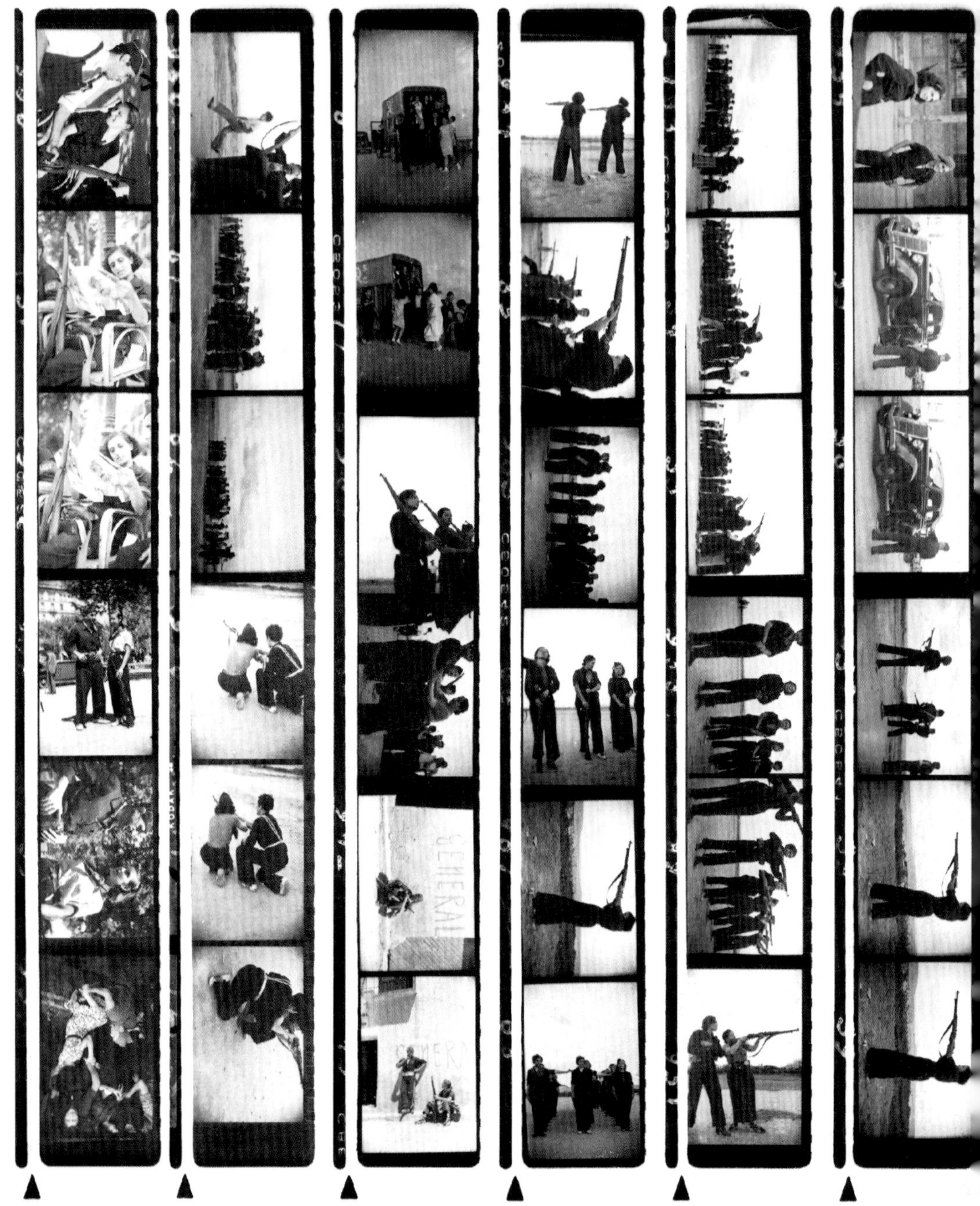

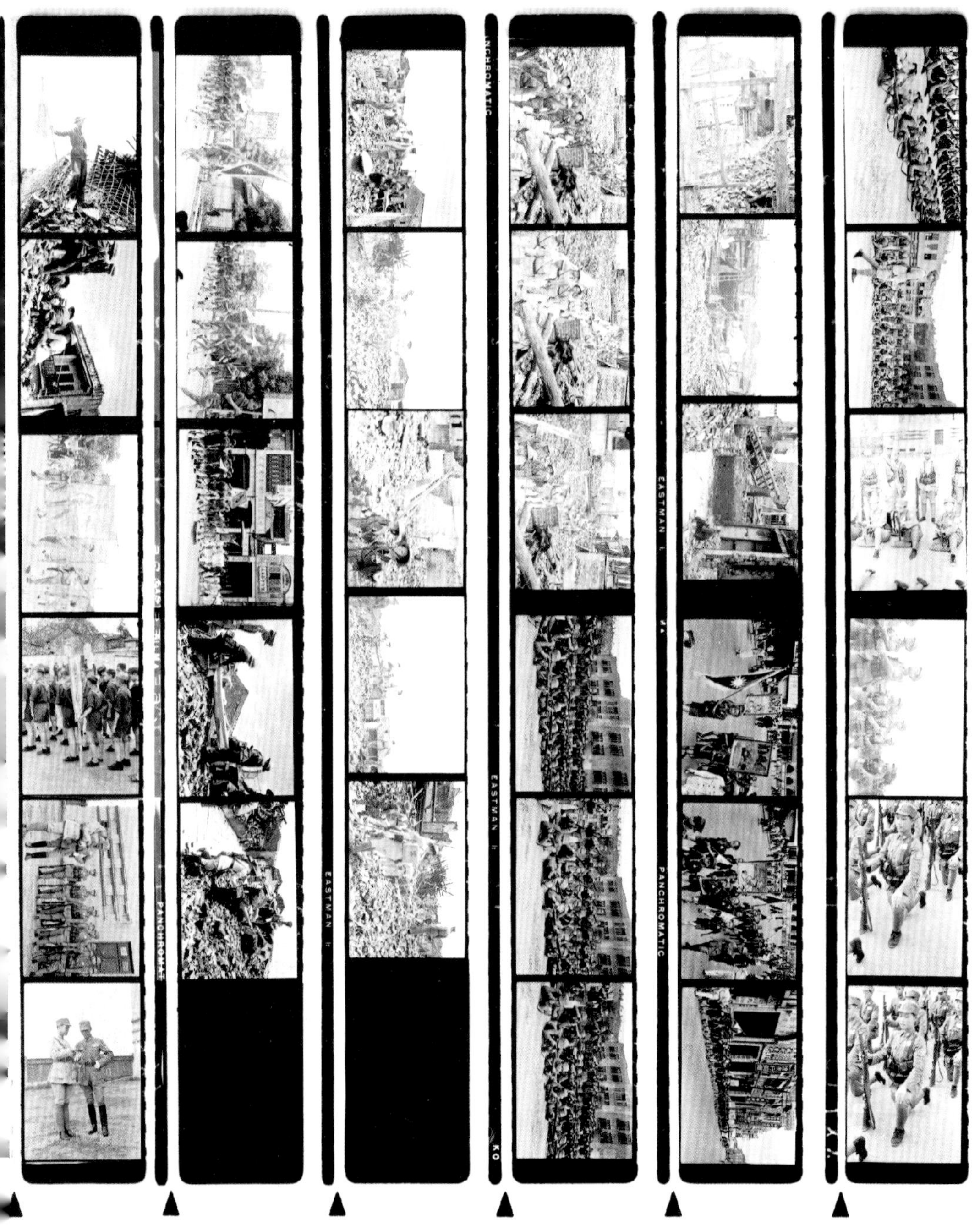

Une sélection de négatifs parmi les 154 retrouvés en 1983 (et non 124 comme l'écrivait le magazine *Photo*), rue Froidevaux.

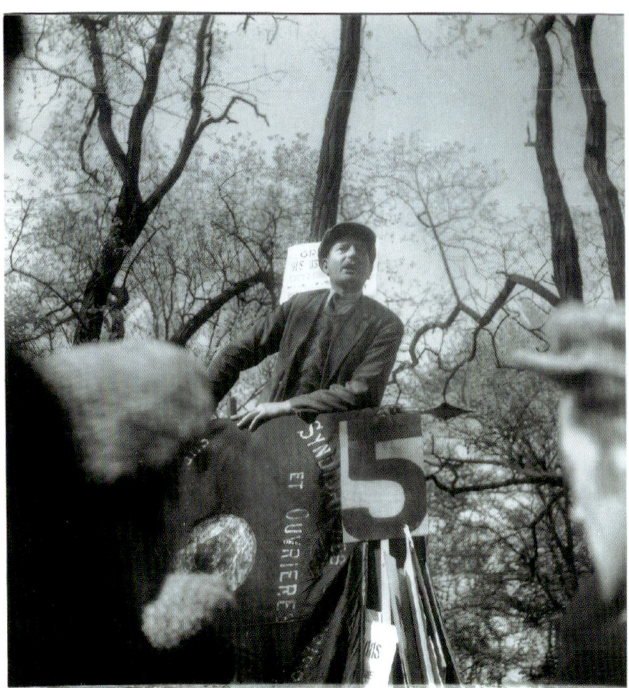

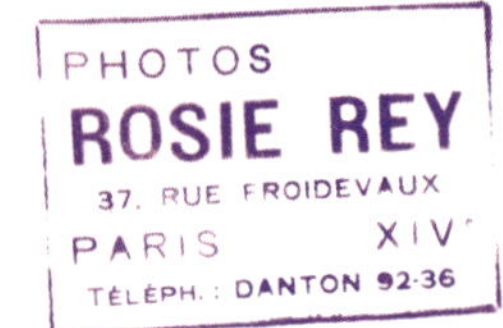

À GAUCHE : **Une photo de Rosie Rey, photographe slovaque habitante du 37 rue Froidevaux, prise pendant le Front populaire et son cachet.**

À DROITE : **La couverture originale du livre de Lajos Kassák, *Vagabondages*, publié à Budapest en 1927. Il s'agit d'une digression poétique sur son voyage à pied de Budapest à Paris. Pour Capa, très jeune lors de la parution de l'ouvrage, l'artiste avant-gardiste hongrois, à la fois poète et peintre, était un modèle.**

rue Daguerre, Pierre Gassmann – virtuose du tirage – boulevard Saint-Jacques, dans le même immeuble que Brassaï. Capa les a croisés au Dôme et aux réunions de l'AEAR (Association des écrivains et artistes révolutionnaires). Maria Eisner d'Alliance Photo, qui emploie Gerda, habite de l'autre côté de l'avenue du Maine ; elle distribue les photos de Capa. Face à l'immeuble qui abrite l'Atelier Capa, de l'autre côté de l'impasse, se trouve une maison constituée de bric et de broc, adossée à un garage. Le premier étage a été récupéré d'un pavillon d'une exposition coloniale. C'est ici que vit l'Allemand Emile Muller (1912-1988), communiste depuis 1936 et se revendiquant mécanicien-photographe. André Kertész lui a enseigné les rudiments de son métier en une journée. Quand il s'en va en octobre 1939, Capa confie à Muller une partie de ses affaires : machine à écrire, tirages, négatifs, carnets, boîtes. Muller les cache dans son grenier. Il ne fait pas bon posséder ce genre de documents sous l'occupation allemande. Ici s'achève la première partie de l'histoire de la rue Froidevaux.

Pour comprendre en quoi elle s'inscrit dans le parcours de Robert Capa, il faut revenir en arrière et voir comment le cercle de ses amis va se constituer, comment ceux-ci ainsi que sa famille vont nourrir son travail, ses idées.

À Budapest se trouve un petit musée assez difficile à trouver, abritant les œuvres de Lajos Kassák. Cet artiste d'avant-garde hongrois que Capa admirait tant savait tout faire, écrire, peindre, faire du théâtre. Il était de ces hommes qui, alors que l'Europe s'enfonçait dans la guerre de 14-18, prônaient la révolution sociale et la révolution des formes, mais se méfiait de la violence. Il sera toujours un opposant aux fascistes hongrois tout comme aux staliniens qui, plus tard, s'empareront de son pays. Kassák était un vagabond et son plus beau livre, *Vagabondages*, justement, raconte un voyage à pied de Budapest à Paris. Ce livre est un guide pour tous les clochards célestes, Capa en sera un toute sa vie.

Et puis, il y a la famille. Au premier rang de laquelle se tient Julia Friedmann, véritable « Mère l'Oie » comme la décriront les amis de Robert, en faisant sa connaissance à New York. Issue de la petite-bourgeoisie et née Julianna Berkovits, Julia, couturière, et son mari Dezsö Friedmann, tailleur, créent à Pest, peu après leur mariage en 1910, une maison de couture. L'affaire tourne bien, une vingtaine de petites mains y travaillent… mais le patron est joueur. Il joue les recettes de la petite entreprise lors de parties de cartes mémorables. Le krach de Wall Street en 1929 touche sévèrement Budapest en 1931, et la maison de couture des Friedmann ferme ses portes. Dezsö et Julia vivent alors chez eux, de travail à façon et de ventes de modèles sur patron. Criblé de dettes, le couple se sépare. Début 1935, Julia rejoint ses sœurs, Gladys et Lenke, déjà installées à New York. Cornell l'y rejoindra en juin 1937. Souvent Capa sera accusé d'un atavisme fatal pour les jeux d'argent. Défaut hérité de son père, homme affable et hâbleur, élégant et coureur de jupons, qui aimait tant raconter des histoires autour des tables des cafés, alors que sa mère lui aurait transmis le goût acharné de la réussite par le travail.

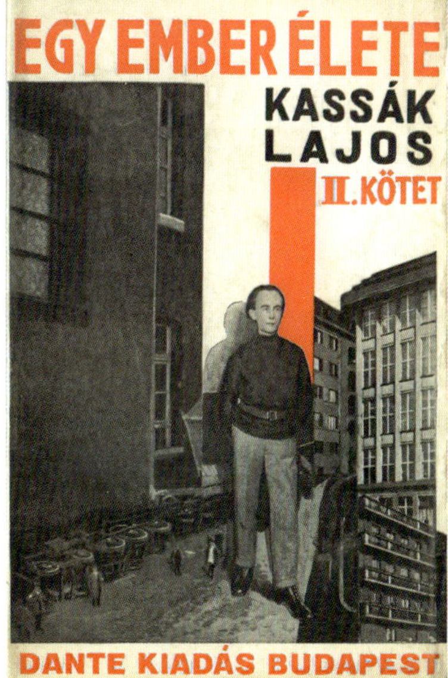

Toujours à Budapest, Endre Ernö Friedmann fait la connaissance d'une jeune fille, Katalin Deutsch, fille d'un banquier juif qui deviendra la photographe Kati Horna. Comme Eva Besnyö, elle habite le même immeuble que les Friedmann. C'est également une disciple de Lajos Kassák qui lui enseigne le modernisme, mais aussi la photographie sociale et une forme d'ascétisme. Sa route va croiser celle de Capa plusieurs fois. Elle a un an de plus que lui et ils resteront très liés, amoureux disent certains. Ils se verront à Paris, probablement en Espagne pendant la guerre où elle fait des photographies pour les journaux anarchistes, et enfin au Mexique où elle se réfugie en 1939. C'est la « connexion » mexicaine de Capa dans laquelle nous retrouvons Csiki Weisz et Leonora Carrington, David Seymour, dit Chim et Walter Reuter.

E R 79478

ENTRE LES SOUSSIGNES

--Madame Françoise GASSMANN née DOUAY, épouse de Monsieur Hans Pierre GASSMANN, lequel n'intervient aux présentes que pour autorisation maritale, habitant tous deux à Paris, 21bis Avenue de la Motte Picquet.

ET--Monsieur Ladislas CZIGANY, habitant à Paris 37 rue Froidevaux

Il a été établi, ainsi qu'il suit, les statuts d'une société devant exister entre eux.

STATUTS

TITRE I
OBJET-DENOMINATION-DUREE-SIEGE

ARTICLE 1.- FORMATION DE LA SOCIETE

Il est formé, par les présentes, une société à responsabilité limitée qui existera entre les propriétaires des parts sociales ci-après créées et de celles qui pourraient l'être ultérieurement.
Cette société sera régie par le Code de Commerce, par la loi du 7 mars 1925 et les lois subséquentes et par les présents statuts.

ARTICLE 2.- OBJET DE LA SOCIETE

L'exécution de tous travaux de photographie pour professionnels.

ARTICLE 3.- DENOMINATION

La dénomination de la société est : PICTORIAL SERVICE

Dans tous les actes, factures, annonces, publications ou autres documents émanés de la société, la dénomination sociale doit toujours être précédée ou suivie immédiatement des mots écrits visiblement et en toutes lettres: "société à responsablité limitée" et de l'énonciation du montant du capital social.

ARTICLE 4.- DUREE DE LA SOCIETE

La durée de la société prend cours ce jour pour finir le trente et un décembre deux mil quarante huit.
Toutefois, chacun des associés aura la faculté, pour la première fois au trente et un décembre mil neuf cent cinquante quatre et ensuite à l'expiration de chaque période de 5 ans, de se retirer de la société, à condition de faire connaître sa décision aux autres associés et à la gérance, par lettre recommandée, six mois au moins avant l'expiration de la période en cours. Dans ce cas, les associés restants auront la faculté de racheter, pour leur compte personnel ou de faire racheter par personnes agréées par eux les parts sociales de l'associé qui se

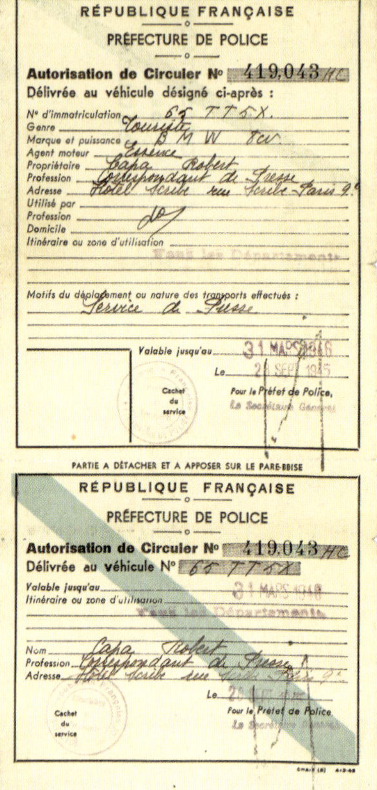
RÉPUBLIQUE FRANÇAISE

PRÉFECTURE DE POLICE

Autorisation de Circuler N° 419.043 HC
Délivrée au véhicule désigné ci-après :
N° d'immatriculation 65 TT5X.
Genre Touriste
Marque et puissance BMW 8cv
Agent moteur Essence
Propriétaire Capa Robert
Profession Correspondant de Presse
Adresse Hôtel Scribe rue Scribe Paris 9e
Utilisé par
Profession do
Domicile
Itinéraire ou zone d'utilisation
Tous les Départements
Motifs du déplacement ou nature des transports effectués :
Service de Presse
Valable jusqu'au 31 MARS 1946
Le 28 SEPT 1945
Cachet du service
Pour le Préfet de Police,
Le Secrétaire Général

PARTIE A DÉTACHER ET A APPOSER SUR LE PARE-BRISE

RÉPUBLIQUE FRANÇAISE

PRÉFECTURE DE POLICE

Autorisation de Circuler N° 419.043 HC
Délivrée au véhicule N° 65 TT5X
Valable jusqu'au 31 MARS 1946
Itinéraire ou zone d'utilisation
Tous les Départements
Nom Capa Robert
Profession Correspondant de Presse
Adresse Hôtel Scribe rue Scribe Paris 9e
Le
Cachet du service
Pour le Préfet de Police
Le Secrétaire Général

Taci Czigany, né le 8 octobre 1908 en Hongrie, habite avant la guerre au 11, rue Daguerre. En 1930, il travaille comme chef de laboratoire pour l'agence Keystone, mais la quitte deux ans plus tard pour rejoindre l'agence Fulgur. De 1934 à 1936, il est photographe-journaliste pour *VU*, puis, de 1936 à décembre 1939, pour la société d'actualité cinématographique *March of Time*. Pendant la guerre, il est employé en tant que chef d'atelier par les laboratoires Hermann Rohrbeck. Après guerre, il travaille pour *Life*, comme en témoigne sa carte de presse.

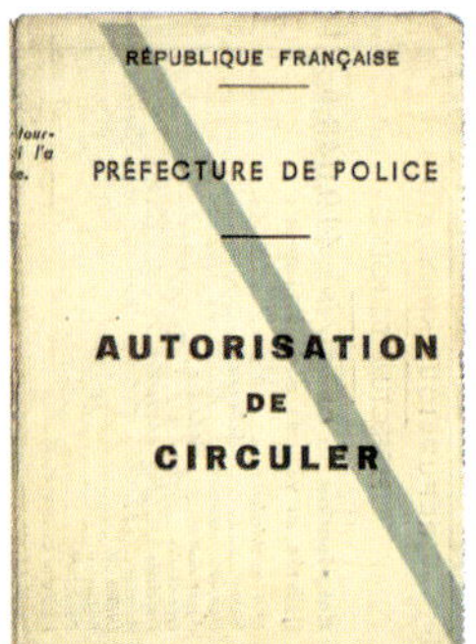
RÉPUBLIQUE FRANÇAISE

PRÉFECTURE DE POLICE

AUTORISATION DE CIRCULER

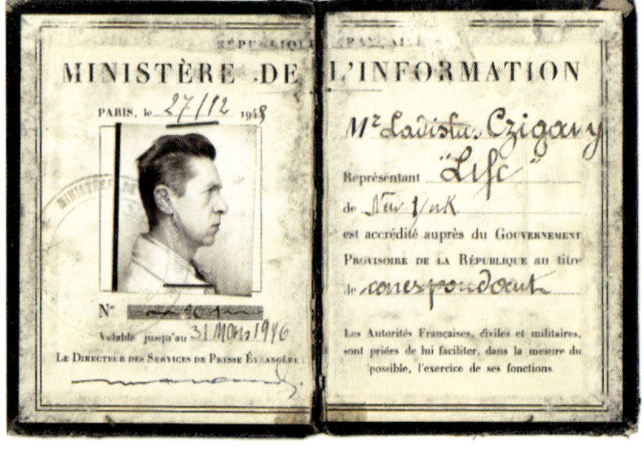
RÉPUBLIQUE FRANÇAISE
MINISTÈRE DE L'INFORMATION

PARIS, le 27/12 1945

N°

Valable jusqu'au 31 Mars 1946

Le Directeur des Services de Presse Étrangère

Mr Ladislas Czigany

Représentant "Life"

de New York

est accrédité auprès du Gouvernement Provisoire de la République au titre de correspondant

Les Autorités Françaises, civiles et militaires, sont priées de lui faciliter, dans la mesure du possible, l'exercice de ses fonctions.

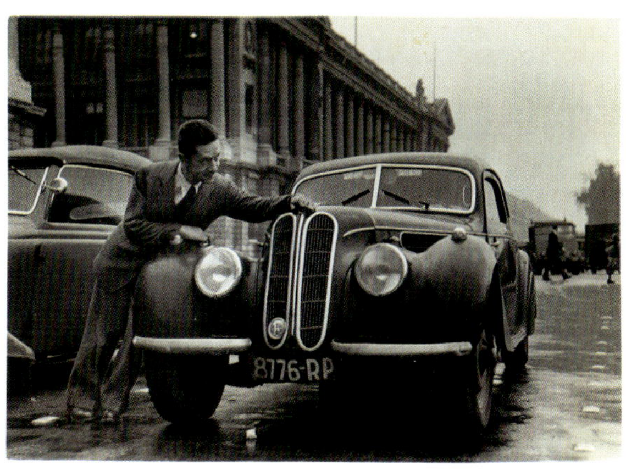

C'est un ami très proche de Robert Capa. Ainsi, à partir de 1939, il reprend le studio rue Froidevaux, où il vivra et travaillera jusqu'à sa mort, qui survient au début des années 1980. Des brocanteurs vident alors l'atelier et jettent des centaines de boîtes de photos. Quelques documents sont toutefois sauvés, tels que les statuts de la société Pictorial Service – laboratoire qui tire les photos de Magnum et dont Taci Czigany ainsi que Pierre Gassmann et sa femme sont actionnaires – mais aussi le permis de conduire de Capa, ou encore les papiers et la photo de la voiture achetée par Capa et conduite par Czigany, Capa étant très maladroit au volant.

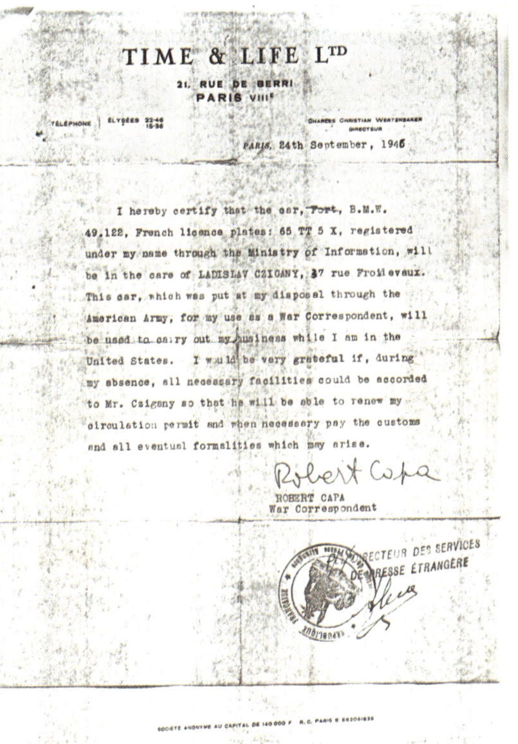

TIME & LIFE LTD
21, RUE DE BERRI
PARIS VIIIE

TÉLÉPHONE | ÉLYSÉES 22-46 15-36

CHARLES CHRISTIAN WERTENBAKER
DIRECTEUR

PARIS, 24th September, 1946

I hereby certify that the car, ~~Fort~~, B.M.W. 49.122, French licence plates: 65 TT 5 X, registered under my name through the Ministry of Information, will be in the care of LADISLAV CZIGANY, 37 rue Froidevaux. This car, which was put at my disposal through the American Army, for my use as a War Correspondent, will be used to carry out my business while I am in the United States. I would be very grateful if, during my absence, all necessary facilities could be accorded to Mr. Czigany so that he will be able to renew my circulation permit and when necessary pay the customs and all eventual formalities which may arise.

Robert Capa
ROBERT CAPA
War Correspondent

DIRECTEUR DES SERVICES DE PRESSE ÉTRANGÈRE

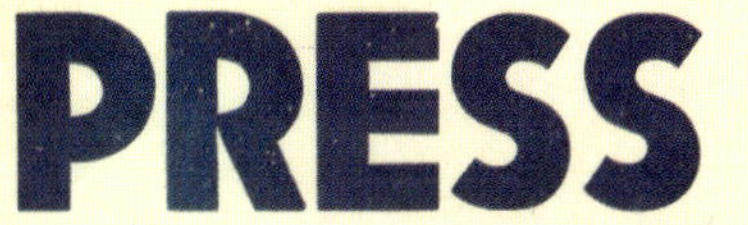

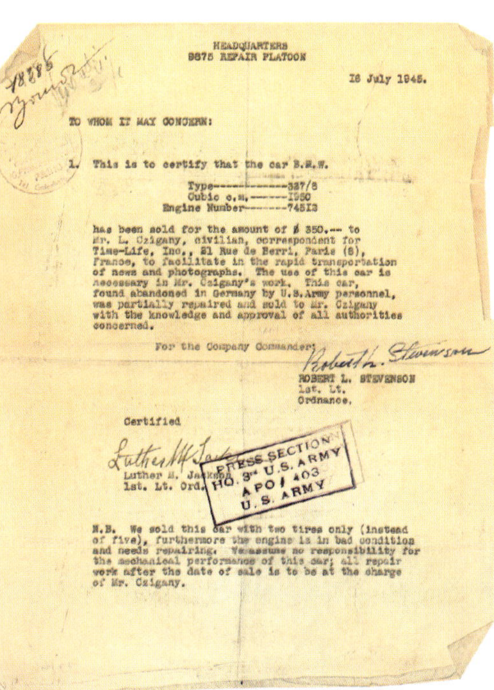

HEADQUARTERS
3875 REPAIR PLATOON

18 July 1945.

TO WHOM IT MAY CONCERN:

1. This is to certify that the car B.M.W.

Type-------------327/8
Cubic c.m.-------1950
Engine Number-------74513

has been sold for the amount of $ 350.-- to Mr. L. Czigany, civilian, correspondent for Time-Life, Inc., 21 Rue de Berri, Paris (8), France, to facilitate in the rapid transportation of news and photographs. The use of this car is necessary in Mr. Czigany's work. This car, found abandoned in Germany by U.S. Army personnel, was partially repaired and sold to Mr. Czigany with the knowledge and approval of all authorities concerned.

For the Company Commander:

Robert L. Stevenson
ROBERT L. STEVENSON
1st. Lt.
Ordnance.

Certified

Luther M. Jackson
Luther M. Jackson
1st. Lt. Ord.

PRESS SECTION
HQ. 3rd U.S. ARMY
APO 403
U.S. ARMY

N.B. We sold this car with two tires only (instead of five), furthermore the engine is in bad condition and needs repairing. We assume no responsibility for the mechanical performance of this car; all repair work after the date of sale is to be at the charge of Mr. Czigany.

Le futur Capa va d'abord s'établir à Berlin. Nous sommes en 1931. Il aurait fui Budapest après avoir été arrêté pour activisme contre le régime autoritaire de l'amiral Horthy. Son objectif : faire des études de journalisme, écrire, témoigner. Il s'inscrit à la Haute École allemande d'Études politiques. Pour peu de temps, car Endre Ernö Friedmann est un exilé politique sans le sou, un gamin de 18 ans qui va devoir renoncer aux études pour survivre. Sur les conseils éclairés de son amie d'enfance, la Hongroise Eva Besnyö, photographe de grand talent déjà installée à Berlin, il va venir à la photographie. Sa recommandation l'amène dans la chambre noire de l'Agence Dephot de Simon Guttmann, qui va lui donner sa chance en l'envoyant photographier Léon Trotski à Copenhague. À cette époque, l'Allemagne possède la meilleure presse illustrée d'Europe. La plus moderne et la plus innovante. Des photoreporters bousculent la pose. Place à l'action, au mouvement… à la vie ! Ces inventeurs se nomment Martin Munkacsi ou Erich Salomon. Une presse au graphisme efficace où photographies et photomontages interpellent désormais le lecteur. C'est une Allemagne où l'on invente le Leica et l'emploi du film 35 mm du cinéma pour la photographie. Martin Heidegger écrira en 1938 que « le processus fondamental des Temps modernes, c'est la conquête du monde en tant qu'image ».

Deux ans plus tard, c'est à nouveau l'exil pour échapper au régime d'Hitler. En 1933, Paris regorge de réfugiés. Il y a évidemment des dizaines de milliers d'Allemands qui, comme ils ont pu, ont fui l'Allemagne nazie. Ils se retrouvent à Montparnasse, dans les cafés et les cercles politiques et le reste du temps, ils tentent de survivre. Capa est arrivé à Paris avec Csiki Weisz. Il faut tout reprendre à zéro, mais des amis de sa famille vont le soutenir. Il y a là beaucoup de Hongrois, et parmi eux nombreux sont photographes. Il va rencontrer André Kertész, puis David Szymin Chim (futur citoyen américain en 1943 sous le nom de David Seymour) et Henri Cartier-Bresson. En trois ans, il deviendra un photographe connu, et Paris va devenir sa ville.

On croit tout savoir de Robert Capa, de ses photos – du milicien qui tombe en Espagne en 1936 au débarquement du 6 juin 1944 ; de son œuvre prolifique, brillante, émouvante ; de sa vie, aventureuse, périlleuse, amoureuse. En fait, il reste bien des choses à découvrir et à expliquer derrière les clichés qui entourent sa vie. On pensait connaître le nom du fameux milicien espagnol fauché et le lieu de la prise de vue. Des recherches récentes ont brisé ces certitudes. Sa photo la plus célèbre, dont même le cadrage pose des questions, reste une énigme. Une chose est claire, avec Capa on ne s'ennuie jamais. Les découvertes se suivent, les polémiques aussi, et de nouvelles questions apparaissent. Aucun autre photographe ne suscite un tel engouement et ne recèle une telle part de mystère. Dans l'histoire de la photographie, le cas Capa est intéressant parce qu'il montre combien l'étude

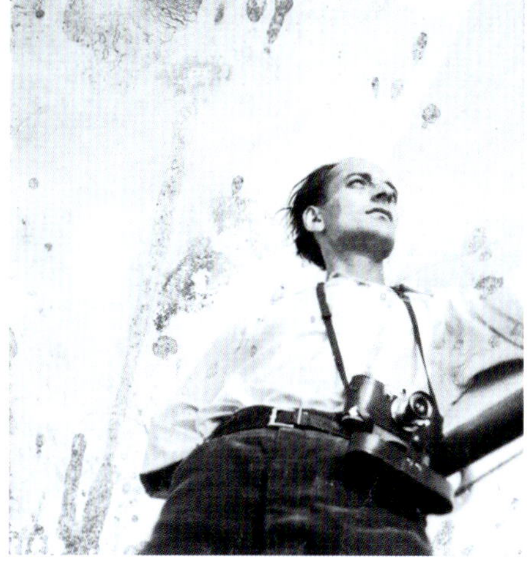

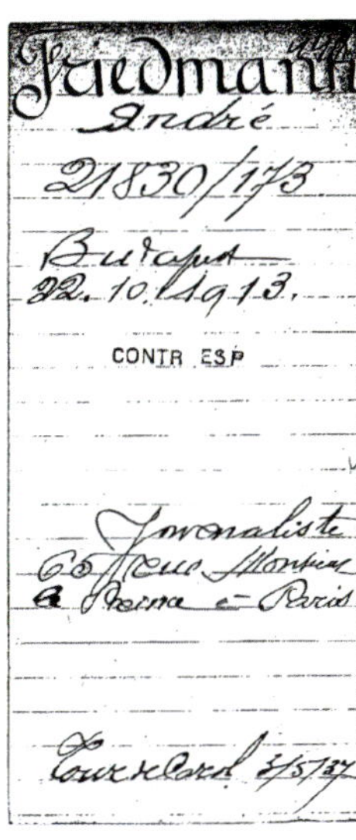
Friedmann
André
21830/173
Budapest
22.10.1913.
CONTR ESP
Journaliste

À GAUCHE : **Emile Muller posant avec son appareil.**

À DROITE : **Fiche de la Sûreté générale tamponnée « contr esp » (pour contre-espionnage). Il s'agit du service de surveillance des étrangers. Ce document de mai 1937 nous donne une indication sur le domicile de Capa : la police le localise alors dans un hôtel au 65 rue Monsieur-le-Prince dans le VIe arrondissement.**

EN HAUT : **Le tampon de l'agence Catherine qu'Emile Muller dirigeait avec sa femme.**

des conditions de production et de commercialisation de la photographie est essentielle. Dernier rebondissement, datant de fin 2007 : une valise de négatifs arrive à New York. À l'automne 2010, une grande exposition à l'International Center of Photography les présente au public. C'est l'épilogue d'une longue histoire appelée improprement la « Mexican suitcase ». Il s'agit en fait de trois boîtes contenant 4 500 négatifs provenant de Paris. Cette « valise mexicaine » n'est pas la première découverte. Depuis trente ans, à plusieurs reprises, des trésors sont apparus, permettant de révéler des pans entiers de son travail et levant à chaque fois un voile de mystère. Prenons point par point les étapes de ces décennies de découvertes.

Première étape. En 1948, lors de la première session des Nations unies à Paris, Robert Capa retrouve Emile Muller, qu'il n'a pas vu depuis 1939. Ils se tombent dans les bras, mais ce jour-là il n'est pas question des négatifs et tirages confiés. Après sa mort en 1954, son frère Cornell commence à se préoccuper de ce matériel dispersé. À une date imprécise, Cornell vient à Paris récupérer ce que son frère a laissé dans le grenier de son ami Muller. Ce grenier est dans un grand désordre, et Cornell repart aux États-Unis avec quelques documents, mais sans inventaire précis. À partir de cette date, le frère de Capa va continuer son travail de récupération. En particulier auprès de *Life* à New York (où il réussira à récupérer de nombreux tirages) et de l'agence Pix qui distribuait Capa et Taro avant-guerre aux États-Unis, ou encore à l'agence Black Star.

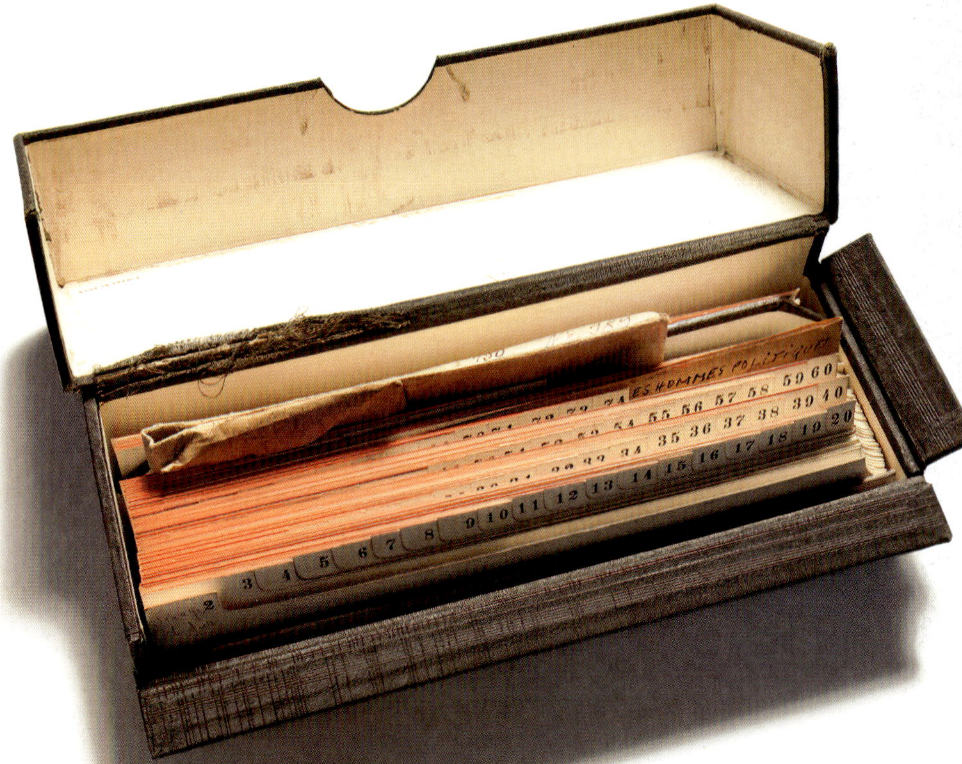

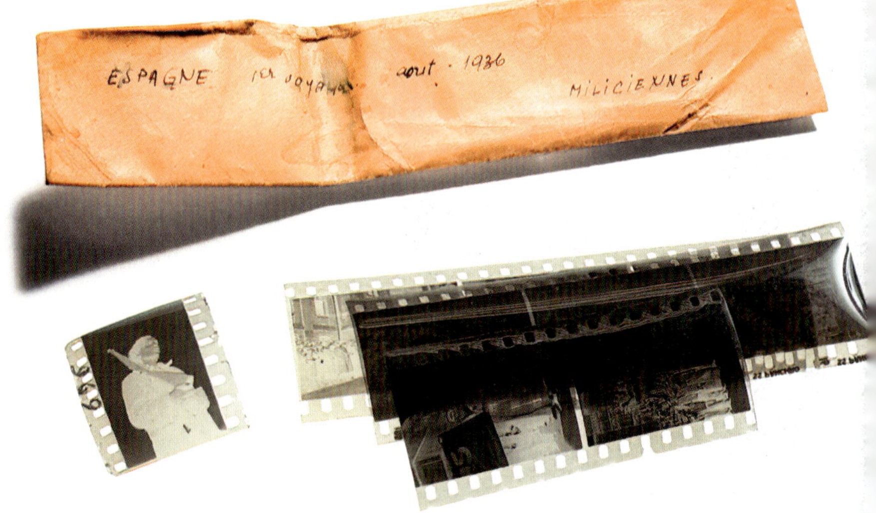

Une boîte de rangement avec quelques négatifs et tirages figurant parmi ceux retrouvés, en 1983, dans le grenier de Muller, par le photographe Bernard Matussière.

À DROITE : Neuf autres négatifs – quatre d'Espagne, trois d'une manifestation à Paris et deux de Marseille – retrouvés par Bernard Matussière.

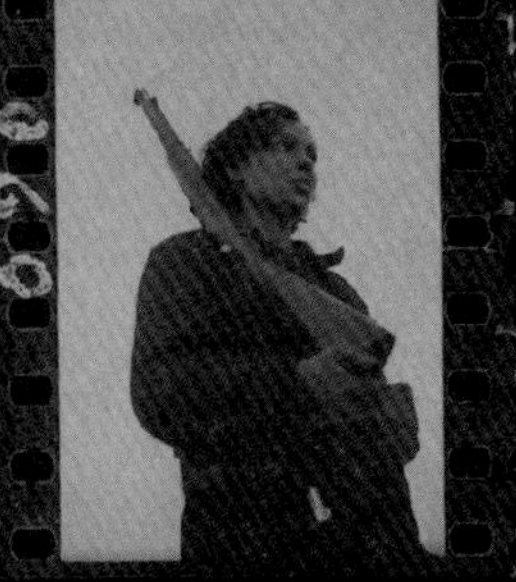

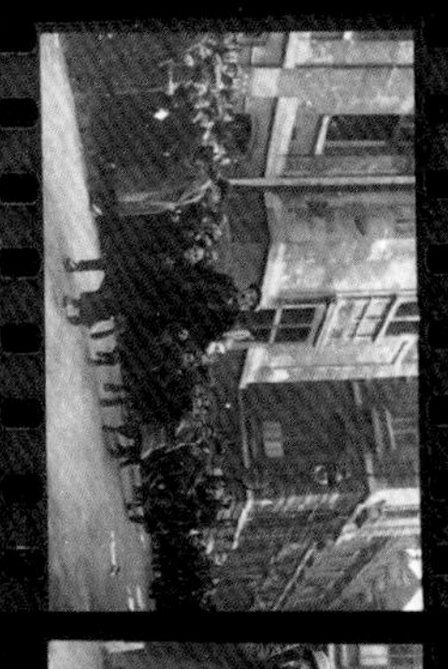

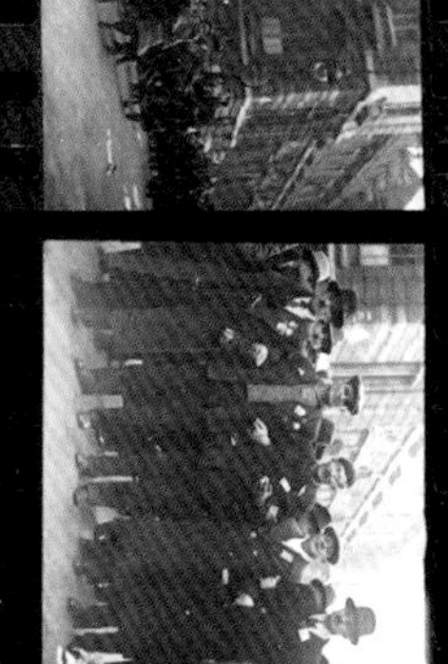

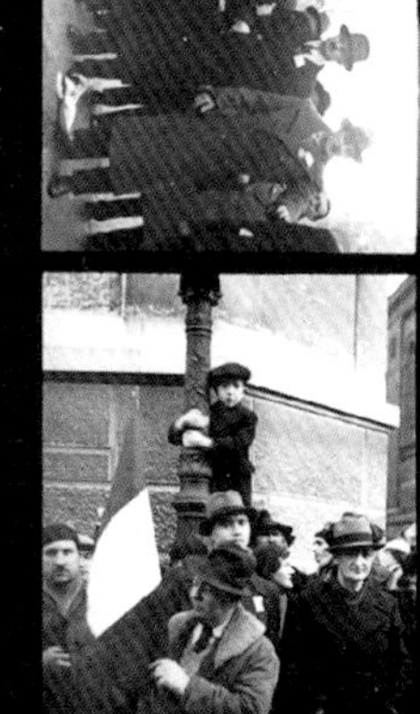

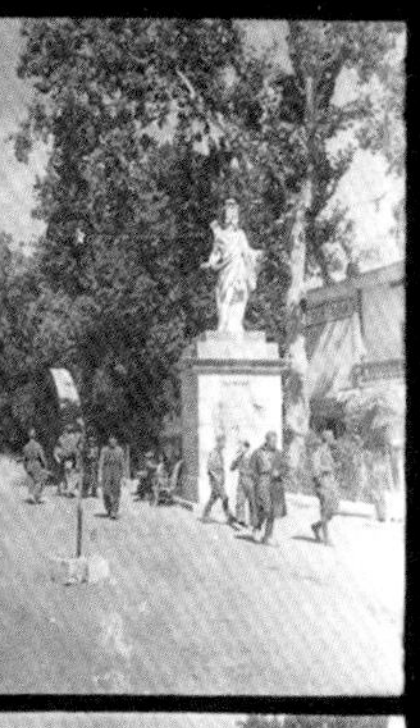

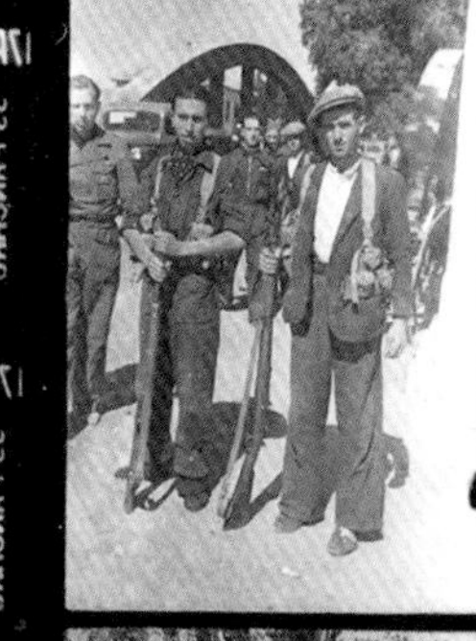

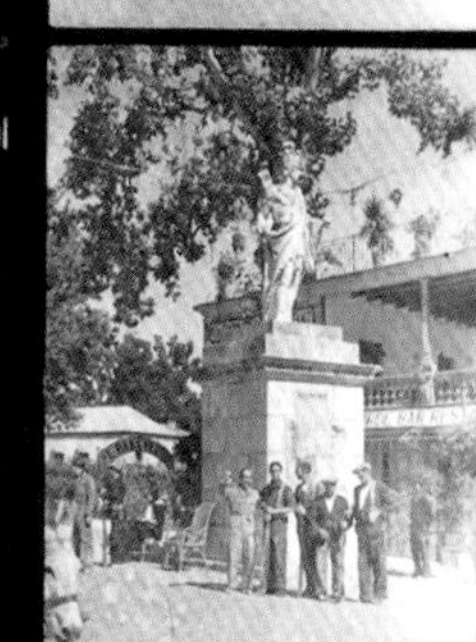

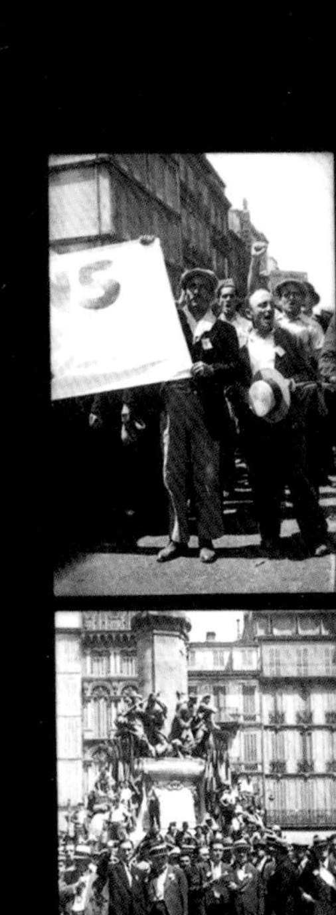

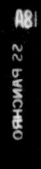

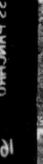

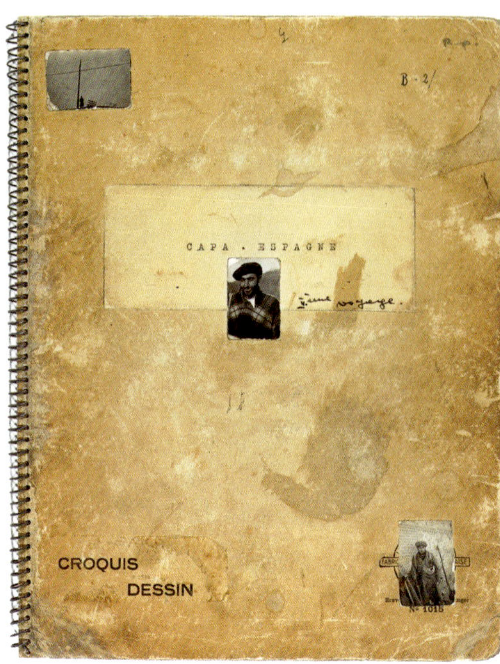

Les Archives nationales possèdent huit carnets de contacts improprement appelés Carnets de Cap. Ils contiennent 4 600 petites photos de Capa mais aussi de Taro et de Chim. Une exposition et un catalogue sont prévus début 2027 pour analyser ce trésor. Ici, la couverture du carnet numéro 4 avec une page intérieure montrant le reportage de Capa sur le métro de Madrid pendant la guerre d'Espagne.

Deuxième étape, à la fin des années 1970. Taci Czigany, l'ami du photojournaliste qui occupait son atelier depuis la fin de la guerre, meurt. Pendant toute une journée, le studio est vidé de son contenu. Des centaines de boîtes de photos sont jetées dans des poubelles. Des brocanteurs récupéreront ensuite quelques photos et des papiers, parmi lesquels le permis de conduire français de Capa et des documents que nous avons retrouvés.

Troisième étape, en 1983. Le photographe Bernard Matussière, qui a repris les locaux de Muller, vide le grenier et trouve 154 négatifs et des tirages de Capa en Chine et en Espagne, ainsi qu'un carnet de contacts de Chine. Il rendra les premiers à Magnum, qui les lui réclame, et mettra en vente le deuxième. Il retrouvera par la suite 9 autres négatifs de l'Espagne et du Front populaire, ainsi que différents objets venant de l'Atelier Capa, dont une petite machine à écrire. Nous allons les présenter pour la première fois dans ce livre.

Dans le même temps, d'autres merveilles refont surface. En 1979, une valise appartenant à Juan Negrín est retrouvée en Suède. Elle contient 97 photos de la guerre d'Espagne, des tirages de Capa, Taro, Chim et Fred Stein, dont certains inédits. D'après un entretien conservé à l'ICP, Csiki Weisz explique « qu'il a donné les archives photos à Juan Negrín à Bordeaux ». Autre découverte essentielle, au milieu des années 1980. Huit carnets de contacts de Capa, Chim et Taro (plus de 4 600 images) sont découverts aux Archives nationales de Paris par un chercheur espagnol, Carlos Serrano.

METROPOLITAIN MADRID

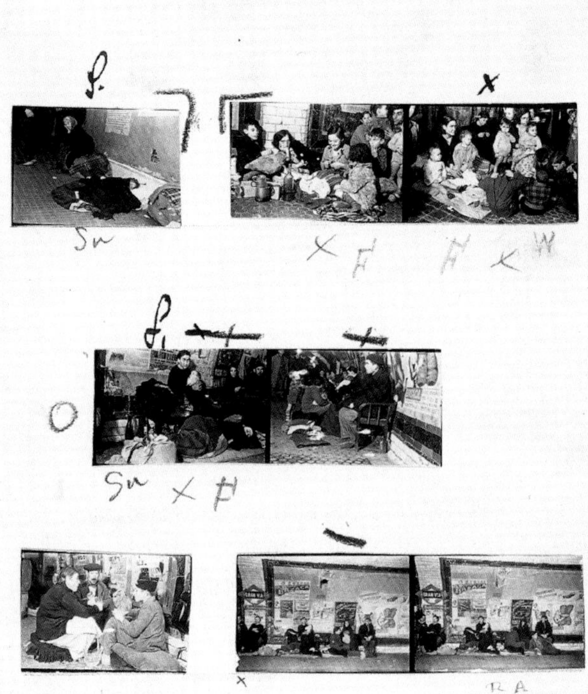

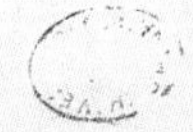

La couverture du carnet numéro 3 des Archives nationales, et une page intérieure montrant des photographies de Gerda Taro de son reportage sur l'exode des réfugiés républicains vers Malaga.

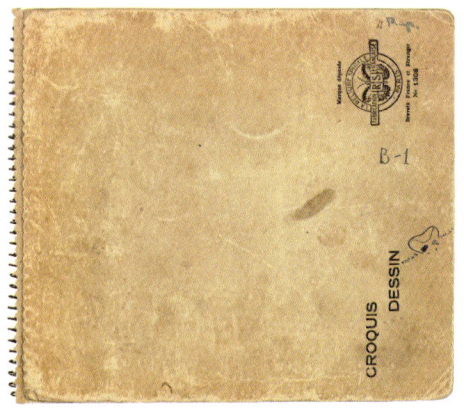

Ils proviennent d'un versement du ministère de l'Intérieur, et donc très probablement d'une saisie. L'ICP en possède un autre retrouvé dans l'appartement de Cornell Capa après sa mort.

Il n'y a pas de traces policières de perquisitions rue Froidevaux. En revanche, après l'occupation de la France en juin 1940, on sait que les locaux d'Alliance Photo ont été vidés par les Allemands, tout comme les locaux des organismes de soutien à la République espagnole. Les carnets pouvaient s'y trouver. Mais impossible d'affirmer que les carnets ont été saisis par les Allemands après leur entrée à Paris en 1940 ou avant par les autorités policières françaises. Cornell Capa a vainement demandé la restitution de ces carnets en tant qu'héritier et ils sont restés aux Archives nationales qui ont commencé un travail d'analyse de ces 4 600 contacts qui aboutira à une exposition en 2027.

Quant aux boîtes de négatifs de la « Mexican suitcase », elles ont été confiées par Capa à Csiki Weisz qui a quitté le 37 rue Froidevaux pour rejoindre Bordeaux ou Marseille, selon différentes sources. Il a été arrêté par les autorités françaises en tant qu'« étranger indésirable » en 1940. Emprisonné dans un camp français au Maroc, il n'a dû sa libération qu'aux deux frères Capa, qui lui ont fait prendre un bateau pour le Mexique en 1942. Il n'avait plus la valise depuis très longtemps ; il l'avait confiée à un ancien combattant de la guerre d'Espagne, qui l'avait lui-même remise à des diplomates chiliens ou mexicains, les versions diffèrent encore. Le mystère reste entier. Les négatifs se sont retrouvés entre les mains d'un général mexicain puis dans celles de son neveu Benjamin Tarver, qui contacte Cornell Capa. Les négociations ont traîné pendant plus de dix ans, pour finalement aboutir en 2007.

Toutes ces découvertes ont deux points communs. D'abord tout ce matériel a été fabriqué ou provient de l'Atelier Robert Capa du 37 rue Froidevaux. Ensuite elles montrent un travail commun entre Capa, Taro et Chim, dont les négatifs sont regroupés et donc utilisés, souvent sans mention d'auteur, dans une multitude de publications défendant la République espagnole. Certains des livres réalisés avec ces photos, parmi les plus fascinants publiés sur la guerre d'Espagne, sont totalement inconnus.

Pour raconter cette histoire nous avons suivi les traces du jeune Endre Ernö Friedmann qui débarque à Paris en 1933 pour devenir très vite André Friedmann, c'est ainsi qu'il signe les premières photos qu'il parvient à placer dans les journaux. D'André, il deviendra Robert Capa. Enfin, nous suivrons celui qu'on appellera Bob à partir de la Seconde Guerre mondiale. L'approche principale : les parutions de ses photos dans une multitude de journaux et de publications diverses. La recherche est sans fin. Les années 1930 sont une période bénie pour la presse illustrée qui va inventer l'actualité racontée par l'image. On ne peut rien comprendre à la photographie de cette époque si on ne l'étudie pas dans son contexte de publication. Et le travail de Capa

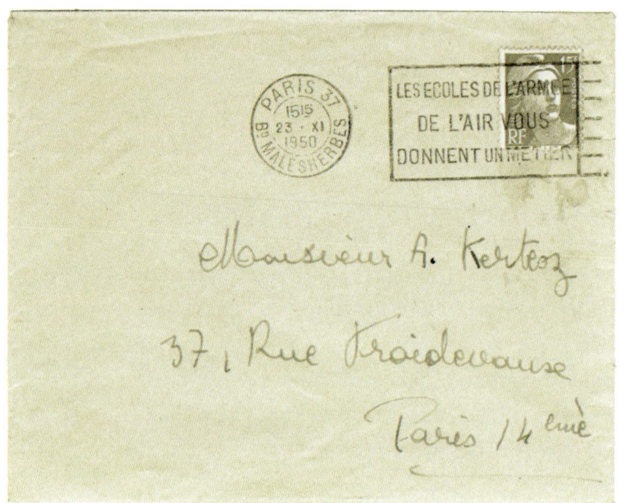

Une curieuse enveloppe retrouvée rue Froidevaux adressée à « Monsieur A. Kertész – 37, rue Froidevaux – Paris 14e ». Selon Emile Muller, le photographe hongrois aurait habité dans la petite maison de l'impasse avant lui ; du toit de cette maison (ou du garage attenant), il a réalisé une célèbre photo intitulée « Rue Froidevaux ».

particulièrement, tant sa manière de prendre en photo une situation anticipe la mise en page. Les journaux publient ses clichés mais aussi ses légendes, voire ses textes. Capa écrit peu, mais assez pour que l'on comprenne son implication dans les conflits qu'il couvre et surtout son tempérament de journaliste. Son livre *Slightly out of Focus* est un texte au charme indéfinissable, imprécis et passionné. Rares sont les photographes qui ont laissé d'aussi beaux textes.

Capa a croisé une multitude de gens qui ont été autant de témoins de sa vie aventureuse. Des photographes, des écrivains, des journalistes qui ont brossé à petites touches sa légende. Il a passionné les romanciers qui se sont emparés de lui comme d'un personnage, un archétype, de Patrick Modiano (*Chien de printemps*) à Romain Gary (*Les Racines du ciel*). Sa vie a inspiré des rôles légendaires au cinéma, tels celui de Clark Gable, le héros-reporter de *Too Hot to Handle* (*Un envoyé très spécial*) dès 1938 ou encore celui de James Stewart dans *Rear Window* (*Fenêtre sur cour*) d'Alfred Hitchcock en 1954. À la vie qu'il a inventée, au roman Capa, d'autres ont ajouté des chapitres. Et puis, il écrivait des lettres, à sa mère évidemment, mais à d'autres aussi, amis, relations. De cette correspondance ressort un personnage à cent lieues du reporter risque-tout volant d'une fille à une bataille avec pour seule préoccupation de garder ses pellicules au sec. Avant la guerre d'Espagne, son principal souci est de survivre, manger, payer l'hôtel le soir, trouver une paire de chaussures ou un chapeau. Paris est dur envers les immigrés. Juif errant mélangeant yiddish, allemand, français, pour qui la loi c'est le devoir envers les amis, il va devenir un titi parisien à l'accent inimitable, expert pour trouver les quelques sous pour dormir et manger. Il parlait, dit-on, le « capalangue », tant sa maîtrise des langues étrangères était particulière. Pour autant, personne n'oubliait sa voix et son accent hongrois.

Il va ensuite accéder au rang de reporter américain, un bien curieux citoyen des États-Unis qui vit surtout à Paris. Car longtemps, le bureau préféré de Robert Capa, alors directeur de l'agence Magnum, agence fondée avec ses deux complices d'avant-guerre David Seymour Chim et Henri Cartier-Bresson, fut un café du faubourg Saint-Honoré. Sa table de travail et de réunion : un flipper ! C'est d'ici que partaient les photoreporters autour du monde, avec l'aval du *boss*. Montparnasse n'avait pas de secret pour lui. Longchamp et Auteuil étaient devenus après-guerre ses lieux de chasse favoris. Les croissants, la baguette, le champagne, la pétanque entre amis, les défilés de mode, le bar du Ritz, l'hôtel Meurice ou l'hôtel Lancaster près des Champs-Élysées (son dernier domicile connu) faisaient partie de son quotidien.

D'après Pierre Gassmann, « Capa à partir de 1938 dépensait en Europe ce qu'il gagnait aux États-Unis ». Paris était « sa » ville, son univers. New York, son refuge et celui de sa famille. Ainsi pour rien au monde il n'aurait manqué ce 25 août 1944, jour de la Libération de Paris. Il battit même sur la corde son grand ami Hemingway en étant l'un des tout premiers journalistes à franchir la porte d'Orléans sur une jeep de la 2e division blindée du général Leclerc !

En fait, il était chez lui, là, où il posait son sac. Il ne possédait rien à part quelques costumes sur mesure, des boîtiers, des dettes de jeu et surtout un instinct de vie exceptionnel.

à Bernard
d'un autre habitué de
la rue Froidevaux
et en souvenir de Capa
très cordialement
Henri

CI-DESSUS : **Une machine à écrire retrouvée Rue Froidevaux, provenant certainement du studio Capa.**

CI-CONTRE : **Une dédicace d'Henri Cartier-Bresson à Bernard Matussière.**

ANDRÉ

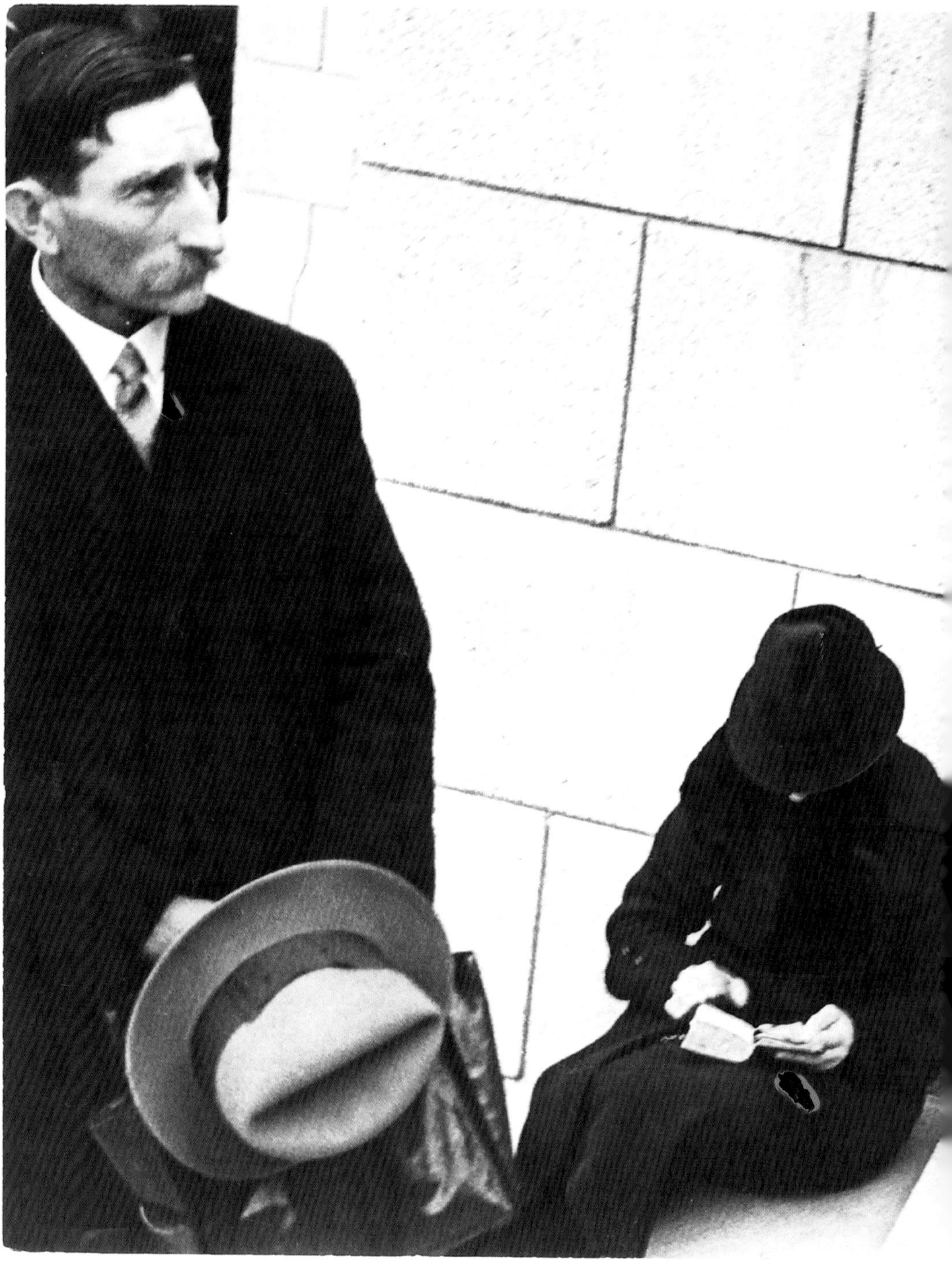

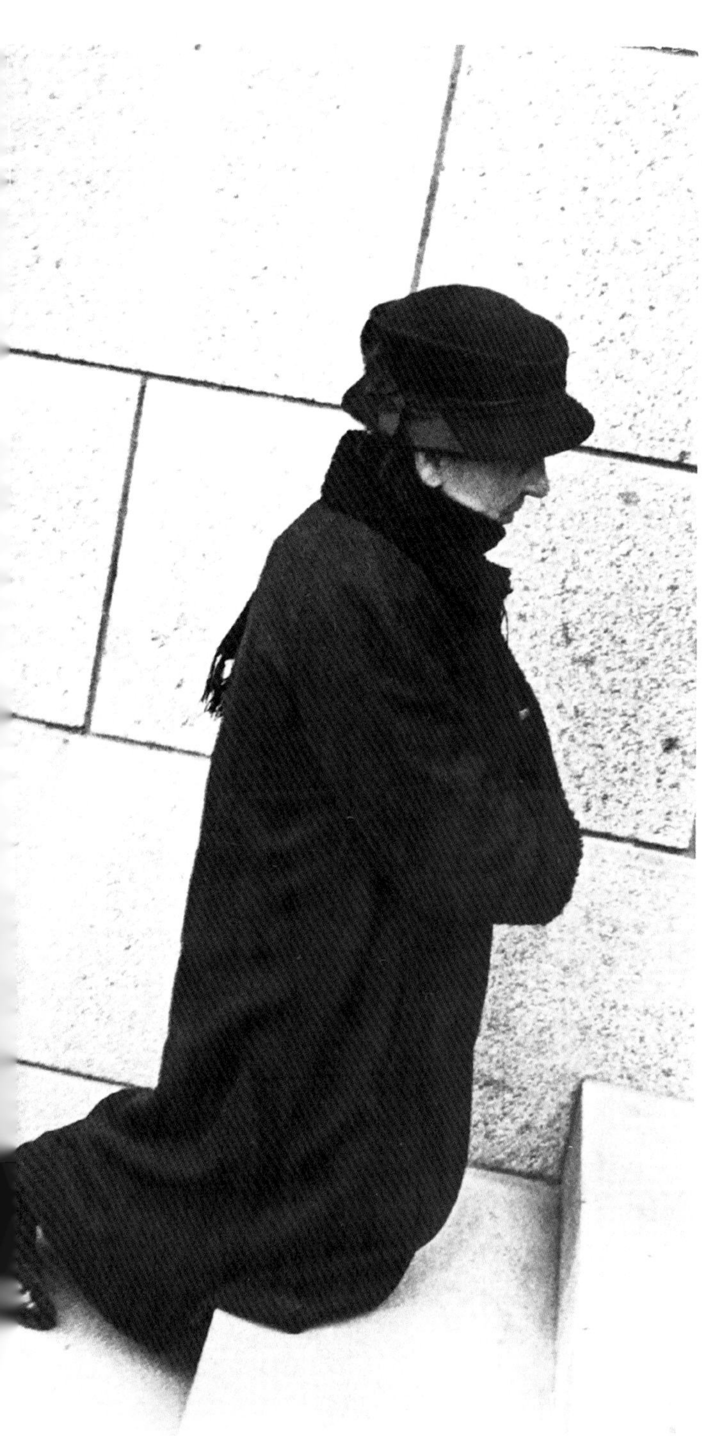

Pèlerinage à Lisieux.
L'année reste imprécise : 1934 ou 1935. Ces photos ont été diffusées par les agences pour lesquelles Friedmann travaillait – Anglo-Continental et Alliance Photo.
On ne trouve pas trace de ce reportage dans la presse.

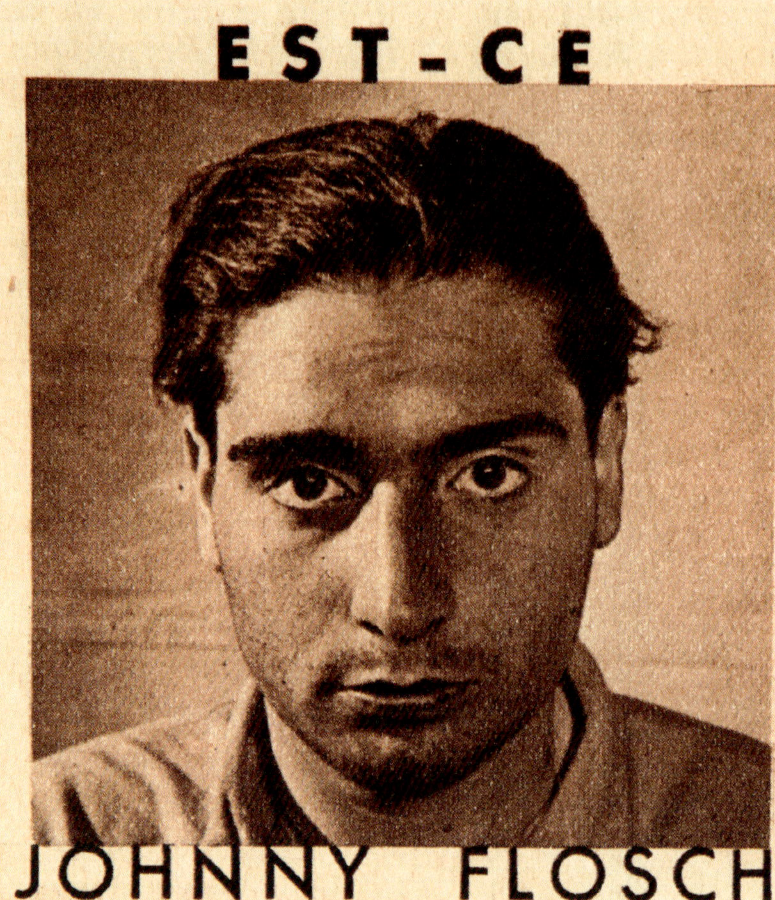

EST-CE

JOHNNY FLOSCH

le métis australien qui excelle à manier le boomerang, l'arme volante des chasseurs australiens qui revient dans la main du lanceur, après avoir atteint son but, sans laisser la moindre trace?

Ce document montre le visage du futur Capa en 1933. Il n'est pas encore le photographe connu, il pose pour un roman-photo où il joue le méchant, le tueur au boomerang.

Un réfugié à Paris

Autriche, septembre 1933, Wien Westbahnhof, la gare de l'Ouest à Vienne : Endre Friedmann n'a pas 20 ans, mais il s'exile en France, accompagné de son ami d'enfance, Csiki Weisz. Deux allers simples en train pour Paris. Avec leur « dégaine de clochard aux cheveux en bataille, longs et noirs », dira Ata Kando, et leur sac de voyage, ils ont chacun pour tout trésor un appareil photo. Celui d'Endre, qu'il ne quitte déjà plus, est un Leica I, le modèle de base. Cet unique outil de travail l'a sorti de l'ornière et lui a permis de gagner un peu d'argent pour partir. Rien de bien glorieux : des cartes postales à Budapest, un *jamboree* de scouts en Hongrie dont les photos ne paraîtront jamais, des travaux en chambre noire à Vienne... Qu'importe pourvu qu'il y ait la liberté ! Comme des milliers d'hommes, ils fuient le bruit des bottes des parades nazies, l'antisémitisme et cette Europe centrale écrasée par la crise économique et le chômage. Athées, activistes antifascistes, Endre et Csiki sont d'origine juive et savent pertinemment qu'il n'y a pas d'avenir pour eux dans l'Allemagne d'Hitler.

Sur le quai de la gare de l'Est à Paris, personne ne les attend. Ils ne parlent pas français et n'ont aucun point de chute. Endre a juste sur lui, en cas d'urgence, l'adresse des cousins parisiens de sa mère, les Fischer. Les premiers temps, les deux copains partagent une chambre d'hôtel dans le Quartier latin, rue Lhomond dans le Ve arrondissement, qu'ils ne pourront rapidement plus payer. La lutte pour la survie s'engage avec autant de difficultés qu'ailleurs, mais à Paris au moins la menace répressive disparaît. Même si, comme l'écrivit Klaus Mann, le droit d'asile en France était « soumis à trois obligations : ne pas travailler, ne pas dépendre de la charité publique et surtout ne pas se fixer ». Un challenge impossible. Selon les autorités françaises d'alors – qui ne voulaient surtout pas déplaire à l'Allemagne en accueillant ses opposants – Paris ne devait être pour les réfugiés qu'une « gare de transit ». Pourtant, Paris devient la ville refuge des Allemands antinazis avec lesquels Endre utilise l'allemand qu'il maîtrise parfaitement. Il retrouvera bien des connaissances, comme son ancien patron de l'agence Dephot, Simon Guttman, souvent de passage en France. Et puis il y a les aînés venus du pays natal, les génies hongrois de la photographie qui vont le conseiller et le guider, Kertész et Brassaï en tête. Première décision de Friedmann, désormais parisien, celle de franciser son prénom. Désormais il se fera appeler André. En cinq années de travail acharné, le « clochard » débarqué gare de l'Est va devenir « le-plus-grand-photographe-de-guerre-au-monde ».

Trotski, premier reportage

Parmi les tirages découverts par Bernard Matussière dans son grenier de la rue Froidevaux, cette photographie de Léon Trotski est sans conteste l'une des pièces les plus exceptionnelles. Car il s'agit de l'une des images du tout premier reportage de Capa publié dans la presse. Ce tirage argentique d'époque, de petit format (13 x 17,5 cm), porte au verso le tampon à l'encre noire « PHOTO ROBERT CAPA », signature adoptée en 1936. Cette photographie a été prise le 27 novembre 1932 au Stadium de Copenhague au Danemark, lors de la dernière conférence connue en public de Léon Trotski. Banni d'URSS en 1929, il vit alors en exil sur l'île de Prinkipio en Turquie. Il accepte, à l'automne 1932, l'invitation de l'Association des étudiants sociaux-démocrates de Copenhague. Au jour dit, 2 500 personnes prennent place dans l'enceinte sportive. Des dizaines de journalistes sont présents. À Berlin, l'agence photographique de presse Dephot (Deutscher Photodients) de Simon Guttman – qui vient de prendre le nom de Degephot – cherche un reporter-photographe. La légende veut que tous étant occupés, Simon Guttman ait demandé à Endre Friedmann, alors laborantin et coursier, de partir pour Copenhague avec un rédacteur du journal *Die Welt-Spiegel*. Friedmann avait été formé à la prise de vue par ses grands aînés de l'agence, et son patron avait jugé ses essais satisfaisants. L'International Center of Photography possède la planche-contact du meeting de Trotski. On y compte 29 poses, dont plus d'une vingtaine en plan serré, mettant en valeur la gestuelle du tribun à son pupitre. Le doigt de la main droite pointé à la hauteur de la moustache est la photo numéro 17.

Comme à l'accoutumée, Capa racontera plusieurs versions de son succès. En voici une, à la gloire de son nouvel outil de travail : « Aucune photo possible, Trotski ne voulait pas se laisser photographier. Des photographes du monde entier étaient là avec leurs chambres grand format. Aucun ne put entrer. Survinrent quelques ouvriers qui devaient transporter de longs tubes d'acier à l'intérieur. Je me joignis à eux. J'avais un petit Leica dans ma poche et personne ne pouvait imaginer que j'étais un photographe. Mon petit Leica et moi nous sommes allés voir Trotski. »

Quatre de ses photographies – dont celle-ci au doigt pointé – furent publiées sur une page, dans le numéro du 11 décembre 1932 de *Die Welt-Spiegel*, avec la signature « Aufnahmen [enregistrements] Friedmann – Degephot », sous le titre « Trotski monte à la tribune ».

Le hasard voudra que la route de Capa croise à nouveau celle de Léon Trotski. À Mexico, en 1940. Robert Capa couvrait les élections présidentielles mexicaines pour *Life Magazine* et « March of Time », actualités cinématographiques du groupe de presse *Time-Life*. Le 21 août, jour de l'annonce de l'assassinat de Trotski, il tenta en vain de se rendre à sa maison de Coyoacán. Il ne put entrer. ■

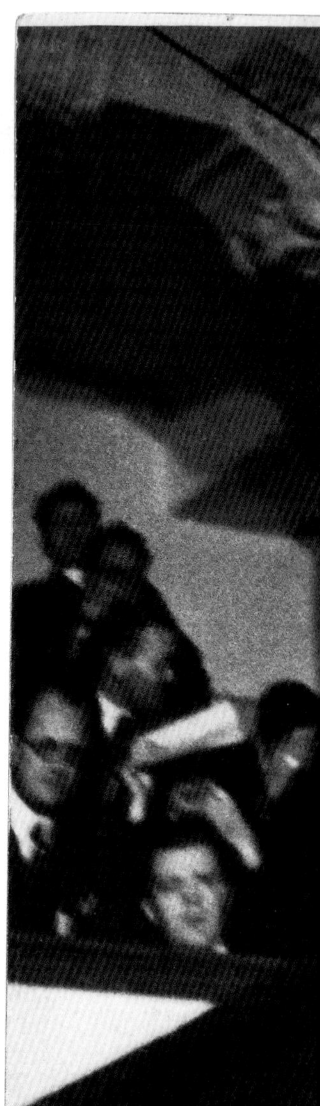

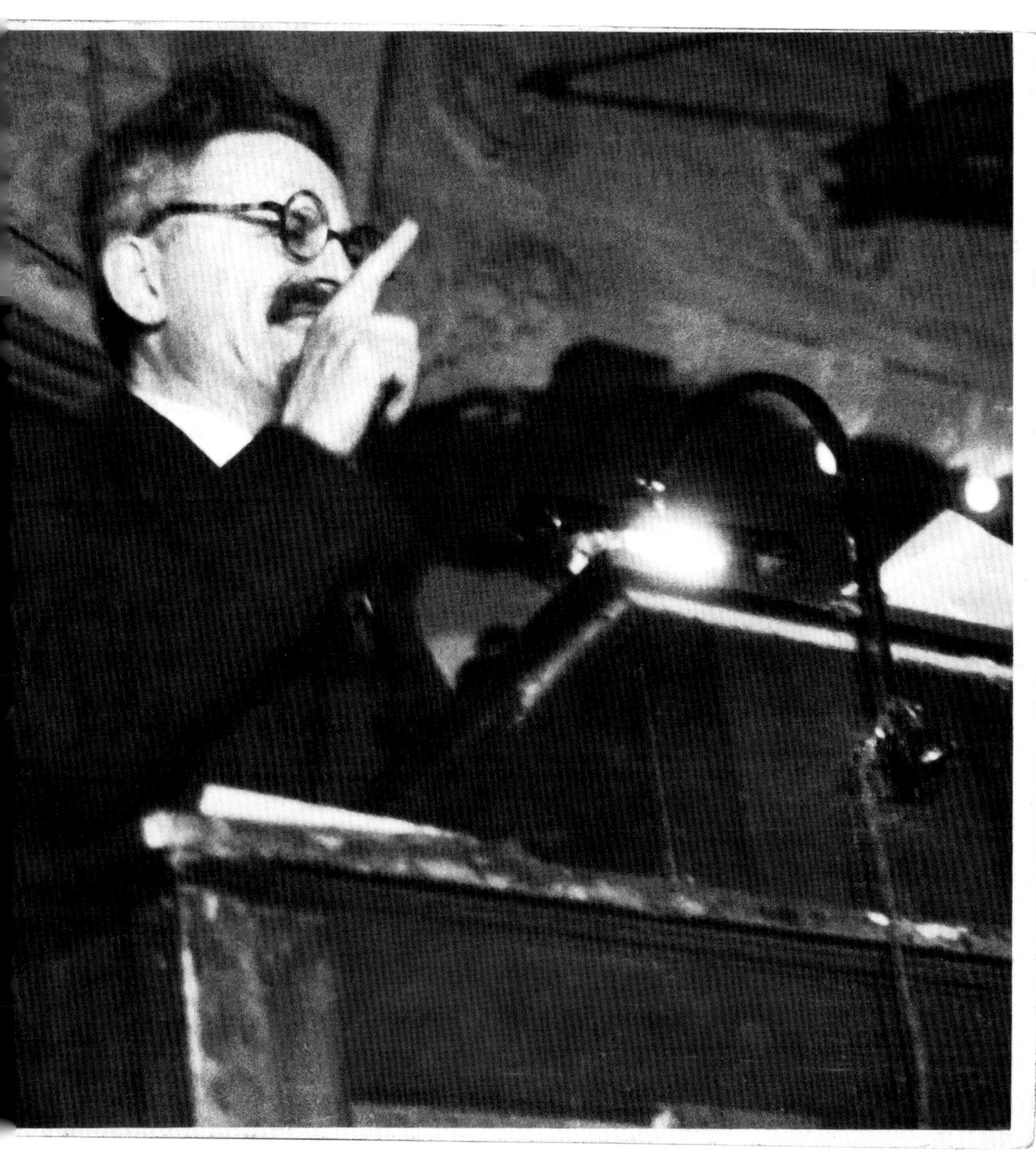

Léon Trotski photographié par Endre Friedmann, envoyé spécial de l'agence berlinoise Dephot, lors d'un meeting à Copenhague, le 27 novembre 1932. Il s'agit du premier reportage du photographe. Ce tirage d'avant-guerre a été retrouvé au 37 rue Froidevaux.

Figurant dans un roman-feuilleton

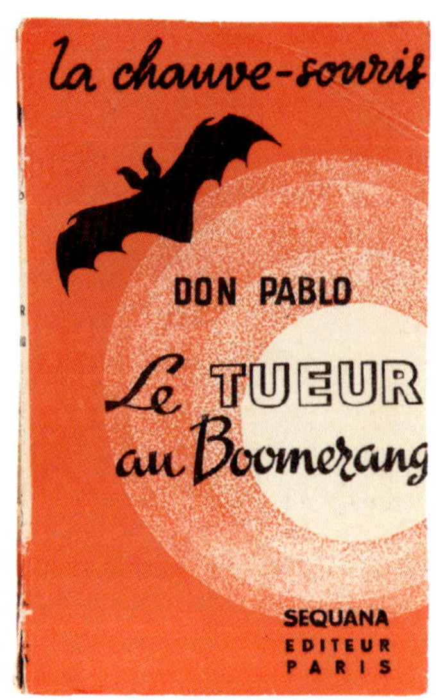

Le premier épisode du *Tueur au boomerang* paraît dans le numéro du 4 juillet 1934 du magazine *VU*. André Friedmann en gouape interlope pose en mannequin inquiétant.
Le feuilleton paraîtra en volume bien après, en 1942, dans une collection policière.

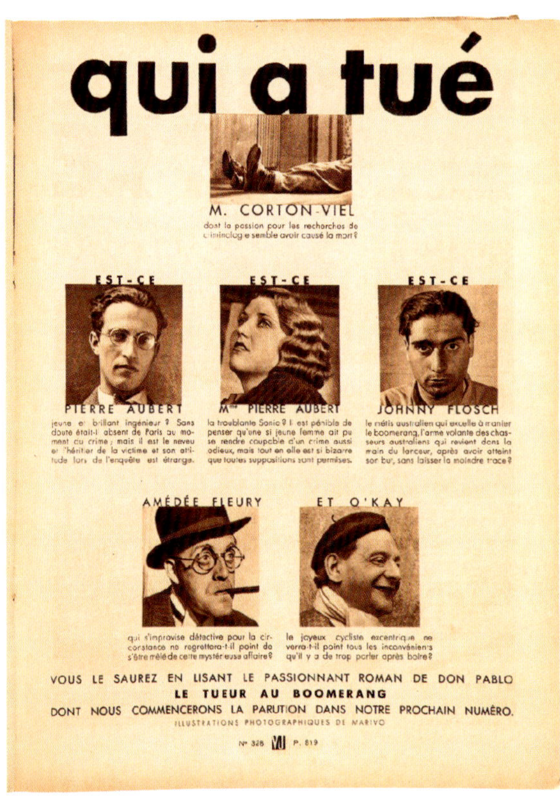

qui a tué

M. CORTON-VIEL
dont la passion pour les recherches de criminologie semble avoir causé la mort?

EST-CE
PIERRE AUBERT
jeune et brillant ingénieur ? Sans doute était-il absent de Paris au moment du crime ; mais il est le neveu et l'héritier de la victime et son attitude lors de l'enquête est étrange.

EST-CE
Mme PIERRE AUBERT
la troublante Sonia ? Il est pénible de penser qu'une si jeune femme ait pu se rendre coupable d'un crime aussi odieux, mais tout en elle est si bizarre que toutes suppositions sont permises.

EST-CE
JOHNNY FLOSCH
le métis australien qui excelle à manier le boomerang, l'arme volante des chasseurs australiens qui revient dans la main du lanceur, après avoir atteint son but, sans laisser la moindre trace ?

AMÉDÉE FLEURY
qui s'improvise détective pour la circonstance ne regrettera-t-il point de s'être mêlé de cette mystérieuse affaire?

ET O'KAY
le joyeux cycliste excentrique ne verra-t-il point tous les inconvénients qu'il y a de trop parler après boire?

VOUS LE SAUREZ EN LISANT LE PASSIONNANT ROMAN DE DON PABLO
LE TUEUR AU BOOMERANG
DONT NOUS COMMENCERONS LA PARUTION DANS NOTRE PROCHAIN NUMÉRO.
ILLUSTRATIONS PHOTOGRAPHIQUES DE MARIVO

N° 328 VU P. 819

Fin 1933, André Friedmann commence sa carrière dans la presse comme acteur de roman-feuilleton dans *VU*. Le magazine illustré de Lucien Vogel, dans la grande tradition de la presse française, publie régulièrement des romans découpés en épisodes. Cette année-là, Fritz Drach, immigré allemand et rédacteur en chef, a en main une histoire policière intitulée *Le Tueur au boomerang*, signée Don Pablo, pseudonyme derrière lequel se cache Paul Bataille, autre pseudonyme. Cette histoire complexe raconte l'enquête de police menée suite à la découverte du cadavre de M. Corton-Viel, dans son hôtel particulier, près d'un mannequin brandissant un boomerang. Ce mannequin représente Johnny Flosch, un artiste de music-hall australien. Fritz Drach confie à un journaliste et dessinateur allemand, Ludwig Wronkow, le soin d'illustrer cette histoire. Ils choisissent ainsi de faire réaliser des illustrations photographiques par Marie-Claude Vogel, la fille du patron de *VU*. Elle signe ses photos « Marivo ». Pour jouer les figurants, huit amis du Dôme sont sollicités, et tous sont bien contents de trouver un petit travail. On rassemble quelques costumes et on fait les prises de vue dans des hôtels. Le rôle du tueur au boomerang et de Johnny Flosch sera tenu avec talent par un André Friedmann mal rasé, qui vient de mettre son Leica – sa seule richesse – en gage pour obtenir un peu d'argent. Ludwig Wronkow joue le rôle du commissaire de police.

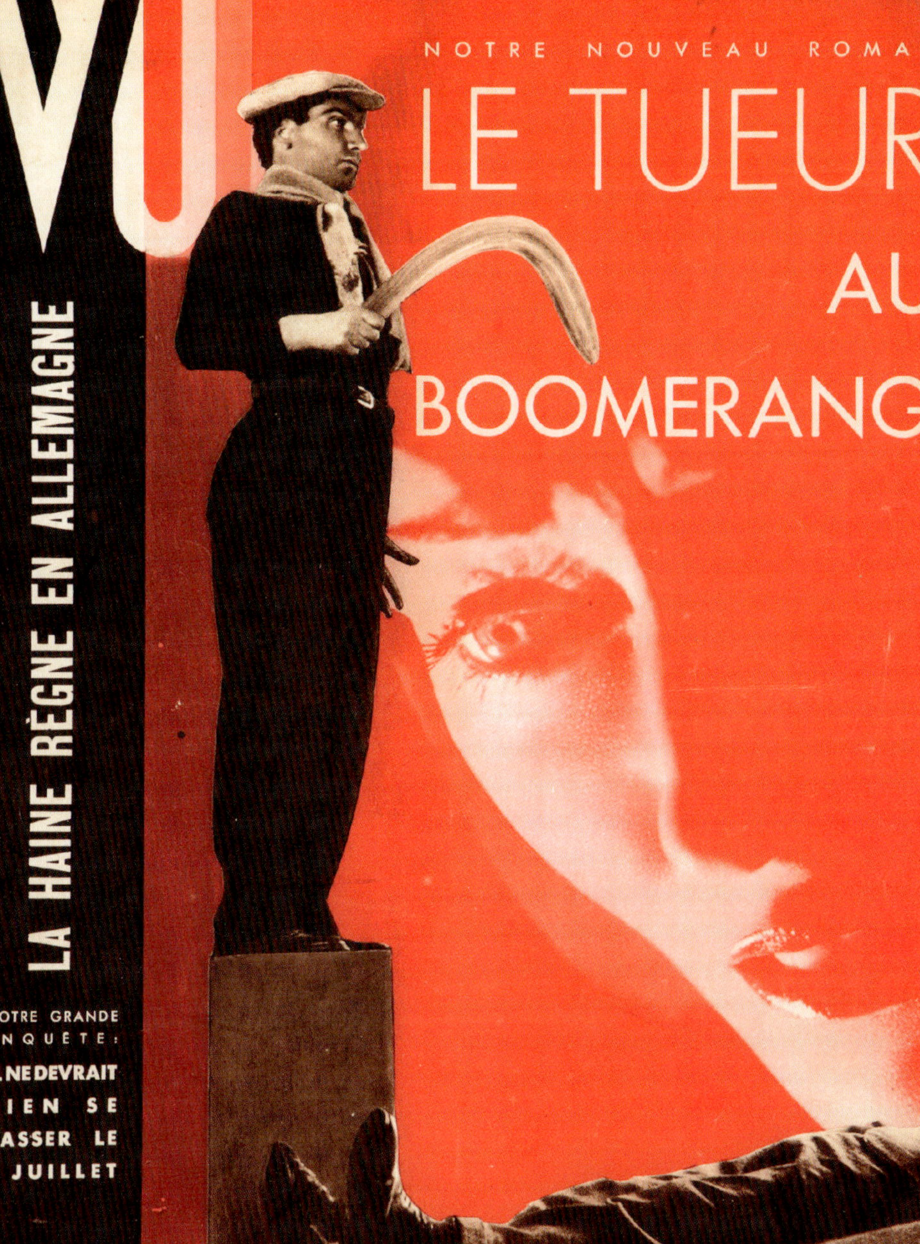
VU
NOTRE NOUVEAU ROMAN
LE TUEUR AU BOOMERANG
LA HAINE RÈGNE EN ALLEMAGNE
NOTRE GRANDE ENQUÊTE:
IL NE DEVRAIT RIEN SE PASSER LE 8 JUILLET
7e ANNÉE. — N° 329
4 JUILLET 1934
PARAIT LE MERCREDI
PRIX : 2 FRANCS
Direct. : Lucien VOGEL

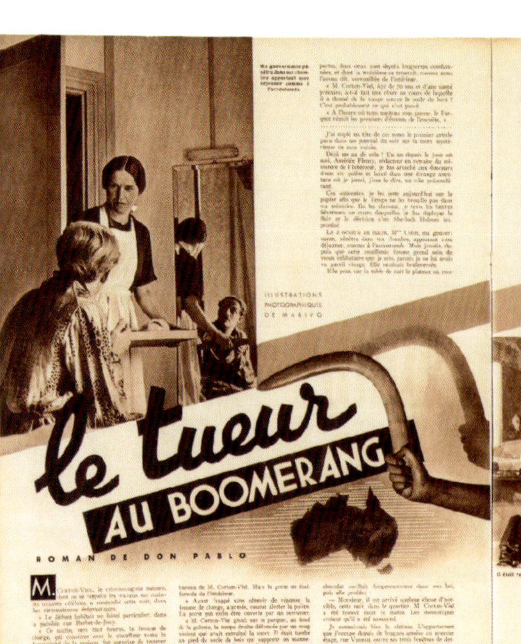
ILLUSTRATIONS PHOTOGRAPHIQUES DE MARIVO
le tueur
AU BOOMERANG
ROMAN DE DON PABLO

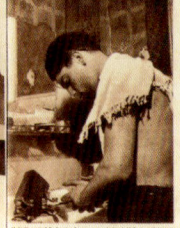

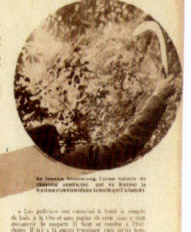

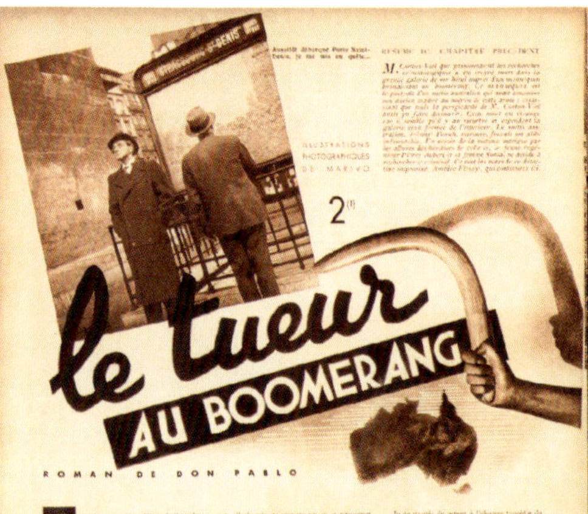
ILLUSTRATIONS PHOTOGRAPHIQUES DE MARIVO
2
le tueur
AU BOOMERANG
ROMAN DE DON PABLO

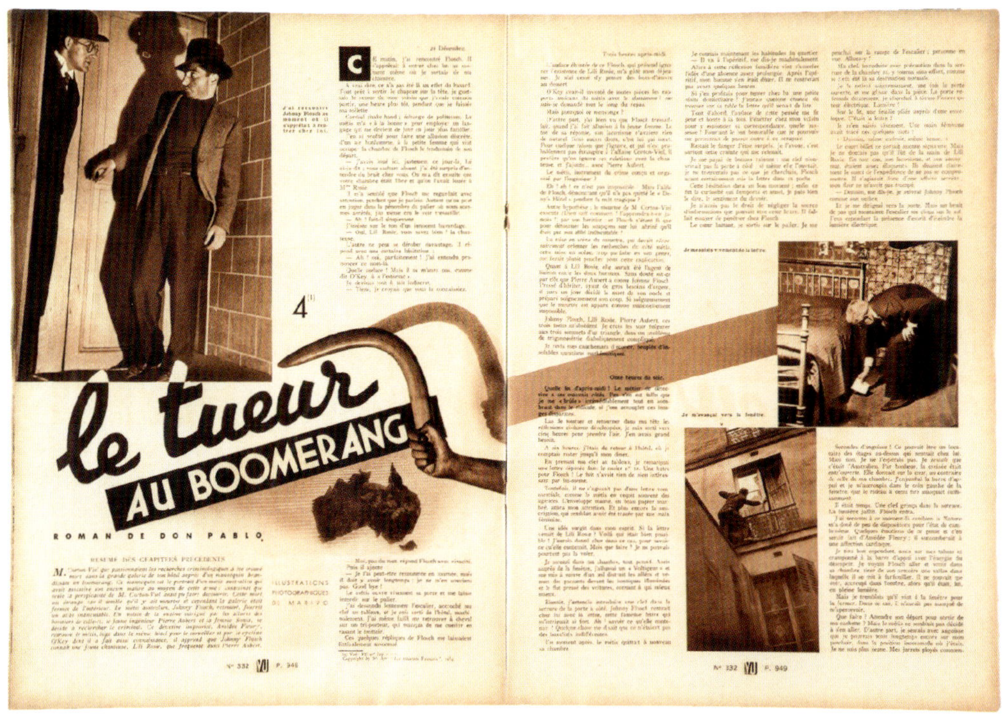

4[1]

le tueur AU BOOMERANG

ROMAN DE DON PABLO

N° 332 VU P. 948

N° 332 VU P. 949

Dans le numéro 329 du 4 juillet 1934 de *VU* paraît en Une un montage désopilant, titré : « Notre nouveau roman, Le Tueur au boomerang ». C'est bien André Friedmann qui pose en pied, le regard figé, tenant fermement l'arme du crime sur un fond rouge aguicheur. À l'intérieur du journal, sur trois pages, est publié le début du feuilleton. On peut y lire la description de la scène de crime : « On y voit des autographes de maintes vedettes de la chronique sanglante, des objets leur ayant appartenu, une collection d'armes très complète, enfin toutes sortes de souvenirs rappelant les hauts faits des chevaliers de l'"eustache" et du "soufflant". Mais le plus bel ornement de la galerie, c'est le mannequin, devant lequel fut trouvé le corps du collectionneur peu banal qu'était M. Corton-Viel. Il représente un personnage particulièrement sinistre ; une manière d'escarpe misérablement vêtu ; au-dessus du foulard orangé qui en entoure le cou, un visage basané dans lequel brillent des yeux farouches sous les boucles noires d'une chevelure épaisse et laineuse. »

Le roman en dix épisodes paraîtra pendant tout l'été 1934, à raison de trois pages par semaine, agrémenté à chaque fois de quatre à cinq photos. Avec l'argent gagné, Friedmann pourra récupérer son Leica.
Le texte du feuilleton (à l'exception malheureusement des photos) sera publié en volume par Sequana Éditeur en 1942, dans une nouvelle collection de romans policiers, baptisée « La chauve-souris ». ■

Les photos de ce feuilleton sont de Marie-Claude Vogel et paraissent sous le crédit « Illustrations photographiques Marivo ». Sur un de ces clichés, on trouve le tampon « Central / Agence photographique, 13 rue de Dantzig, Paris XVe. Téléphone Vaugirard 37-66 ». Chacun des dix épisodes (*VU*, du numéro 329 au numéro 338) montre quatre ou cinq photos sur lesquelles apparaissent souvent Johnny Flosch, le tueur au boomerang, *alias* André Friedmann.

Les deux reportages de Friedmann sur la Sarre publiés en 1934 par *VU*. La mise en page spectaculaire est typique de l'hebdomadaire de Lucien Vogel. Seul le second reportage comporte le nom de Friedmann.

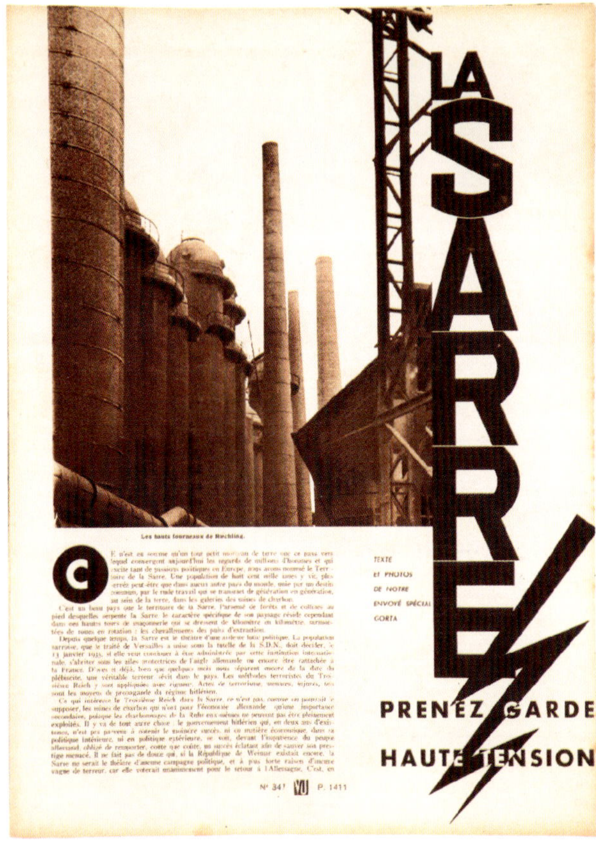

LA SARRE

PRENEZ GARDE HAUTE TENSION

Les hauts fourneaux de Rœchling.

C'est en somme qu'un tout petit morceau de terre que ce pays vers lequel convergent aujourd'hui les regards de millions d'hommes et qui excite tant de passions politiques en Europe, nous avons nommé le Territoire de la Sarre. Une population de huit cent mille âmes y vit, plus serrée peut-être que dans aucun autre pays du monde, unie par un destin commun, par le rude travail qui se transmet de génération en génération, au sein de la terre, dans les galeries des mines de charbon.

C'est un beau pays que le territoire de la Sarre. Parsemé de forêts et de collines au pied desquelles serpente la Sarre, le caractère spécifique de son paysage réside cependant dans ces hautes tours de maçonnerie qui se dressent de kilomètre en kilomètre, surmontées de roues en rotation : les chevalements des puits d'extraction.

Depuis quelque temps, la Sarre est le théâtre d'une ardente lutte politique. La population sarroise, que le traité de Versailles a mise sous la tutelle de la S.D.N., doit décider, le 13 janvier 1935, si elle veut continuer à être administrée par cette institution internationale, s'abriter sous les ailes protectrices de l'aigle allemande ou encore être rattachée à la France. D'ores et déjà, bien que quelques mois nous séparent encore de la date du plébiscite, une véritable terreur sévit dans le pays. Les méthodes terroristes du Troisième Reich y sont appliquées avec rigueur. Actes de terrorisme, menaces, injures, tels sont les moyens de propagande du régime hitlérien.

Ce qui intéresse le Troisième Reich dans la Sarre, ce n'est pas, comme on pourrait le supposer, les mines de charbon qui n'ont pour l'économie allemande qu'une importance secondaire, puisque les charbonnages de la Ruhr eux-mêmes ne peuvent pas être pleinement exploités. Il y va de tout autre chose : le gouvernement hitlérien qui, en deux ans d'existence, n'est pas parvenu à obtenir le moindre succès, ni en matière économique, dans sa politique intérieure, ni en politique extérieure, se voit, devant l'impatience du peuple allemand, obligé de remporter, coûte que coûte, un succès éclatant afin de sauver son prestige menacé. Il ne fait pas de doute qui, si la République de Weimar existait encore, la Sarre ne serait le théâtre d'aucune campagne politique, et à plus forte raison d'aucune vague de terreur, car elle voterait unanimement pour le retour à l'Allemagne. C'est, en

TEXTE ET PHOTOS DE NOTRE ENVOYÉ SPÉCIAL GORTA

N° 341 VU P. 1411

La Sarre, Friedmann signe

Depuis la fin de la Première Guerre mondiale et le traité de Versailles, le Land de la Sarre est devenu le lieu de toutes les tensions entre la France et l'Allemagne. Longuement occupé par les troupes françaises, telle une position défensive sur la rive droite du Rhin, s'y déroule, le 13 janvier 1935, un référendum devant confirmer le *statu quo* d'une Sarre française ou son rattachement à l'Allemagne. La question alimente de longs débats dans toute la presse, et le magazine illustré *VU* dirigé par Lucien Vogel ne fait pas exception. Dès l'automne 1934, deux longs articles traitent le sujet dans le magazine : le premier dans le numéro du 7 novembre et le second dans celui du 21 novembre. Il s'agit du même reportage, publié en deux volets. « La Sarre. Attention : la tension monte – Texte et photos de notre envoyé spécial Gorta », tels sont le titre et la signature de la première parution. Pour la seconde, on lit : « Ce que disent les Sarrois… et pour qui ils voteront ? – Interviews et photos de nos envoyés spéciaux Gorta et Friedmann ». Bien des années après cette publication, le réalisateur Joris Ivens se souvenait encore de la colère de Capa contre Vogel après la parution du premier article sans sa signature. « Capa était fort mécontent. Il voulait voir son nom imprimé et être payé, Vogel a finalement arrangé l'affaire. » Et surtout, il n'omit pas le nom du photographe lors de la publication du second article. Cette première parution de photographies d'André

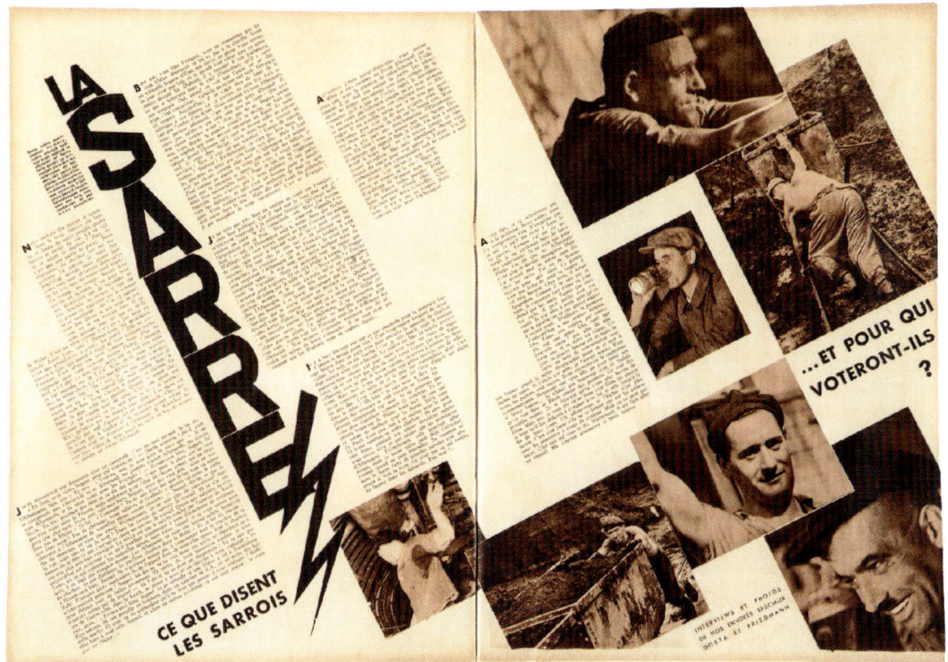

Friedmann dans *VU* est historique. Suite aux deux premières parutions dans la presse allemande (le meeting de Trotski à Copenhague et une exposition à Berlin), elle est considérée comme la troisième publication de sa carrière et sa toute première dans la presse française.

André était à Paris depuis un an lorsqu'il a décroché cette commande. Il part à Sarrebruck avec Gorta en septembre 1934. Sans doute grâce à deux personnes : Kertész tout d'abord, qui travaillait pour *VU* depuis sa fondation en 1928 et qui semble avoir recommandé Friedmann à Lucien Vogel, mais aussi grâce à Goro, cofondateur de l'éphémère agence photographique à Paris, Anglo-Continental. Journaliste allemand, ancien directeur adjoint de la *Münchner Illustrierte Presse*, Fritz Gorodiski, dit Goro, s'est associé à Maria Eisner (arrivée de Berlin en juin 1933) pour monter cette agence. Quant au rédacteur qui accompagne Friedmann, le 53 jeune Gorta, lui aussi réfugié allemand à Paris, il sera ensuite en charge pour Anglo-Continental de la liaison avec la nouvelle agence photographique américaine Black Star, fondée également par des émigrés allemands, en 1935. C'est par cette voie que Gorta diffusera les toutes premières photographies de Friedmann aux États-Unis. À la disparition d'Anglo-Continental, remplacée par Alliance Photo, sa directrice Maria Eisner poursuivra cette relation avec Black Star, y compris pour la vente des photographies du futur Capa.

Ce reportage d'André Friedmann à Sarrebruck lui vaudra d'obtenir de *VU* sa première carte de presse. ■

Premier voyage en Espagne

Au printemps 1935, André Friedmann se rend pour la première fois en Espagne. Cette mission sera déterminante pour le reste de sa carrière de photographe. Sa vie est alors très précaire à Paris, et il hésite encore à s'engager définitivement dans ce métier dont il vit difficilement. Fin 1934, à plusieurs reprises dans les lettres à sa mère, il évoque la possibilité de travailler dans l'industrie cinématographique, alors en pleine expansion.
Il contacte plusieurs studios parisiens pour apprendre un métier – jugé plus stable – sur les plateaux de tournage. Ainsi cette nouvelle mission, c'est un peu un quitte ou double. Il écrit d'ailleurs à sa mère, du Dôme, le 25 mars 1935 : « C'est ma dernière chance et il faut que j'en tire le meilleur parti. » Il se donne les moyens de la réussir en achetant à crédit, juste avant de quitter Paris, un Leica dernier cri. Son premier modèle à objectifs interchangeables, sans doute le Leica III, mis en vente en 1935, en Allemagne. Il annonce à son frère Cornell : « Cher junior, tu aimeras beaucoup mon nouveau Leica. »

Pourtant les ennuis commencent dès son passage à la frontière.
En cause : son passeport hongrois, de plus la gendarmerie française découvrant qu'il est journaliste (il possède une carte de photographe de l'hebdomadaire *VU*). Ainsi écrira-t-il avec enthousiasme de Madrid à sa mère : « Je suis désormais membre de la presse internationale ! »

Ce voyage sera un succès pour deux raisons : une série de reportages d'actualité (match de boxe à San Sebastián, pèlerinage annuel de Séville, tauromachie, tentative de record d'altitude d'un aérostier) et l'entrée en scène de Simon Guttman, son ancien patron de l'agence Dephot à Berlin, qui se fait fort de vendre ses sujets tant en France qu'à l'étranger. Avant son départ, il a d'ailleurs reçu d'Henri Daniel, l'associé de Guttman, une avance pour son travail à venir et le billet de train pour Madrid, « en 1re classe » se plaît-il à préciser à sa mère.

Après bien des rendez-vous manqués, André couvrira, à Madrid, avec le journaliste Pierre Rousseau, la tentative de record d'altitude du colonel Emilio Herrera, un pilote espagnol qui projetait de grimper à 25 000 mètres en ballon, vêtu d'une tenue de plongeur sous-marin. *VU* publia le reportage accompagné de huit photos créditées « Photos André ». La Une du journal, très accrocheuse, annonce de manière un peu exagérée : « En scaphandre dans la stratosphère » ; or seuls les préparatifs sont montrés. Simon Guttman, en qui André avait toute confiance, vendit le reportage en Allemagne, au *Berliner Illustrirte Zeitung* (*BIZ*), qui en fit une couverture. À Paris, cette parution choqua la communauté des exilés. De confession juive, la famille Ullstein, propriétaire du journal, avait été chassée par les nazis !

Le reportage de Capa sur l'aérostier espagnol paraît sur trois pleines pages, dans le numéro du 5 juin 1935 de *VU*. La mise en page sous forme de récit photo montre les préparatifs du vol du colonel Emilio Herrera.

LE COLONEL HERRERA MONTERA-T-IL A 25.000 MÈTRES?

EN SCAPHANDRE

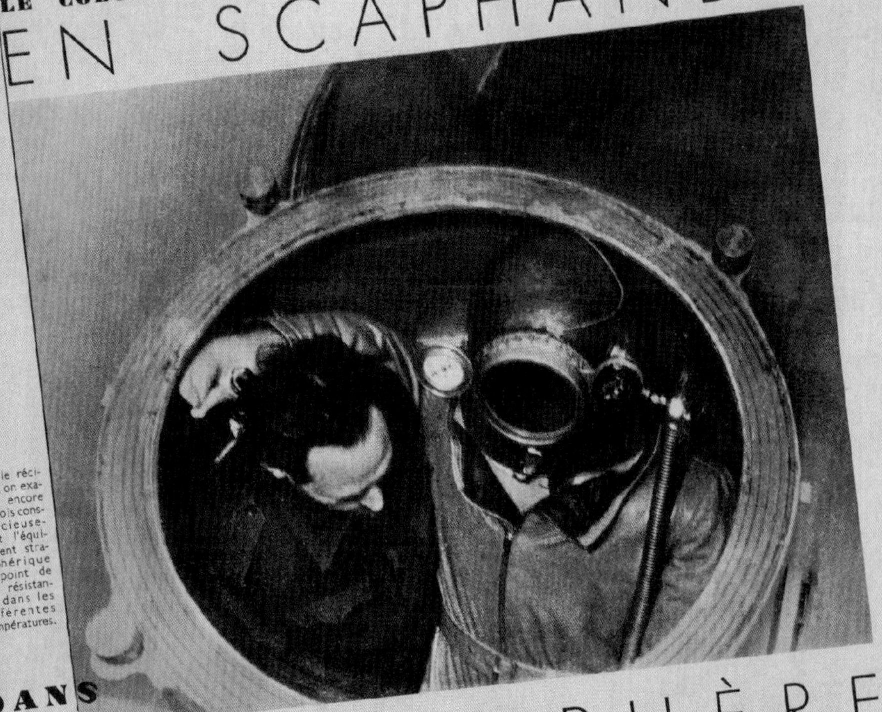

Dans le récipient, on examine encore une fois consciencieusement l'équipement stratosphérique au point de vue résistance dans les différentes températures.

DANS LA STRATOSPHÈRE

Je suis très honoré d'adresser un salut au public français par l'intermédiaire de "Vu" avant ma montée dans la stratosphère

Emilio Herrera

Paris Mai 1935

Quelques lignes que le colonel Herrera a spécialement écrites pour les lecteurs de VU, lors de son dernier passage à Paris.

Il n'est guère d'expériences scientifiques qui aient suscité autant de curiosité que les ascensions stratosphériques. Par l'ampleur des aérostats employés, par les vertigineuses altitudes atteintes, par le contraste entre ces grandeurs imposantes et le choc infinitésimal des rayons cosmiques dans les compteurs électroniques, et aussi par la hardiesse des savants qui s'aventurèrent dans ces régions inviolées, les expéditions des Piccard, des Cosyns, des Settle, des Prokovief — héros sortis tout armés du cerveau d'un moderne Jules Verne — étaient destinées à éveiller la curiosité du public et à attirer dans les sentiers rocailleux de la physique moderne les plus profanes des mortels.

C'est peu avant 1910 que la notion de rayonnement cosmique fit son entrée dans la science. Comme un malin génie s'introduit subrepticement dans une pièce close, une mystérieuse radiation pénétra dans les laboratoires ; la pièce que jouait la physique s'accrut d'un personnage nouveau. A vrai dire, on eut d'abord du mal à en découvrir l'identité : tout ce qu'on savait, c'est qu'il était capable de décharger les électroscopes. Tout une meute de chercheurs se lança alors sur ses traces : Milikan, Hess, Kolhörster, Schweildler. Dès 1909, un prédécesseur d'Auguste Piccard, Gockel, monta en ballon à 4 500 mètres, et découvrit que

N° 377 VU P. 755

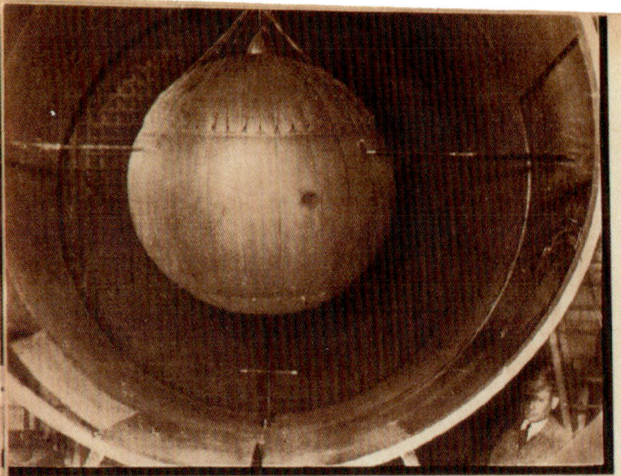

Dans un tunnel spécialement construit d'après les calculs du colonel Herrera (unique dans son genre en Europe), un ballon d'essai est exposé dans les mêmes conditions atmosphériques que dans la stratosphère. Le véritable ballon sera en soie très légère, il aura 75 mètres de diamètre et ne pèsera que 1.500 kilos.

la vitesse de décharge des électroscopes y était plus forte qu'au sol. L'opinion scientifique fut alors d'avis que ce rayonnement provenait des espaces célestes et qu'il ne dépendait pas du lieu d'observation. Mais, depuis 1932, grâce aux travaux de Piccard, aux voyages de Clay et Berlage et de nos compatriotes Leprince-Ringuet et Auger, à ce chapitre nouveau-né de la science, s'ajoutèrent des pages nouvelles. Il fut démontré que la radiation cosmique transportait de telles quantités d'énergie — des milliards d'électrons-volts (1) — qu'il leur était possible de traverser plusieurs mètres d'eau. Pour les éliminer, les expérimentateurs durent installer leurs appareils au fond des lacs ! Ce sont des phénomènes, de plus en plus tangibles sous le doigt délicat de la physique, que les stratonautes allèrent chercher dans les hauteurs de l'atmosphère. Ils emportaient le compteur à électrons de Geiger-Müller, véritable tourniquet qui permet de recenser un à un les électrons, imperceptibles errants de l'espace. Ainsi reconnurent-ils l'extrême généralité de ce rayonnement, et ils lui attribuèrent une telle importance qu'il pouvait influer, disait Milikan, « non seulement sur les théories actuelles, mais aussi sur toute théorie future concernant l'origine et le destin de l'Univers ».

Ce serait cependant une erreur de croire que, seul, le souci d'élucider ce problème abstrait guidait les premiers stratonautes. La haute atmosphère pose en outre une foule de questions, auxquelles les ballons-sondes n'ont apporté jusqu'ici que des solutions fragmentaires. Les couches à courants horizontaux qui planent à plus de 12.000 mètres sont le séjour idéal de l'avion, d'abord parce qu'elles ignorent les dangereux remous dees régions inférieures, puis parce que l'air, extrêmement raréfié n'oppose plus à l'avancement qu'une résistance insignifiante. A 19.000 mètres, altitude atteinte par le ballon *URSS*, la pression n'est plus que de 48 m/m, alors qu'elle est de 760 m/m au sol. D'ingénieux inventeurs, M. Mélot

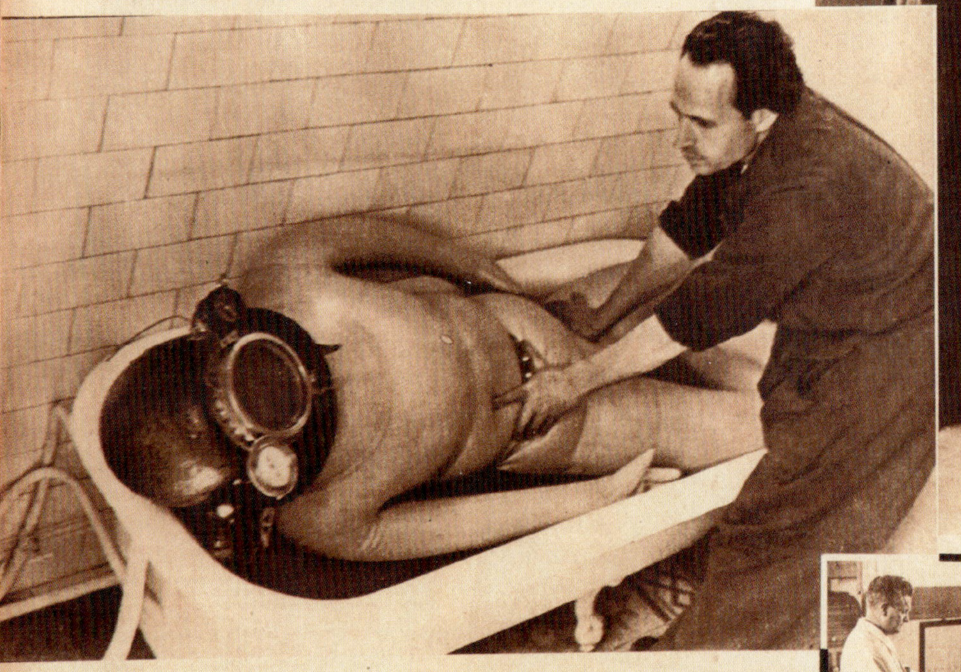

L'imperméabilité du vêtement en caoutchouc rempli d'air est examinée après un bain de plusieurs heures.

par exemple, s'écartant du chemin tracé par la fusée de M. Esnault-Pelterie, ont conçu les plans d'avions à réaction qui, à 20.000 mètres soutiendraient une vitesse de 1.200 à 1.500 km. à l'heure ! New-York serait à 4 heures de Paris ; on pourrait faire l'aller et retour dans la journée !

On conçoit donc quel intérêt passionné s'attache aux choses de l'atmosphère, si bien connue, croyons-nous puisque nous rampons

(1) Energie acquise par un électron sous un potentiel de 1 volt.

PHOTOS ANDRÉ

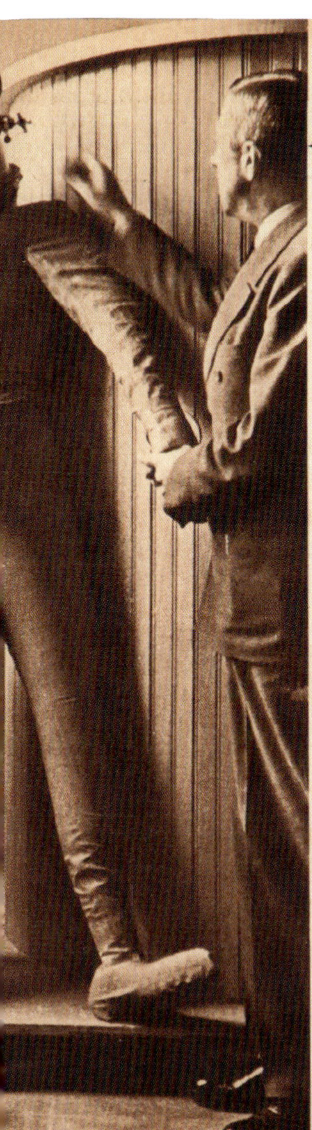

Le vêtement est rempli d'air afin de constater qu'il ferme hermétiquement.

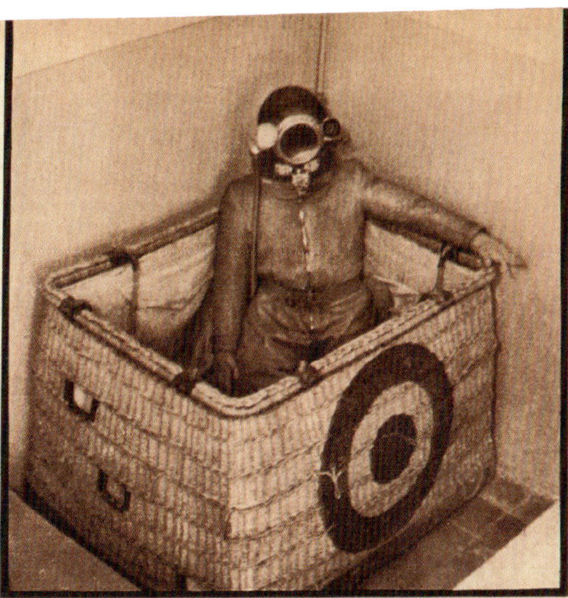

La poupée stratosphérique est prête pour le départ. C'est ainsi que le colonel Herrera compte bientôt partir dans sa nacelle ouverte pour battre le record stratosphérique espérant dépasser les 25.000 mètres d'altitude.

dans ses bas-fonds, si mystérieuse en réalité. Aussi le Professeur Piccard vient-il de partir à Varsovie pour préparer l'étude d'un ballon de 60 mètres de diamètre et de 11.200 mètres cubes, pouvant monter à 30.000 mètres. Aussi les Soviets hâtent-ils la construction de ,'*Ossoaviachim II*, frère du stratostat qui gravit les cimes de l'atmosphère jusqu'à 22.000 mètres, et celle de la fusée qui pourra, dit-on, s'élever jusqu'à 40 km. Aussi le Professeur Molchanov nous informe-t-il qu'une conférence internationale sur la stratosphère aura lieu en 1936 en U.R.S.S.

D'ailleurs, tout près de nous, une expédition nouvelle s'élabore, sous les auspices du colonel Herrera, directeur de l'Ecole Supérieure Aéronautique espagnole, un des aviateurs les plus connus d'Espagne : c'est lui qui, en 1916, relia pour la première fois par l'air le Maroc à Séville. Nous avons pu le joindre lors de son dernier passage à Paris, et il voulut bien nous exposer les raisons qui l'avaient poussé à utiliser d'autres méthodes que celles qui firent la célébrité du Professeur Piccard et de ses continuateurs.

« Tout d'abord, expliqua l'éminent aviateur, le poids de la cabine fermée utilisée jusqu'ici diminue considérablement les possibilités d'ascension du ballon. Ma nacelle de jonc, ouverte, doit permettre des altitudes beaucoup plus élevées. » Le colonel Herrera s'enfermera d'ailleurs dans une sorte de scaphandre comportant à l'intérieur un vêtement de caoutchouc, et à l'extérieur une enveloppe extrêmement résistante, maintenue par des cercles d'acier. Il faudra en effet au scaphandre une singulière résistance — ainsi du reste qu'à l'homme — dans cette nacelle ouverte : il aura à supporter une pression de l'ordre de la tonne. Auguste Piccard n'a-t-il pas calculé que la force qui tendait à séparer les deux hémisphères de sa cabine était de trente-deux tonnes ? De plus, la moindre déchirure transformera instantanément le pilote en un bloc de glace, la température étant de quelque 56° au-dessous de zéro.

« Un des avantages de mon système, pousuivit l'inventeur, est de pouvoir employer le cas échéant le parachute. J'ai d'ailleurs dans celui-ci une bouteille d'oxygène qui me permettra de respirer pendant 75 minutes. » Remarquons que l'emploi du parachute n'est nullement incompatible avec celui de la cabine étanche, jusqu'alors exclusivement utilisée. Il suffit dans ce cas de réserver un trou d'homme par passager, et de munir la cabine d'un petit parachute destiné à empêcher la rotation au cours d'une chute éventuelle.

« Pour tenter cette ascension, continua-t-il, je suis obligé d'attendre le mois d'août, période de l'année particulièrement favorable au point de vue des conditions atmosphériques. A cette époque, l'ombre du ballon (lequel a 75 mètres de diamètre) couvre entièrement la nacelle ; c'est là un point capital, car à l'altitude de 25.000 mètres que je compte atteindre, il y a +60° au soleil et —60° à l'ombre. » On se souvient que le professeur Piccard avait obvié à ce grave inconvénient en blanchissant une moitié extérieure de sa cabine et en noircissant l'autre. Comme l'une absorbait toute la chaleur et que l'autre la réfléchissait, il était possible d'obtenir une température acceptable en orientant convenablement la nacelle.

Indépendamment de ses recherches scientifiques, le colonel Herrerà parla encore d'un autre objectif : grâce à un appareil photographique pouvant enregistrer les rayons infrarouges, il pourra fixer, à 25.000 mètres, la carte de l'Espagne entière : les rayons infra-rouges, pouvant traverser les nuages, en donneront en effet les détails invisibles à l'œil. Du reste, dernièrement encore, des expériences ont eu lieu entre Calais et Douvres : par temps de brume, la côte française, absolument invisible du port anglais, fut reproduite sur la plaque avec une incroyable précision.

Ainsi le colonel Herrera va-t-il se joindre à la mince mais glorieuse phalange des explorateurs du ciel. C'est près de Madrid, de l'aérodrome des « Quatre Vents », qu'il s'élancera à la conquête de la stratosphère. Puisse-t-il, de ces prodigieuses hauteurs, rapporter maints clichés et, par eux, ajouter un chapitre de plus au beau livre de science où se lisent déjà les noms de Piccard, de Cosyns et de Prokovief.

PIERRE ROUSSEAU.

Le vêtement est composé de deux parties maintenues ensemble par un cercle d'acier. Par cette division, le danger de déchirure est amoindri. Sur la photo, à droite, le Colonel Herrera.

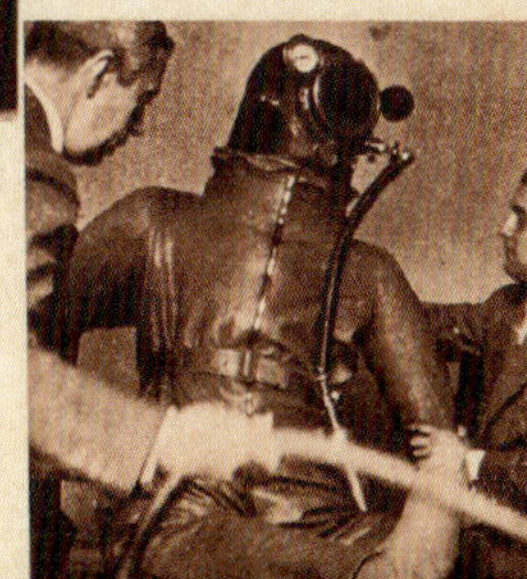

L'équipement stratosphérique complet résistant à toutes les intempéries assure une chaleur égale même par les plus grands changements de température.

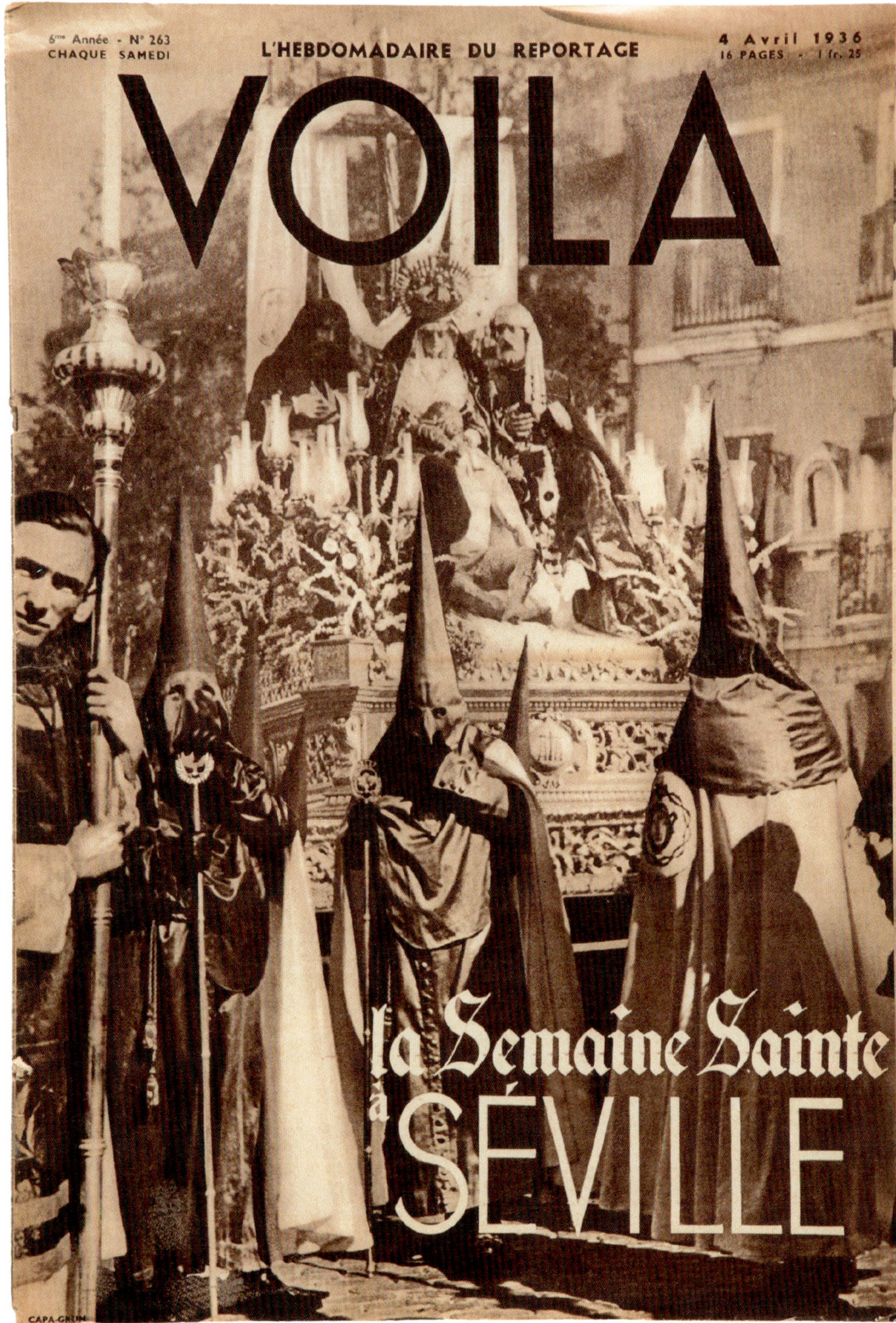
6me Année - N° 263
CHAQUE SAMEDI
L'HEBDOMADAIRE DU REPORTAGE
4 Avril 1936
16 PAGES - 1 fr. 25
VOILA
la Semaine Sainte
à SÉVILLE
CAPA-GRIM

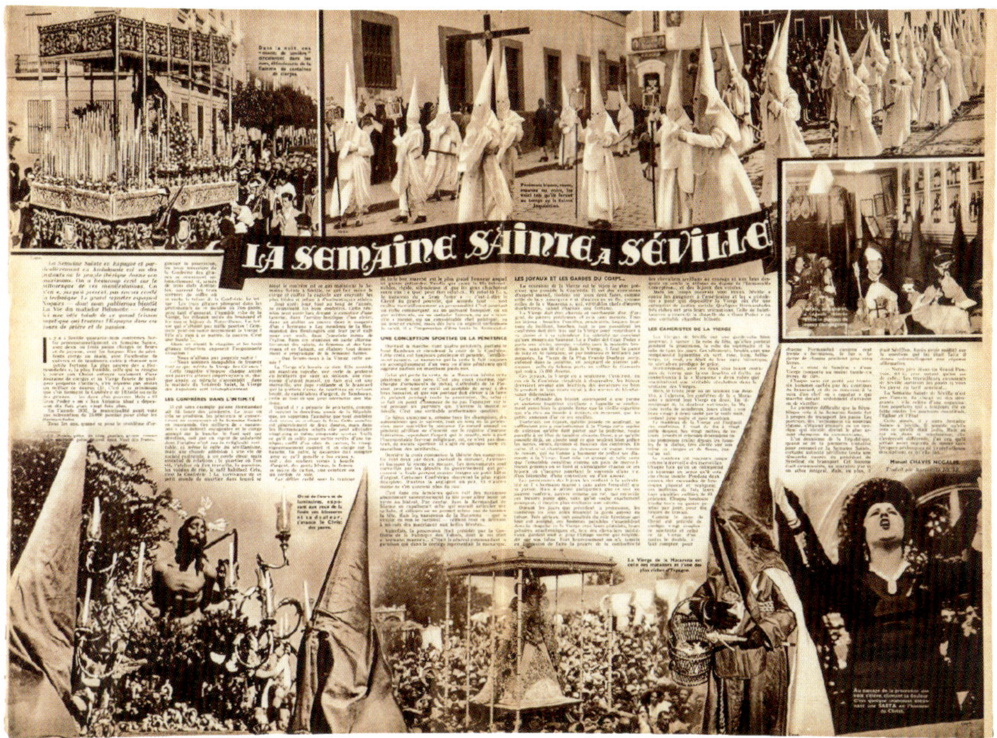
LA SEMAINE SAINTE A SÉVILLE

Plus tard, André couvre la Semaine sainte à Séville. Depuis la capitale de l'Andalousie, il se confie à sa compagne Gerda : « À Madrid, j'ai eu le pressentiment que j'allais devenir un nul. Quand j'étais dans mon lit, la nuit, j'étais inquiet que mon pilote dans la stratosphère n'atteigne pas l'altitude de 25 000 mètres, alors que j'avais oublié de le photographier avec sa famille. » Il est impressionné par la foule des spectateurs de la procession, décrit les pénitents « habillés comme les membres du Ku Klux Klan » et termine son courrier en avouant : « J'ai été irresponsable de venir à Séville pendant la Feria. » Ses photos de la Semaine sainte paraissent dans *Voilà*, un hebdomadaire illustré concurrent de *VU*, accompagnant un texte lyrique du journaliste espagnol Manuel Chaves Nogales.

Pour la première fois, la vente des photos des reportages en Espagne rapportera assez d'argent à André Friedmann pour lui permettre d'en envoyer à sa famille. ■

La couverture du numéro de *Voilà* sur la semaine sainte à Séville est un photomontage réalisé avec deux photos, l'une de Friedmann, l'autre de Grün. Ce journal paraît le 4 avril 1936, plus d'un an après son reportage. La double page intérieure propose le même amalgame des travaux des deux photographes.

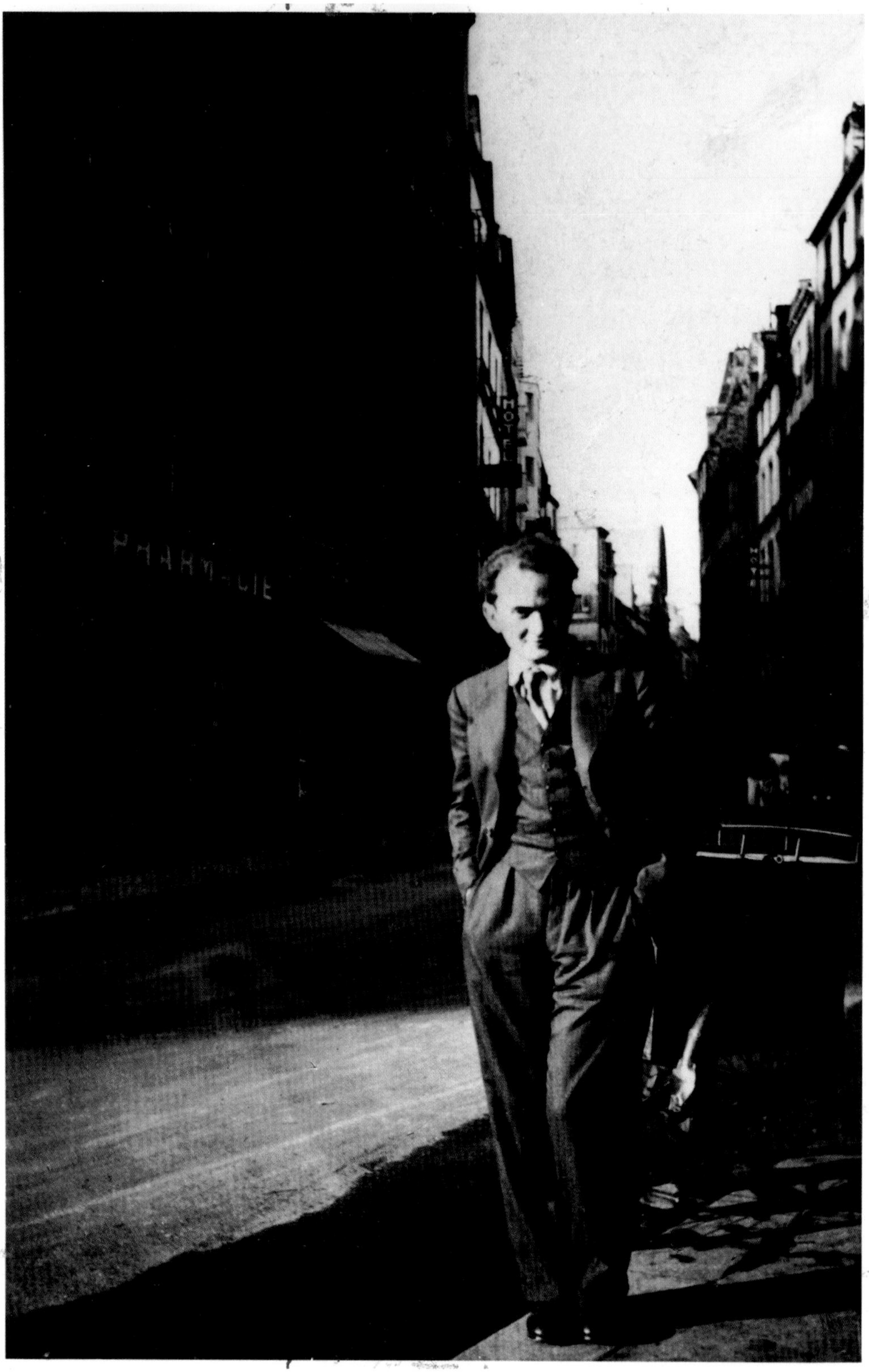

Le Cercle des amis

Le carrefour Vavin, au cœur de Montparnasse, était au début du XXe siècle le rendez-vous des peintres de l'école de Paris. Dans les années 1930, la réputation artistique du quartier demeurait. Avec ses nombreux ateliers, ses cafés-terrasses et autres bars dits « américains », Montparnasse réunissait nuit et jour artistes, intellectuels, étudiants, étrangers ou non. Certains étaient en quête de commandes, de modèles ou de tuyaux pour se loger et travailler. Le Dôme possédait un panneau réservé aux petites annonces et aux lettres adressées à des clients du café.

Là, on se réunissait par profession et affinité, ou par nationalité : il y avait la table des photographes, celle des écrivains, des peintres, des comédiens, des militants politiques. Parmi eux, nombreux étaient les émigrés de confession juive ou les militants de gauche antifascistes, venus d'Allemagne ou de pays d'Europe centrale, fuyant la menace nazie ou la crise économique. On imagine mal la « tour de Babel » que constituaient alors ces terrasses de cafés où, avec le français, le yiddish et l'allemand étaient les langues les plus courantes. Les petits hôtels de la rive gauche, parmi les moins chers de la capitale, abritaient ces exilés qui y vivaient chichement, cherchant les moyens de survivre. Pour exemple, le premier studio de Man Ray n'était autre que la chambre 32 de l'hôtel des Écoles, rue Delambre, juste derrière Le Dôme.

André Friedmann habitait le quartier, courant les petits hôtels qu'il quittait souvent à la « cloche de bois ». Il fit du Dôme son quartier général et son bureau, dès son arrivée à l'automne 1933. Petit avantage à l'époque : le papier à lettres avec en-tête du café était gratuit. L'encre ou le crayon mine, aussi. La correspondance entre Capa et sa mère – il lui écrit au minimum une fois par semaine – est toujours écrite sur ces feuilles. C'est ce qu'il fait ce 3 février 1936, alors que sa mère doit bientôt venir à Paris pour un court séjour avant son départ pour New York. À cette époque, la future Gerda Taro habite l'hôtel de Blois, rue Vavin, en face du Dôme.

« Ma chère mère,
J'attendais des nouvelles concernant ton arrivée mais, comme d'habitude, elle était reportée. C'est tant mieux que tu viennes seulement à la fin du mois de février, parce que, comme toujours, décembre et janvier sont très faibles. Mais maintenant les affaires reprennent et le temps que tu arrives, tout ira mieux. Ces trois ou quatre dernières semaines, j'ai beaucoup souffert de douleurs à l'estomac, mais maintenant ça va. Aujourd'hui, j'ai emménagé chez Gerda. Maintenant c'est elle qui m'aide beaucoup, car elle a de bonnes relations avec les éditeurs de journaux et elle m'emmène avec elle partout. Financièrement bien sûr, il y a des difficultés. Comme j'ai décidé de travailler tout seul, le matériel me coûte cher.

David Szymin, Chim, le futur David Seymour, toujours élégant, prenant la pose à Paris où il est arrivé comme étudiant en provenance de Pologne en 1932.

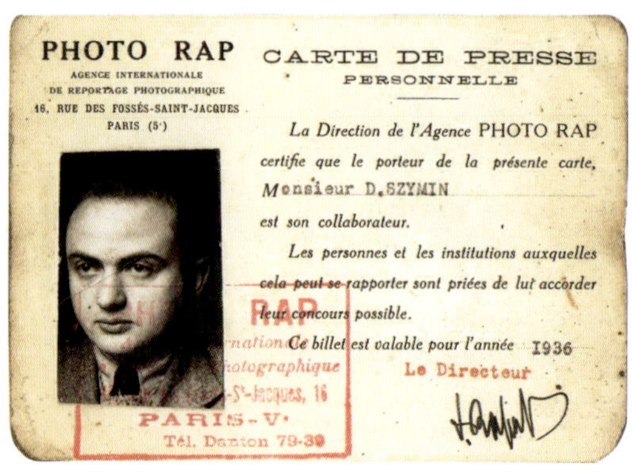

PHOTO RAP
AGENCE INTERNATIONALE
DE REPORTAGE PHOTOGRAPHIQUE
16, RUE DES FOSSÉS-SAINT-JACQUES
PARIS (5e)

CARTE DE PRESSE
PERSONNELLE

La Direction de l'Agence PHOTO RAP certifie que le porteur de la présente carte, Monsieur D.SZYMIN est son collaborateur.

Les personnes et les institutions auxquelles cela peut se rapporter sont priées de lui accorder leur concours possible.

Ce billet est valable pour l'année 1936

Le Directeur

CI-CONTRE : **Cette carte de presse au nom de David Szymin date de 1936. Elle fait partie d'un ensemble de 700 documents, lettres et photographies conservés par The Chim Archive. Le futur Chim, arrivé à Paris au printemps 1932, suit des études de physique-chimie à la Sorbonne. Il commence à travailler comme photographe à partir de 1932 ou 1933 grâce à un ami de la famille, David Rappaport, qui dirige la petite agence photo nommée Rap.**

CI-DESSOUS : **Courrier d'un des organismes de propagande travaillant en faveur de la République espagnole adressé à Chim.**

COMITÉ INTERNATIONAL DE COORDINATION ET D'INFORMATION POUR L'AIDE A L'ESPAGNE RÉPUBLICAINE
(issu de la Conférence Européenne - Paris - 13 Août 1936)

27, Rue Jean-Dolent, PARIS (14e)

Téléphone : Gobelins 25-32
Compte ch. post. : 2048-66 - Georges Etienne - Paris

MEMBRES DIRECTEURS :
ANGLETERRE : Professeur P. M. S. Blackett, Sir Norman Angell, Viscount Churchill.
BELGIQUE : Louis de Brouckère.
FRANCE : Professeur Victor Basch, Professeur Paul Langevin, Léon Jouhaux, Emile Borel, Jacques Duclos.
SUISSE : Hans Oprecht.
TCHÉCOSLOVAQUIE : A. Kunosi.
Etc...

COMMISSION EXÉCUTIVE :
Victor Basch, Président de la Ligue des Droits de l'Homme et du Rassemblement Populaire Français.
Paul Langevin, Prof. au Collège de France.
Jean Chauvet, Secrétaire de la Commission de Solidarité du Rassemblement Populaire Français.
Buisson, Secrétaire de la C.G.T.
Isabelle Blume, Députée Socialiste Belge.
B. Cattanéo, Secrétaire du Comité Mondial des Femmes.

SECRÉTARIAT ADMINISTRATIF :
Madeleine Braun.

Paris, le 15.12.36

Mon cher Chim,
Veux-tu envoyer par la poste d'urgence
à : Mr Fernhout
522 Keizersgracht
à Amsterdam C.
une photo de passionaria et une de Caballero.
avec ta facture... douce.
C'est pour une exposition.
merci.
affectueusement
Mad Braun

Les éditeurs de journaux ne paient qu'après plusieurs semaines, et pour quelques francs il faut beaucoup user nos chaussures. Celles de Gerda n'ont plus de semelles et il devient très difficile de rester présentable. De toute façon nous travaillons, on ne meurt pas de faim et on va se sortir de ce pétrin. Il y a même de grands projets, mais pour le moment c'est ici qu'il faut se débrouiller. J'ai donné tes cinq dollars à Gerda, mais cela a juste couvert ma dette envers elle. Mamie, je termine maintenant, quand tu seras là, nous aurons tout le temps de bavarder. Si tu n'as pas d'argent, ne m'amène rien. Je peux encore user mes vêtements. Mais si tu vois quelque chose de pas cher et de neuf, tu peux le prendre pour ton fils insolent, et trois paires de bas marron de taille 35 pour Gerda. J'ai acheté un pantalon marron et j'ai des chemises à porter avec. Mes chaussures sont encore bonnes, et mon ami japonais m'a offert un imperméable qu'il m'a rapporté de Londres et, en plus, je porte un chapeau. Pour te faire plaisir, j'ai coupé mes cheveux à l'américaine, mais puisque tu n'es pas venue tu n'as pas eu la surprise. Chez les Fischer [des cousins qui l'ont hébergé à Paris], tout est comme d'habitude. »

« Que voulez-vous que fasse un jeune qui ne parle ni l'anglais, ni le français et qui n'a pas de métier ? Il devient photographe ! » dira l'Allemand Pierre Gassmann. Lui aussi a débarqué à Paris avec sa valise et son appareil photo en mai 1933. L'une de ses premières rencontres à la terrasse du Dôme fut sa compatriote photographe Gisèle Freund. Puis il fit la connaissance du Polonais David Szymin, Chim, le futur David Seymour, à Paris dès l'automne 1931. Lui maîtrisait bien le français, au point de suivre en Sorbonne des cours de physique.

Le père de Chim, éditeur important de Varsovie, connaît parfaitement les intellectuels qui travaillent pour la presse en langue yiddish à Paris. Chim est ainsi recommandé par son père à David Rappaport, qui a fondé rue des Fossés-Saint-Jacques, au milieu des années 1920, l'agence de reportages photographiques Photo Rap. Cette petite agence alimente en photographies la presse polonaise, dont le grand quotidien populaire yiddish de Varsovie, *Haynt* (*Aujourd'hui*), et son édition parisienne, le *Parizer Haynt*. Les premières photos de Chim paraissent en août 1933 dans la revue *Regards*. Elles sont créditées « photos Rap-Chim » ou « photos Chim ». Fondé par le parti communiste français en 1932 sur le modèle des magazines allemands, grâce aux conseils éclairés de Willi Münzenberg et de sa femme, Babette Gross, également réfugiés à Paris, *Regards* est animé par des « compagnons de route » qui vont d'André Gide à André Malraux. Ce magazine illustré en héliogravure devient hebdomadaire en janvier 1934.

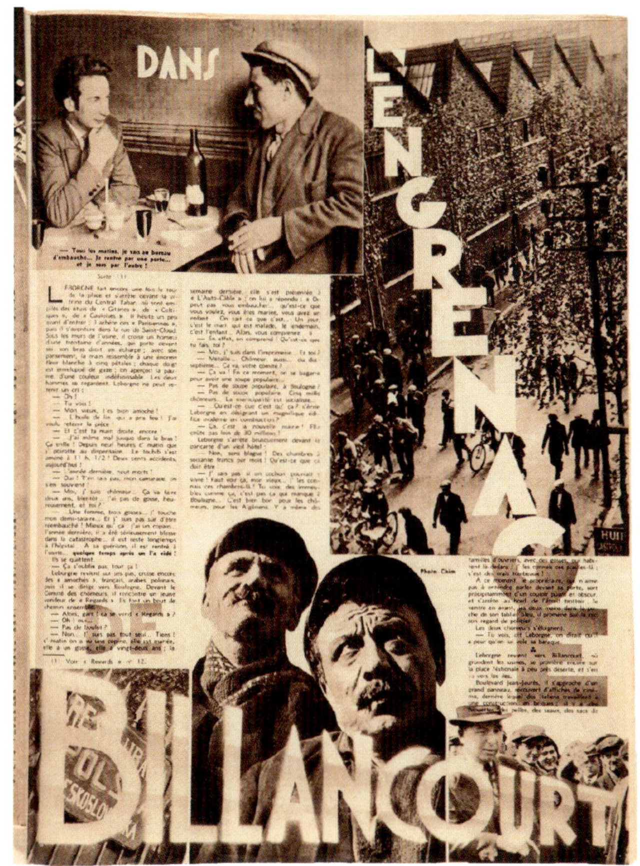
DANS L'ENGRENAGE DE BILLANCOURT

Photo Chim

CI-DESSUS ET DOUBLE PAGE SUIVANTE : **L'hebdomadaire du parti communiste français *Regards* publie à travers trois numéros, en avril 1934, ce reportage de David Szymin, signé « Photos Chim ». La mise en page adoptée est étonnante. La première publication de Chim dans ce journal – un reportage sur les mineurs de charbon – date du 23 août 1933. Le photographe poursuit sa collaboration avec le magazine jusqu'à son départ pour les États-Unis en 1939. Il y introduit, à partir de 1936, ses amis Capa, Cartier-Bresson et Taro.**

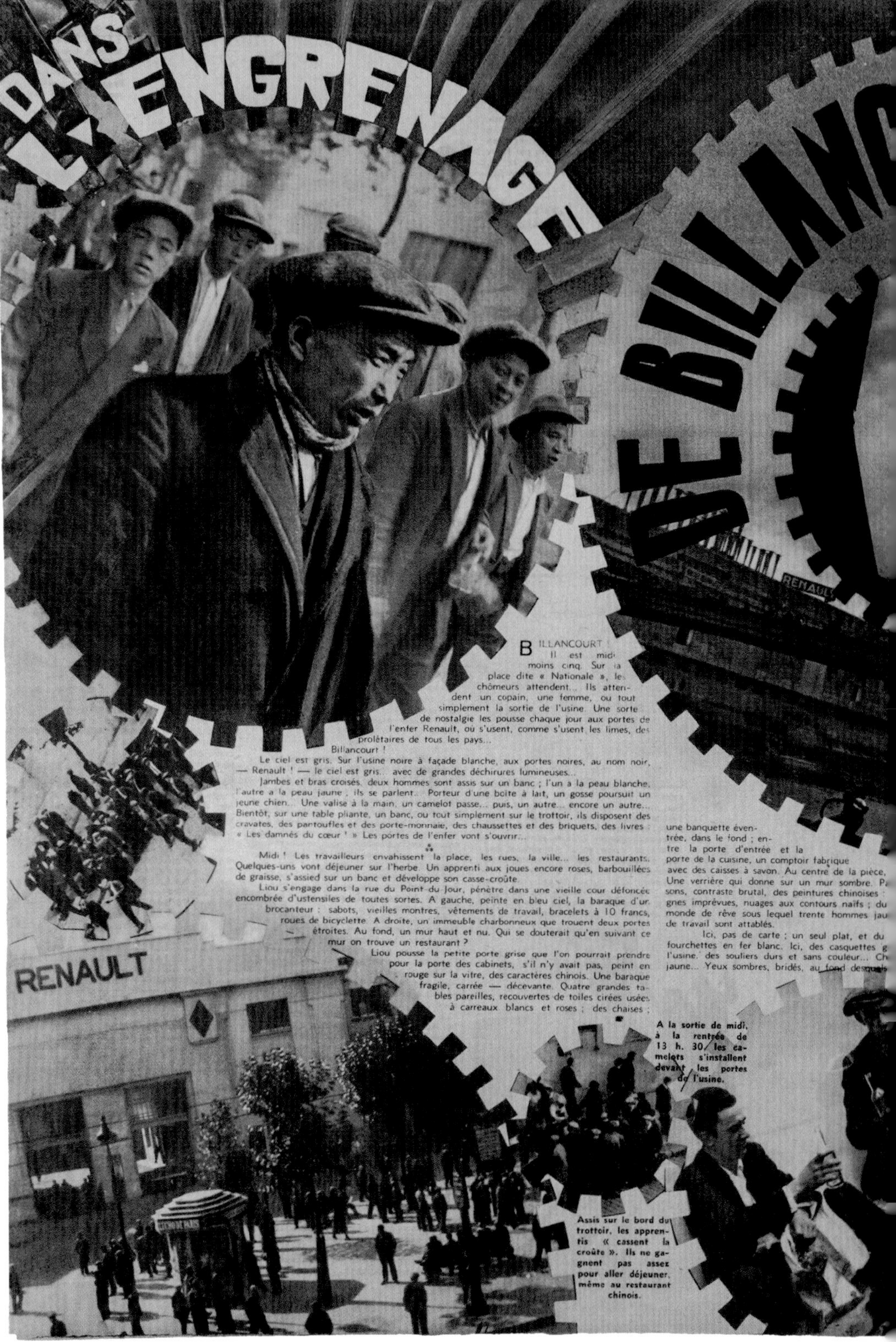

DANS L'ENGRENAGE DE BILLANC

BILLANCOURT ! Il est midi moins cinq. Sur la place dite « Nationale », les chômeurs attendent... Ils attendent un copain, une femme, ou tout simplement la sortie de l'usine. Une sorte de nostalgie les pousse chaque jour aux portes de l'enfer Renault, où s'usent, comme s'usent les limes, des prolétaires de tous les pays...

Billancourt !

Le ciel est gris. Sur l'usine noire à façade blanche, aux portes noires, au nom noir, — Renault ! — le ciel est gris... avec de grandes déchirures lumineuses...

Jambes et bras croisés, deux hommes sont assis sur un banc ; l'un a la peau blanche, l'autre a la peau jaune ; ils se parlent... Porteur d'une boîte à lait, un gosse poursuit un jeune chien... Une valise à la main, un camelot passe... puis, un autre... encore un autre... Bientôt, sur une table pliante, un banc, ou tout simplement sur le trottoir, ils disposent des cravates, des pantoufles et des porte-monnaie, des chaussettes et des briquets, des livres : « Les damnés du cœur ! » Les portes de l'enfer vont s'ouvrir...

⁂

Midi ! Les travailleurs envahissent la place, les rues, la ville... les restaurants. Quelques-uns vont déjeuner sur l'herbe. Un apprenti aux joues encore roses, barbouillées de graisse, s'assied sur un banc et développe son casse-croûte.

Liou s'engage dans la rue du Point-du-Jour, pénètre dans une vieille cour défoncée encombrée d'ustensiles de toutes sortes. A gauche, peinte en bleu ciel, la baraque d'un brocanteur : sabots, vieilles montres, vêtements de travail, bracelets à 10 francs, roues de bicyclette. A droite, un immeuble charbonneux que trouent deux portes étroites. Au fond, un mur haut et nu. Qui se douterait qu'en suivant ce mur on trouve un restaurant ?

Liou pousse la petite porte grise que l'on pourrait prendre pour la porte des cabinets, s'il n'y avait pas, peint en rouge sur la vitre, des caractères chinois. Une baraque fragile, carrée — décevante. Quatre grandes tables pareilles, recouvertes de toiles cirées usées à carreaux blancs et roses ; des chaises ; une banquette éventrée, dans le fond ; entre la porte d'entrée et la porte de la cuisine, un comptoir fabrique avec des caisses à savon. Au centre de la pièce, Une verrière qui donne sur un mur sombre. Pa sons, contraste brutal, des peintures chinoises : gnes imprévues, nuages aux contours naïfs ; du monde de rêve sous lequel trente hommes jau de travail sont attablés.

Ici, pas de carte ; un seul plat, et du fourchettes en fer blanc. Ici, des casquettes g l'usine, des souliers durs et sans couleur... Ch jaune... Yeux sombres, bridés, au fond des

A la sortie de midi, à la rentrée de 13 h. 30, les camelots s'installent devant les portes de l'usine.

Assis sur le bord du trottoir, les apprentis « cassent la croûte ». Ils ne gagnent pas assez pour aller déjeuner, même au restaurant chinois.

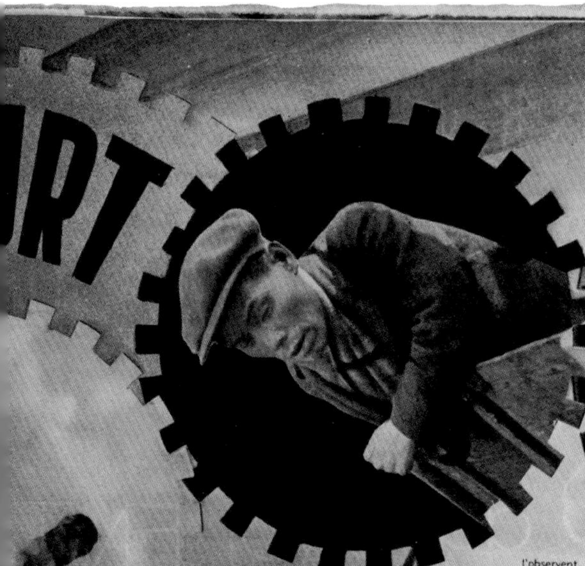

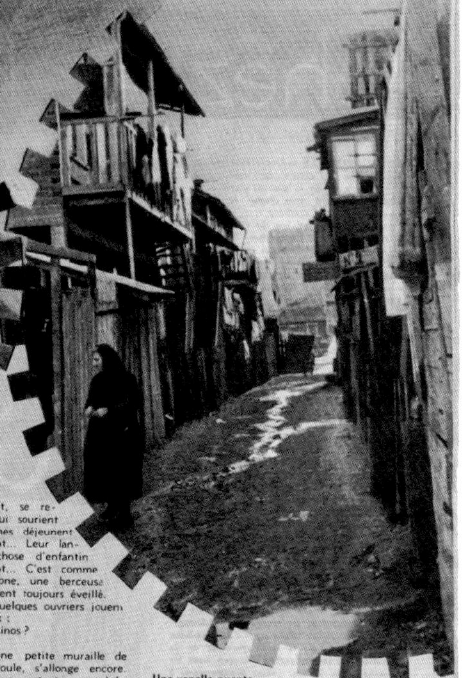

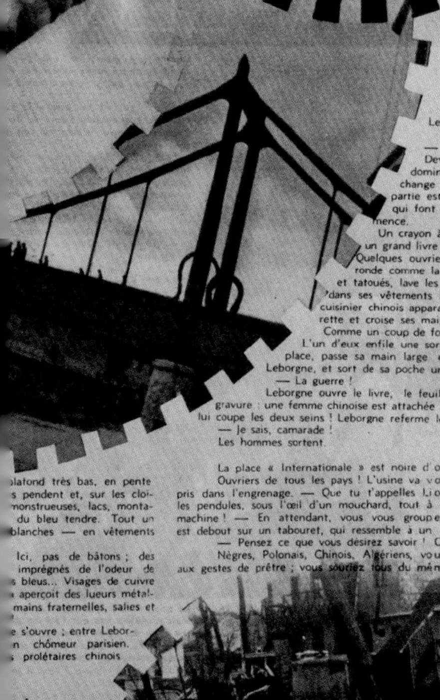

l'observent, se regardent, lui sourient. Les hommes déjeunent et parlent, parlent... Leur langue a quelque chose d'enfantin. Leurs voix montent... C'est comme une chanson monotone, une berceuse étrange qui vous tient toujours éveillé.

Le repas terminé, quelques ouvriers jouent. Leborgne s'approche d'eux :

— Ah ! c'est des dominos ?

— Oui... dominos chinois.

Devant chaque joueur, une petite muraille de dominos qui s'allonge, s'écroule, s'allonge encore, change de physionomie à chaque instant : quand la partie est finie, on mélange les petites pièces de bois qui font sur la table un bruit charmant, et l'on recommence.

Un crayon à la main, le patron est assis à la caisse, devant un grand livre à couverture noire ; on ne paie que le samedi... Quelques ouvriers s'en vont... Un plongeur chinois, figure ronde comme la lune, petits yeux malicieux, bras nus, musclés et tatoués, lave les assiettes dans une moitié de tonneau. Souriant dans ses vêtements blancs, coiffé d'une petite calotte blanche, le cuisinier chinois apparait sur la porte de la cuisine, allume une cigarette et croise ses maigres bras...

Comme un coup de fouet, un coup de sirène ! Les hommes se lèvent. L'un d'eux enfile une sorte de pardessus noir, brillant, au col poilu par place, passe sa main large et meurtrie sur sa tête rasée, s'approche de Leborgne, et sort de sa poche un livre qu'il pose sur la table en disant :

— La guerre !

Leborgne ouvre le livre, le feuillette rapidement. Des caractères chinois. Une gravure : une femme chinoise est attachée à un poteau ; un officier japonais, de son sabre, lui coupe les deux seins ! Leborgne referme le livre et dit :

— Je sais, camarade !

Les hommes sortent.

La place « Internationale » est noire d'ouvriers.

Ouvriers de tous les pays ! L'usine va vous prendre ! Dans quelques minutes, vous serez pris dans l'engrenage. — Que tu t'appelles Liou, Tahar ou Pierre, toi qui t'avance déjà vers les pendules, sous l'œil d'un mouchard, tout à l'heure tu ne seras plus qu'un appendice de la machine ! — En attendant, vous vous groupez autour du fakir (qui est une femme), qui est debout sur un tabouret, qui ressemble à un coquelicot fané avec ses oripeaux sales.

— Pensez ce que vous désirez savoir ! On répond dans toutes les langues !

Nègres, Polonais, Chinois, Algériens, vous vous bousculez un peu pour regarder le fakir aux gestes de prêtre ; vous souriez tous du même sourire, vous haussez les épaules et vous allez vers l'usine...

Vous vous groupez encore autour des camelots qui sont des chômeurs. Voyez ce qu'on vous offre : des souliers en carton, des rasoirs en fer, des bagues en aluminium, des bananes pourries et des bourgeons de sapin.

Vingt mille hommes, femmes, enfants envahissent les forges, les fonderies, les ateliers, les bureaux. Ils marchent vite, très vite ; avant d'être dans l'usine, ils sont déjà pris dans l'engrenage !

Les limes grincent ! Le fer pousse des cris ! Les pistolets donnent la cadence : « Tac, tac, tac, tac, tac... » — Il n'y a que les hommes qu'on n'entend pas. — Et, de temps en temps, comme des coups sourds de canon, de lointains coups de marteau-pilon impriment au sol de Billancourt de perceptibles secousses ! On ferme ! Une barre de fer, peinte en rouge aux extrémités, et surmontée d'un feu rouge, lentement s'abaisse ; ça rappelle un passage à niveau ; on s'attend presque à la claque formidable d'un rapide ! Puis, un rideau tombe sur des poulies, des courroies de transmission et des bras humains secs comme des bielles. L'usine ronfle — pour la guerre !

Les camelots ferment leurs valises et s'en vont. Les chômeurs, mains en poches, restent sur la place, debout, face au bagne, comme des points d'interrogation. — Aucun son de voix humaine ; seul le métal a la parole : « Tac, tac, tac, tac, tac... » — Les chômeurs : Russes, Italiens, Français. Un Arabe, casquette légèrement sur l'oreille, cache-col blanc, pantoufles aux pieds. Un Polonais, blond, coiffé d'un chapeau qui lui va mal. Un Chinois au regard mélancolique ; il donne la main à une petite fille à la peau nacrée, aux cheveux d'un noir mat.

Là-bas, sur le mur du bagne, un grand écriteau inutile : « Bureau d'embauche », et une flèche...

PIERRE BOCHOT.

(A suivre.)

Une venelle puante... Au fond, le restaurant des ouvriers chinois.

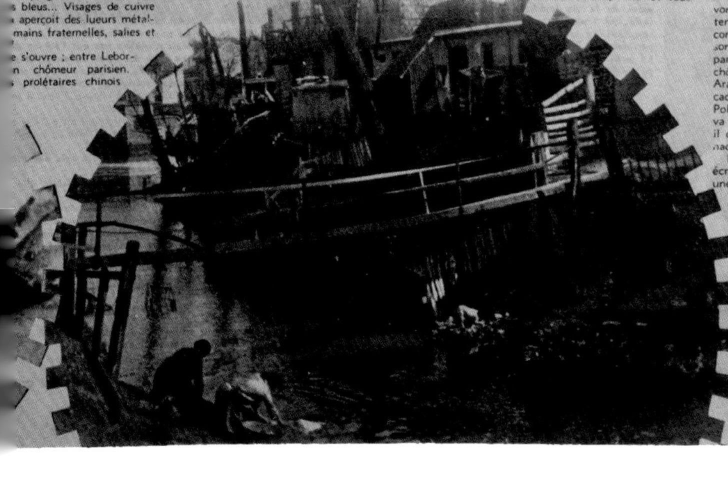

Dans la Seine, à l'eau souillée par les égouts des usines, les ménagères lavent leur linge...

plafond très bas, en pente
s pendent et, sur les cloi-
monstrueuses, lacs, monta-
du bleu tendre. Tout un
blanches — en vêtements

Ici, pas de bâtons ; des
imprégnés de l'odeur de
s bleus... Visages de cuivre
aperçoit des lueurs métal-
mains fraternelles, salies et

e s'ouvre ; entre Lebor-
n chômeur parisien.
s prolétaires chinois

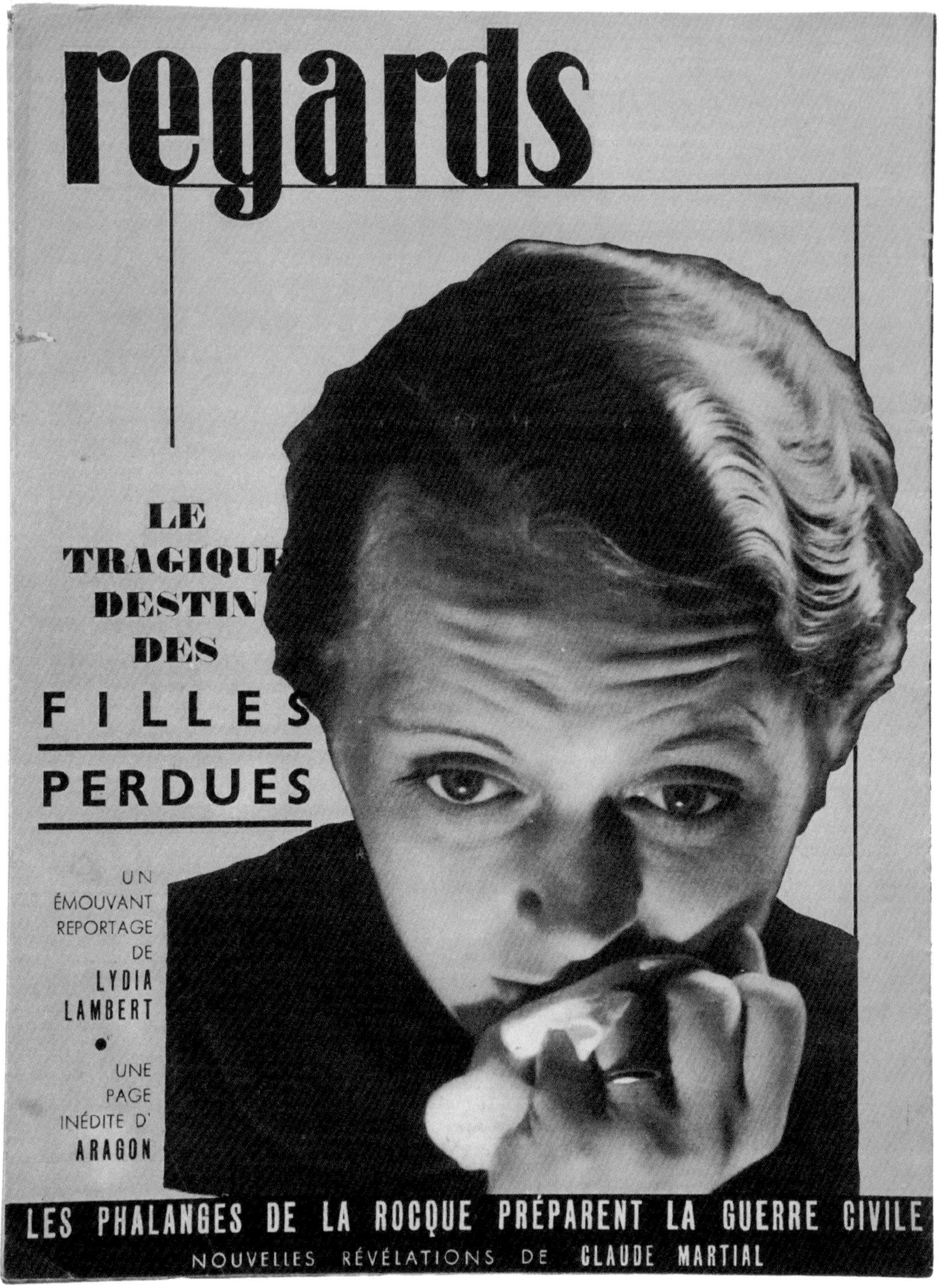

regards

LE TRAGIQUE DESTIN DES

FILLES PERDUES

UN ÉMOUVANT REPORTAGE DE **LYDIA LAMBERT**

•

UNE PAGE INÉDITE D' **ARAGON**

LES PHALANGES DE LA ROCQUE PRÉPARENT LA GUERRE CIVILE

NOUVELLES RÉVÉLATIONS DE **CLAUDE MARTIAL**

Gassmann et Chim se sont inscrits ensemble aux réunions de la section Photo de l'AEAR (Association des écrivains et artistes révolutionnaires, proche du PCF), animées par Louis Aragon « qui ne connaissait rien à la photographie » selon Gassmann. Ils y rencontreront un autre jeune photographe français, ami des surréalistes et en rupture de ban avec sa famille bourgeoise. Il se fait appeler Henri Cartier. Son nom est Henri Cartier-Bresson, il revient du Mexique et de New York où ses photographies ont été exposées. À l'AEAR, Gassmann croise aussi une jeune réfugiée allemande qui s'initie à la photographie, Gerta Pohorylle. Chim, lui, se fait aborder dans un bus parisien par André Friedmann, parce qu'il porte un Rolleiflex. Il lui présente Pierre Gassmann et Henri Cartier au Dôme, puis Gerta. C'est le premier réseau de Capa. Celui des antifascistes qui, en témoignant par l'image, vont s'engager dans la lutte contre le nazisme. Il y a aussi dans le paysage André Kertész, photographe déjà célèbre, publié dans *VU* qui soutient Friedmann et Brassaï. Un autre réseau doit être mentionné, celui des sociétés et associations de la communauté juive. Ce sont autant de lieux de secours, de dépannage, de solidarité et de conseils. André Friedmann les fréquente lors de son premier périple entre Budapest et Berlin, en 1931. ■

Gerta Pohorylle, dite Gerda Taro, pose dans une mise en scène pour *Regards* le 15 octobre 1936, pour illustrer un article sur les maisons de redressement pour « filles perdues ». Les photographies ne sont pas signées.

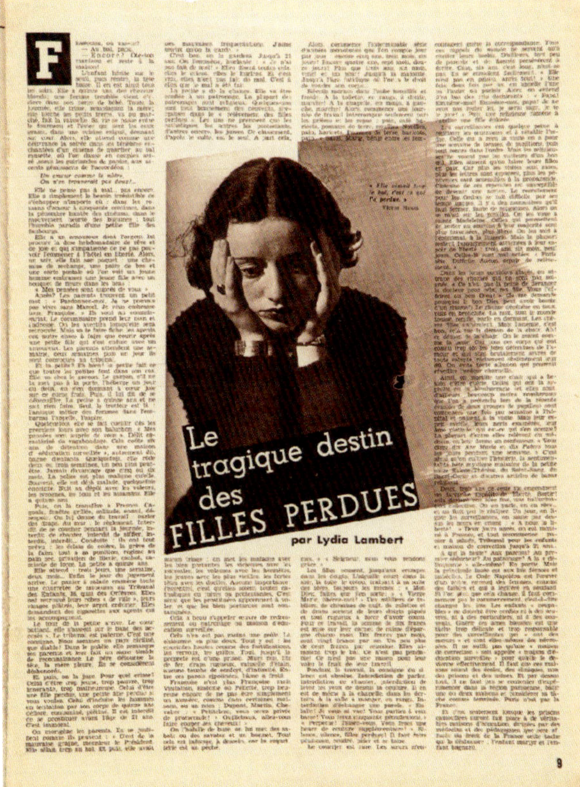

Le tragique destin des FILLES PERDUES

par Lydia Lambert

9

André et Gerda se sont rencontrés à Montparnasse en septembre 1934. À partir d'octobre 1935, Gerda travaille comme assistante dans l'agence Alliance Photo, que dirige Maria Eisner (arrivée de Berlin en juin 1933), une amie de Capa connue en Allemagne. Les premiers clichés parisiens de Capa seront distribués par cette agence photographique qui possède des clients – les quotidiens et les magazines illustrés – tant en Europe qu'aux États-Unis. Gerda maîtrise l'allemand, l'anglais et le français, qu'elle a appris pendant ses études en Suisse, à la Villa Florissant, un internat pour jeunes filles de Lausanne. Elle rédige et tape à la machine les légendes des photographies, qui sont ensuite collées au dos des épreuves envoyées aux clients français et étrangers. Capa, Chim, Taro, Cartier, Gassmann... un autre complice complète l'équipe, il s'appelle Fred Stein. Allemand et exilé, juriste de formation, il devient photographe à Paris et immortalise deux amoureux au Dôme. André et Gerda... ■

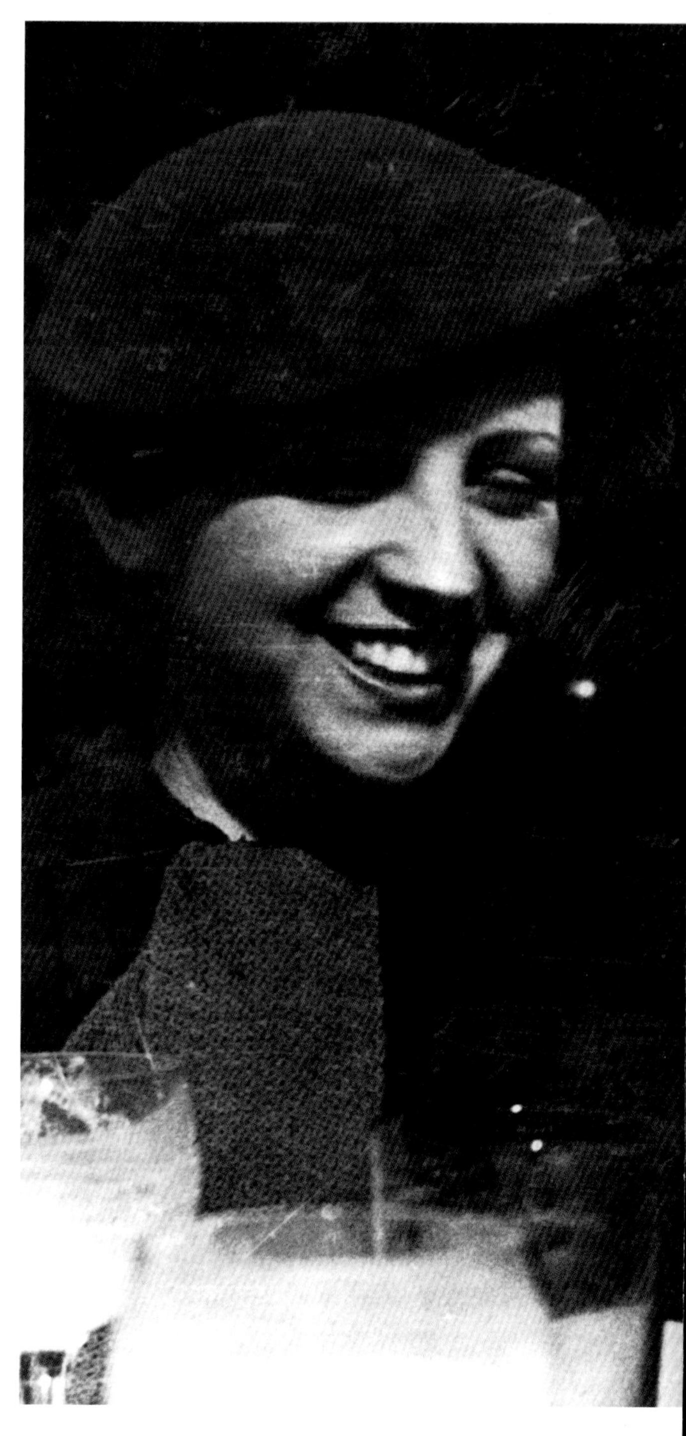

Gerda Taro et Robert Capa à la terrasse du Dôme, café qu'ils fréquentent avec leurs amis. La photo est prise par Fred Stein qui les hébergera et partira ensuite faire une carrière de photographe à New York.

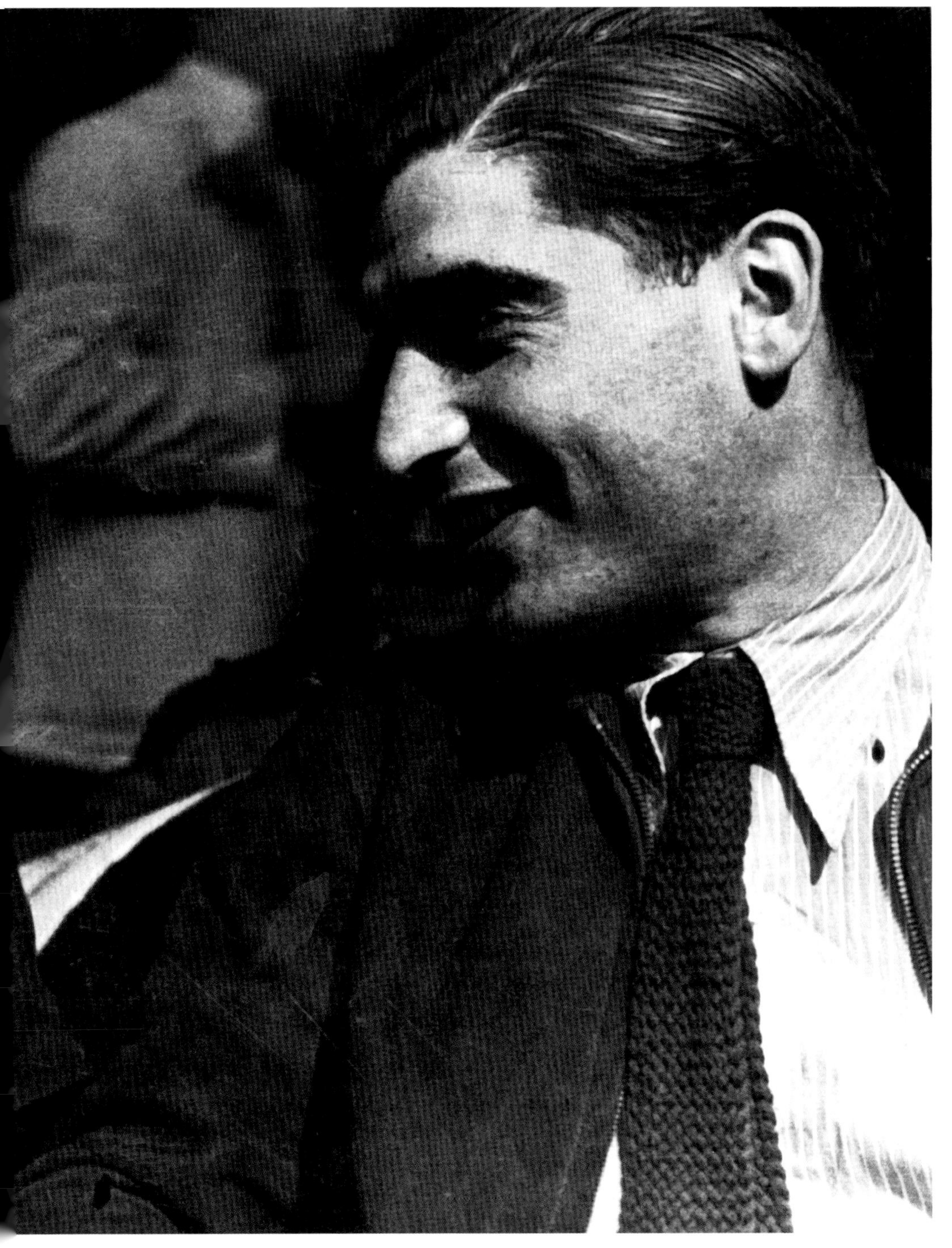

ROBERT

Cette photo a été prise par Capa à la fin du mois de novembre ou début décembre 1936, lors de son deuxième voyage en Espagne. Il passe alors quelques jours avec les volontaires français des Brigades internationales qui défendent Madrid, dans les bâtiments de la Cité universitaire ou, comme ici, dans le parc de la Casa de Campo. La bataille se déroule en pleine ville. Ce tirage d'époque appartenait à une agence américaine.

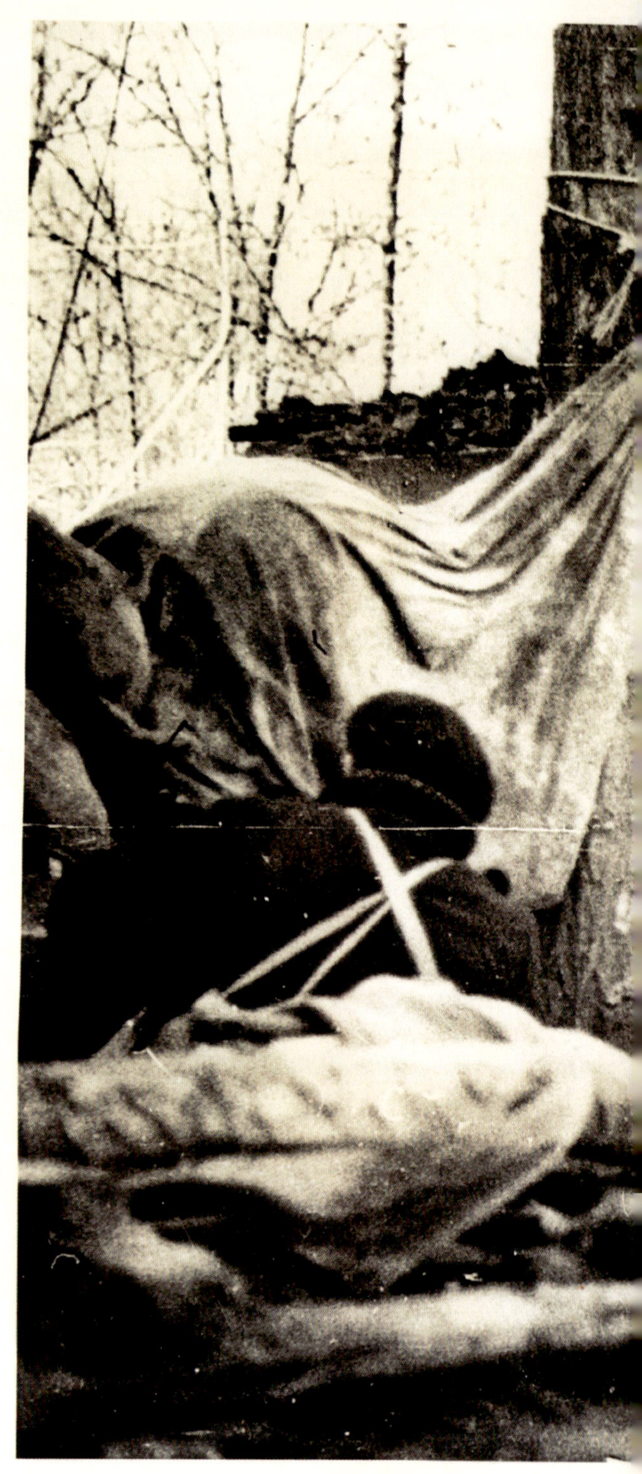

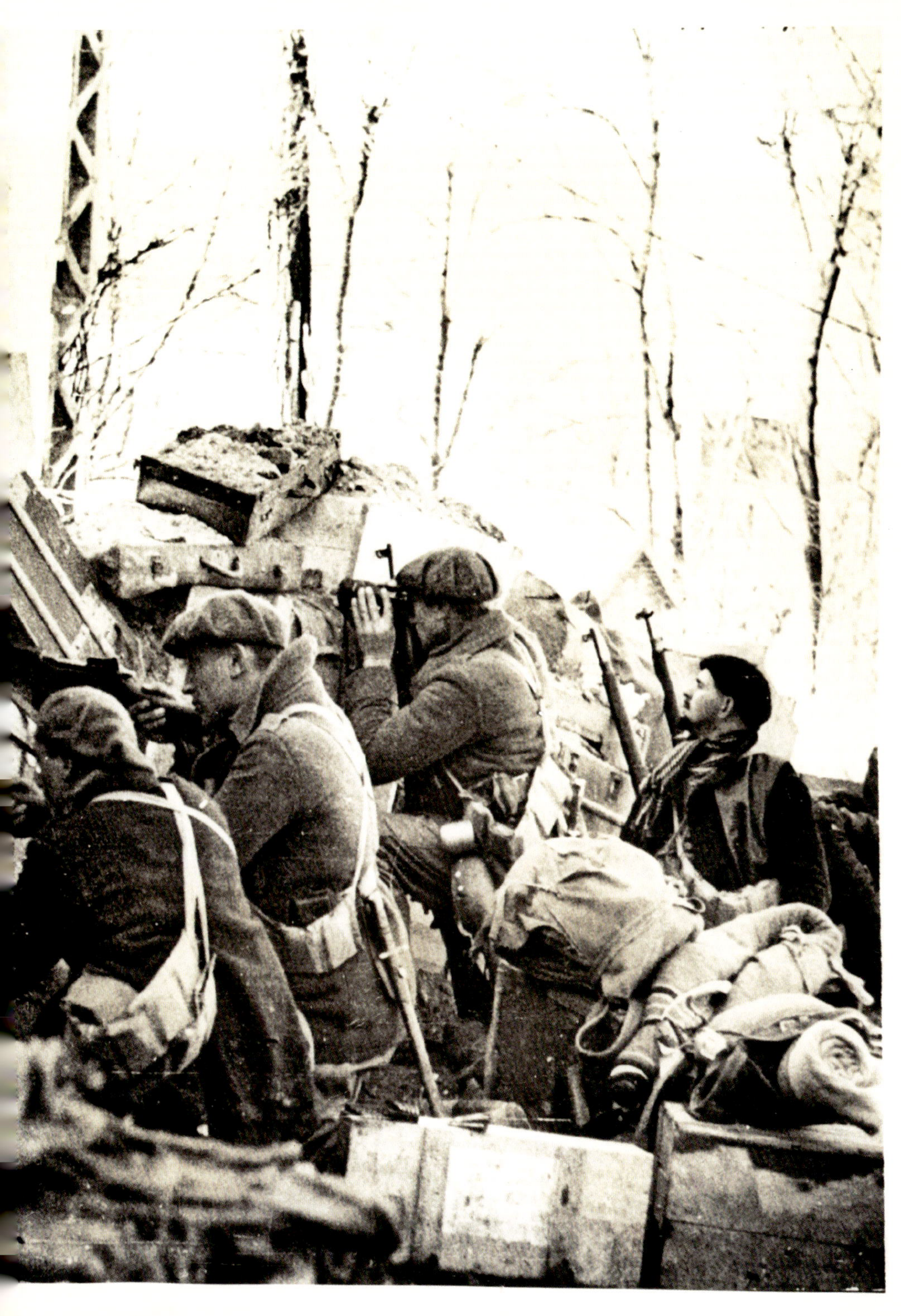

PICTURE POST

Vol. I. No. 10. December 3, 1938

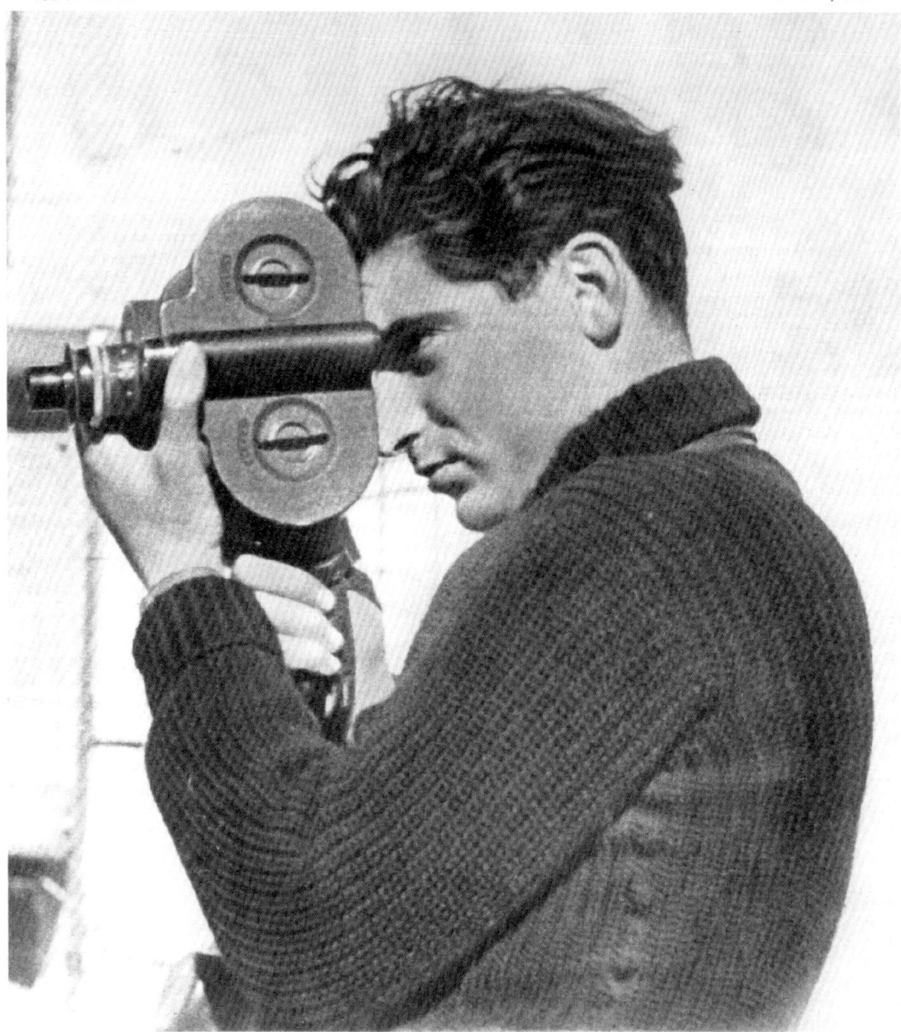

The Greatest War-Photographer in the World: Robert Capa

In the following pages you see a series of pictures of the Spanish War. Regular readers of "Picture Post" know that we do not lightly praise the work we publish. We present these pictures as simply the finest pictures of front-line action ever taken. They are the work of Robert Capa. Capa is a Hungarian by birth; but, being small and dark, he is often taken for a Spaniard. He likes working in Spain better than anywhere in the world. He is a passionate democrat, and he lives to take photographs. Over a year ago, Capa's wife, on her way back to join her husband in Paris, was killed in Spain. She was standing on the running-board of a car when it collided with a tank. Capa went to China and took pictures of the Chinese war, some of which we have already published. To-day, Capa is back in Spain, taking pictures fo, "Picture Post."

En décembre 1938, le *Picture Post* salue en Robert Capa le plus grand photographe de guerre du monde mais le montre (photo signée Gerda Taro) en train de filmer. Dans le même numéro, le journal publie le reportage le plus spectaculaire du photographe sur la bataille du Sègre.

L'invention d'un photographe

La légende commence avec l'invention du nom Capa et du prénom Robert. Son nom d'artiste, tous ses biographes l'écrivent, pourrait venir de son pays natal : *kapa* en hongrois signifie « houe, bêche » et *càpa* « requin, squale ». On peut en conclure que le photographe avait choisi ce pseudonyme pour creuser son sillon ou croquer la vie à belles dents… La deuxième hypothèse, « *càpa*-requin », avait la préférence d'Eva Besnyö qui le connaissait depuis leur jeunesse à Budapest. Après avoir inventé, en mai 1936 avec Gerda, ce pseudonyme et la ruse du « grand photographe américain de passage à Paris si débordé qu'il demeurerait invisible », André dut se choisir un prénom. Forcément américain lui aussi et aussi neutre que possible quant aux origines et à la nationalité. Il raconta un jour qu'il s'inspira de l'acteur Robert Taylor, de son vrai nom Spangler Arlington Brugh. Il est vrai que l'acteur avait eu le même problème : choisir un nom qui frappe les esprits comme une marque, qui soit facile à écrire, facile à retenir et facile à prononcer. En 1936, son film à l'affiche à Paris s'appelait *Le Roman de Marguerite Gautier*, d'après *La Dame aux camélias* d'Alexandre Dumas. Capa affirmait avoir vu ce film du grand George Cukor. Autre hypothèse aussi improbable que les autres, un autre film, de Frank Capra cette fois – dont le nom, lui, n'est pas totalement étranger à l'invention de « Capa » –, aurait pu donner des idées au couple. *La Blonde platine*, avec Jean Harlow en vedette, racontait l'histoire d'un pauvre reporter épousant une fille de milliardaire. Impayable et cabot à souhait, le journaliste était interprété par Robert Williams. Si André devint Robert, et évidemment Roberto en Espagne, ses amis Cartier-Bresson et Kertész l'ont toujours appelé André.

Le reporter en action

De l'action, une exclusivité et surtout une histoire qui se raconte en images : c'est ce qui fait la patte, le style Capa. Dès la première parution d'images créditées « PHOTOS ROBERT CAPA » dans les colonnes du magazine *VU* du 8 juillet 1936, son travail de photoreporter s'impose. Son reportage se raconte en cinq photographies, sur toute une page. La sixième image, dramatique, encadrée de noir, ne fait pas partie de la série et ne semble pas avoir été prise par Capa. La journaliste Madeleine Jacob, auteur du papier voisin titré « Vae Victis » (Malheur aux vaincus), ne fait pas allusion aux photos, et pour cause : elle était à l'intérieur du palais des Nations, et ne pouvait donc pas être témoin de ce qui se passait à l'extérieur.

Le mardi 30 juin 1936 est entré dans l'histoire en raison du discours prononcé par Hailé Sélassié Ier, roi des rois d'Éthiopie alors en exil. Les chefs de gouvernement français et britannique, Léon Blum et Anthony Eden, sont présents dans la salle.

Depuis octobre 1935, l'Italie fasciste de Benito Mussolini a lancé ses troupes à la conquête de l'Éthiopie. Devant la Société des Nations (SDN), le négus (le « roi » en langue tigrigna) est venu lancer un cinglant avertissement aux puissances occidentales : « Si la Société des Nations ne réagit pas militairement à l'agression italienne, elle creuse sa propre tombe ! » Mais les temps sont à la non-intervention, au chacun pour soi, malgré les accords de défense et les discours antifascistes du Front populaire.

La première photographie de Robert Capa, présent dans la salle, nous donne à voir la réaction du public après le scandale qui a éclaté à l'étage où se situe la tribune de presse. Un groupe de journalistes italiens s'est mis à insulter l'empereur éthiopien et à justifier l'occupation d'Addis-Abeba. La police de la SDN commence alors à expulser les fauteurs de troubles. Mais une méprise survient : la police s'en prend à un innocent ; Capa s'en aperçoit immédiatement et suit le groupe. La victime est un journaliste espagnol qui critiquait ses confrères italiens et qui, dans la confusion, a lui aussi été interpellé. Emmené *manu militari* alors qu'il manifeste son innocence, un policier le fait taire en lui couvrant la bouche. Qu'importe le flou de la quatrième photo, Capa saisit la scène. À l'époque, les boîtiers n'ont pas de levier d'armement et encore moins de moteur. Il faut tourner prestement le « champignon », le gros bouton rond qui fait avancer le film avant de déclencher. La scène se déroule très vite, il faut suivre le mouvement, s'imposer dans l'action, mettre au point dans l'urgence et cadrer avec précision. Une gageure que réussit parfaitement le jeune Capa.
Du haut de ses 23 ans, il ne lâche pas son sujet et s'en rapproche le plus possible. Dans la société policée des diplomates, l'incident va faire grand bruit. « Les incidents de Genève » symboliseront longtemps la volonté de faire taire certains. Le négus lui-même s'exprima, mais ne fut pas entendu.

Bien que la couverture du magazine *VU* du 8 juillet 1936 soit dédiée à la Catalogne, cinq pages sont consacrées aux premiers pas du nouveau président du Conseil, Léon Blum, à la Société des Nations à Genève. Il est suivi par le photographe Lucien Aigner, mais c'est Capa qui saisit l'incident. Ses photos, très vivantes, vont plaire à Lucien Vogel.

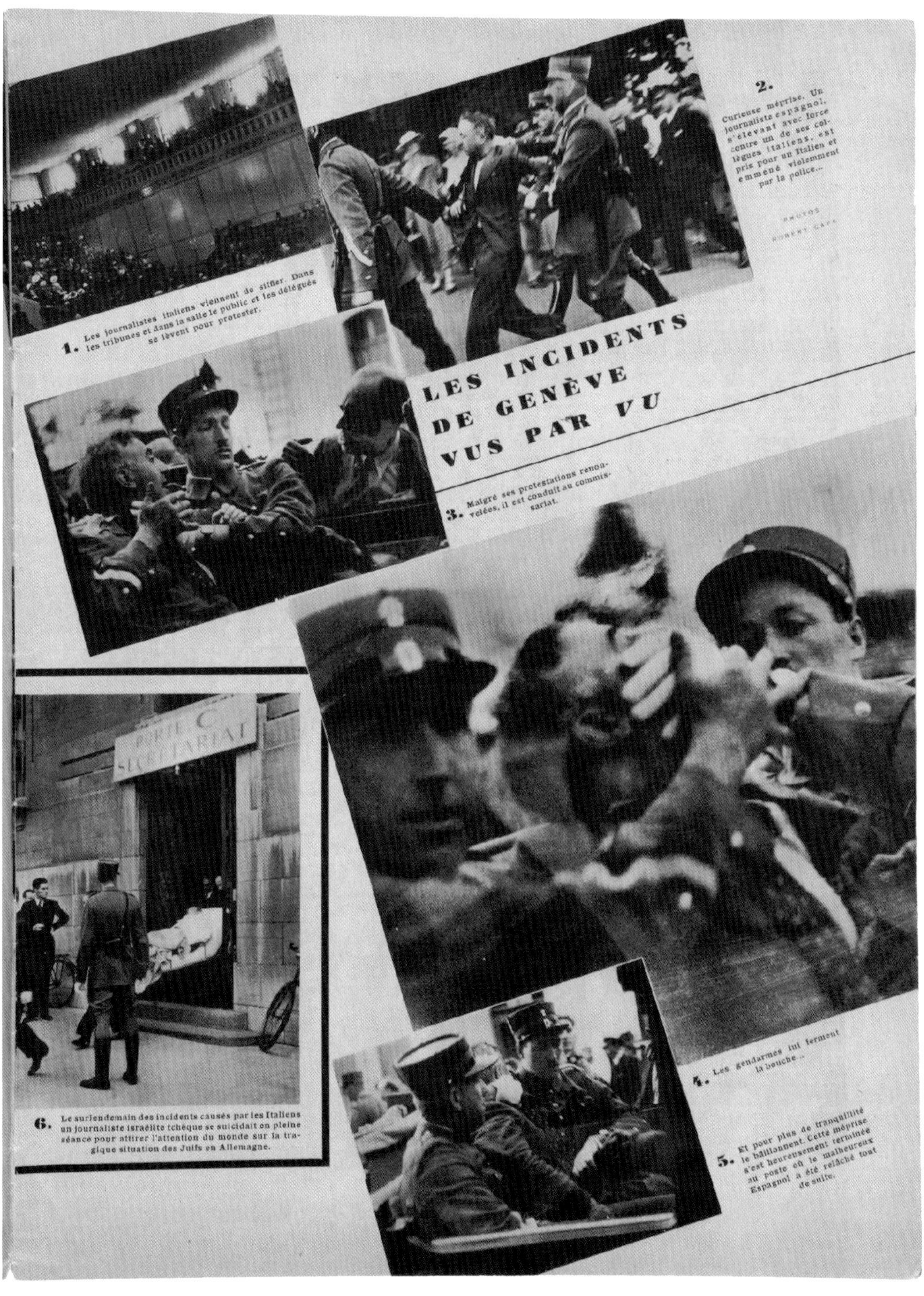

LES INCIDENTS DE GENÈVE VUS PAR VU

1. Les journalistes italiens viennent de siffler. Dans les tribunes et dans la salle le public et les délégués se lèvent pour protester.

2. Curieuse méprise. Un journaliste espagnol, s'élevant avec force contre un de ses collègues italiens, est pris pour un Italien et emmené violemment par la police...

PHOTOS ROBERT CAPA

3. Malgré ses protestations renouvelées, il est conduit au commissariat.

4. Les gendarmes lui ferment la bouche...

5. Et pour plus de tranquillité le bâillonnent. Cette méprise s'est heureusement terminée au poste où le malheureux Espagnol a été relâché tout de suite.

6. Le surlendemain des incidents causés par les Italiens un journaliste israélite tchèque se suicidait en pleine séance pour attirer l'attention du monde sur la tragique situation des Juifs en Allemagne.

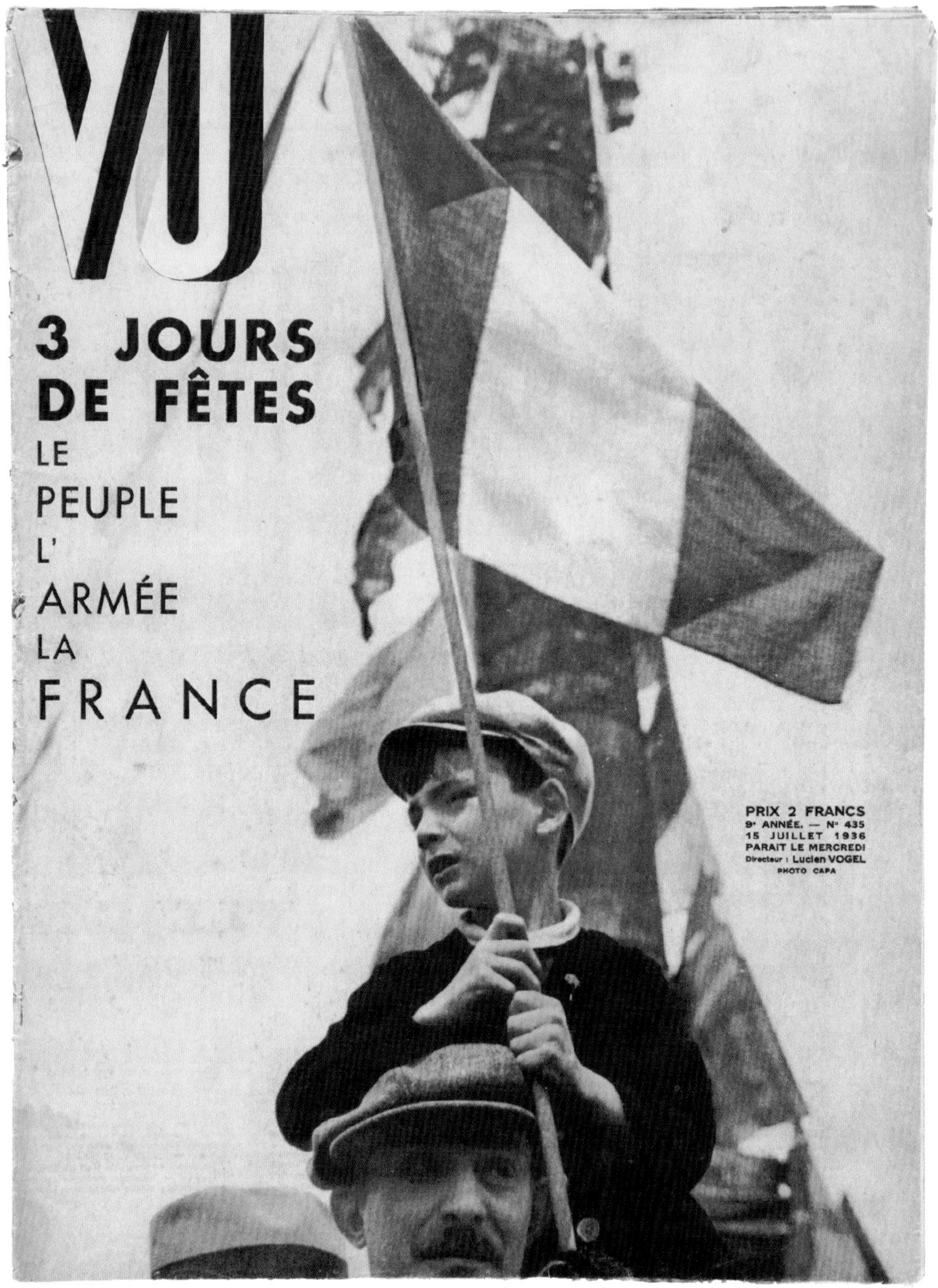

VU

3 JOURS DE FÊTES

LE
PEUPLE
L'
ARMÉE
LA
FRANCE

PRIX 2 FRANCS
9e ANNÉE. — N° 435
15 JUILLET 1936
PARAIT LE MERCREDI
Directeur : Lucien VOGEL
PHOTO CAPA

Le patron de *VU*, Lucien Vogel, est également présent à Genève, sans doute en raison du tout premier déplacement du nouveau président du Conseil, Léon Blum, investi à la Chambre des députés la semaine précédente. *VU* a aussi envoyé un photographe pour suivre Léon Blum ; il s'agit du Hongrois Lucien Aigner, déjà célèbre pour ses portraits de Mussolini. Sur place, Vogel aperçoit André Friedmann courir après le journaliste espagnol arrêté et il le reconnaît. André travaille alors pour l'agence Alliance Photo, dirigée par Maria Eisner, où sa compagne Gerda vend les photos aux journaux. C'est l'époque où André essaie de se faire passer pour un célèbre photographe américain du nom de Capa. Quand Gerda propose la semaine suivante à *VU* les photos de Genève du « grand Capa » pour la somme de 300 francs, (pour comparaison, le journal coûte alors 2 francs l'exemplaire ; un Leica II avec un objectif de 50 mm vaut 1 745 francs), Lucien Vogel bondit sur son téléphone : « C'est très intéressant cette histoire de Capa, mais dites à ce ridicule blanc-bec de Friedmann, qui photographie partout en veste de cuir crasseuse, de se présenter à mon bureau demain matin à 9 heures précises. » Apocryphe ou non, ce témoignage repris par Richard Whelan dans sa biographie de Capa montre que personne n'était dupe du stratagème inventé par André et Gerda pour augmenter leurs ressources.

D'où venait ce nom ? Nombre d'explications et de versions circulent sur l'origine de ce pseudonyme. Une certitude, André avait à Paris un homonyme : le photographe Georges Friedmann qui travaillait pour *L'Intransigeant*, d'où la nécessité de changer de nom. L'idée de se faire passer pour un photographe américain du nom de « Robert Capa » appartiendrait, semble-t-il, à Gerda. Ce subterfuge lui permettait de vendre les clichés d'André trois fois plus cher aux journaux : 150 francs pièce, au lieu de 50 ! D'abord, il fallait un nom simple et court, facile à écrire et à mémoriser, y compris à l'étranger. Neutre aussi quant à la nationalité ou l'origine. Il est possible qu'il s'inspire du nom de Frank Capra. Le réalisateur américain était alors très en vogue, après avoir reçu deux oscars en 1934 pour *New York-Miami*. Le prénom Robert serait lui aussi d'inspiration cinématographique et viendrait de l'acteur Robert Taylor qui, en 1936, jouait l'amant de Greta Garbo dans *Le Roman de Marguerite Gautier*. Gerda Taro, Greta Garbo ? Possible. Il est en tout cas intéressant de souligner qu'à cette époque Gerta Pohorylle change aussi de nom. Le 7 avril 1936, au beau milieu d'une lettre destinée à sa mère et envoyée de Paris, André écrit : « Je travaille sous un nouveau nom. Je me fais appeler Robert Capa.

On pourrait presque dire qu'il s'agit d'une nouvelle naissance, mais cette fois elle n'a causé de souffrance à personne. » ■

Cette couverture de *VU* sur la manifestation du Front populaire du 14 juillet 1936 est la première que réalise le tout nouveau reporter-photographe connu sous le nom de Robert Capa. Regards et *VU* publient à cette période de nombreuses photos de Capa, Cartier-Bresson et Chim, mais sans mentionner leur nom.

Photographe du Front populaire

Avant de devenir reporters de guerre sur le front espagnol, Capa et Chim ont été, comme d'autres (Cartier-Bresson, Ronis, Kollar, Kertész, etc.), reporters pour la presse française des « lendemains qui chantent ». L'actualité était alors en bas de chez eux, dans les rues de Paris et de sa banlieue. Français de souche ou d'origine étrangère, réfugiés politiques ou économiques, ces photographes immortalisent le Front populaire, qui ne durera que douze mois. La bande de la rue Froidevaux et celle d'Alliance Photo s'en donnent à cœur joie. Le 14 juillet 1936 sera l'unique fête nationale célébrée par ce gouvernement de gauche et en marquera l'apothéose. Ainsi, le numéro spécial de *VU*, qui paraît le 15 juillet, évoque « trois jours de fêtes ». La couverture est une magnifique photo d'un enfant portant une casquette, juché sur les épaules de son père et brandissant un drapeau bleu-blanc-rouge, avec en arrière-plan la colonne de Juillet, sur la place de la Bastille. Elle est créditée « Photo Capa ». La photographie de Léon Blum – main levée (et non poing levé, signe de ralliement du Front populaire), l'autre brandissant la lampe offerte par les mineurs de Carmaux – à la tribune officielle installée place de la Nation, lors du défilé populaire de l'après-midi, demeure le symbole de cette journée. Elle fut également prise par Robert Capa.

La crise économique, qui a touché la France en 1931, a ruiné les épargnants et contraint des milliers d'ouvriers au chômage. La crise politique atteint des sommets en février 1934, au point de couper la France en deux. « Si les Français se battaient. Front national contre Front populaire. Qui vaincrait ? », titre le magazine *VU* du 30 novembre 1935. Le spectre de la guerre civile hante journalistes et hommes politiques. Mais l'affrontement a finalement lieu dans les urnes, laissant les extrêmes, minoritaires, à leurs provocations. Le matin du 3 mai 1936, jour du second tour des élections législatives, Capa est à la mairie de Saint-Denis pour photographier les électeurs. Le soir même, socialistes, communistes et radicaux, réunis au sein d'une coalition électorale appelée « Rassemblement populaire », gagnent les élections, et Léon Blum, secrétaire général de la SFIO, premier parti de gauche avec 146 élus, est désigné président du Conseil.

Cependant, avant même qu'il ne soit investi le 2 juin, un gigantesque mouvement social – avec grèves et occupations d'usines – éclate, d'abord dans les usines d'aviation du Havre, puis dans tout le pays. Incontestablement, la fine équipe constituée de Capa, Chim et Cartier – tous âgés de moins de 30 ans – va dominer les autres et se tailler une belle réputation dans les rédactions. Pourtant, les photos de Capa et Chim sur les usines en grève ou les manifestations paraissent sans signature dans *Regards*. Et même lorsque Capa réussit à pénétrer dans l'usine Renault et à prendre des photos, il n'est pas cité… ■

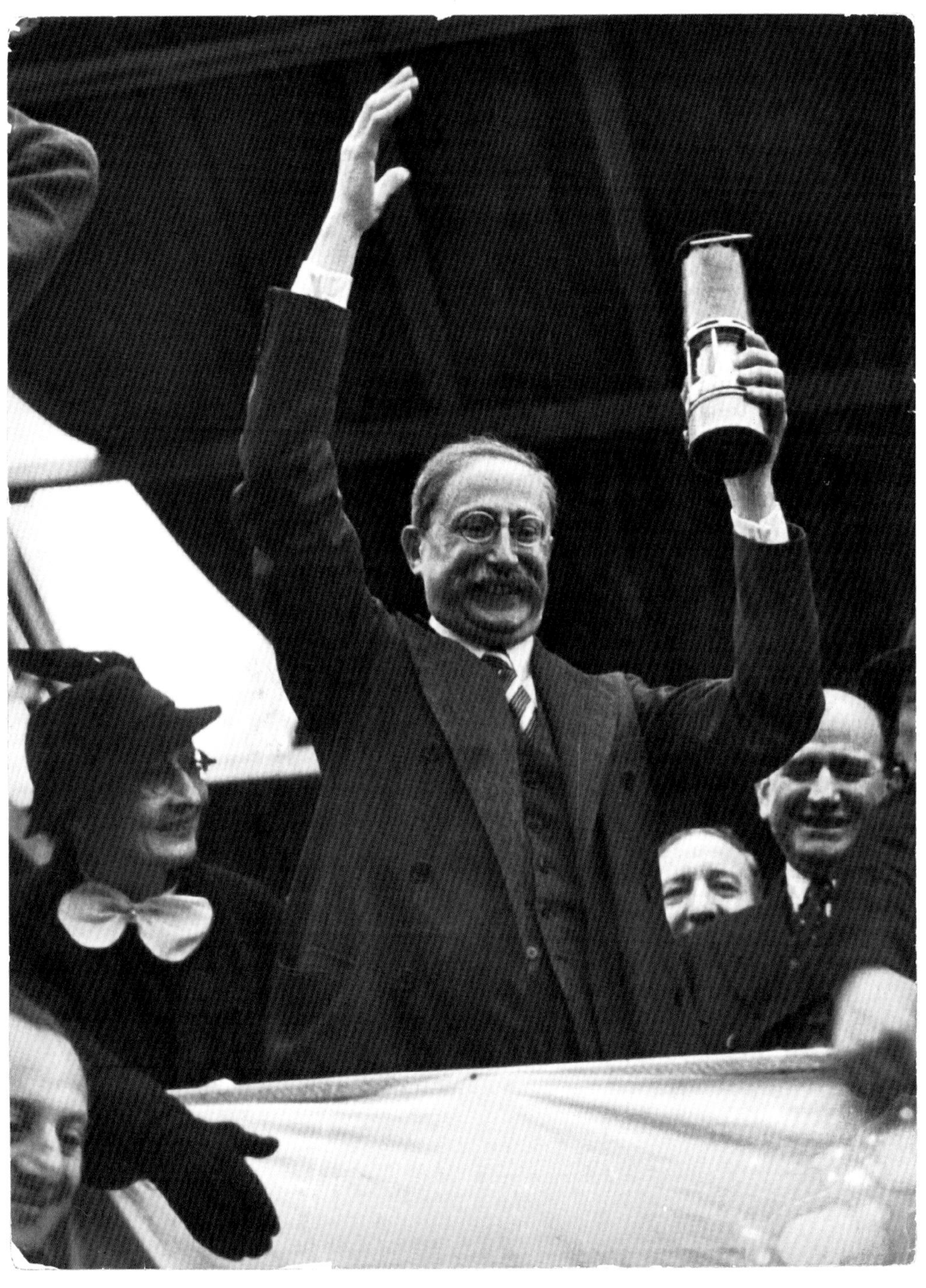

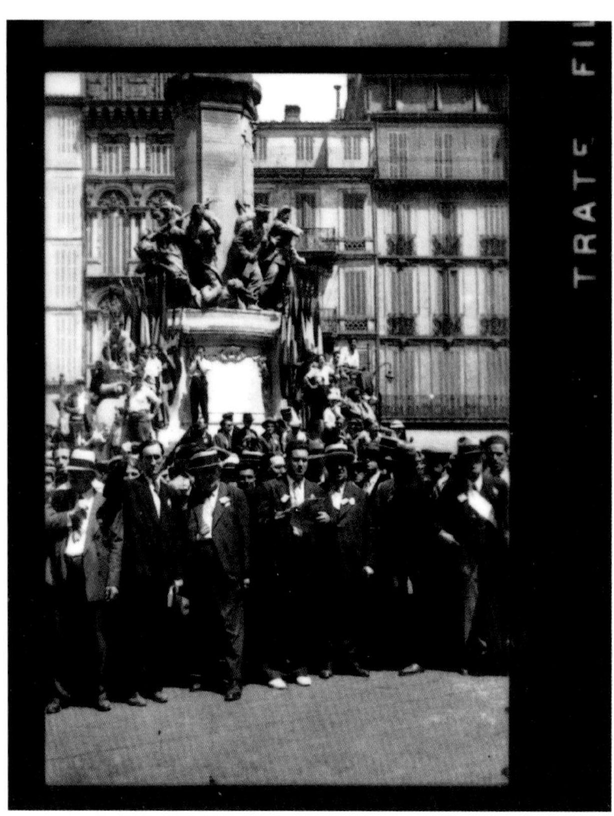

À Marseille

En 1935, dans les lettres adressées à sa mère, André écrit qu'il doit se rendre à Marseille pour réaliser une commande. En septembre, il évoque son reportage dans cette ville « qui [lui] a beaucoup plu », sans en préciser le sujet. Nous avions perdu la trace de ces photographies marseillaises réalisées sur la Canebière jusqu'à ce que les négatifs soient retrouvés dans le grenier du 37 rue Froidevaux. Sur l'un d'entre eux, on distingue le monument des Mobiles, édifié en 1894 pour commémorer le millier de morts des Bouches-du-Rhône pendant la guerre de 1870-1871. Il se trouve près de l'église Saint-Vincent-de-Paul. Nombre de manifestants lèvent le poing en signe de ralliement au Front populaire. Il pourrait s'agir d'une manifestation en faveur du « serment de l'unité de la gauche » du 14 juillet 1935, ou encore d'un rassemblement contre l'occupation de l'Éthiopie par l'Italie fasciste. Reste que ces photos témoignent du style Capa : cliché vertical, personnages en mouvement et plans serrés. Sa signature. Malheureusement, nous n'avons pas trouvé trace de ces photos dans la presse. ■

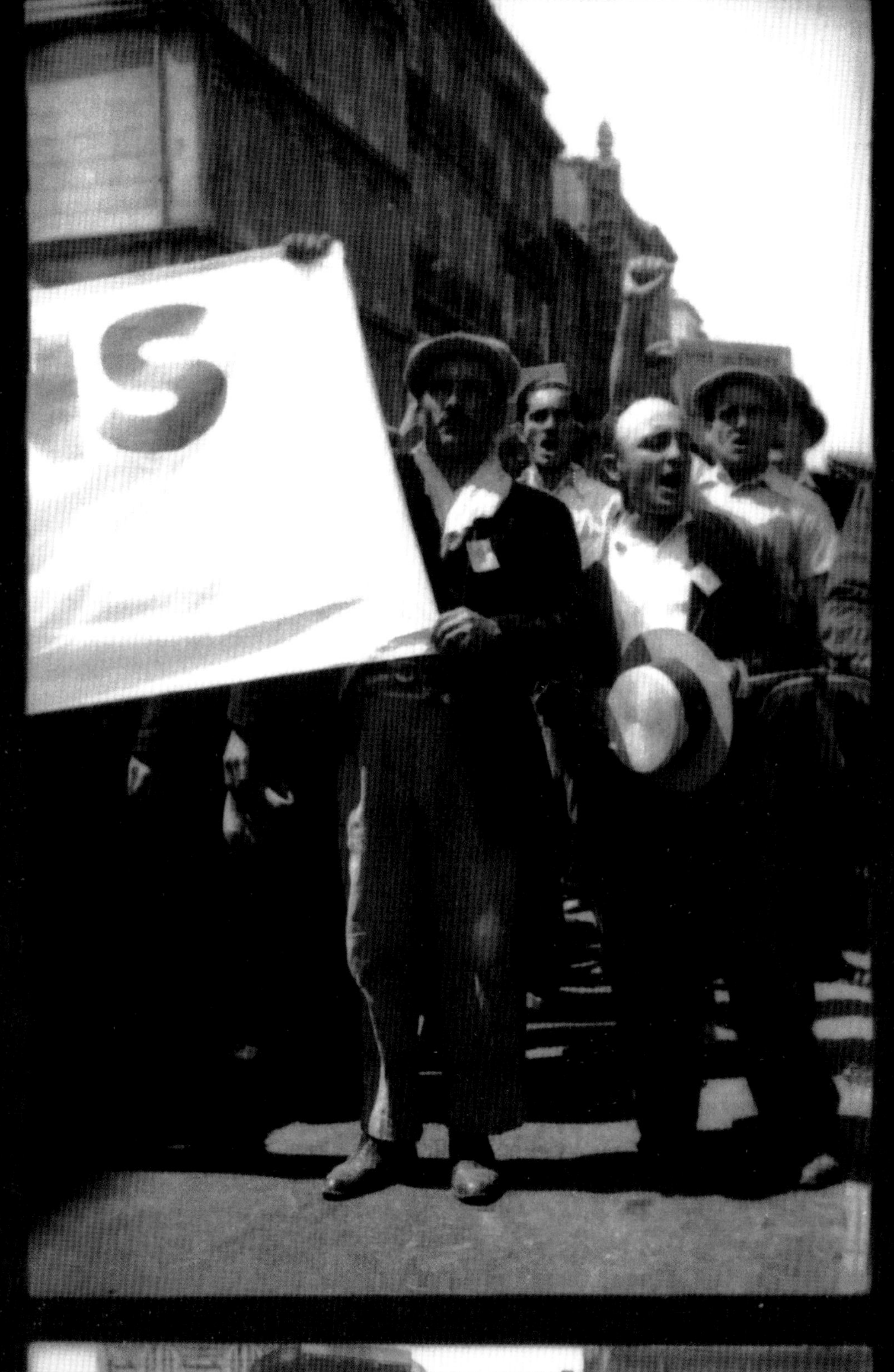

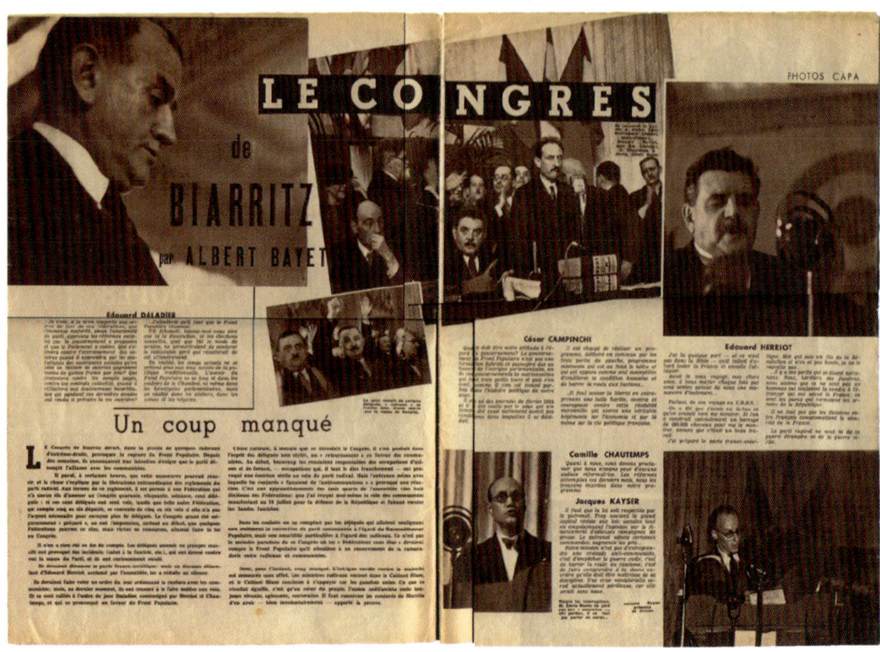

LE CONGRÈS de BIARRITZ

par ALBERT BAYET

PHOTOS CAPA

Édouard DALADIER

César CAMPINCHI

Édouard HERRIOT

Camille CHAUTEMPS

Jacques KAYSER

Un coup manqué

Chez les rad-soc

Le jeudi 22 octobre 1936, Capa n'est ni à Oviedo ni à Madrid, mais à Biarritz. Il couvre l'ouverture du 35e congrès du parti radical-socialiste, qui participe au gouvernement du Front populaire. Édouard Herriot, président de la Chambre des députés, Édouard Daladier, vice-président du Conseil et ministre de la Défense de Léon Blum, ainsi que Camille Chautemps, ministre d'État, sont tous trois présents dans la grande salle du casino, au milieu des congressistes. L'enjeu est de taille : le parti radical va-t-il oui ou non maintenir son soutien à Léon Blum et demeurer au sein du « Rassemblement populaire » aux côtés de la SFIO et du PCF ? Nombre de sénateurs du parti s'opposent d'ores et déjà à la politique économique du Front populaire. Les débats sont passionnés. Dans la salle, les partisans du maintien, poings levés, invectivent ceux qui sont contre, bras tendus comme les fascistes. Une fois encore, Capa va saisir les visages au plus près, rendant compte de la violence du débat. Ces deux photographies proviennent du grenier de la rue Froidevaux. À Biarritz, Capa est accompagné d'Albert Bayet, professeur à la Sorbonne et lui-même membre du parti radical. « Un coup manqué », titre *Regards* qui publie son article le 29 octobre, avec cinq photographies signées Capa. *VU* reprendra certaines de ces photos pour l'article de Jean Luchaire consacré au même sujet. Finalement, le parti radical-socialiste, profondément divisé, maintiendra son soutien à Léon Blum grâce aux efforts de persuasion de Daladier. Cependant, comme l'écrira *VU*, il ne s'agira que d'un sursis. ■

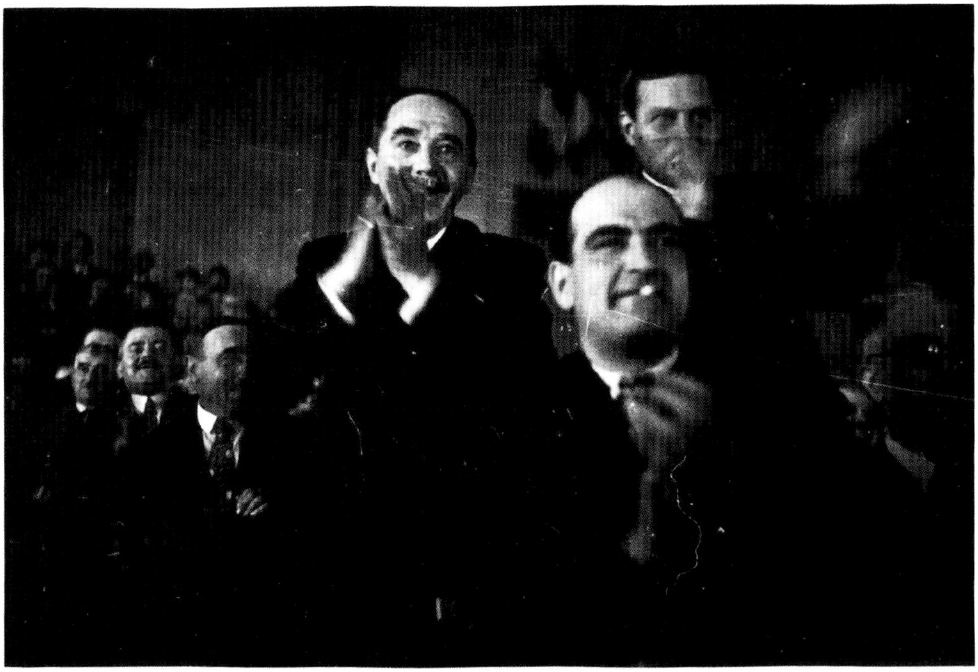

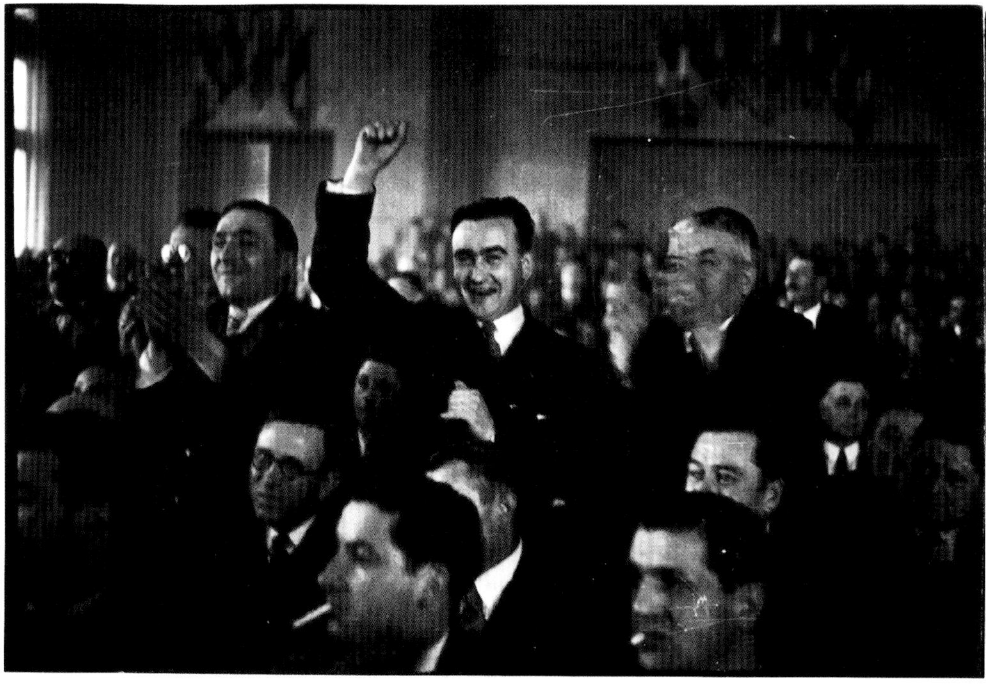

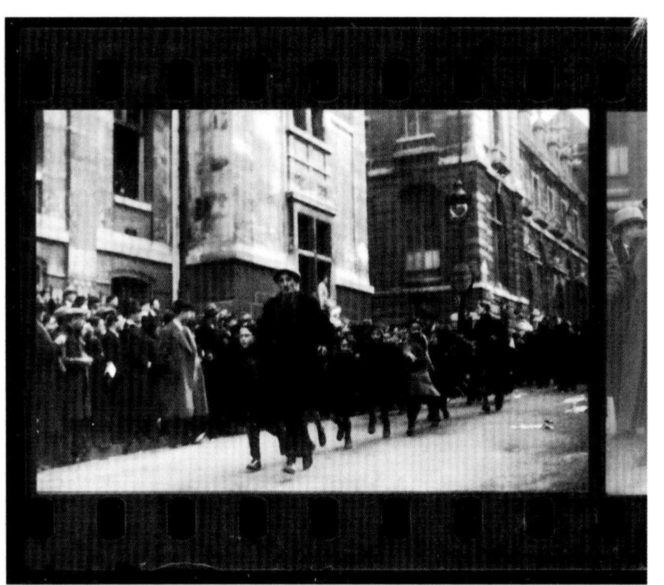

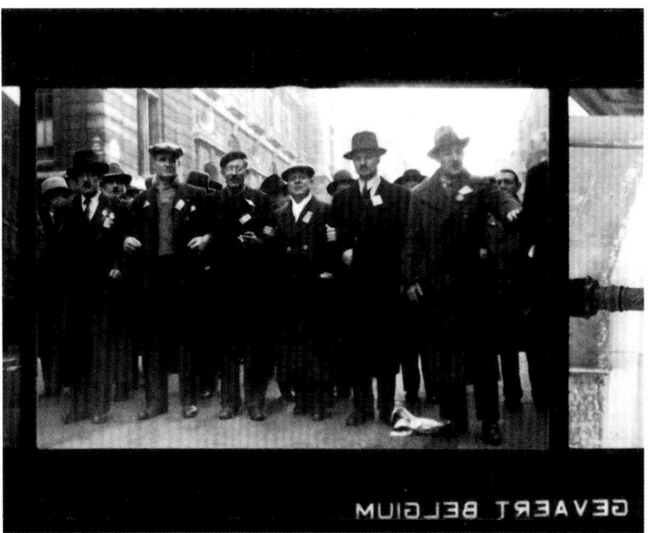

Le Paris des manifs

Ces trois photographies réalisées à Paris, avant ou pendant le Front populaire, sont inédites. Elles ont également été retrouvées dans le grenier du 37 rue Froidevaux. Sur la première photographie horizontale, on reconnaît les bâtiments du lycée Louis-le-Grand de la rue Saint-Jacques, dans le quartier de la Sorbonne à Paris. Il est difficile d'identifier la date et l'objet de cette manifestation. Capa photographie des anonymes qui participent ou regardent. Au vu des tenues élégantes de ceux qui défilent, il pourrait s'agir d'opposants au Front populaire. On ne voit d'ailleurs aucune femme parmi les manifestants. Capa croque un petit « poulbot » à casquette accroché à un réverbère. À plusieurs reprises dans sa carrière, Capa s'attardera sur les visages des enfants, tout comme son ami Chim. Richard Whelan éditera en 1991 un livre sur Capa et les enfants, *Children of war/ Children of peace*, considérant qu'il s'agissait d'un « thème majeur » de son œuvre. ■

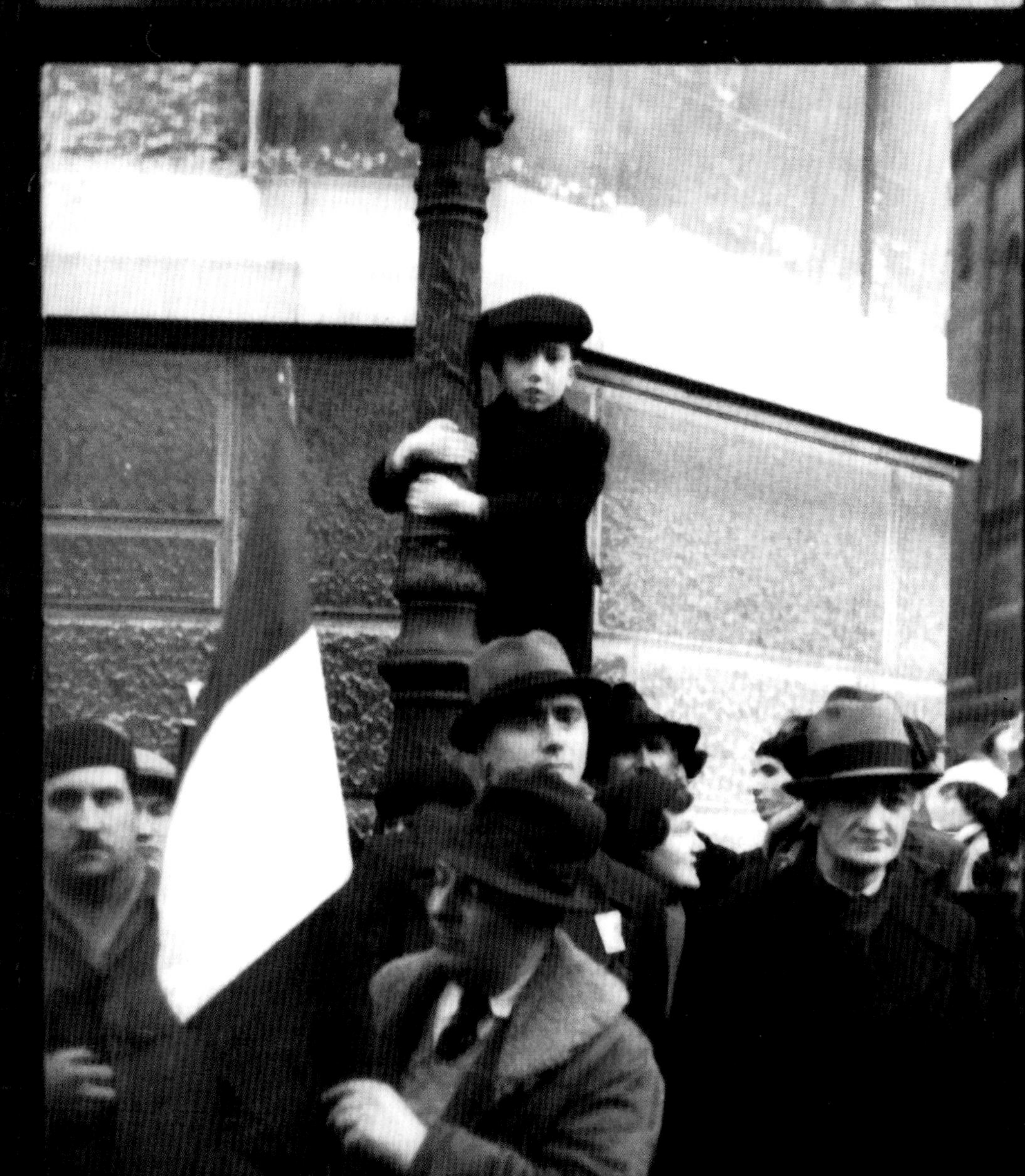

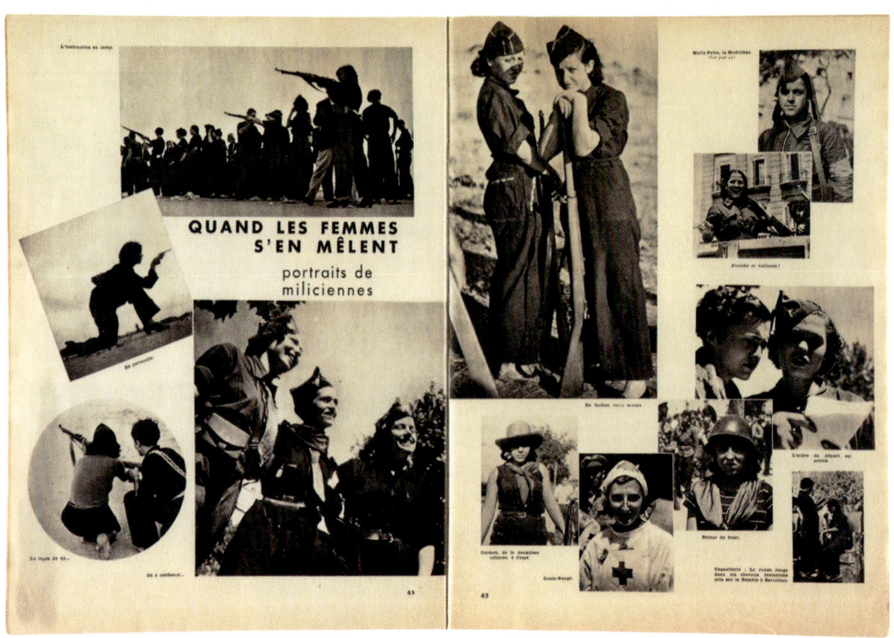

QUAND LES FEMMES S'EN MÊLENT

portraits de miliciennes

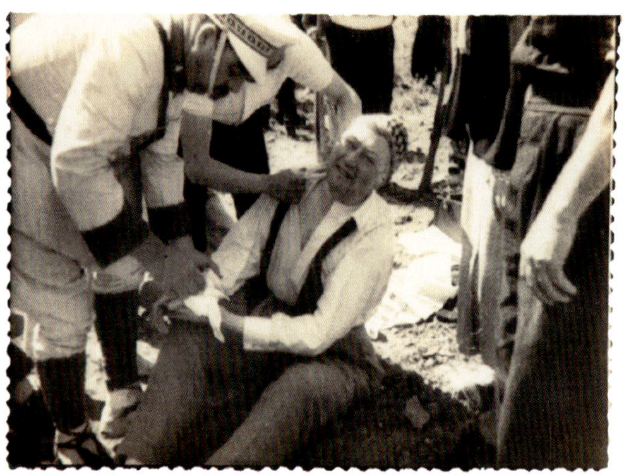

À DROITE ET EN HAUT : **Le numéro spécial de *VU* du 29 août 1936 (56 pages) fait la part belle aux photos de Capa et Taro rassemblées en doubles pages thématiques. Il comporte également des articles de Paul Nizan, Jean-Richard Bloch et Pierre Mac Orlan. Le ton est résolument favorable à la République espagnole.**

CI-DESSUS : **Photo de presse d'époque montrant Lucien Vogel blessé après la chute de l'avion à destination de Barcelone dans lequel il avait pris place, avec son équipe de journalistes, pour couvrir les débuts de la guerre civile.**

Dans Barcelone en guerre

« Leur premier départ en Espagne, je m'en souviens comme hier, racontait Willy Ronis, André et Gerda étaient chez moi. Ils s'aimaient beaucoup. Elle était très heureuse de partir là-bas avec lui. Sans un sou comme toujours. J'ai fait ce que j'ai pu et je leur ai fait à manger. Ils ont pris le petit déjeuner à la maison, juste avant de partir pour Barcelone. » C'était en août 1936. André Kertész, quant à lui, pensait que Capa et Taro étaient déjà en Espagne depuis juillet pour couvrir l'Olympiade populaire. Organisé par l'Espagne républicaine, cet événement devait accueillir 6 000 athlètes antifascistes venus de vingt-deux pays qui refusaient de se rendre aux Jeux olympiques de Berlin organisés par Hitler. Les épreuves devaient se tenir du 22 au 26 juillet au stade de Montjuïc.

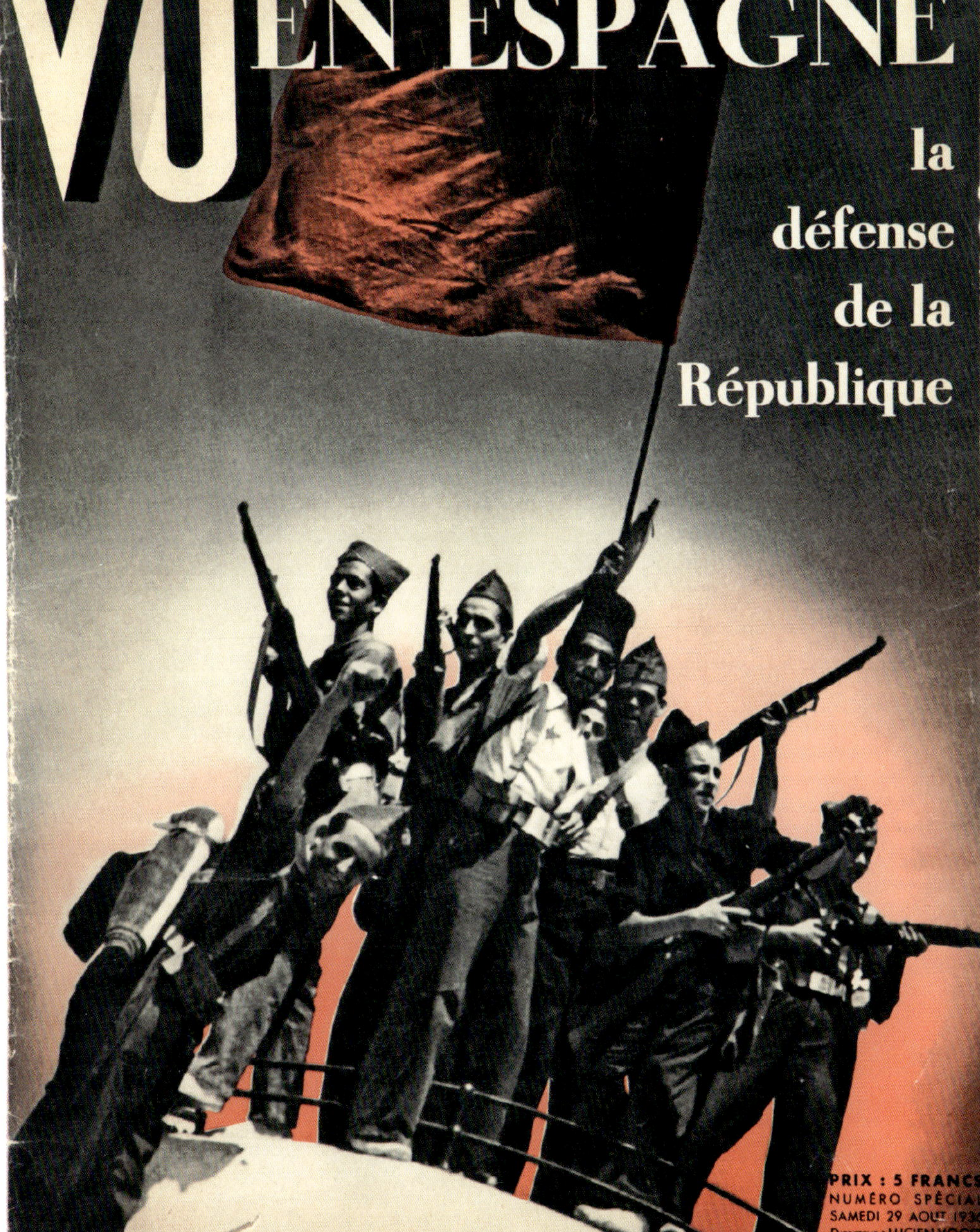
VU
EN ESPAGNE
la
défense
de la
République
PRIX : 5 FRANCS
NUMÉRO SPÉCIAL
SAMEDI 29 AOUT 1936
DIRECTEUR : LUCIEN VOGEL
PHOTO

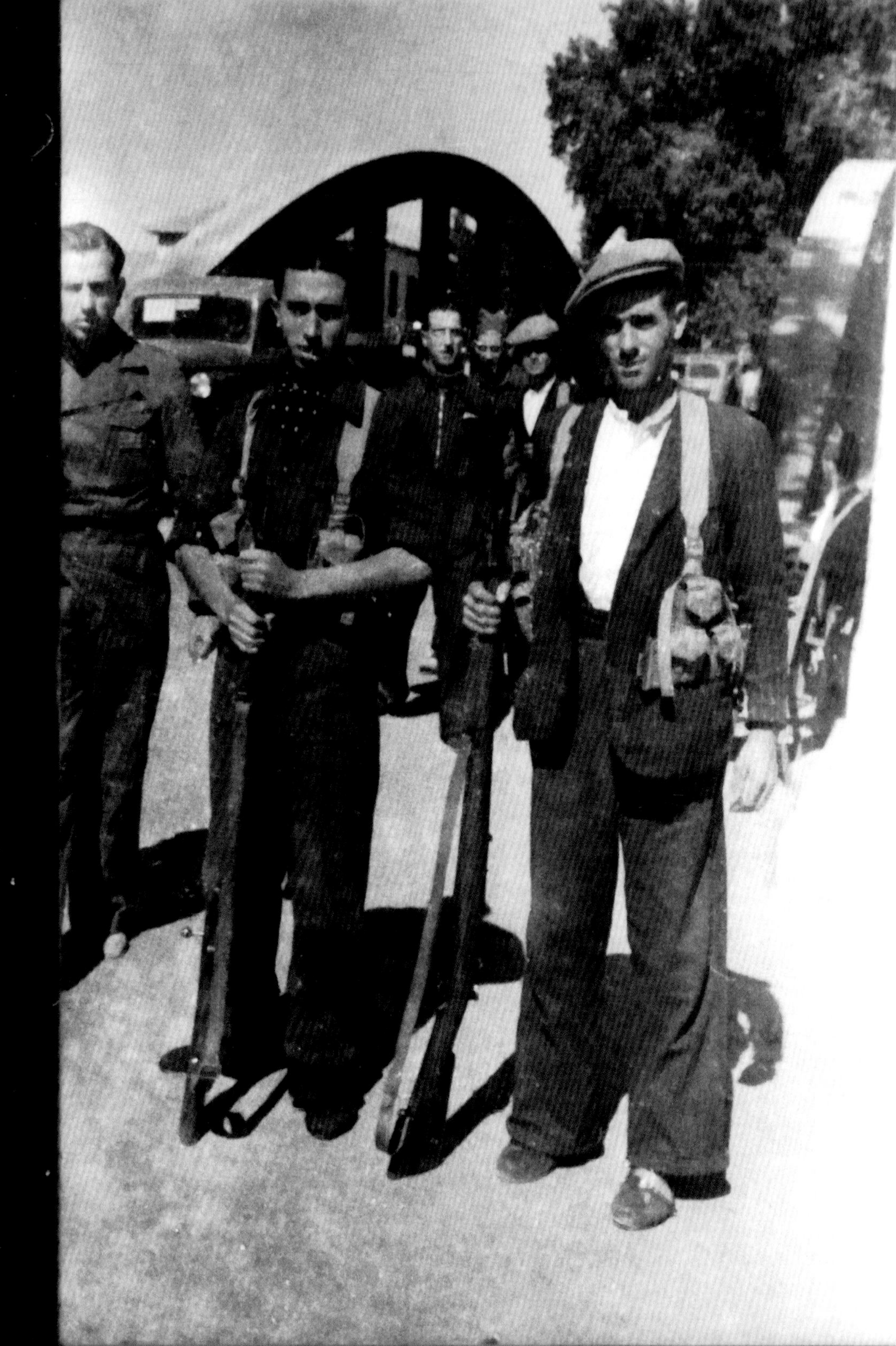

Le Catalan Jaume Miravitlles en était le secrétaire du comité exécutif. Les photographes allemands Namuth et Reisner étaient déjà arrivés à Barcelone, à la différence de Capa et Taro. Mais ces Olympiades n'ont jamais eu lieu…

Dans la nuit du 18 au 19 juillet, les premiers coups de feu éclatent dans Barcelone, le peuple prend les armes suite au pronunciamiento des généraux rebelles. Miravitlles se voit dans l'obligation d'annuler la manifestation, et une partie des sportifs se bat aux côtés des miliciens.

À Paris, Lucien Vogel, alors directeur de *VU*, organise le départ d'une équipe de journalistes pour préparer un numéro spécial sur ces derniers événements. Il fait affréter au Bourget un avion pour se rendre au plus vite à Barcelone ; avec lui embarquent les opérateurs des actualités cinématographiques d'Éclair-Journal et de France-Actualités. Mais, près de la ville d'Alcañiz, dans la province de Teruel, l'avion se brise au sol. Vogel est blessé à la tête et aux jambes. Il offrira son avion à la République espagnole et l'équipe de journalistes finira par rejoindre Barcelone.

Capa n'était pas dans l'avion. Il devait les rejoindre en train. Il semble que l'avance qu'il a perçue pour le billet ait servi à payer d'anciennes dettes ou qu'elle ait été perdue lors d'un pari. Surtout, il n'est pas seul. Si Vogel ne considérait pas Taro comme une photographe – elle était l'assistante d'Alliance Photo – et si seul Capa est accrédité par *VU*, la jeune femme choisit de l'accompagner à ses risques et périls. Titulaire d'une carte de presse délivrée en février 1936 par l'agence néerlandaise ABC Press-Service, elle en obtient également son accréditation pour l'Espagne. Irme Schaber, la biographe de Gerda Taro, estime que le couple est arrivé le 5 août pour repartir début septembre. D'après Roméo Martinez, c'est le 14 août que Capa et Taro ont pris le train de Carcassonne pour se rendre à Barcelone. Le numéro spécial de Lucien Vogel dédié à « La défense de la République » sort en kiosque à Paris le 29 août. Il est riche de dizaines de photos de « Cappa [*sic*], Madeleine Jacob, Maurice, Namuth, Reisner, et Vogel », mais aussi de Gerda Taro, laquelle n'est jamais citée.

Malgré l'important succès de ce numéro spécial, les actionnaires suisses licencient Lucien Vogel, considéré comme trop impliqué dans le conflit espagnol. Ce qui n'empêchera pas Capa de poursuivre sa collaboration avec le journal pendant quelque temps. Quant à Lucien Vogel, il met son expertise au service de la cause républicaine. Il sera ainsi la cheville ouvrière de deux autres numéros spéciaux : en janvier 1937, il dirige le numéro de *L'Illustré du Petit Journal* intitulé, « 6 mois de guerre civile en Espagne » puis, à l'été 1937, « L'Espagne envahie : un an de non-intervention ». Ces deux publications comprennent nombre de photographies de Capa, ainsi que quelques-unes de Taro, Chim, Namuth et Reisner. ■

Photo de Capa dans un village espagnol non identifié, retrouvée rue Froidevaux.

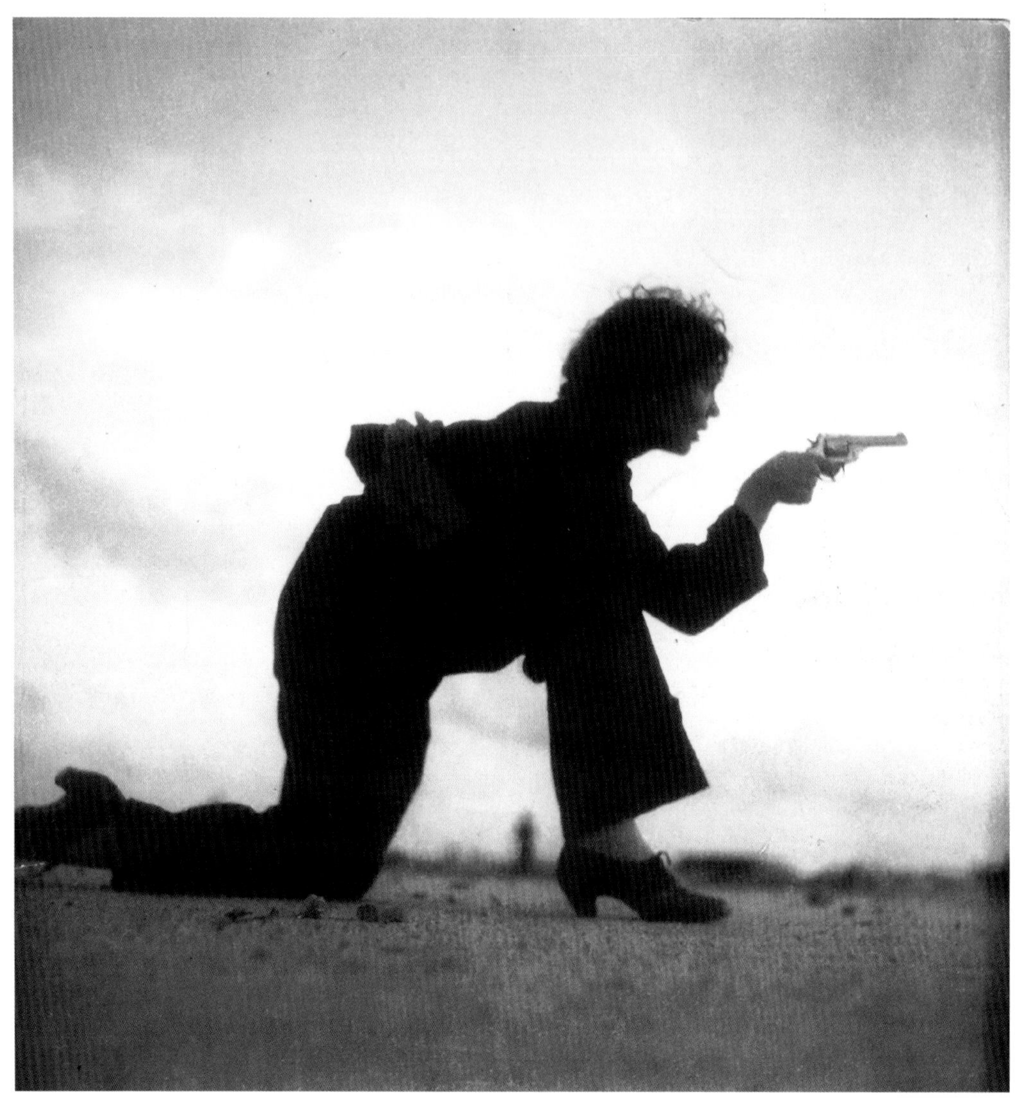

La séance d'entraînement des miliciennes en salopette bleu foncé près de Barcelone a été publiée dans le numéro spécial de *VU* du 29 août 1936.

Un négatif de cette série a été retrouvé rue Froidevaux. La presse appréciait particulièrement ces photos de femmes en armes, une nouveauté à l'époque.

Miliciennes à l'entraînement

L'un des sujets privilégiés de la presse étrangère en cet été espagnol est l'apparition de miliciennes en armes. Le peuple s'est emparé de tous les fusils qu'il a pu trouver, et les femmes ne sont pas en reste. Du jamais-vu. Capa et Taro, se déplaçant dans la voiture du Comité de propagande, se rendent dans la banlieue de Barcelone et assistent à une séance d'entraînement au cours de laquelle des miliciennes s'essaient au maniement du pistolet et du fusil. Les photos de cet exercice ont été publiées – non signées – dans le numéro spécial de *VU* sous le titre « Quand les femmes s'en mêlent. Portraits de miliciennes ». L'une d'entre elles, très célèbre, montre une jeune femme, genou à terre et portant des chaussures à talons, qui s'entraîne au pistolet. La milicienne est prise de profil sans que l'on puisse reconnaître son visage. Le cliché a le format carré des photos de Rolleiflex attribuées à Taro. Au 37 rue Froidevaux, se trouvait un négatif inédit de cette série qui nous permet aujourd'hui, pour la première fois, de découvrir le visage du personnage de la photo. Il s'agit bien de la même femme, cette fois au garde-à-vous, le fusil sur l'épaule et le visage grave. ■

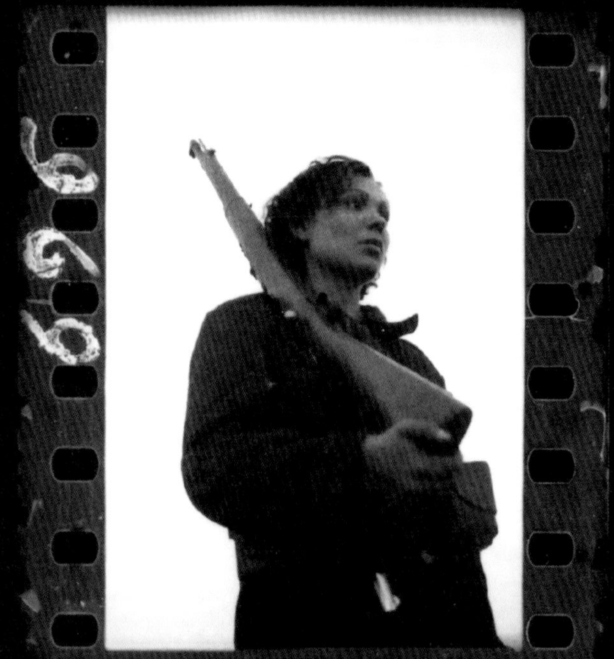

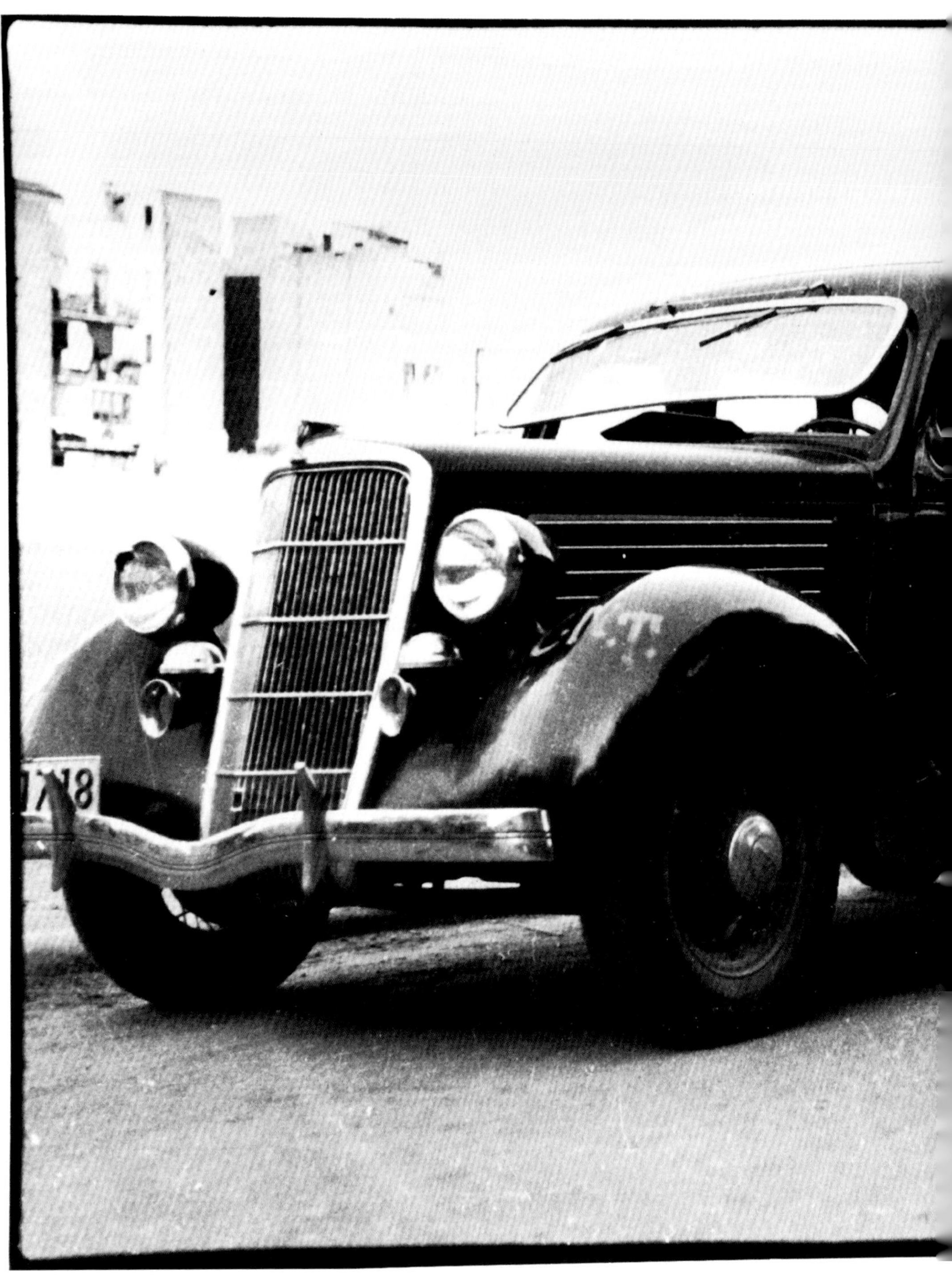

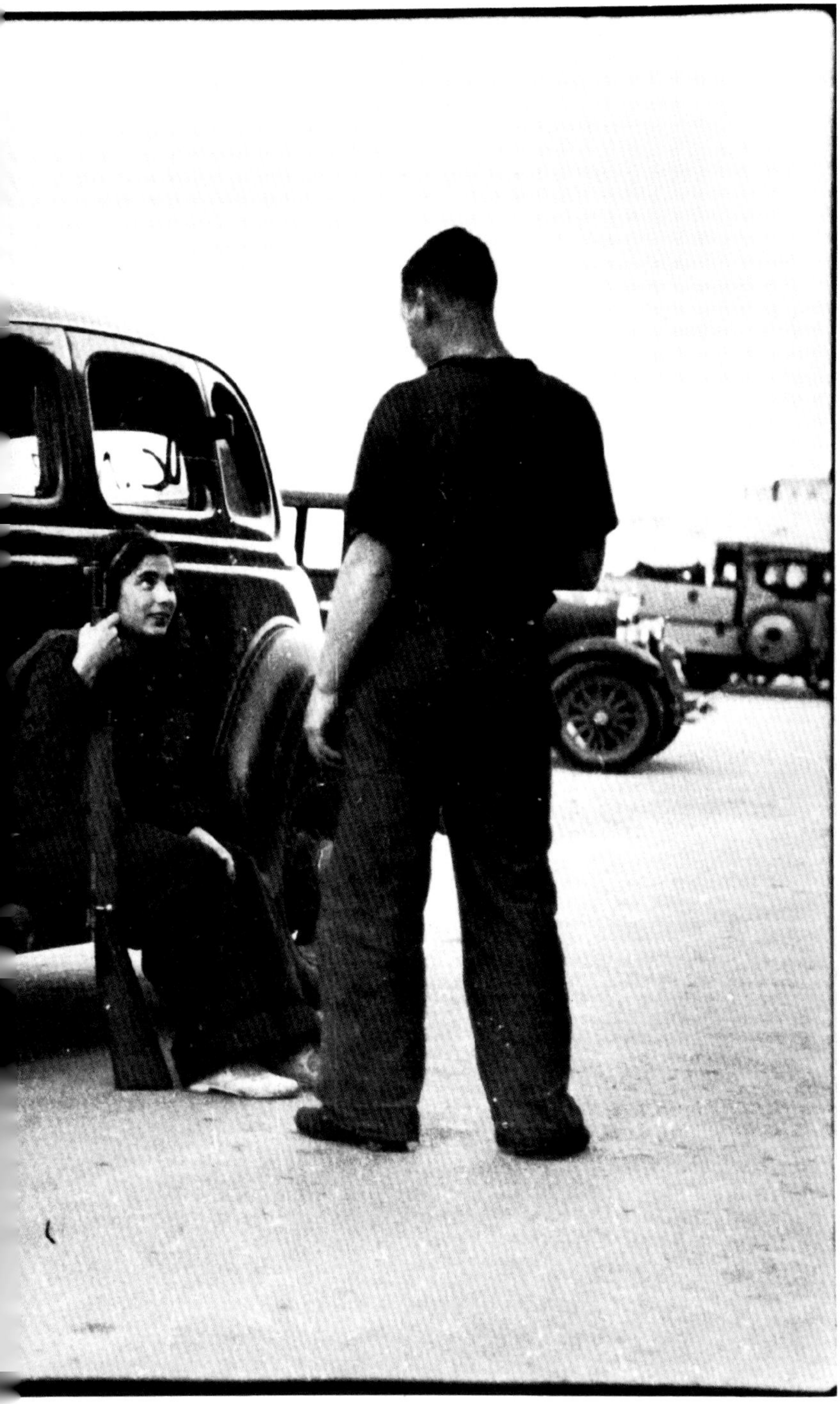

Capa saisit des miliciens attendant près d'une voiture lors d'une séance d'entraînement à côté de Barcelone.

À la recherche des combats

Jaume Miravitlles, d'abord secrétaire général du Comité central des milices antifascistes, devient ensuite commissaire à la propagande de la Generalitat de Catalunya, le gouvernement de la région. Il organise l'accueil des journalistes étrangers et facilite leurs déplacements sur les routes du pays, en leur allouant des véhicules réquisitionnés, de l'essence et même des chauffeurs. Capa et Taro étant des amis, il les présentera comme les correspondants de la Generalitat. Lors de ce premier voyage sur les routes d'Espagne, ceux-ci désespèrent de ne pas trouver de combats à photographier. En août 1936, ils découvrent surtout une guerre de position et photographient uniquement le peuple en armes.

Rentrée à Paris, l'équipe de Lucien Vogel a emporté les pellicules prises à Barcelone par Capa et Taro afin de les tirer et les publier. Ces derniers, restés sur place, partent en Aragon, où les milices républicaines espèrent s'emparer de la ville de Saragosse encore aux mains des franquistes. Ils photographient surtout les miliciens des différentes factions politiques. Ces volontaires sont des civils habillés d'uniformes hétéroclites.

Les hommes posent en position de tir derrière un muret. Preuve qu'ils ne tirent pas : le photographe est face à eux. Capa et Taro s'attachent alors à réaliser une galerie de portraits. Des photographies qui seront reprises dans nombre de brochures de soutien aux loyalistes espagnols, telle celle de ce combattant portant un foulard blanc pour se protéger du soleil, publiée en couverture de *Russie d'Aujourd'hui*. Nous sommes en août 1936, près de Huesca, et il fait une chaleur écrasante dans cette province d'Aragon. L'homme aux allures de corsaire est photographié à plusieurs reprises par les deux photographes.

À bord de la voiture du service de presse de la Generalitat de Catalunya, Capa et Taro sont accompagnés d'un journaliste et universitaire autrichien, Franz Borkenau. Dans son important témoignage sur la guerre d'Espagne, *The Spanish Cockpit*, il raconte ce voyage aux côtés des deux photographes et leur passage dans le village de Leciñena, près de Saragosse, alors occupé par une colonne du POUM – la milice antistalinienne qui incarne le fer de lance de la révolution espagnole, défenseur d'une réforme agraire radicale. Son commandant Manuel Grossi, mineur des Asturies et leader du soulèvement de 1934, est impatient de partir au combat. Malheureusement, les généraux de l'armée républicaine maintiennent la colonne dans ce village. Capa photographie les « poumistes », face à leur quartier général, buvant du vin à grande rasade au goulot des *porrones*, ces traditionnelles carafes à vin d'Espagne. Déçus de ce front désespérément statique, Capa et Taro continuent leur voyage et se dirigent plus au sud, vers l'Andalousie. ■

En Aragon, Capa photographie ces deux soldats républicains qui symbolisent le soutien des volontaires étrangers à l'Espagne en lutte. Il s'agit probablement d'un Allemand de la Centurie Thaelmann et d'un milicien espagnol. Cette photo paraît dans un journal des Brigades internationales.

Bruder...

2. Jahrg. Nr. 92 · Deutsche Ausgabe · 1. November 1938

ABSCHIEDSNUMMER

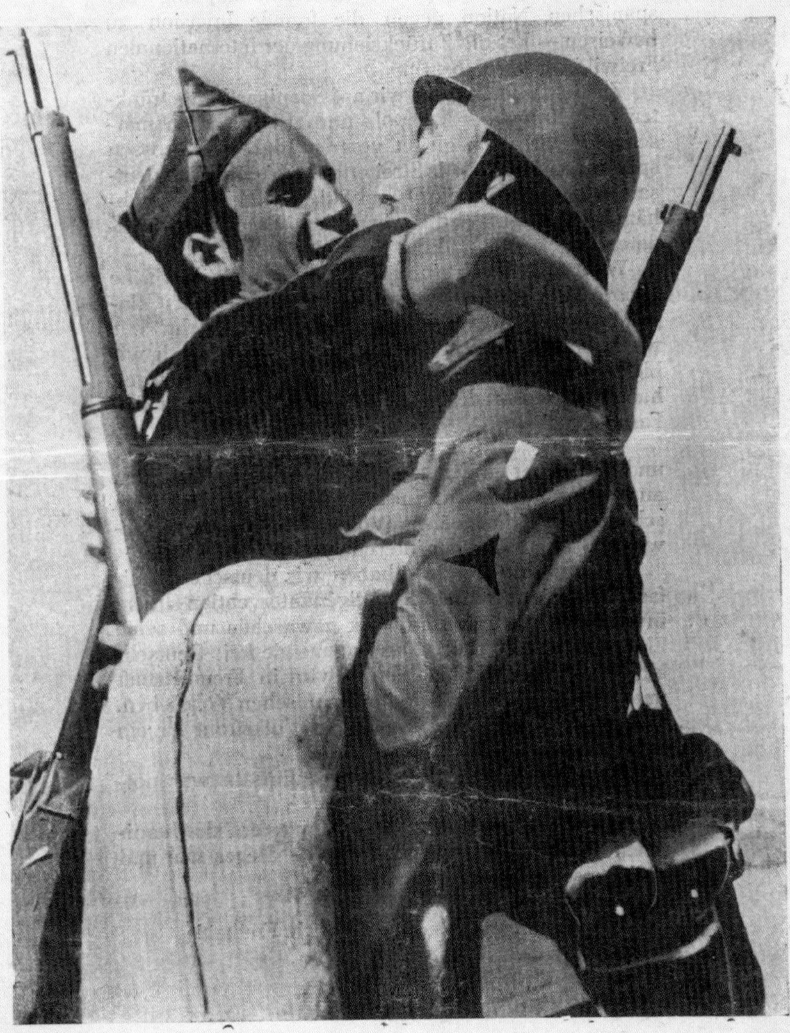

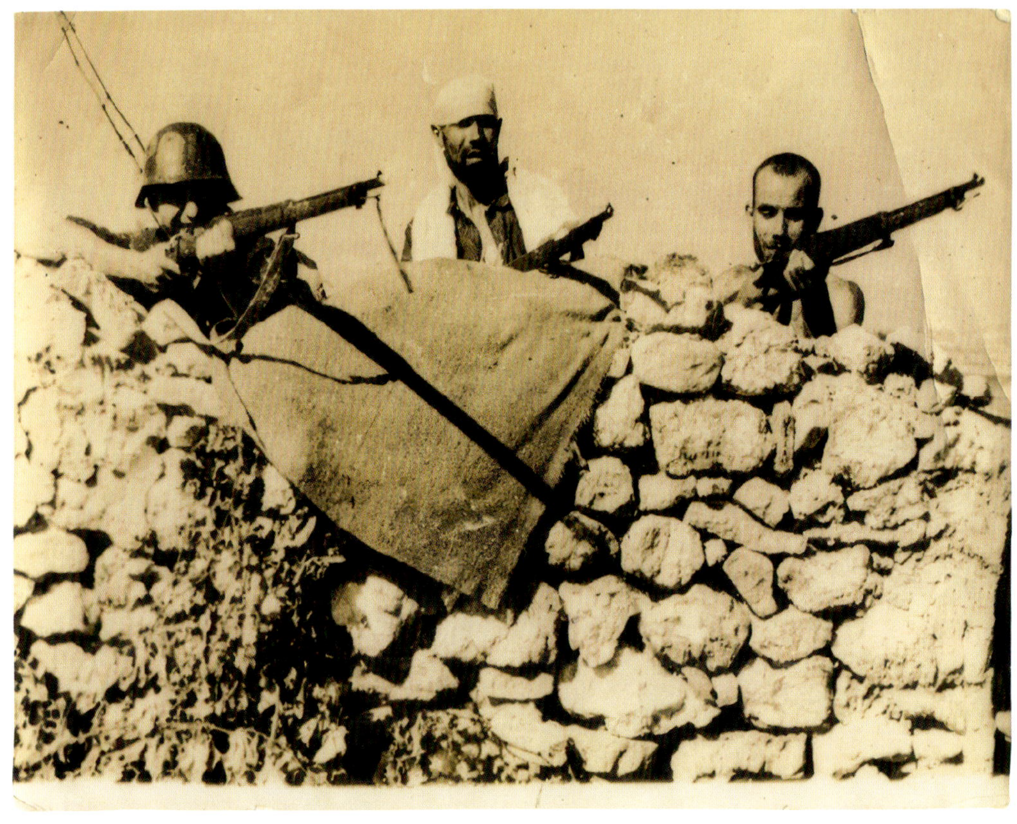

CI-DESSUS : **un tirage d'époque de ce même soldat, derrière un muret de pierre, prêt au combat. il a fait forte impression à Capa et Taro, puisqu'ils l'ont photographié à plusieurs reprises.**

À DROITE : **À Paris, le journal *Russie d'Aujourd'hui* publie cette photo de Capa d'un milicien espagnol sur le front d'Aragon.**

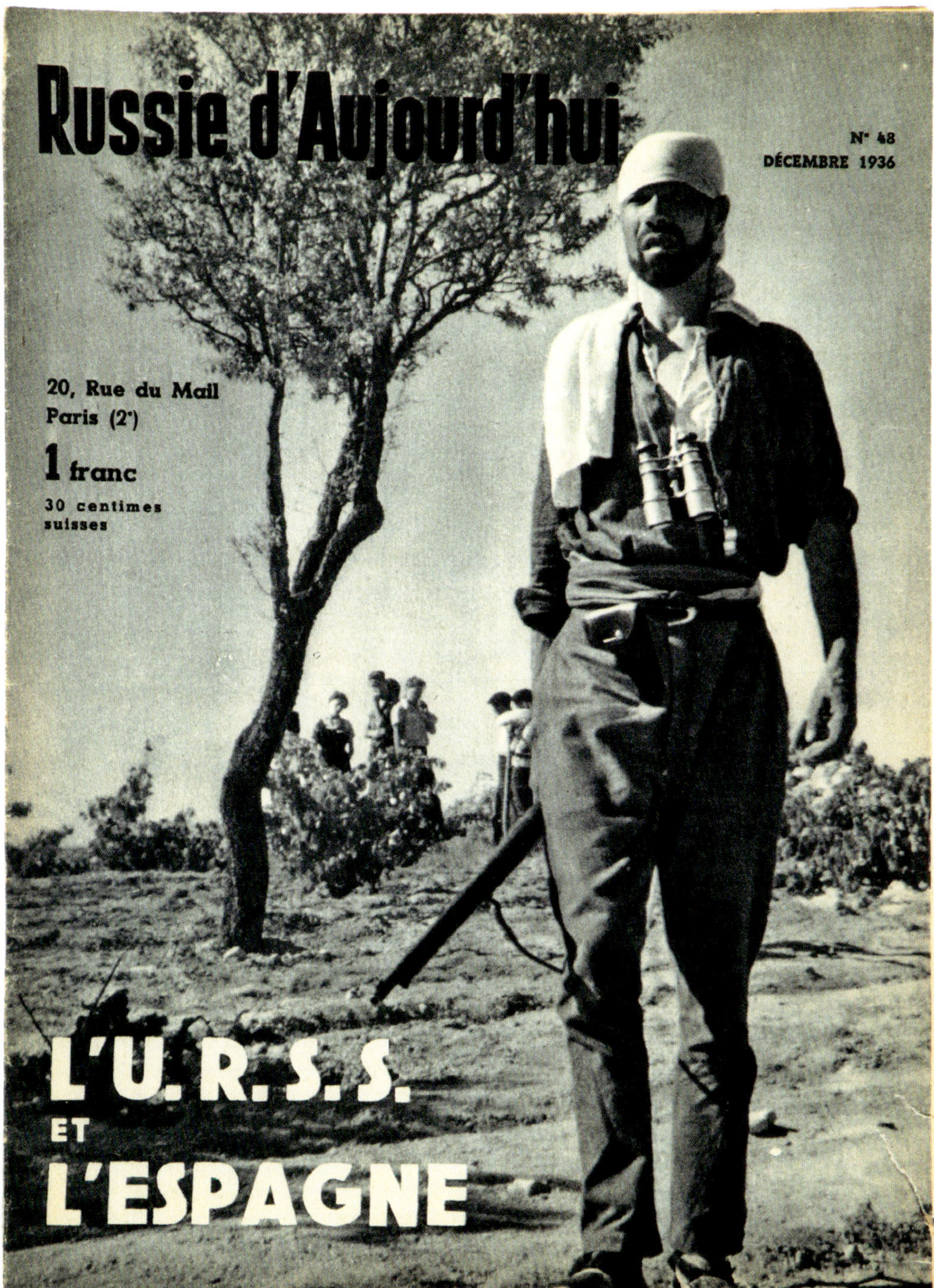
Russie d'Aujourd'hui
N° 48
DÉCEMBRE 1936
20, Rue du Mail
Paris (2°)
1 franc
30 centimes
suisses
L'U.R.S.S.
ET
L'ESPAGNE

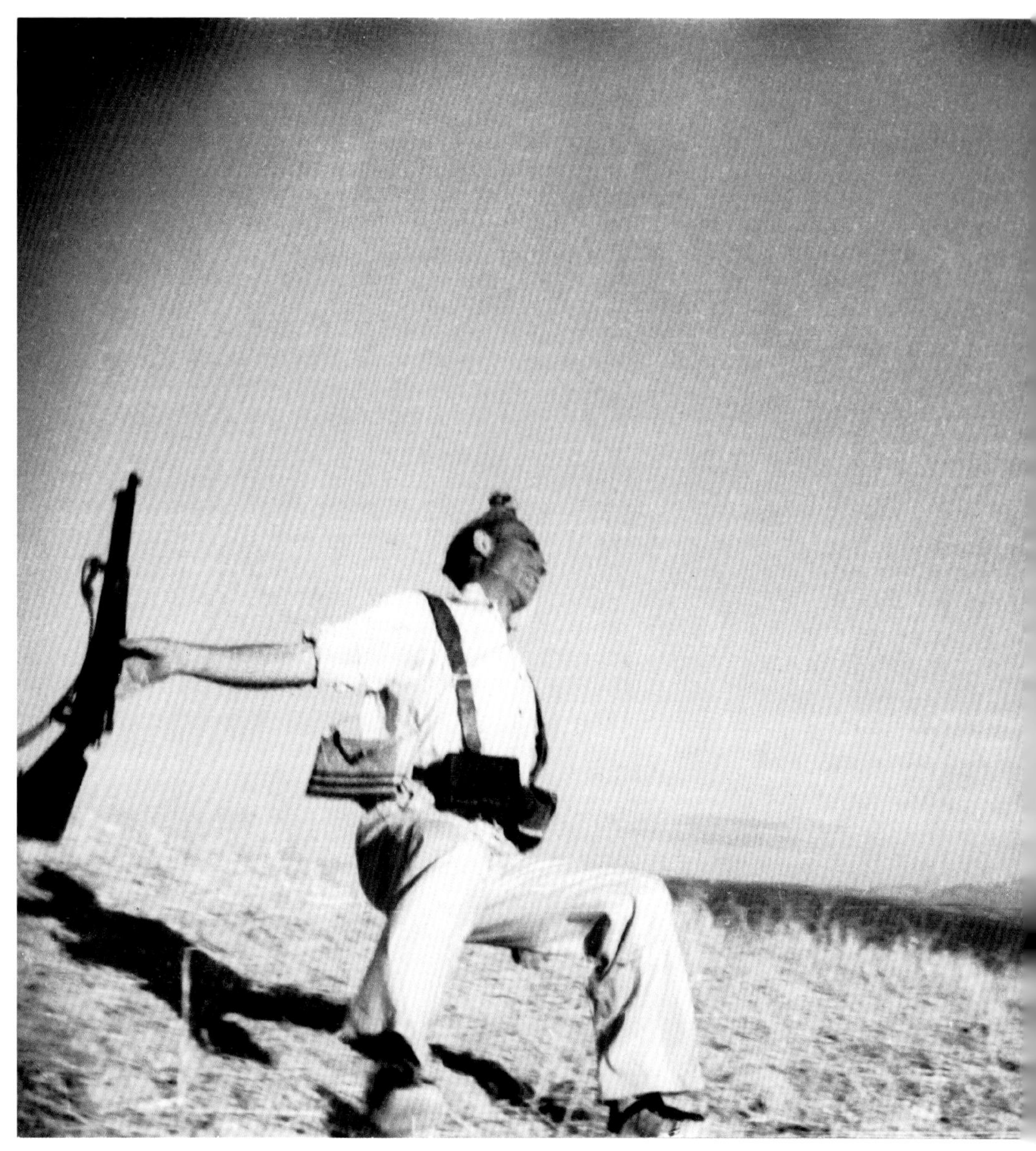

CI-DESSUS ET À DROITE : **Le tirage du *Falling soldier* de Capa acquis en 2020 par la Pinault Collection. Et le dos de la photo avec le crédit Alliance photo. Ce tirage est sans doute le plus ancien connu.**

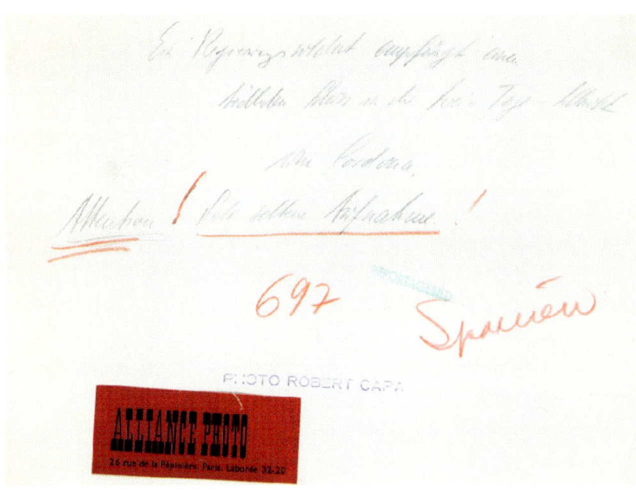

Les mystères d'une icône

On appelle cette icône du photojournalisme du XXe siècle « Le milicien qui tombe » (*The Falling Soldier* en anglais), ou « La mort d'un milicien » ou encore « L'instant de la mort ». Malgré les multiples découvertes, ces dernières années, de photos ou de négatifs de Robert Capa, le négatif de cette photographie, qui a fait couler tant d'encre, reste à ce jour introuvable. Il n'était malheureusement pas parmi ceux retrouvés dans la « valise mexicaine ». Cette absence contraint à se contenter de l'examen des tirages et des publications d'époque et nous amène à des interrogations sur le cadrage de la photo et même pour certains sur l'identité de son auteur puisque Gerda Taro était aux côtés de Capa ce jour-là. Résumons d'abord ce que nous savons et ce que nous ne savons pas. Il est maintenant démontré que l'identification du soldat, Federico Borrell García, n'était pas exacte. La date de la prise de vue, à savoir le 5 septembre 1936, est également contestée. Enfin, il a été récemment prouvé que la photo a été prise à Espejo et non à Cerro Muriano, deux villages près de Cordoue. Toutes les certitudes ont volé en éclats, renforçant toujours plus le mystère autour de cette icône et les spéculations sur la véracité de la scène de guerre.

Examinons d'abord le problème du cadrage, cela semble être un détail, mais il n'en est rien. Il existe trois tirages d'époque de cette photo. Un nouveau est apparu en 2020, il a été vendu pour 75 000 euros plus les frais par Sotheby's à la Pinault Collection. Un événement pour les spécialistes. Au-delà de l'aspect financier et patrimonial de cette acquisition, on peut se poser quelques questions sur l'objet en lui-même.

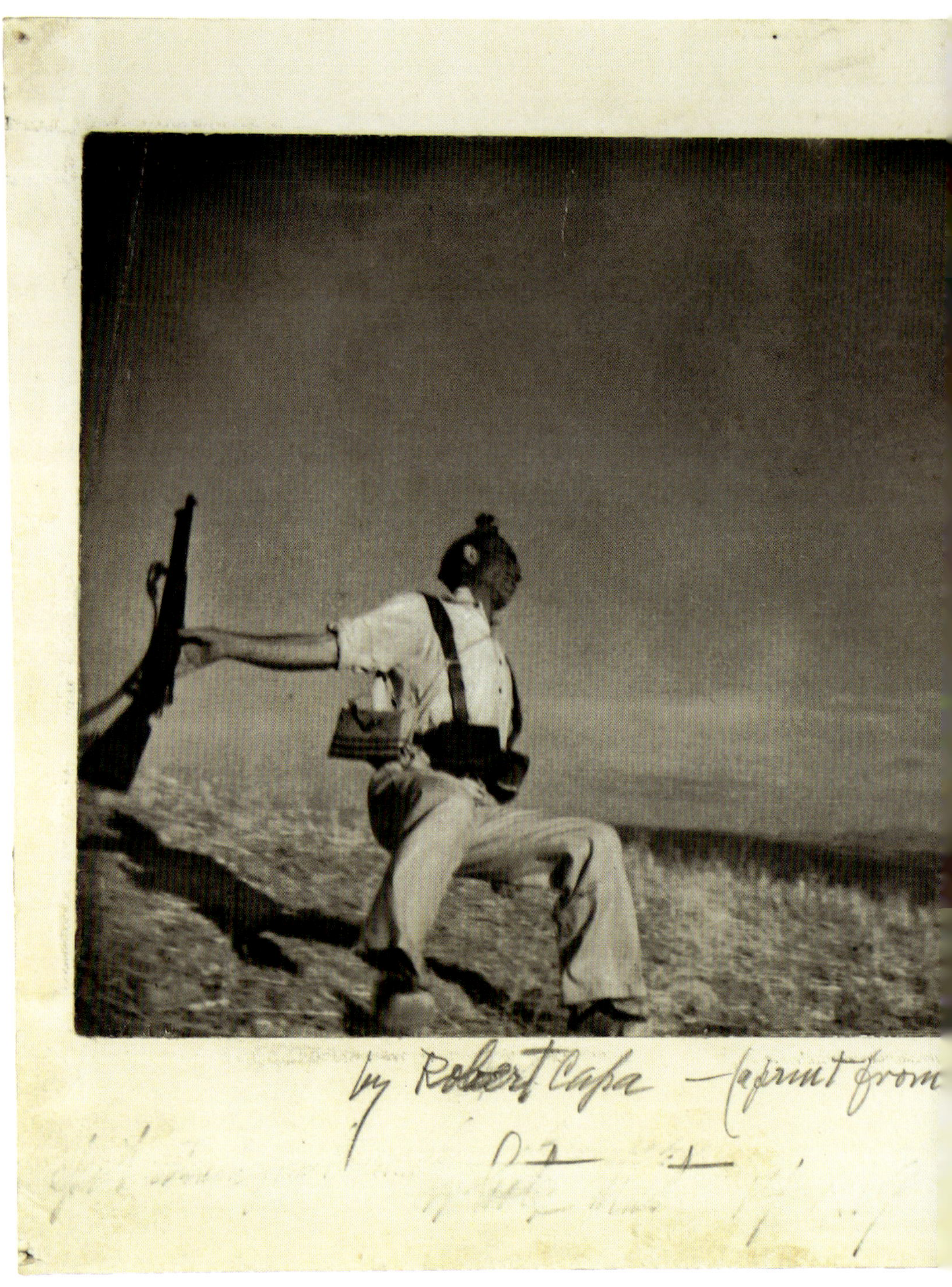
by Robert Capa – reprint from

En quoi cette image est-elle différente de celle qui a été publiée des milliers de fois ? Et, enfin, cette nouvelle version de la photographie mystérieuse apporte-t-elle des éclaircissements sur quand, où et comment elle a été prise ? En fait, elle a ajouté un peu de mystère supplémentaire à l'histoire d'une des plus célèbres photos de guerre. Elle n'a pas la taille d'une photo issue d'un négatif de Leica, 24 x 36, le tirage est plus grand en haut et à droite, ni celle d'une photo de Rolleiflex, 6 x 6. Une chose est certaine, ce tirage est le plus proche du négatif, toutes les épreuves publiées, qui sont très peu nombreuses, ayant été retouchées. Le tampon au dos de l'image, Alliance Photo, l'agence de Maria Eisner, pour qui travaillaient Capa et Taro, atteste que le tirage date de fin 1936. Mais si ce vintage est incroyablement précieux et intéressant, il ne nous apporte malheureusement pas d'informations définitives sur les circonstances de la prise de vue. Restent l'impact incroyable de l'image, sa force émotionnelle et symbolique, qui font de cette photo une icône aussi mystérieuse que *La Joconde* et son sourire.

Le deuxième tirage fascinant est conservé au Museum of Modern Art (MoMA) de New York. La photo est collée sur un carton crème qui a dû être punaisé aux quatre coins. Le tirage est en assez mauvais état, mais à l'évidence il a été fortement restauré. À la loupe, des traces de pliures sont visibles sur trois côtés, la gélatine est craquelée, manquante par endroits. Quant à la teinte, elle est profonde, contrastée, veloutée. Le milicien est assez contrasté, contrairement à l'herbe au deuxième plan relativement floue. Le cadrage coupe très légèrement, à gauche, la crosse du fusil, et en bas les espadrilles du milicien – nous pouvons voir la semelle du pied droit. Le ciel en haut de la photo est bien plus foncé qu'en dessous, particulièrement dans les deux coins. Sur le carton, une inscription au crayon noir : *by Robert Capa (a print from original neg)*, « de Robert Capa (un tirage à partir du négatif original) ». D'autres annotations sont imparfaitement gommées sans que nous puissions pour autant les lire. Le numéro d'inventaire est le 126 1959 ; 1959 signifie que l'objet est entré dans la collection cette année-là. Il a donc eu une longue vie auparavant. Sur le passe-partout est également noté : *Robert Capa. Spanish soldier drop with a bullet through his head. July 12, 1937. Gift of Edward Steichen*, « Robert Capa. Soldat espagnol touché par une balle à la tête. 12 juillet 1937. Don d'Edward Steichen ». Le photographe William Eugene Smith (1918-1978) qui travaillait avec Capa à *Life Magazine* aurait donné ce tirage à Edward Steichen, après l'avoir selon toute vraisemblance récupéré dans les archives de *Time-Life*. Ce dernier devait devenir, en 1947, conservateur du département de la photographie au MoMA, où il s'est fait remarquer, deux ans plus tard, avec l'exposition « The Exact Instant » regroupant

Le tirage du *Falling Soldier* conservé au Museum of Modern Art de New York, un des deux seuls d'époque. Il est tiré « d'après le négatif original de Capa ».

Le magazine *VU* publie pour la première fois la photo du milicien le 23 septembre 1936. Ce tirage est curieux à double titre : il est accompagné d'un tirage d'un autre milicien touché (et photographié) exactement au même endroit ; son cadrage est celui d'un 24 x 36 recoupé dans la hauteur.

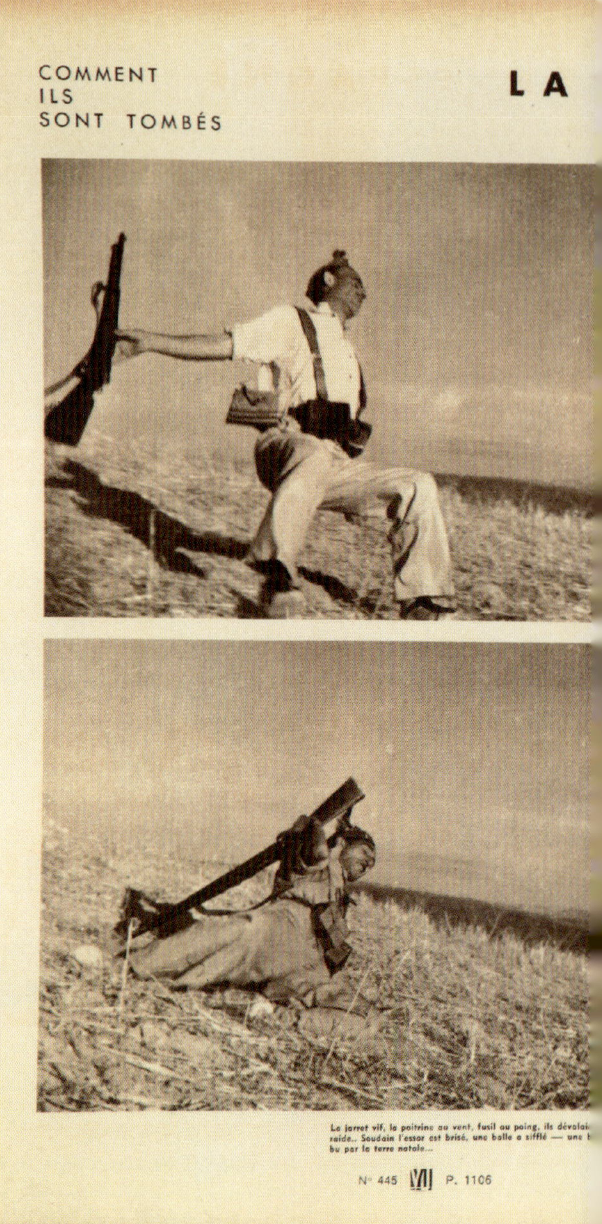

COMMENT
ILS
SONT TOMBÉS

LA

Le jarret vif, la poitrine au vent, fusil au poing, ils dévalai
raide.. Soudain l'essor est brisé, une balle a sifflé — une
bu par la terre natale...

N° 445 VU P. 1106

trois cents photographies de presse présentées dans leur contexte de publication. Ce tirage est alors entré dans la collection du célèbre musée new-yorkais. Son format est inhabituel, plus haut qu'un négatif 24 x 36 de Leica, sans pour autant être carré à l'instar d'un négatif 6 x 6 de Rolleiflex comme celui de la Pinault collection. En largeur, ce cadrage est identique (avec la crosse du fusil coupée), mais il offre un ciel bien plus important. Conclusion pour certains : il pourrait s'agir d'une photo provenant d'un 6 x 6 recadré en hauteur et dont l'auteur serait alors Gerda Taro. L'explication n'est pourtant pas convaincante, car à la lumière des nombreux tirages d'époque publiés dans ce livre (comme celui du MoMA), nous constatons qu'il ne peut s'agir ni du format 24 x 36 ni du 6 x 6, mais d'un format plus large ou plus haut. Le recadrage à l'époque était très courant, en fonction des tailles de papier disponible, de la volonté du photographe ou de la mise en page du journal. Pour le spécialiste espagnol José María Susperregui, ce mystère de la taille de la photo est dû au fait que Capa utilisait un autre appareil : « Cette photographie a été réalisée avec un appareil Reflex Korelle de format carré (6 x 6) et tirée sur un papier photographique 18 x 24 cm, ce qui donne un format différent de celui du Leica.

ERRE

CIVILE EN ESPAGNE

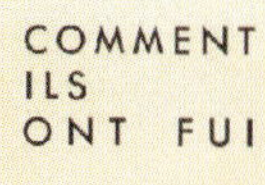

COMMENT
ILS
ONT FUI

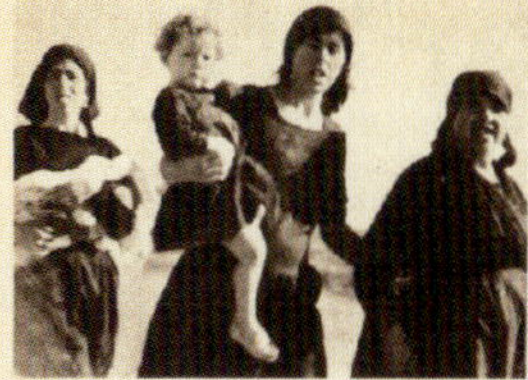

Telle une scène calquée sur la Bible, la vision de ces trois fugitives au visage douloureux évoque les exodes tragiques de l'Ancien Testament. PHOTO CAPA

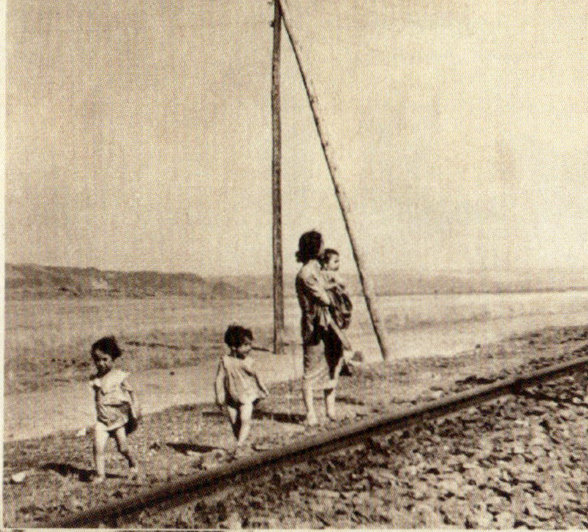

Longeant les rails infinis, les enfants, insoucieux, croient à une promenade joyeuse, mais leur mère, d'un long regard, contemple une dernière fois le village embrasé. PHOTO REISNER

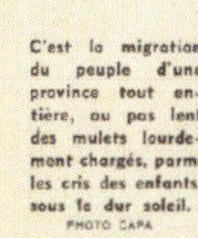

C'est la migration du peuple d'une province tout entière, au pas lent des mulets lourdement chargés, parmi les cris des enfants, sous le dur soleil. PHOTO CAPA

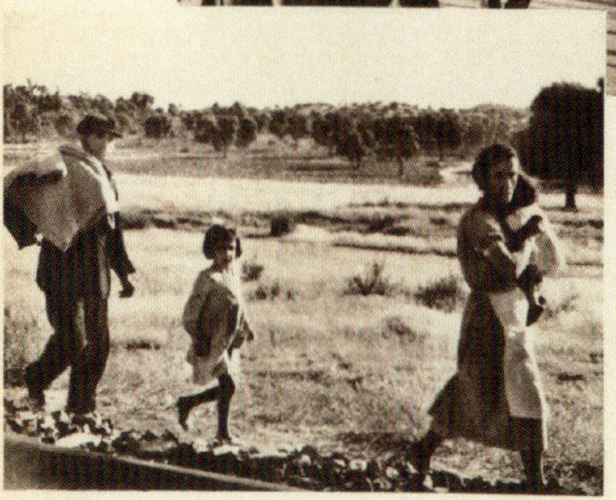

Peut-être vivaient-ils heureux, peut-être coulaient-ils des jours paisibles dans un calme village... La guerre civile est venue et avec elle le désespoir, l'écroulement d'un foyer dans la misère. CAPA

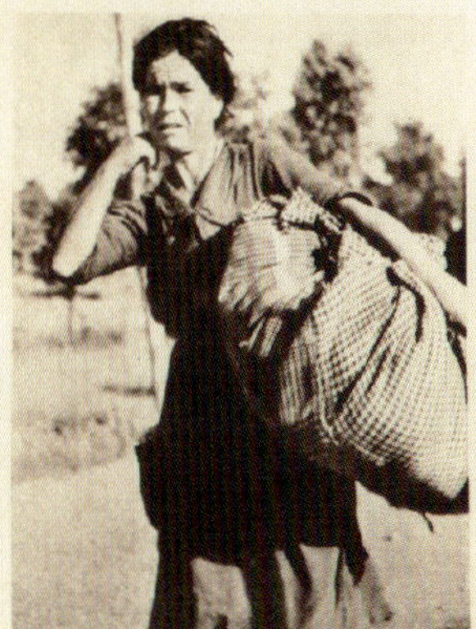

Solitaire, les larmes coulant sans bruit sur ses joues, cette pèlerine emporte avec elle tout son humble bien. PHOTO CAPA

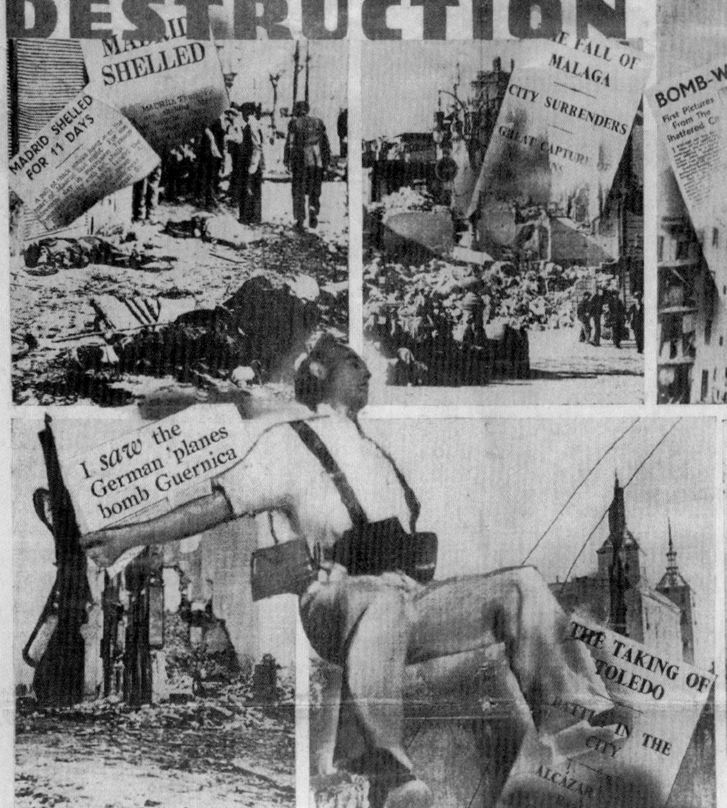

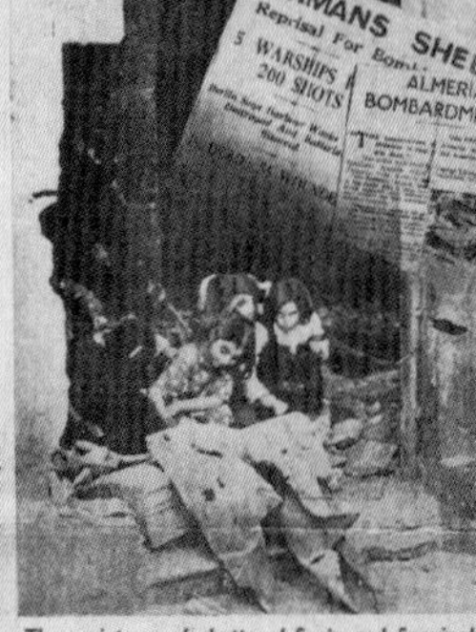

These pictures of shattered Spain and Spaniards are identified by actual cuttings from various newspapers relating to the events they illustrate

name of the Prince of Peace. Many had already been shot on the steps of the cathedral itself.

A simultaneous rebel advance from the neighbourhood of Pampelona attacked the loyal town of Irun, on the western French frontier. After days of heroic resistance by men and women, the blazing city fell into rebel hands. That was on September 4.

Five days later the Non-Intervention Committee met for the first time. Three days later San Sebastian fell before the rebel thrust.

THE ADVANCE ON MADRID

In the south and the west the rebel army was sweeping up the Tagus Valley towards the capital; and towards the relief of the besieged garrison at Toledo.

November, 1936

Yet not even in those dark days of early November, when the rebel forces hammered on the gates of Madrid and the Caballero Government moved south to Valencia, leaving General Miaja in command, was there any panic. "It is all over," the world said, but the world was wrong. Led by Durruti's famous and disciplined corps of anarchist fighters, who came up from Catalonia to defend the capital, the first members of the International Brigade drove into the city and saved it from the Moors.

The story of their bravery is already known, but history will relate that it was not they, but Durruti's Spaniards who held the enemy at bay in those critical hours when defeatism had the bit between its teeth.

So certain were his Fascist allies that Franco had now achieved complete victory that Germany and Italy simultaneously recognised his junta as the legitimate Government of Spain—an action that was to cause, and is still causing, them considerable diplomatic embarrassment.

From November 7 for five days the fate of Madrid hung in the balance. On the last of those five days deliverance roared down the skies for the first time. Russian planes had at last arrived.

★ ★ ★

December passed quietly, but at the turn of the year rebel activity was renewed. An attempt was made to enter the city from the north; and when this was repulsed, Franco threw the full weight of his forces against the Valencia road, new Madrid's only life-line and communication with the outside world. That costly effort failed also, thanks in large measure to the British section of the International Brigade, which held the line at Morata de Tajuna, its weakest point.

On February 7 a new disaster befell the Spanish people. Malaga, the great southern port, fell to a rebel assault; and as thousands of its civil population streamed eastwards along the coast road to the comparative safety of Almeria, rebel planes machine-gunned them from the air and rebel ships bombarded them from the sea. More than 5,000 men and women were massacred in Malaga by the conqueror.

March, 1937

On March 12 the rebels suffered their first great disaster of the war. In a second attempt to ring Madrid and thus cut it off from the rest of Spain, Franco threw 7,000 crack Italian troops into what was intended to be a sudden drive from Guadalajara to the north-east of the capital. What should have been a drive was turned into a rout. Abandoning arms, equipment and huge stores of ammunition, the Italians broke before the first attack of the Government troops and fled 20 miles.

THE BASQUE CAMPAIGN

On the First of April the rebel General Mola began his attack against the Basque country. He was to die before it succeeded, crashing to earth in an aeroplane not far from Bilbao.

From the beginning of the war the Catholic, democratic Basques had thrown their lot in with the Government; and they now began as stout a resistance to aggression as the world has ever seen.

From the first day of April until the seventeenth day of June they defended Bilbao with a stubborn courage that earned for them the admiration of the world. What they suffered is already history; and the horror of Guernica will not be forgotten.

April-June, 1937

In the meantime, all was not well in Spain proper. In Barcelona the authority of the Central Government was challenged in open-armed rebellion by the P.O.U.M., the Trotskyist party. The revolt was soon quelled by the police, but it led to the resignation of Largo Caballero, the War Minister and Premier.

On June 17 Bilbao at last fell to the rebel troops, equipped with material that the Basques had never had—aeroplanes and tanks; and for the first time in history Moorish troops penetrated into the north-eastern capital of Spain.

Early the following month the Government army, now forged into a compact and efficient instrument of war that needed only supplies, launched an attack outside Madrid and captured the strategically important town of Brunete, and with it 100 square miles of land to the west of the city.

Thus a year passed. Spain had become, in the eyes of all those believed in international law and in the propriety of democratic institut a symbol of man's eternal struggle against tyranny. The Spanish people not fighting for themselves alone.

Almost exactly a year after the war first broke out the British Gov ment submitted to the Non-Intervention Committee their compromise on the withdrawal of what they called (and what are still called) "for volunteers." It is that same plan, in a somewhat modified form, which recently been submitted for approval to the two contending parties in Sp

THE "UNKNOWN" SUBMARINES

On August 25 Santander fell to the rebels, but early in September Government successfully attacked on the Aragon front and captured town of Belchite. These operations would have attracted more notice not the attention of the world been diverted to the Mediterranean, w what were called "submarines of an unknown nationality" were attac British and other ships with the impunity that was later to charact aerial rebel attacks on our mercantile marine.

A series of unremitting torpedo attacks on British ships led to an i national conference at Nyon on September 4, brought together with object of suppressing piracy in the Mediterranean.

Octob 193

The Italian Government, which had refused the original Franco-Br invitation to the conference, eventually adhered to the convention agreed at Nyon; and pirate submarine attacks immediately ceased.

All through that month and through the first two weeks of October the rebel advance through the northern provinces continued, until on the 21st Gijon was captured; and except for spas fighting in the Galician mountains—which still continues—resistance i north was at an end.

★ ★ ★

Spain was now divided into two parts; and although the rebels ho greater part of the territory, the mass of the population has flocke sanctuary into that part of the country still held by the Government.

The flood of refugees amounts to something like 3,000,000 men, w and children, for all of whom food and shelter are provided, to the b their ability, by the Central Government now resident in Barcelona. plight of these refugees, whose one crime is that they preferred to r loyal to the Government, is by no means one of the minor tragedies war. They constitute a problem whose magnitude it is difficult for adeq

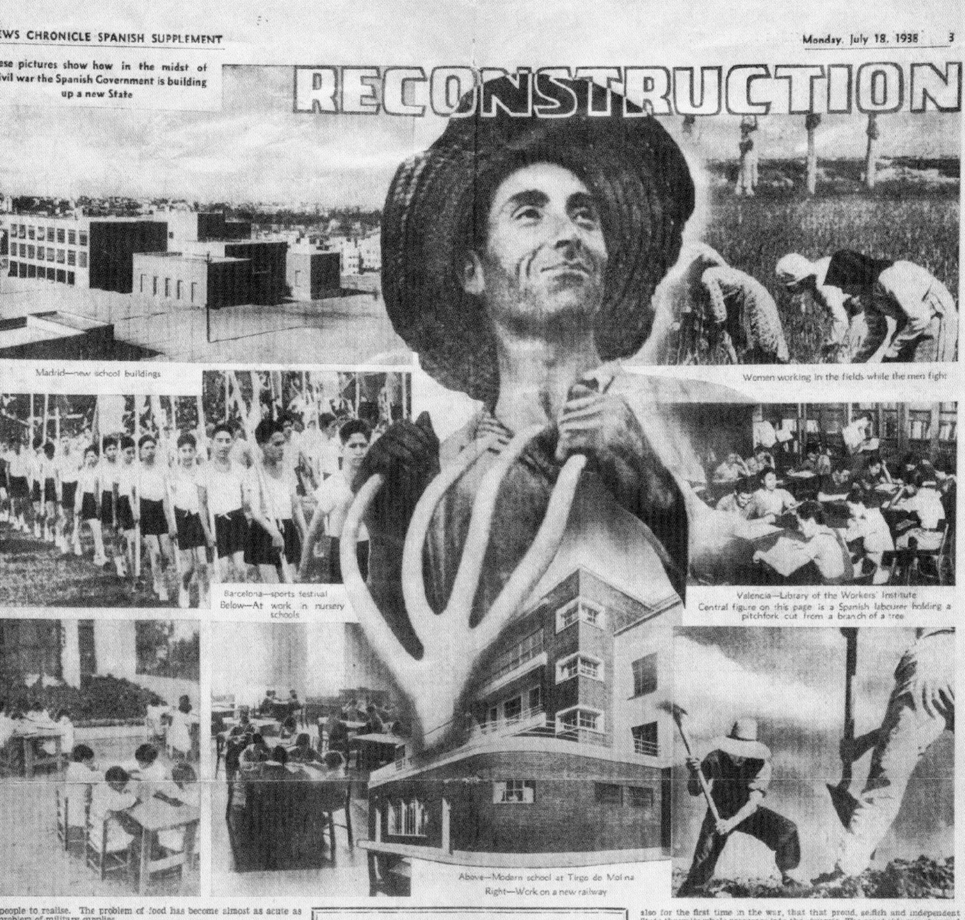

people to realise. The problem of food has become almost as acute as problem of military supplies.

With the fall of Northern Spain, which contains so much of the mineral th of the country, Great Britain extended a partial diplomatic recog- n to the rebel junta and on December 11 Sir Robert Hodgson, appointed ritish Agent, arrived in Salamanca with diplomatic privileges. At the e time, the ex-Duke of Alba, whose Madrid palace his own airmen had troyed in the early part of the war, was installed in London as Franco's esentative.

E CAPTURE OF TERUEL

All through the first two weeks of December Franco massed his troops more near Guadalajara in preparation for a final assault on Madrid. r greater concentration of men and materials than the war had yet seen gathered for that last effort. Yet it was not to be.

On December 12 the Government army launched an attack on Teruel, small Aragon city hidden in a deep valley of the mountains; and, since war began, one of the main danger spots for the Republic.

By a series of brilliantly co-ordinated and executed manœuvres the iblican troops under General Rojo, stormed the city and red it on December 17. The rebel garrison surrendered.

December, 1937

For a time, at least, the long-standing menace to the terranean coast had been removed. But on February 22 rebels reoccupied Teruel and swept towards the coast in most rapid advance made since the original sweep on Madrid in the nn of 1936.

★ ★ ★

Two explanations can be offered for the phenomenal rapidity of the rebel to the sea. There is no doubt that Indalecio Prieto, who was then ster of War, must bear some of the blame; for his policy of dismissing political commissars, those essential links between men and officers in a cratic army, seriously weakened both morale and liaison.

On the other hand, immense new supplies of aeroplanes and artillery had ed from Germany and Italy to sustain the rebel cause; and before their ught no army, however brave, could, unless similarly equipped, stand ground.

For the first time the rebels penetrated Catalonia itself; and it was then, also for the first time in the war, that that proud, selfish and independent State threw its whole resources into the struggle. The great tide was stemmed beyond Lerida in the beginning of April; Prieto resigned; and when on April 15, the rebel army bathed for the first time in the Mediterranean, Spain knew that its back was, indeed, to the wall.

The following day the Anglo-Italian Agreement was signed in Rome.

April, 1938

At Tortosa the all-conquering army was held: beyond Lerida it did not pass.

Without intermission the civil population of Barcelona was bombed from giant Italian and German planes; but even such formidable cruelty as that employed in the middle of March, when 815 civilians were slaughtered and 2,200 wounded in three days, failed in its horrid purpose.

But rebel bombing has not been confined to Spanish civilians; British ships have been as deliberately attacked and sunk, although carrying neither contraband nor military assistance to the Spanish people. More than 50 times the British flag has been attacked in this way, a number of British lives have been lost, and considerable British property has been destroyed. These bombings have given a Conservative British Prime Minister a number of occasions verbally to attack the profit motive in commerce; and have drawn from him the statement that "it is not a nice thing to hear of British ships being bombed."

And thus, with the Mediterranean port of Castellon in rebel hands, and with the rebel forces advancing on Sagunto, the second year of Spain's War of Invasion has drawn to its close.

THE END IS NOT IN SIGHT

These are dark days for Spain, but not for Spain only; they are dark days for all mankind.

Yet the Spanish people have not yet despaired, neither will they while there is left one inch of the country upon which the hope of freedom can still dwell.

For Sagunto has not yet fallen; and if it does there is still Valencia, whose defenders have sworn that their town shall be another Madrid. And again, even if the whole of Central Spain is lost, there is still Catalonia with its traditions of independence and its indomitable will to defend its frontiers.

Even the most sanguine supporters of General Franco cannot foresee an early end of the Spanish war.

DIARY OF THE WAR

1936

July 18.—*Civil War breaks out.*
Aug. 16.—*Badajoz massacre.*
Sept. 4.—*Irun falls.*
Sept. 9.—*Non-Intervention Committee—first meeting.*
Sept. 12.—*San Sebastian falls.*
Sept. 27.—*Toledo falls—Alcazar relieved.*
Oct. 13.—*Siege of Oviedo. Raised after 13 weeks.*
Nov. 5.—*Caballero Government flies from Madrid to Valencia.*
Nov. 7-12.—*Madrid stems rebel attack. International Brigade arrives.*

1937

Feb. 7.—*Malaga falls.*
March 12-13.—*Italians routed at Guadalajara.*
April 1.—*Offensive against Basques begins.*
April 26.—*Guernica destroyed.*
May 1 week.—*P.O.U.M. revolt in Barcelona. Largo Caballero goes. Prieto Premier.*
May 29-31.—*Deutschland bombed —Almeria shelled by German warships.*
June 17.—*Bilbao falls.*
July 1.—*Brunete captured by Government.*
August 25.—*Santander falls.*
Sept. 3.—*Belchite captured by Government.*
Sept. 14.—*Nyon Agreement signed.*
Oct. 21.—*Gijon falls.*
Dec. 17.—*Franco's offensive checked and Teruel captured.*

1938

Feb. 20.—*Eden resigns.*
Feb. 22.—*Teruel retaken by Franco.*
March 6.—*Rebel cruiser Baleares sunk.*
March 16-17-18.—*Barcelona raided 18 times.*
April 5.—*Lerida falls.*
April 15.—*Rebel troops reach Vinaroz on the Mediterranean.*
May 18.—*Negrin succeeds Prieto as Premier.*
June 15.—*Castellon falls.*

Photomontages utilisant des photos de Capa et de Taro publiés dans le numéro spécial sur l'Espagne du quotidien britannique *News Chronicle*, en 1938.

108

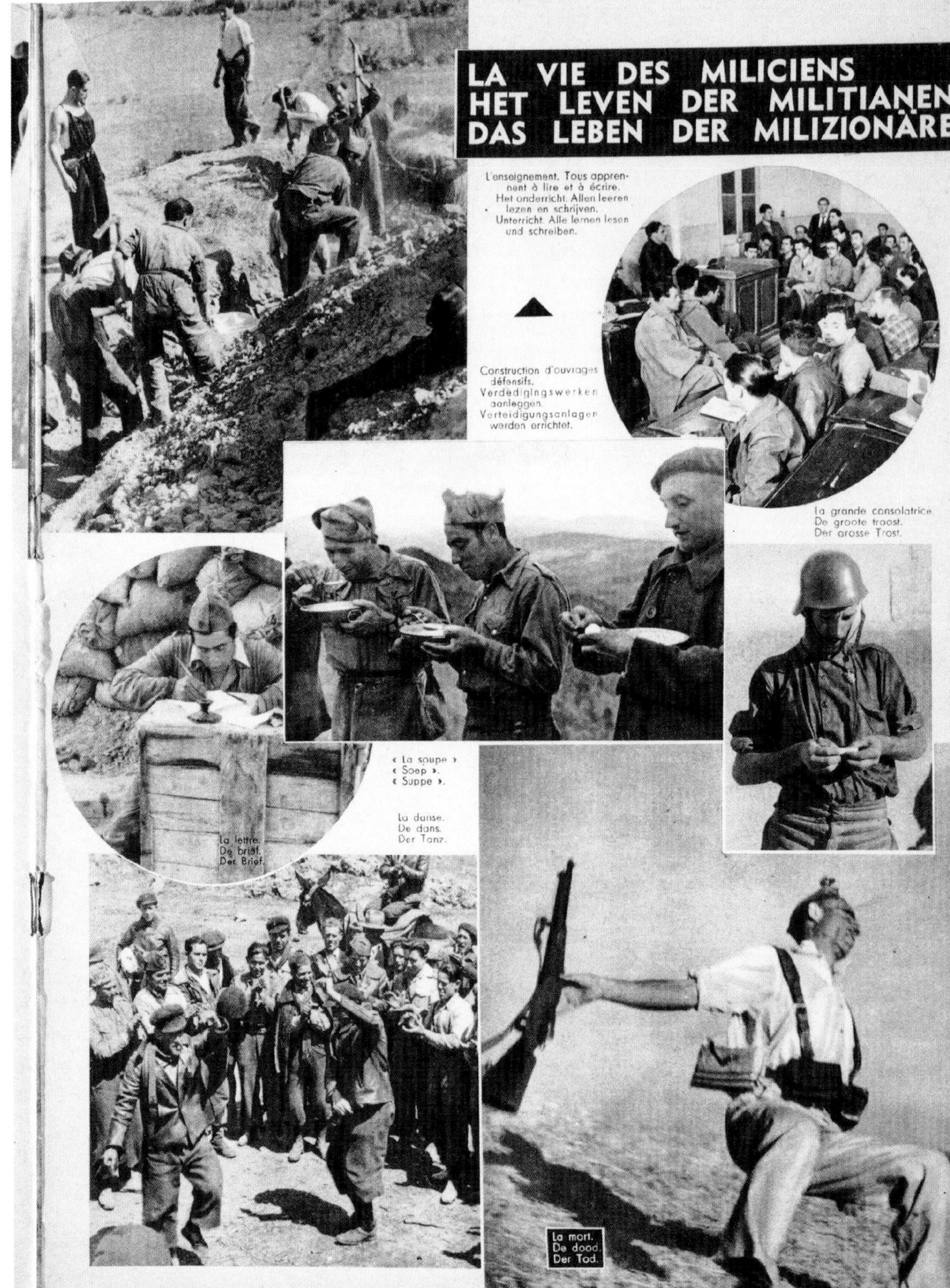

LA VIE DES MILICIENS
HET LEVEN DER MILITIANEN
DAS LEBEN DER MILIZIONÄRE

L'enseignement. Tous apprennent à lire et à écrire.
Het onderricht. Allen leeren lezen en schrijven.
Unterricht. Alle lernen lesen und schreiben.

Construction d'ouvrages défensifs.
Verdedigingswerken aanleggen.
Verteidigungsanlagen werden errichtet.

La grande consolatrice.
De groote troost.
Der grosse Trost.

« La soupe ».
« Soep ».
« Suppe ».

La danse.
De dans.
Der Tanz.

La lettre.
De brief.
Der Brief.

La mort.
De dood.
Der Tod.

Cette analyse vaut pour les deux tirages Pinault Collection et MoMA. Un troisième tirage d'époque est conservé aux archives de Salamanque, il provient d'une valise de tirages ayant appartenu au Premier ministre espagnol, Juan Negrín. D'un format classique 24 x 36 et sans inscription au dos, il n'apporte aucune information. C'est dans ce cadrage que cette photo est depuis diffusée.

L'exposition « Robert Capa at work » à l'International Center of Photography (ICP) à New York, en 2007, a démontré, grâce à quarante photos prises ce jour-là, que Robert Capa et Gerda Taro étaient sur place. Il y avait là des photos rectangulaires provenant d'un Leica et attribuées à Capa et des carrées prises par sa compagne Gerda et son Rolleiflex. Par moments, ils photographient côte à côte dans une tranchée – on aperçoit leur ombre. Puis ils se séparent. Capa shoote les miliciens qui brandissent leurs fusils. On reconnaît alors les deux hommes qui sont censés mourir ensuite. Gerda Taro les suit grimpant la colline et prend en photo le premier, assis en train de tirer en l'air. Manifestement, à ce moment, il n'y a pas d'ennemi en face : les miliciens prennent la pose pour les deux reporters jusqu'au moment du drame. La thèse de Richard Whelan dans le catalogue de l'exposition est que, ensuite, des balles ont surpris ces deux soldats, les abattant l'un après l'autre. Il s'appuie sur les trois dernières photos de la série qui montrent des miliciens, non identifiables, gisant dans l'herbe. Ils sont morts, pense Whelan, pour qui, ce jour-là, il y aurait eu plus que deux soldats tués. Le chercheur explique que « la vérité n'est jamais toute noire ou toute blanche. Ce n'est pas plus une photographie de quelqu'un jouant à être touché par une balle, qu'une image prise au cœur de la bataille ».

La première publication de la photo date du 23 septembre 1936 dans *VU*, c'est celle par qui le doute s'installe. Apparaissent sur la page du journal non pas une, mais deux photos, l'une au-dessus de l'autre, représentant deux miliciens abattus au même endroit. À l'évidence, il ne s'agit pas du même homme : les vêtements sont différents et par ailleurs les deux hommes sont bien reconnaissables sur d'autres clichés de la série. Pourtant ils tombent à la même place – le chaume de la colline et le ciel sont identiques – foudroyés

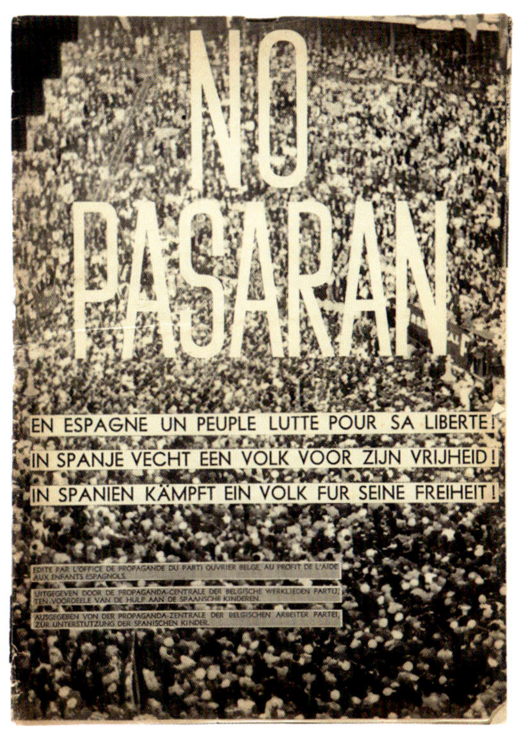

Publications du *Falling Soldier* dans la presse dans *No Pasarán*.

La photo de Capa paraît dans *Life* presque un an après la prise de vue.

par une balle. C'est étrange. La légende annonce : « Le jarret vif, la poitrine au vent, fusil au poing, ils dévalaient la pente recouverte de chaume raide. Soudain l'essor est brisé, une balle a sifflé – une balle fratricide – et leur sang est bu par la terre natale. » Les commentateurs ne relèvent pas, en général, ce mot ambigu de « fratricide », cela peut vouloir dire qu'une balle est partie de l'arme d'un milicien ami ou d'une balle ennemie dans cette guerre entre deux Espagne. Mais pourquoi un deuxième serait touché au même endroit peu après… toujours par une balle fratricide ? Peu convaincant.

En fait, cette photo mystérieuse a été peu publiée pendant la guerre civile. En particulier jamais en Espagne. Alors que l'utilisation de photos de victimes civiles suite aux bombardements était constante dans la propagande républicaine, celle d'un milicien mort était sans doute malvenue. Les services de censure en temps de guerre évitent à tout prix de montrer des soldats de leur camp morts. Même en Europe et aux États-Unis, les parutions du *Falling Soldier* sont rares. Après *VU* en septembre, *Regards* publie la célèbre photo en octobre avec un cadrage plus haut, identique à celui du MoMA. L'édition du 28 juin 1937 de *Paris-Soir* choisit de publier, comme *VU*, les deux photos des miliciens pour illustrer un article de son envoyé spécial, Antoine de Saint-Exupéry, titré : « La guerre sur le front de Carabanchel. Sergent, pourquoi acceptes-tu de mourir ? » La légende dit : « Touché !!! » pour le premier, « Il tombe !!! » pour le second. Par ailleurs, une seule brochure de propagande publie cette photo, il s'agit d'une publication du Parti ouvrier belge constituée en grande partie de photos de Capa, Chim et Taro. Aux États-Unis, nous trouvons une parution dans *Time* le 8 octobre 1936, et *Life* attend le 12 juillet 1937 – date inscrite sur le tirage du MoMA –, presque un an après. La légende est explicite : « L'appareil photo de Robert Capa surprend un soldat espagnol à l'instant où il tombe, frappé d'une balle en pleine tête devant Cordoue. » Légende comparable à celle du tirage du MoMA. Un mois plus tard, *Life* republie la photo dans le numéro qui salue la mort de Gerda Taro, mais cette fois dans le cadrage classique 24 x 36.

Nous avons retrouvé deux autres parutions qui ajoutent encore à la confusion. Le quotidien britannique de centre gauche *News Chronicle*, pour lequel écrivait Arthur Koestler, publie en 1938 un numéro spécial sur l'Espagne. La double page centrale est occupée par deux photomontages spectaculaires : la photo de Taro d'un paysan armé d'une fourche occupe le centre de l'un, l'autre montre le *Falling Soldier* au milieu d'images de ruines dues aux bombardements franquistes. Cette fois, la crosse du fusil est entière, elle peut avoir été retouchée évidemment. Pourtant, ce même détail est frappant sur la couverture du livre *Death in the Making*, publié à New York en 1938 par Capa en hommage à Gerda Taro.

Si la discussion sur ce cadrage étrange et son auteur est intéressante, ce n'est pourtant pas le point le plus important finalement. Ce sont les circonstances de la prise de vue qui font surtout débat. En 1975, le *Sunday Times* publie un

Page 19

Vol. 3, No. 2 LIFE JULY 12, 1937

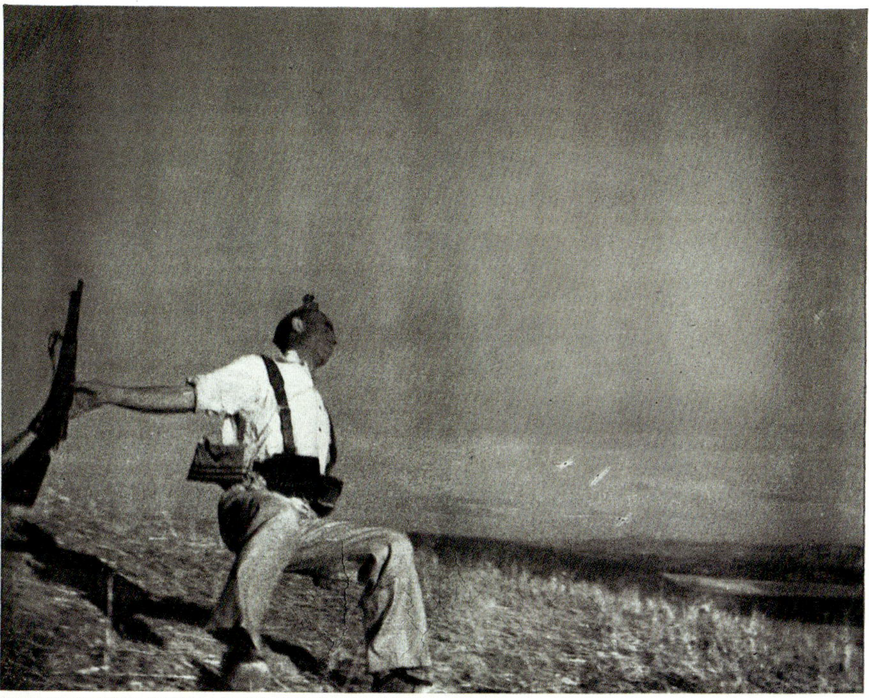

ROBERT CAPA'S CAMERA CATCHES A SPANISH SOLDIER THE INSTANT HE IS DROPPED BY A BULLET THROUGH THE HEAD IN FRONT OF CORDOBA

DEATH IN SPAIN: THE CIVIL WAR HAS TAKEN 500,000 LIVES IN ONE YEAR

On July 17 the Spanish Civil War will be one year old. In that time it has brought Death to 500,000 Spaniards, has shattered such ancient cities as Madrid, Toledo, Bilbao, Irun and Durango, has kept Europe in a state of jitters.

When the war started, most U. S. citizens looked on the Loyalists as a half-crazy, irresponsible, murderous scum that had turned on its honorable betters. A year of war has taught the U. S. more of Spain.

The ruling classes of Spain were probably the world's worst bosses—irresponsible, arrogant, vain, ignorant, shiftless and incompetent. Some 20,000 landlords owned 50% of the land. They did not give their field hands modern machinery or their land modern irrigation. They refused to rent unused land to landless peasants for fear of giving the peasants dangerous ideas of ownership. The land was only about 25% efficient and much of it was idle. And Spain's mineral resources, among the greatest in Europe, lay almost entirely unexploited. The aristocracy of Spain was still living on the interest on wealth brought home from the Americas by the gold fleets in the 16th Century.

To the 20,000 landlords, add 21,000 Army officers, more than twice the total of British Army officers. There was one officer for every six privates, one general for every 150 men. For every $3 spent on soldiers' pay, food, barracks, ammunition, officers got $10 in pay—25% of the national budget. The national law made officers semisacred. Just for pushing a policeman of the swank Civil Guard, six Americans got six months in jail in 1935.

Add to the 41,000 landlords and officers, 100,000 clergy, the most top-heavy Church hierarchy in the world, next to Tibet. These also were paid by the State. The Church, with its enormous wealth, naturally took a capitalist's position. It was up to its neck in politics. Peasants were told that to vote against the Conservatives was usually a mortal sin. The Church was in charge of Spanish education. Result: the Spanish people were 45% illiterate. The reason for the civil war was simply that the people of Spain had fired their bosses for flagrant incompetence and the bosses had refused to be fired.

For a new movie of the Spanish war from the Government side, turn page.

Une exclamation générale.

— Non ! !

— Bon. Comme vous voudrez.

Un long silence accablant. Peu à peu, on se refait. Je signale la « complicité » de Cabanillas.

— Tu le savais !

Il avoue :

— Parfaitement. J'allais vous le dire tout à l'heure.

Quelqu'un fit :

— Alors, quoi ?... Est-ce que c'est fini?

Cabanillas résuma la pensée de beaucoup d'entre nous :

— Fini ? Pourquoi ? Le Gouvernement, bien entendu, a eu tort. Il a eu tort de rester ici jusqu'à maintenant. On le lui a bien dit, mais il ne voulait pas écouter.

Ruiz de la Serna ricana :

— Si on l'avait su, on aurait fêté tant bien que mal notre dernier numéro.

— Notre dernier numéro ! riposta Cabanillas. Veux-tu te taire ?

Pour la première fois, il parlait d'une voix rauque, quasi étranglée.

Là-dessus, on s'engagea dans toute une série de rigolades d'un humour truculent et macabre. Au fond de la brutale bouffonnerie se cachaient l'épouvante et la frousse. Tous d'accord pour faire le clown, mais personne ne s'y trompait. Nous nous embrassions en feignant des gémissements et des Niagaras de larmes. De la farce, la plus naïve et la plus grotesque, et, peut-être aussi, la plus stupide.

Je me lassai vite de l'effroyable mascarade, plus dramatique que notre drame même. Je m'assis dans un coin et je pensai à ma femme et à ma fille. Ce n'était plus de la peur, c'était de la colère et de la rage contre ceux dans lesquels nous avions mis la plus sensée et la plus fondée des espérances. Nous avions raison, nous avions toute la raison, nous avions une raison si imposante, si gigantesque que, pour accepter d'être tellement abandonnés il fallait aussi accepter qu'on était devenu fous et qu'on n'y comprenait plus rien. Pourtant moi, qui étais — qui suis — presque un Français par la nature de mon instruction, mes affinités électives, mes liens familiaux, et enfin, par ma liberté inaliénable de choisir mes préférences et mes amours, moi, dans mon petit coin, rongeant mon amertume, je songeais à la France et je me refusais, malgré tout, à en conclure que tout cela était encore un espoir déçu.

❖

On remarqua mon isolement. Et pour dissimuler mon agitation, je me mis bêtement à répéter notre « no pasaran » en l'accompagnant de petits coups sur la table. Si je ne le faisais pas pour rire, je le faisais bien pour ne pas pleurer. J'avais commencé doucement, gardant avec les petits coups, un rythme très marqué, très juste, très précis. Quelque chose, enfin, de musicalement géométrique.

Et tout le monde m'imita :

No pasaran! No pasaran! No pasaran!

Le ton s'élevait progressivement. Cabanillas, d'abord, nous supplia de nous calmer. On l'envoya promener. Il a ri et il a pris part à notre concert. Les employés du hall, le chasseur, les cyclistes, vinrent voir ce qui se passait. Et le chœur augmenta d'ampleur. Puis, ce furent ceux de l'Administration qui vinrent voir si la rédaction n'était pas devenue maboule. Et notre entrain les entraîna.

No pasaran! No pasaran! No pasaran!

Ce furent encore les typographes, les linotypistes, les machinistes, les gens qui attendaient dans le vestibule. Deux cents voix de plus. Il n'y avait plus de place pour une mouche. On ouvrit les portes donnant sur le hall et sur l'escalier. On étouffait. On ouvrit encore la fenêtre du grand balcon sur la rue, d'où montaient déjà d'autres « No pasaran » unanimes.

Nous n'étions pas devenus sérieux. Nous étions devenus furieux. Des figures congestionnées. Des poings levés et des coups de poing sur les tables, les chaises, les armoires, les machines à écrire. Des gestes magnifiques d'affirmation irréfutable. Nous nous regardions sans nous voir. Chacun s'était isolé dans son exaltation. C'était l'emportement, le ravissement, l'extase ! Oui, nous étions devenus fous, heureusement, glorieusement, divinement fous.

No pasaran! No pasaran! No pasaran!

Ils ne sont pas passés.

Lettre ouverte à PYRRHUS NON-INTERVENTIONNISTE

par André WURMSER

VOUS avez, cher Pyrrhus, dès la rébellion des généraux espagnols, formulé des vœux pour les Républicains — et préconisé leur désarmement par l'embargo sur les armes. A peine les avions de M. Mussolini tombaient-ils en Afrique du Nord que vous vous félicitiez du sang-froid de M. Delbos. Pour nous mieux accabler, vous avez baptisé ce bon tour et cette mauvaise politique de « non-intervention » et ceux qui refusaient de rompre avec le gouvernement régulier de l'Espagne d'interventionnistes, c'est-à-dire de bellicistes, et aussi de staliniens, et même d'énergumènes. Vous avez, hautement, proclamé votre sympathie envers ceux qui meurent pour la liberté du monde, puis, vous avez couru au plus pressé : vous avez protesté contre l'exécution de Zinoviev et — hier encore — rédigé une solennelle déclaration en faveur de ceux qui, en Catalogne, traitèrent la mobilisation de « trahison de la classe ouvrière » et suscitèrent ces troubles de Barcelone, qui ont coûté si cher à l'Espagne envahie.

Je vous ai rencontré plusieurs fois depuis que, pour la défense de la paix, nous ne nous rencontrons plus. Vous avez souri lorsque je vous ai dit : « La guerre que vous voulez éviter, Pyrrhus, est commencée, oui, la guerre que les fascismes se doivent de mener contre les démocraties, et cette guerre, je souhaite avant tout que les démocraties ne la perdent point! » « Allons donc! répondiez-vous, la guerre, cette guerilla! Mon cher, vous n'avez pas connu Verdun... » Et il était bien vrai que la guerre n'était pas encore la guerre totale qu'elle devient, lentement, sûrement. Comme elle n'était pas encore la guerre générale que peut-être elle deviendra — non-interventionnellement!

C'est que, cher Pyrrhus, nous ne sommes pas antifascistes de la même façon, vous et moi. Vous êtes antifasciste de cœur. Mais vous êtes plus intégralement pacifiste qu'antifasciste. Votre pacifisme est militant, et dussiez-vous déclancher demain un inéluctable cataclysme, vous refuseriez aujourd'hui d'en envisager l'éventualité. Votre pacifisme est militant. Votre antifascisme est platonique. Aussi bien êtes-vous moins antifasciste qu'anti-antifasciste. Vous avez moins peur, dans votre pacifisme intégralement aveugle, du fascisme que de notre refus du fascisme!

C'est pourquoi vous avez applaudi aux reculades de l'Europe démocratique; c'est pourquoi vous avez dénoncé, chaque fois que de nouveaux canons allemands débarquaient à Saint-Sébastien, chaque fois que de nouvelles troupes italiennes débarquaient à Cadix, le « bourrage de crâne » de la presse de gauche. Il n'est depuis un an qu'un acte contre la paix que vous ayez stigmatisé avec vigueur. Ce ne fut ni le bombardement d'Almeria, ni le discours de Mussolini (« ne les excitons pas, voyons! »), ce fut le cri d'alarme de « L'Œuvre » au sujet du Maroc espagnol. Car vous êtes vigilant, Pyrrhus, oh! combien vigilant!

Et votre politique aboutit à sa fin logique : les fascismes se moquent de vous — et de nous.

Vous voici victorieux... Pyrrhus!

❖

Que disions-nous, l'an passé? Que la rébellion n'avait été possible qu'avec le concours du fascisme international, que le général Sanjurjo revenait de Berlin, lorsqu'il s'envola de Lisbonne, que si nous hésitions à soutenir le gouvernement républicain, le gouvernement régulier de l'Espagne, les dangers de guerre se multiplieraient. Vous nous traitiez de déroulèdards. Il fallut, pour sauver Madrid, le discours de Maisky, à Londres, et que l'U. R. S. S. tînt parole. Aujourd'hui, M. Buré écrit : « J'ai été partisan de la non-intervention; je me demande si je ne me suis pas trompé. » Notre ami commun, Guéhenno, parle comme il se doit. Mais vous, Pyrrhus, vous, plus révolutionnaire que quiconque, quand prononcerez-vous votre « mea culpa »?

Que disions-nous l'an passé? La politique de non-intervention ne serait concevable qu'appliquée par tous, avec rigueur, mais comment espérer que le fascisme ne soutienne pas le mouvement qu'il a provoqué, si nous l'assurons qu'il ne court aucun risque à le faire? Ce n'est pas parce que les démocraties renonceront à leur solidarité que le fascime international perdra de sa virulence. Vous répondiez en nous accusant de manquer de confiance en Hitler; vous disiez : ce n'est pas question de confiance ou de méfiance... bien plutôt : piquons-le d'honneur!

Nous disions : déplorable calcul que sacrifier l'Espagne à la paix du monde; le fascisme n'est pas un ogre dont la faim s'apaise; sacrifier l'Espagne, c'est perdre les chances de la démocratie française, et non sauver la paix. Vous répondiez : « Vous souhaitez la guerre, par haine du fascisme! »

Nous disions : quel terme fixer à ce jeu de dupes? Vous irez de reculade en rebuffade; chaque jour le danger s'accroît — et si vous devez un jour dire : non! ce non sera plus menaçant pour la paix qu'il ne l'eût été aujourd'hui... Vous répondiez : « Nous serons fermes, comptez-y. Il faut qu'aux yeux de tous les peuples le fascisme porte la responsabilité du conflit qu'il provoquerait. » Mais l'intervention ouverte, avouée, proclamée, de Mussolini vous laisse non-interventionniste. (Et quels moyens de faire entendre la vérité aux peuples asservis? Censure à Rome. Censure à Berlin. La presse allemande n'a pas publié les propositions franco-anglaises. Ceux qu'aveugle encore le hitlérisme ne savent rien, rien, rien.) Mais vous, votre logique linéaire vous satisfait, Pyrrhus : Chaque jour de paix, dites-vous, est une victoire sur la guerre. Ce qui serait vrai... si la guerre n'était commencée, Pyrrhus, encore que vous n'y participiez pas : désormais, chaque journée de guerre est une défaite de la paix. Sachez qu'en 1914, un quart d'heure avant le début des hostilités, il était trop tard pour éviter la guerre... une heure aussi et deux jours... Dans toute agonie, un moment arrive — d'ailleurs indiscernable — où il est trop tard pour sauver le malade — ou la paix. Laisser venir ce moment, ce n'est pas « gagner du temps », c'est perdre la paix!

Lorsque nous disions : la politique qui mène à la guerre mondiale, c'est la vôtre, nous avions raison. La preuve en est faite!

Lorsque nous mettions le monde en garde contre une intervention de plus en plus grande des fascismes en Espagne, nous étions les vrais défenseurs de l'Espagne et de la démocratie.

Lorsque nous voulions interdire aux fascismes, alors que la défaite de Franco ne les eût pas compromis, de s'engager plus avant, nous étions les véritables frères des pacifistes allemands et italiens, nous étions les vrais défenseurs des peuples opprimés, qui ne se libéreront pas par l'apport de baïonnettes étrangères (nous sauvions la face au fascisme, peut-être, du moins nous sauvions la paix). Le vrai belliciste, le vrai aveugle, c'était vous, Pyrrhus.

Je suis sévère pour vous, qui êtes mon ami. Aussi, je veux ajouter que je vous sais de bonne foi. Non, Hitler ne vous paie pas. Pour qu'il vous paie **avant**, il faudrait que vous soyiez le traître que vous n'êtes pas; pour qu'il vous paie **après**, il faudrait qu'il ait le sens de l'ironie...

Que du moins cette affreuse année vous serve d'exemple. Soyez plus préoccupé de combattre la guerre — la guerre qui est là, à Bilbao, à Madrid — que nos alliés de la Paix, ou nos amis du Front Populaire. Et quand les assassins crient : « La parole est au canon! », ne soyez plus dupe de vos scrupules. Il ne s'agit pas de gagner le Paradis : il s'agit de ne pas perdre ce qui reste de liberté sur terre!

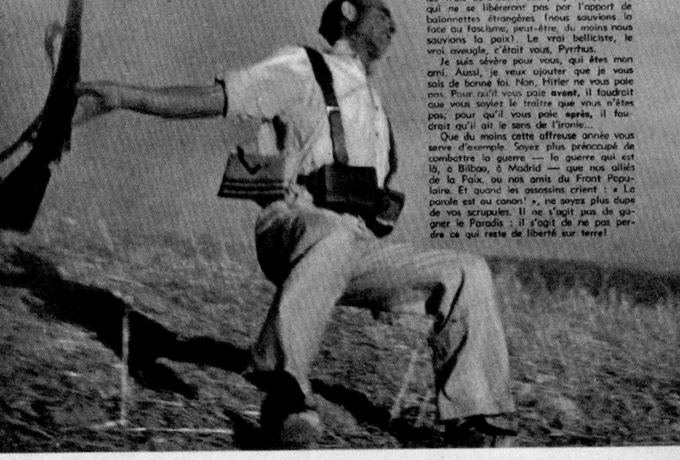

long article de Phillip Knightley, tiré de son livre *The First Casualty*, une analyse fouillée du travail des correspondants de guerre, de la Crimée au Vietnam. Cet article fera scandale. La page de *VU* avec les deux miliciens et la légende de *Life* lui servent à instruire le dossier. Knightley s'appuie sur les témoignages à décharge de Cornell Capa, Henri Cartier-Bresson, Ted Allan, Martha Gellhorn et John Hersey, mais surtout sur celui à charge de O'Dowd Gallagher, photographe sud-africain présent en Espagne. Alors correspondant du *London Daily Express*, ce dernier explique que, pendant la guerre, Capa lui aurait raconté comment les officiers républicains, devant l'absence de combats, lui avaient organisé une séance de photos en faisant manœuvrer les miliciens. Satisfait du résultat, il aurait déclaré à Gallagher : « Si l'on désire avoir un bon cliché en pleine action, il est indispensable de ne pas avoir une mise au point trop rigoureuse. Lorsque la main tremble très légèrement, on réussit un cliché de guerre de premier ordre. » Ce témoignage est finalement peu crédible, car Gallagher en produira un autre plus tard, se contredisant nettement. Le seul témoin direct de la scène est le journaliste de *L'Humanité* Georges Soria qui accompagne Capa. Il ne se souvient pas du nom du lieu où la photo a été prise ni du jour (il parle de la fin août), mais dit que ce jour-là, la mitrailleuse ennemie crépitait et que « Bob prenait des photos, comme si de rien n'était ». Capa a également commenté personnellement sa photo dans un article du *New York World-Telegram* du 1er septembre 1937. Le journaliste, qui rapporte ces propos, explique que le milicien a été frappé par un tir de mitrailleuse et que Capa a saisi la scène.

La seule citation de l'article est la suivante : « Aucun trucage n'est nécessaire pour prendre des photos en Espagne. Il suffit de poser sa caméra. Les photos sont là et il suffit de les prendre. La vérité est la meilleure image, la meilleure propagande. » Cornell Capa répliquera vertement à l'attaque contre l'honnêteté de son frère dans le *Sunday Times* même : « Pourquoi Gallagher n'a-t-il pas révélé ce qu'il savait quand Bob était vivant et pouvait répondre ? » La polémique a enflé. Que pensez-vous de la photo la plus célèbre de la guerre d'Espagne, celle du milicien qui tombe, touché en pleine course par une balle ? Est-ce une photo mise en scène ? La question revenait, lancinante. Capa, mort en 1954, n'était plus là pour répondre. Richard Whelan, le biographe de Capa, aujourd'hui décédé, a alors pris la tête des défenseurs du photographe, avec Cornell Capa, également mort aujourd'hui.

En 1996, un élément nouveau intervient. Mario Brotons, un historien espagnol, affirme que le milicien s'appelait Federico Borrell García et qu'il combattait dans une colonne anarchiste à Cerro Muriano, près de Cordoue, lorsque Capa l'a saisi, frappé par une balle ennemie. L'information est reprise dans la presse mondiale sans discussion. Mais, en 2007, les auteurs d'un documentaire espagnol dénichent un article dans un journal anarchiste de 1937, *Ruta confederal*, décrivant

La photo publiée par le magazine *Regards* en 1937 a un cadrage équivalent à celui du tirage MoMA, elle est plus haute que la 24 x 36 classique.

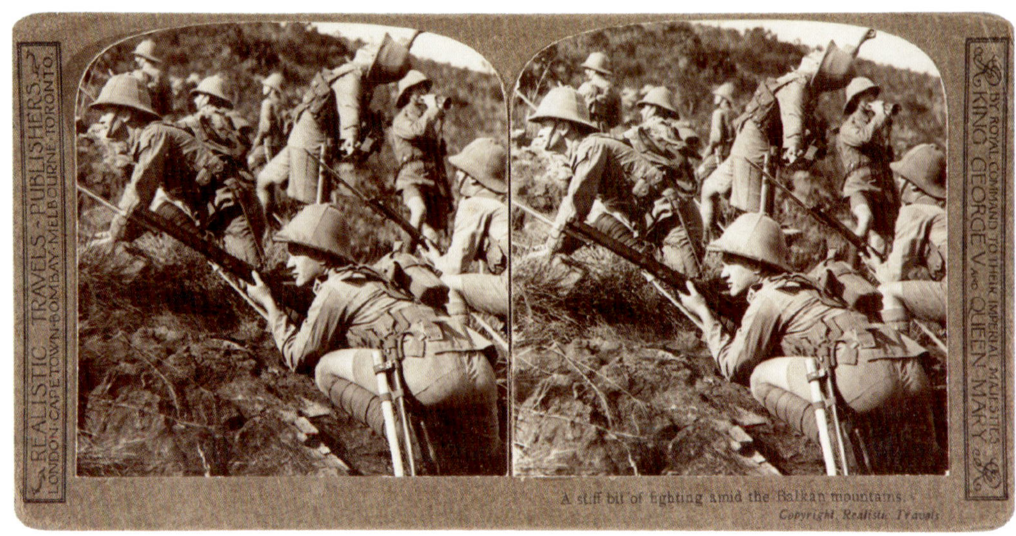

les circonstances de la mort de ce Federico Borrell García : elles n'ont rien à voir avec la scène du soldat qui tombe. De plus, la comparaison de la photo de Borrell García avec celle du milicien de Capa n'est pas probante – le soldat est clairement plus vieux. Bref, le *Falling Soldier* n'a plus d'identité.

Il restait à confirmer le lieu présumé de la prise de vue, Cerro Muriano, un village près de Cordoue où des combats avaient effectivement eu lieu début septembre. Cependant, en 2007, un détail intrigue l'universitaire espagnol, José María Susperregui, sur une des nouvelles photos révélées par l'ICP. On voit quatre miliciens dans une tranchée, fusils pointés et, au fond du paysage, des bâtiments blancs. Il n'y a rien de semblable à Cerro Muriano. Il part en chasse pour identifier le lieu visible sur la photo. Comment retrouver un paysage reconnaissable à une ligne de crête et à une poignée de maisons blanches ? Sa patience finira par être récompensée. Des habitants d'Espejo, un autre village aux alentours de Cordoue, mais très éloigné de Cerro Muriano, reconnaissent la ligne de crête et les trois pressoirs à huile d'olive que l'on voit de la colline. Trois autres chercheurs, Ernest Alos, Carles Querol et Fernando Penco, préciseront par la suite l'endroit exact de la prise de vue. Problème : il n'y a pas eu de combat à cette date à cet endroit.

Dans le numéro de *VU* de septembre 1936 où apparaît le *Falling Soldier* est publiée, sur la page en face, une série de photos, et celles-ci sont bien identifiées comme ayant été prises à Cerro Muriano. Elles montrent des villageois fuyant les combats. Une scène classique de cette guerre. Certaines sont de Capa, d'autres sont signées Hans Namuth et Georg Reisner, deux photographes allemands.

Ces photos étaient donc disponibles en Espagne puisqu'elles ont été souvent diffusées dans la presse espagnole ainsi que dans toute l'Europe, et même dans le livre de propagande d'Arthur Koestler, *L'Espagne ensanglantée*, publié à Paris. Le journal anarchiste *Tiempos nuevos* publie, comme *VU*, des photos prises à Espejo au même moment que le *Falling Soldier*, accompagnées de celles des fuyards de Cerro Muriano. Un témoignage de Jaume Miravitlles, le responsable de la propagande de Catalogne, accrédite la thèse selon laquelle ces photos ont bien été tirées en Espagne. Voici ce qu'il écrivait en 1976 à propos du *Falling Soldier* : « On a parlé d'un "montage". Ce n'est pas vrai. [Capa] l'a révélé dans les laboratoires du commissariat de la propagande de la Generalitat de Catalogne et il est venu me le montrer. J'ai été littéralement fasciné et surpris par une scène jusque-là inédite dans l'histoire de la photographie. »

Dernières pièces au dossier. Une photo rare qui fait penser immédiatement à la célèbre photo de Capa dont la charge symbolique résume à elle seule le drame de la guerre d'Espagne. Cette photo prise pendant la guerre de 1914-1918 est belle, poignante, dramatique. La légende précise : « Dragon en reconnaissance, photographié alors qu'une balle l'atteint à l'épaule. Nom du blessé : Pierre Quér… C'est le premier document de ce genre et rigoureusement valable que nous ayons eu entre les mains. » Dans l'histoire de la photographie, il est rarissime que le photographe saisisse un soldat touché en pleine action par une balle ennemie.

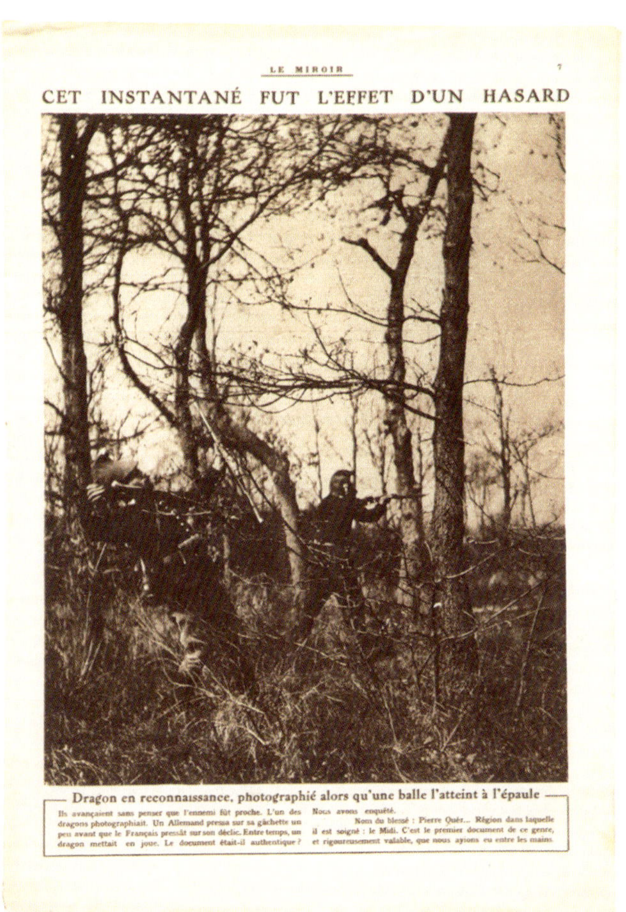

LE MIROIR 7

CET INSTANTANÉ FUT L'EFFET D'UN HASARD

Dragon en reconnaissance, photographié alors qu'une balle l'atteint à l'épaule

Ils avançaient sans penser que l'ennemi fût proche. L'un des dragons photographiait. Un Allemand pressa sur sa gâchette un peu avant que le Français pressât sur son déclic. Entre temps, un dragon mettait en joue. Le document était-il authentique ? Nous avons enquêté.

Nom du blessé : Pierre Quér... Région dans laquelle il est soigné : le Midi. C'est le premier document de ce genre, et rigoureusement valable, que nous ayions eu entre les mains.

Pourtant nous en avons trouvé une autre prise pendant la guerre des Boers en Afrique du Sud, sur la photo de droite, un soldat est touché et s'effondre dans une position qui n'est pas sans rappeler le *Falling soldier*. Ces deux photos sont mystérieuses tout comme celle de Capa. Conclusion : les connaissances sur cette photo progressent et elle continue à intriguer et à faire régulièrement couler beaucoup d'encre. ■

CI-DESSUS : **Un dragon français touché par une balle allemande pendant la Première Guerre mondiale. Photo parue dans l'hebdomadaire *Le Miroir*, daté du 9 mai 1915.**

PAGE DE GAUCHE : **Un soldat touché en pleine action pendant la guerre des Boers en Afrique du Sud.**

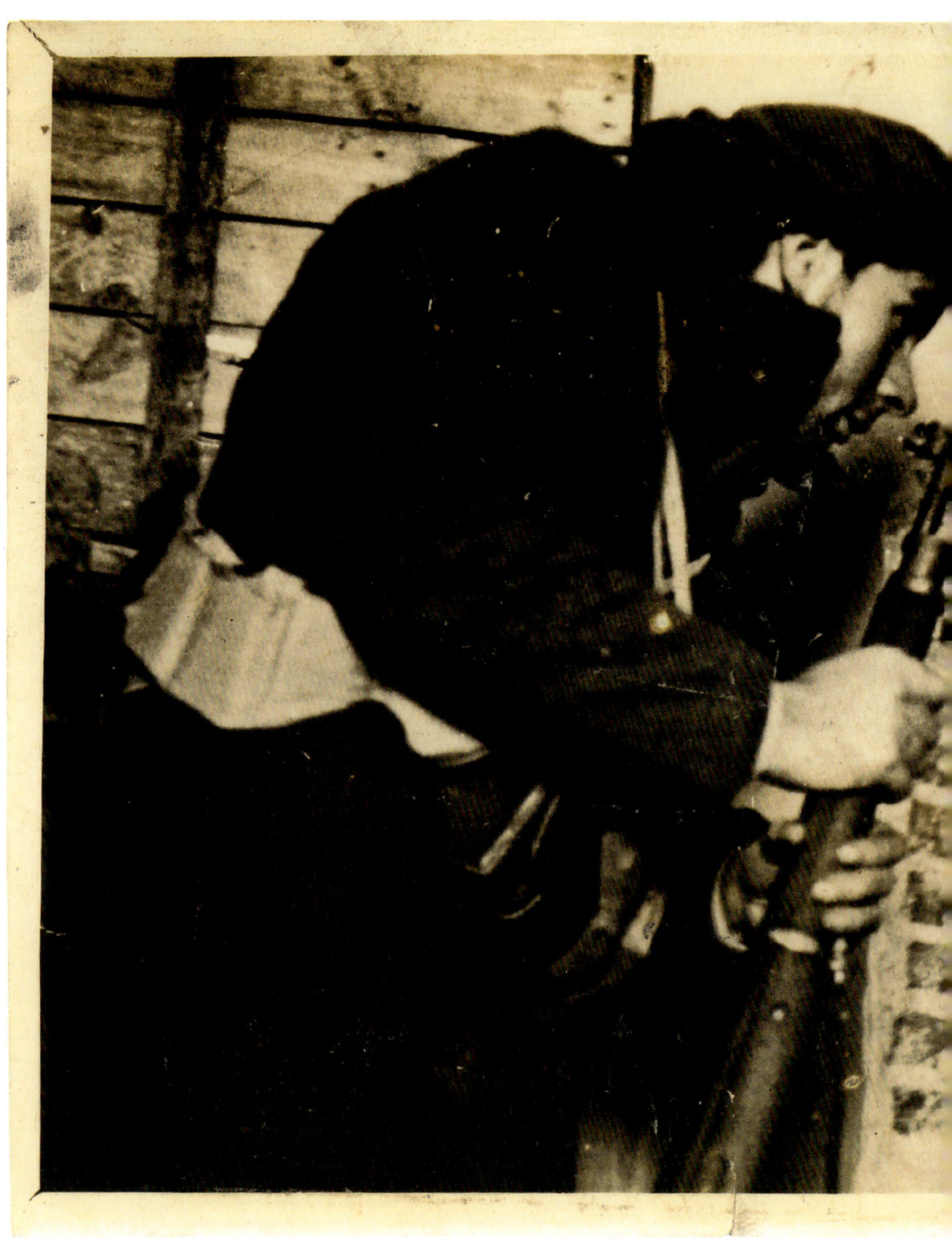

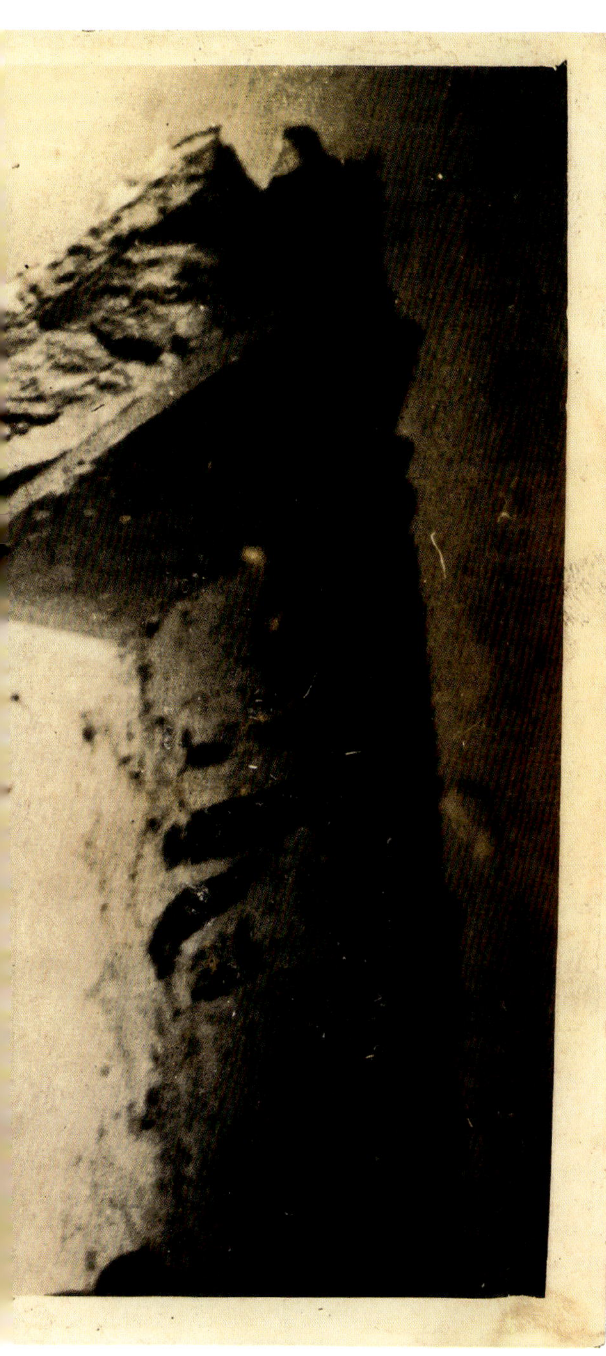

Capa lors de son deuxième voyage photographie la bataille de Madrid dans la Cité universitaire où les brigadistes internationaux sont arrivés pour sauver la ville.

Madrid, leçon de photojournalisme

¡No pasarán! En cet hiver glacial de 1936, le mot d'ordre inventé par Dolores Ibárruri, « la Pasionaria », enflamme les défenseurs de la République espagnole. Les volontaires des Brigades internationales affluent en Espagne pour barrer la route aux fascistes, ils sont au premier rang. Il faut en être, et Capa en sera ! Le 16 novembre 1936, la rédaction de *Regards* obtient des autorités espagnoles une autorisation de séjour en Espagne pour le photographe. Le voyage est prévu du 18 novembre au 5 décembre. Dans un courrier ayant valeur de laissez-passer, l'administrateur du journal précise : « Monsieur Capa Friedmann est notre seul reporter-photographe envoyé spécialement à Madrid et sur les différents fronts. Nous prions toutes les autorités compétentes de la République espagnole et les organisations de bien vouloir lui faire bon accueil et lui faciliter la tâche matériellement et moralement en tenant compte que les documents qu'il enverra à notre journal serviront en France au mieux les intérêts de la République espagnole. »

KÉPEK AZ OSTROMLOTT MADRIDBÓL

GYALOGOS ÉS TENGERÉSZ ŐRÖK AZ EGYETEMI VÁROSRÉSZBEN

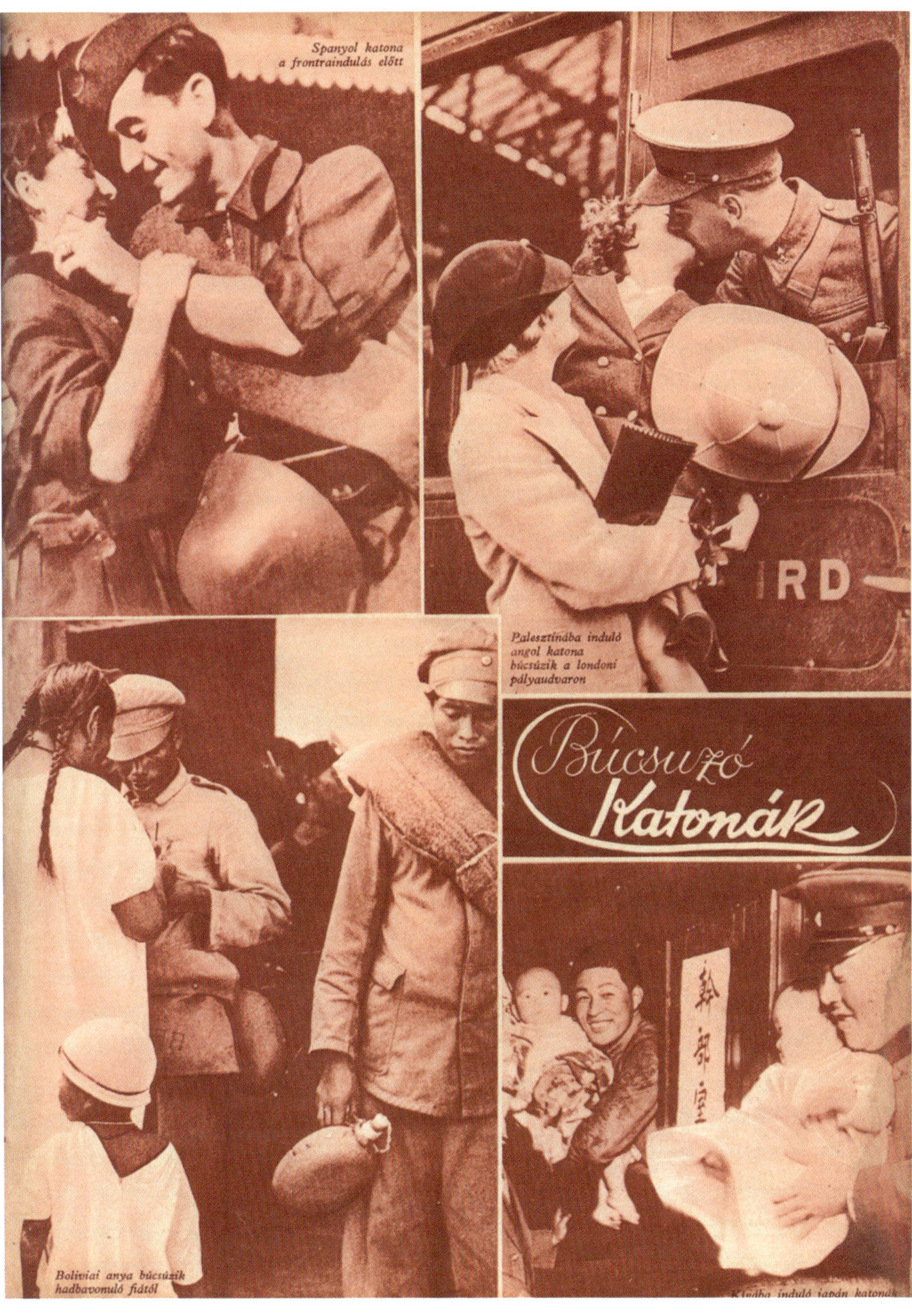

Deux pages du *Pesti Napló Képes Melléklete* (le supplément illustré du quotidien de Budapest *Pesti Napló*) du 24 janvier 1937, qui propose des photos de Capa (à la Cité universitaire) et de Chim (reportage sur le navire de guerre *Jaime I*). Le titre : « Images du siège de Madrid », le sous-titre : « Fantassins et marins de garde dans le quartier universitaire ».

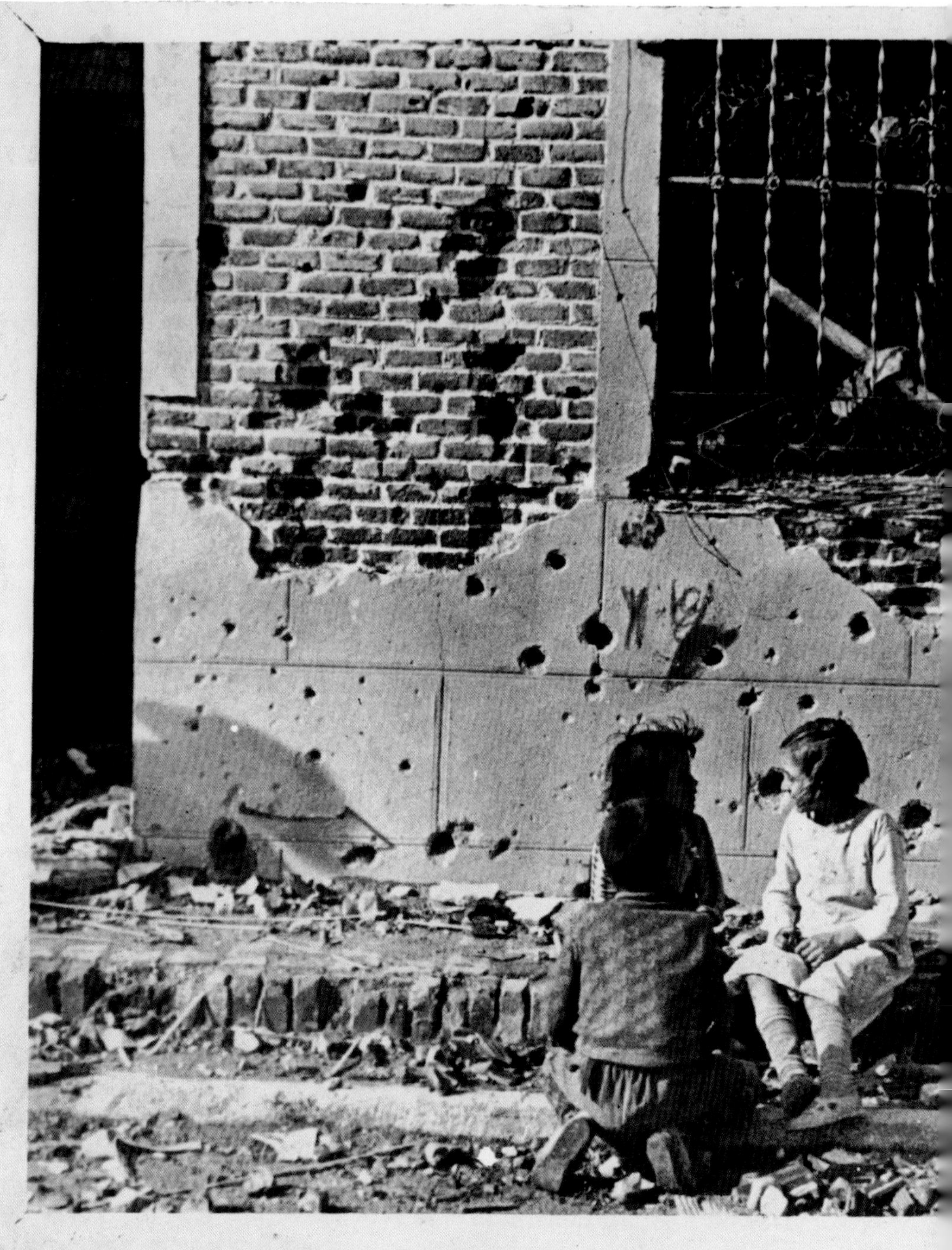

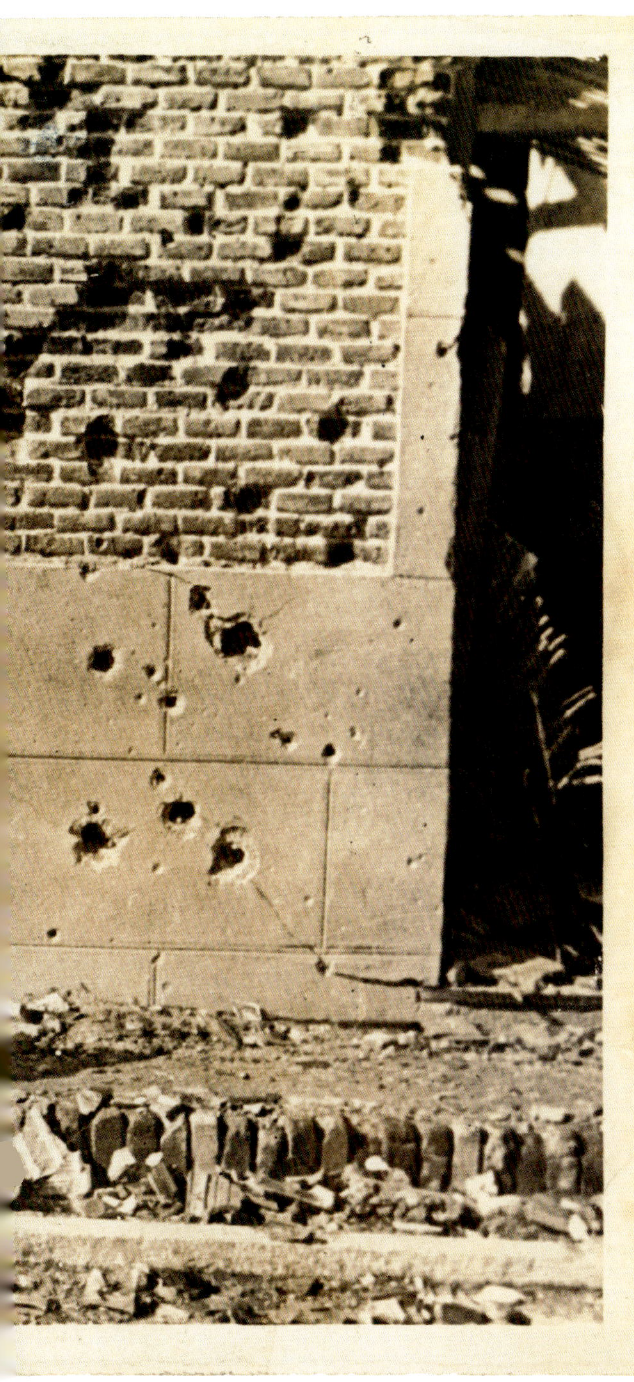

Avec la publication du numéro spécial de *VU* sur l'Espagne, Lucien Vogel perd la direction de son journal. Dès lors, Capa et Taro fournissent leurs photos au journal *Regards*. Avec Chim, qui travaillait depuis longtemps pour l'hebdomadaire communiste, le trio va produire la couverture la plus extraordinaire sur la guerre civile espagnole. Du soulèvement des militaires en juillet 1936 jusqu'à la fin de l'année, *Regards* consacrera un tiers de sa surface rédactionnelle au conflit espagnol. Chim se taillera d'abord la plus grande part, il aura droit à la signature de ses photos en une, puis Capa fera jeu égal pour finalement le dépasser, tandis que Taro finira par signer ses photos en son nom propre. Après leur premier voyage en Espagne à la fin de l'été, Capa et Taro reviennent en France. Après avoir couvert le congrès du parti radical, Capa repart donc seul en Espagne, quand Taro reste à Paris. Le photographe arrive le 18 novembre à Madrid, un peu tard. Les quatre colonnes de l'armée franquiste ont attaqué la ville dix jours auparavant et rien ne semble pouvoir les arrêter. La guerre s'est installée au cœur de la capitale. On se bat dans le parc de la Casa del Campo à un kilomètre du centre ; on va au front en tramway. Les canons et les avions de Franco hachent les immeubles. Les journalistes évoluent comme ils peuvent entre l'immeuble de la Telefónica et les hôtels Florida et Palace. La Gran Vía est devenue l'antichambre du champ de bataille.

Photo de presse d'époque signée Capa sur les destructions dans le faubourg de Vallecas de Madrid. Cette maison a été achetée par la mairie de Madrid et devrait abriter un musée Capa.

La photo de la page précédente paraît dans le numéro de *Regards* du 10 décembre 1936. Le journal salue en « Une » les « photos prodigieuses » de son reporter qui documente le bombardement du quartier de Vallecas à Madrid.

Capa photographie la population qui tente d'échapper aux bombardements, en particulier dans le métro, et il passe beaucoup de temps avec les volontaires des Brigades internationales. Alexei Eisner, l'aide de camp du général Lukács de la 12e Brigade internationale, raconte sa première rencontre avec Capa dans ses Mémoires : « Dans un halo de fumée bleue arrive une voiture Citroën de quatre places, le pare-brise est cassé, les garde-boue tordus, le radiateur bosselé. Un jeune homme brun habillé en civil en descend. Deux appareils photo de taille peu commune, dans des étuis de cuir jaune, pendent autour de son cou. Il veut prendre des photos des volontaires internationaux, il fait valoir qu'il représente *Regards*, montre son laissez-passer et demande un guide pour visiter les différents bataillons. » Colère du général Lukács : « Il ne veut pas que je le conduise à cheval aussi, qu'il s'en aille, s'il insiste, il va prendre des coups de crosse ! » Il finit par céder à condition qu'aucune photo de lui-même ne soit prise, et que le photographe ne s'expose pas en plein jour sur la ligne de front. Capa est furieux : « Je suis correspondant de guerre, je ne fais pas des cartes postales ! » Il photographiera ce qu'on lui laissera prendre.

En dix-sept jours, Capa réalise les reportages qui le feront entrer dans l'histoire du photojournalisme. Le journal *Regards*, en donnant dans ses quatre numéros de décembre une place exceptionnelle à son travail, va offrir une visibilité extraordinaire à ce photographe à peine connu six mois plus tôt. Le festival commence le 10 décembre. « La capitale crucifiée, des photos prodigieuses de Capa, notre envoyé spécial à Madrid », titre le magazine en présentant la photo d'une femme apeurée dans les ruines. À l'intérieur, une série de clichés dramatiques montre des femmes et des enfants dans leur quartier ravagé par les bombes. Le journal vante l'audace de son photographe. De retour à Paris, Capa participe à la mise en page et rédige les légendes. La semaine suivante, le 17 décembre, *Regards* titre : « Nos envoyés spéciaux sur la ligne de feu avec les volontaires de la liberté. Douze pages de photos extraordinaires de Capa, articles de Tzara, Aragon, Koltzov. » À l'intérieur, le journal continue à vanter ses mérites : « Notre photographe Capa a partagé la vie de périls et d'héroïsme des volontaires antifascistes du monde entier, qui, venus lutter avec leurs frères espagnols, ont été, sur le champ de bataille, groupés en Brigades internationales. »

regards

PARAIT LE JEUDI N° 152 * 10 DECEMBRE 1936

1 fr. 25

24 pages

LA CAPITALE CRUCIFIEE

DES PHOTOS PRODIGIEUSES

de

CAPA

NOTRE ENVOYÉ SPECIAL A MADRID

Regards publie, cette semaine-là, quarante et une photos de Capa dont la une et la dernière de couverture, soit quatorze pages d'un récit-photo poignant, au cœur du Madrid en guerre.

On y voit les soldats du bataillon franco-belge tirant au fusil, à la mitrailleuse ou au canon, depuis les murs éventrés de l'école de médecine, ou de la faculté de philosophie. Pour la première fois, les Français peuvent voir des images de ces hommes dont toute la presse commence à parler. La dernière page est illuminée par le sourire de Fernando, un Espagnol de Saint-Denis d'une quinzaine d'années. Ce titi parisien – coiffé d'un calot orné d'une cocarde tricolore – sur le front de Madrid fait partie d'une longue série de visages prise par Capa et qui incarne le courage des combattants antifascistes.

L'extraordinaire numéro de *Regards* du 17 décembre est suivi par la parution trois jours plus tard d'une pleine page de photos de Capa dans *Paris-Soir*. Le grand quotidien français – plus d'un million d'exemplaires par jour – consacre sa dernière page à des photographies mises en scène de manière dramatique : « À Madrid, alors que les escadrilles bombardent la ville et que la population se réfugie dans le métro… » *Paris-Soir* ne mentionne pas l'auteur des photos.

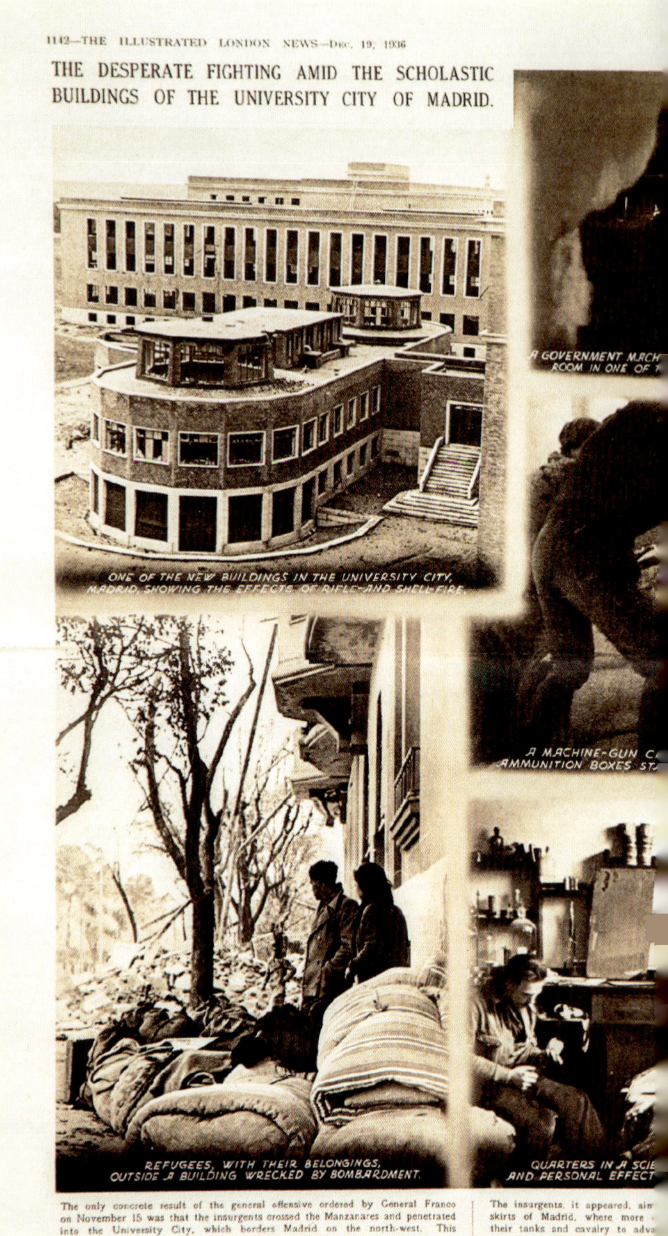

1142—THE ILLUSTRATED LONDON NEWS—Dec. 19, 1936

THE DESPERATE FIGHTING AMID THE SCHOLASTIC BUILDINGS OF THE UNIVERSITY CITY OF MADRID.

ONE OF THE NEW BUILDINGS IN THE UNIVERSITY CITY, MADRID, SHOWING THE EFFECTS OF RIFLE- AND SHELL-FIRE.

A GOVERNMENT MACH… ROOM IN ONE OF …

A MACHINE-GUN C… AMMUNITION BOXES ST…

REFUGEES, WITH THEIR BELONGINGS, OUTSIDE A BUILDING WRECKED BY BOMBARDMENT.

QUARTERS IN A SCIE… AND PERSONAL EFFECT…

The only concrete result of the general offensive ordered by General Franco on November 15 was that the insurgents crossed the Manzanares and penetrated into the University City, which borders Madrid on the north-west. This group of ambitiously conceived academic buildings, originally designed as King Alfonso's jubilee monument and since continued as a Republican monument to Liberal culture, became the scene of the most bitter fighting.

The insurgents, it appeared, aim… skirts of Madrid, where more … their tanks and cavalry to adva… established themselves in the … had taken up positions round t… edge. The international column…

Le reportage de Capa sur la bataille de Madrid est aussi publié par *The Illustrated London News* le 19 décembre 1936, sur trois pages. Le journal anglais, qui ne signe pas les photos, a mis en avant les réfugiés dans le métro et surtout les volontaires des Brigades internationales retranchés dans les bâtiments de la Cité universitaire.

WITH THE GOVERNMENT FORCES, WHO ALMOST ENCIRCLED FRANCO'S TROOPS IN THIS SALIENT.

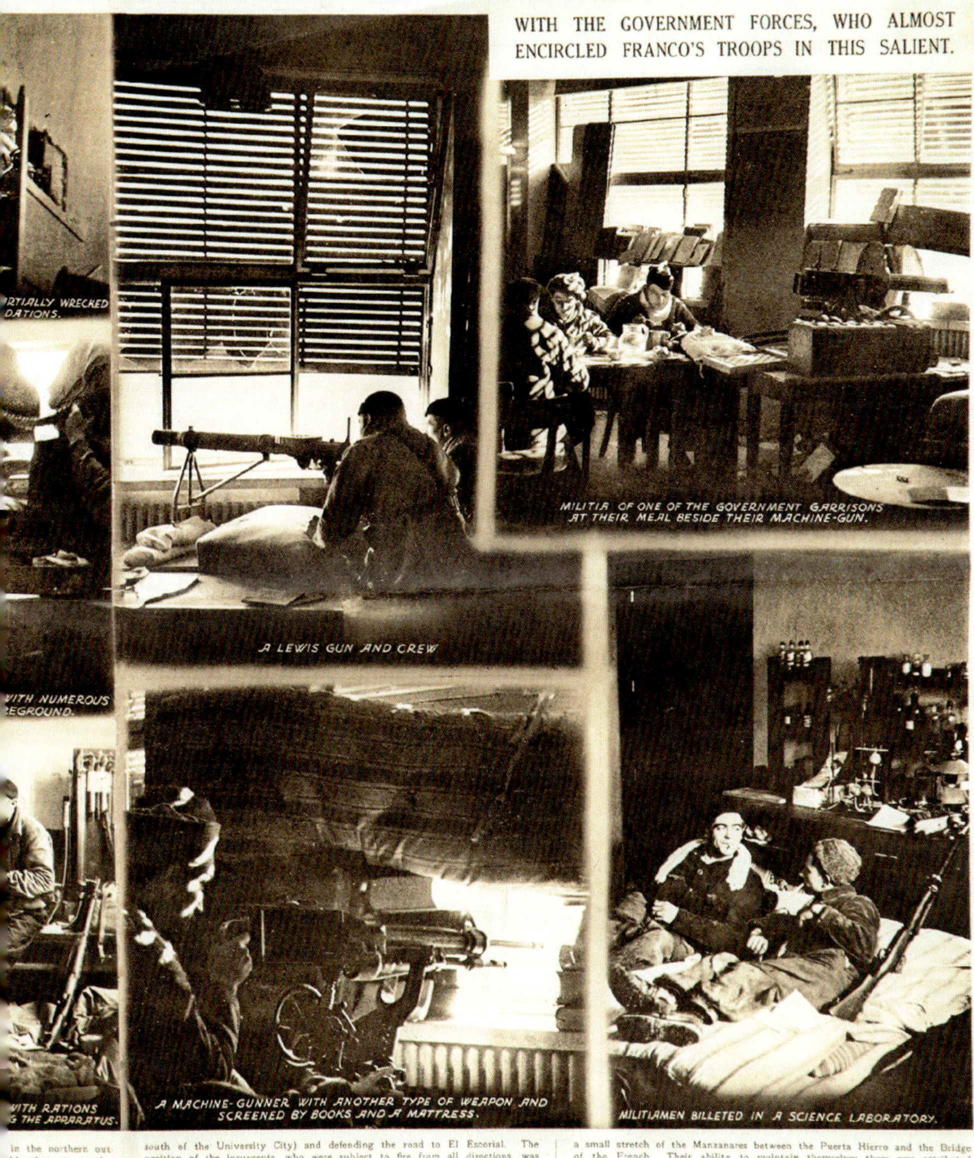

…RTIALLY WRECKED …DATIONS.

…WITH NUMEROUS …EGROUND.

…WITH RATIONS …G THE APPARATUS.

A LEWIS GUN AND CREW

MILITIA OF ONE OF THE GOVERNMENT GARRISONS AT THEIR MEAL BESIDE THEIR MACHINE-GUN.

A MACHINE-GUNNER WITH ANOTHER TYPE OF WEAPON AND SCREENED BY BOOKS AND A MATTRESS.

MILITIAMEN BILLETED IN A SCIENCE LABORATORY.

…in the northern out… …ble them to employ … the month they had …e Government forces … down to the river's … West Park (on the south of the University City) and defending the road to El Escorial. The position of the insurgents, who were subject to fire from all directions, was far from comfortable. The groups of troops holding the various big buildings had frequently no means of communication with each other during the day, as they were under fire from many directions. Their line of communication from the rear was also narrow. All their supplies had to be brought across a small stretch of the Manzanares between the Puerta Hierro and the Bridge of the French. Their ability to maintain themselves there was attributed by some to the Government's lack of storm troops capable of turning them out. Others credited the Government command and their advisers with the astute plan of leaving their enemies in this precarious and deadly salient which prestige forced them to maintain.

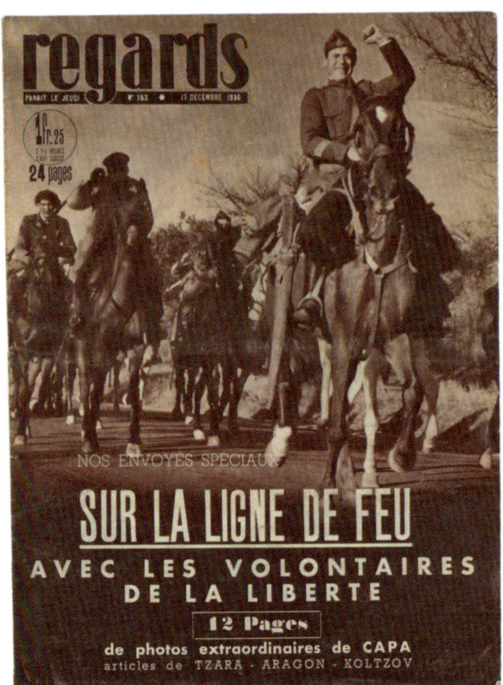

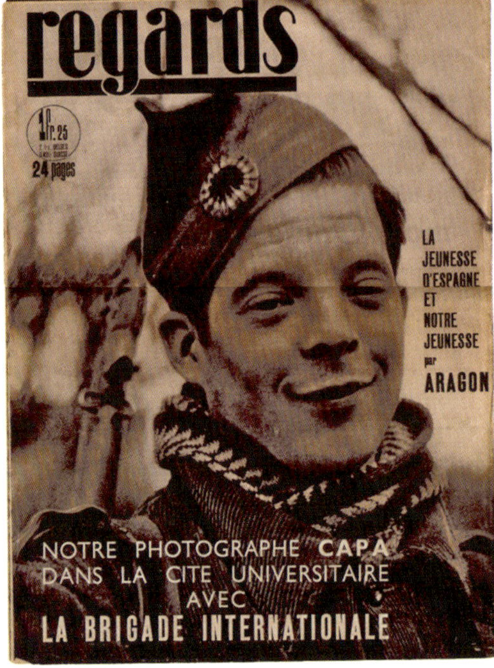

La veille, le 19 décembre, le reportage de Capa a également été publié par *The Illustrated London News*, sur trois pages avec onze photos légendées comme dans *Regards*. Le journal anglais ne met pas davantage en avant le photographe et ne cite pas non plus son nom. Même chose, à la même période, pour le journal catalan *Moments* qui publie une double page sous le titre « La guerre encore… L'épopée de Madrid ». Même à Budapest, le supplément illustré du quotidien *Pesti Napló* publie ces photos de Capa à Madrid, qui feront le tour du monde. C'est la gloire !

« Ce n'est qu'à partir du moment où l'image devient elle-même l'histoire qui raconte l'événement dans une succession de photos, accompagnée d'un texte réduit aux légendes seules, que débute le photojournalisme », expliquait Gisèle Freund, la photographe allemande, dans son livre *Photographie et société*. Cette définition correspond exactement au travail réalisé à Madrid par Capa, le photographe qui « savait raconter une histoire en images », comme disait Cartier-Bresson. ■

CI-CONTRE : ***Regards*** **publie le 17 décembre un numéro extraordinaire contenant quatorze pages de photos de Capa. C'est la consécration pour le photographe, une telle quantité de photos publiée est un cas unique.**

À DROITE : **Un journal des Brigades internationales publié à Paris en 1938 utilisant la même photo.**

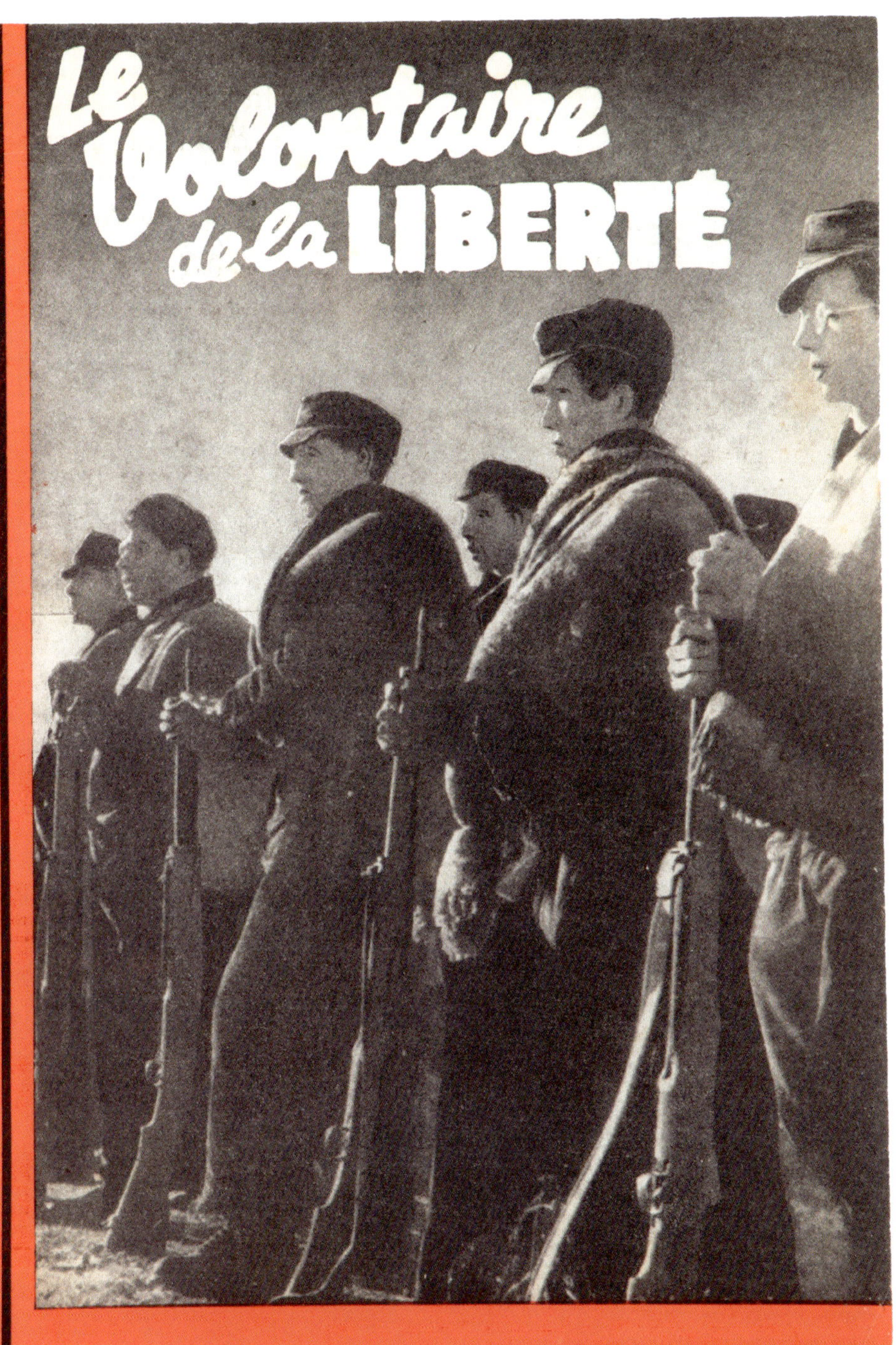

127

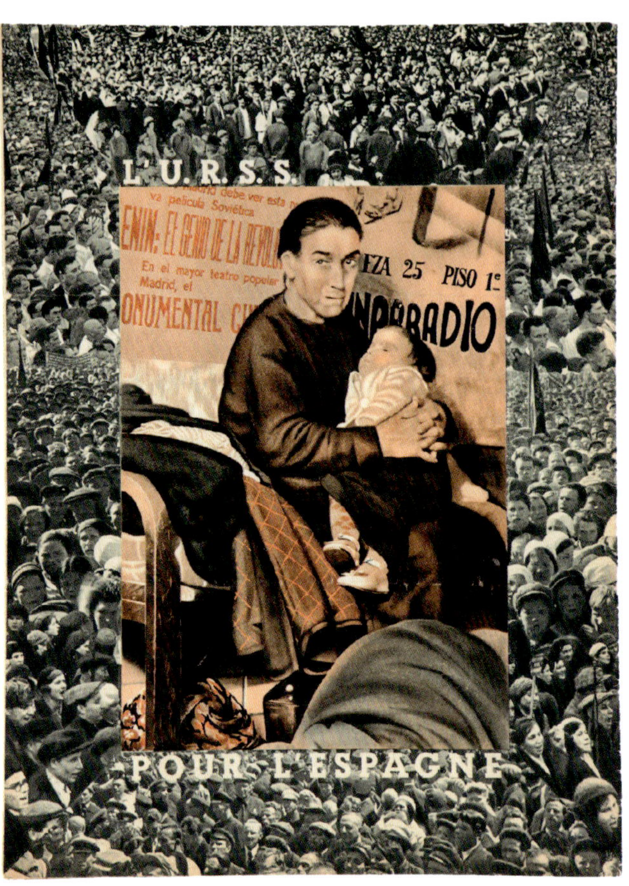

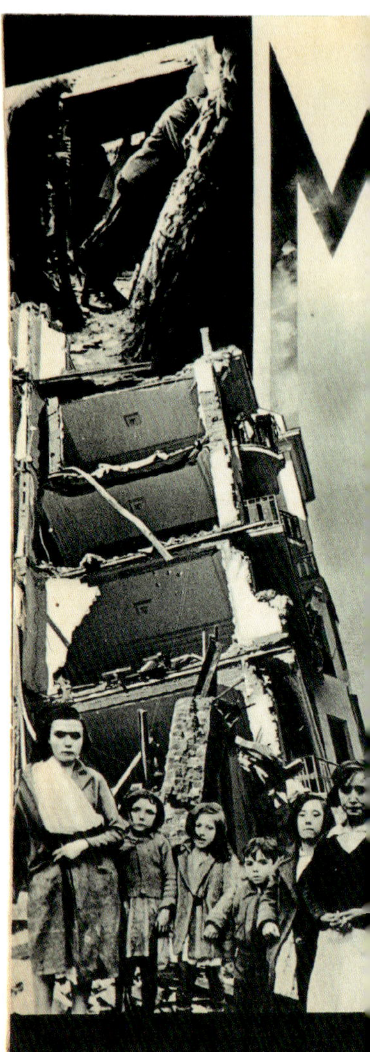

Le journal *Russie d'Aujourd'hui*, publié à Paris, offre à ses lecteurs, dans son numéro du 1er janvier 1937, cette curieuse colorisation d'une photo de Capa montrant des réfugiés dans le métro de Madrid, ainsi que ce spectaculaire photomontage à base de photos de Capa et Chim.

es 3 à 400 kilomètres qui séparent Madrid vons croisé tantôt des autos légères — celles res ou celles des groupements du Front povive allure : tantôt des files de lourds camions s et munitions vers la capitale. Nous avons is les caravanes de paysans portant vers la produits de cette terre que Franco rêve de

bée depuis longtemps, une nuit glaciale qui blottir les uns contre les autres. Nous trae où ne brille aucune lumière, où ne circule Mais des hommes veillent. Vingt fois, l'obs par la lampe de poche ou la lanterne d'un surgi à tel carrefour ou à telle entrée de e vingt ans, fusil à l'épaule, blottis dans une un ample manteau, saluant du poing fermé du front, examinant nos permis de circulant après un chantant « Salud, camarada ! »...

toutes les malchances en cours de route : pneus éclatés. Bref, nous arrivons à Madrid de retard sur les prévisions. Il est trois L'obscurité est totale. Pas une lumière aux ands immeubles bordant ces belles avenues. sonne dans la rue (la circulation est interures du soir).

par trouver un hôtel. Escalier de marbre. Chambres spacieuses « tout confort » avec Trois pesetas chacun », nous dit le gérant. me pas cent sous, pour une chambre dans Pour l'instant, nous ne cherchons pas à ous sommes abrutis de fatigue...

***

nous avons été réveillés par une rumeur rue. Nous nous précipitons aux fenêtres ; lors que la moitié des carreaux manquent upérieur, la façade est traversée de trous

notre hôtel, « l'Hôtel Alfonso », nous apercebuilding : le Central Téléphonique de Madrid, iation et l'artillerie rebelles. Nous compromarché des chambres !

on, nous voyons la foule circuler et des ques arroser la chaussée. Est-ce là tableaux en première ligne du front ?

nous mêler à ces hommes et à ces femmes l'admiration des millions d'antifascistes de

la Puerta del Sol. Des gens vont et viennds d'insignes, de képis de miliciens, de s, etc... De vieilles marchandes de joursur nos grands boulevards. Des tramways vant un magasin, une longue file d'hommes : pour obtenir un paquet de tabac. Plus loin, une longue file de femmes, de jeunes filles, d'enfants : on attend la distribution du lait, du pain, du sucre. Les visages portent les marques de privations. Nulle lamentation. Une sérénité, un courage tranquille.

Un escadron de cavalerie passe : vision rapide de la jeune armée populaire en marche.

Un attroupement. On déblaie les ruines d'une maison atteinte par le bombardement la nuit dernière. Quelques nouveaux noms à ajouter à la liste des femmes et des enfants madrilènes massacrés pendant leur sommeil.

De grands cinémas sont ouverts. Ici, on passe « Les Temps Modernes », là-bas « Tchapaiev ». Seul changement : au lieu du soir, on joue l'après-midi.

Au Ministère de l'Instruction publique, M. Aguilar, délégué du gouvernement, nous conte ceci :

— « La Junte de défense de Madrid a ordonné l'évacuation de la population civile. Quelques centaines de milliers d'habitants l'ont exécutée. Les autres — c'est-à-dire pas loin d'un million d'âmes — ne veulent pas quitter leur ville. Tenez, un cas précis. J'ai reçu la visite il y a quelque temps d'une dame professeur dans un de nos lycées, qui vit avec sa fille dans une maison située à un kilomètre du front. Habitant le rez-de-chaussée d'une maison dont tous les étages étaient ainsi démolis, elle venait me demander d'intervenir près de la Junte pour obtenir un logement un plus plus confortable dans un endroit de la ville moins visé. Je lui ai répondu que j'étais décidé à intervenir mais que la Junte me répondrait certainement : « Bien. Cette dame, professeur de lycée, n'a rien à faire à Madrid puisque les lycées sont fermés. Nous allons la faire partir sur Valence. » Sur quoi, mon interlocutrice m'a prié de ne faire aucune démarche... »

***

Le secrétaire des « Amis de l'U.R.S.S. » de Madrid est employé au Central Téléphonique, ce splendide bâtiment de quinze étages qui domine toute la ville.

— « Notre Central est particulièrement visé par les rebelles. Car d'ici, nous continuons à communiquer avec Valence, Barcelone, le monde ; d'ici, chaque jour, nous lançons nos émissions radiophoniques. Aussi s'acharnent-ils contre le « Telefono ». Nous avons reçu une centaine d'obus, mais par une chance extraordinaire, ils n'ont causé que peu de victimes : cinq blessés en tout. Par contre, les immeubles avoisinants ont reçu en abondance ce qui nous était destiné et il y eut là de nombreux morts. Le personnel du Central est absolument admirable. Il vient chaque jour à son poste et continue son travail même pendant les bombardements. Pas une seule jeune fille employée n'a demandé à quitter son emploi... »

Non loin du front, une fabrique travaille pour les besoins de la guerre. Elle tourne jour et nuit. Elle a déjà été atteinte plus d'une fois par le bombardement de l'ennemi. Des ouvriers sont tués ou blessés. Le lendemain, le syndicat des metallos comble les vides et la production continue. Mieux, L'U.G.T a organisé dans cette usine le mouvement Stakhanov, on l'appelle comme cela là-bas comme à Moscou. Les équipes se lancent des défis. Et chaque jour on travaille une heure et demie de plus sans être payé, volontairement. Ce mouvement se développe maintenant dans toutes les fabriques. Des résultats, en voici : dans tel atelier, d'optique, il fallait trois mois pour fabriquer 25 instruments perfectionnés : il faut maintenant 14 jours. Dans un atelier de mécanique de précision, la réparation d'un poste de téléphone de campagne demandait un jour de travail ; actuellement, 60 postes sont revus et réparés en 15 jours, etc.

L'admirable jeunesse madrilène — socialistes et communistes unis dans une seule organisation — aide, de toutes ses forces non mobilisées, l'U.G.T. dans ce travail de choc.

***

Aujourd'hui, nous avons visité le front de Carabanchel.

C'est à moins d'un kilomètre de l'endroit précis où le tramway a son point terminus et où la circulation de la population civile s'arrête. Munis de l'autorisation du commandement militaire vous passez une série de barricades. Vous franchissez le Manzanarès, pointe extrême de l'avance rebelle le 6 novembre dernier et vous vous trouvez dans le faubourg de Carabanchel. Un jeune commissaire politique — il a 23 ans, ouvrier typographe, membre de la Jeunesse Socialiste Unifiée de Madrid — nous guide à travers des maisons entièrement ou partiellement démolies. Aux murs de ces maisons, vous voyez encore — et c'est poignant — des portraits de famille : le père, la mère, les enfants, ont posé gravement devant l'objectif. Dans une armoire, la vaisselle est encore rangée, presque intacte. Dans tel foyer à demi détruit, des jouets traînent dans un coin. Ces modestes demeures de banlieue avaient quelques mètres carrés de jardins ; dans l'un, un magnifique rosier tout en fleurs — la vie à quelques mètres de la mort.

Les secondes lignes. Les boyaux. Quelques mètres sous terre et nous voici aux avant-postes, à sept mètres des fascistes. Des balles sifflent : instinctivement, nous baissons la tête.

On nous présente un « dynamiteros », un de ceux qui laissent approcher les tanks ennemis et leur lancent des grenades au bon endroit. L'histoire des dynamiteros vaut d'être contée. Ceux de nos lecteurs qui ont vu le film « Les Marins de Cronstadt » se rappelleront certainement comment un garde rouge réduit un tank à l'inaction. Or, « Les Marins de Cronstadt » ont eu les honneurs de tous les écrans espagnols. L'acte du garde soviétique a éveillé des milliers d'imitateurs dans la jeunesse républicaine. C'est un de ceux-là — il n'a pas vingt ans — qui veut nous montrer une partie de son savoir-faire. Il nous montre une des grenades de sa fabrication. Il la pose sur une simple corde. Un autre soldat allume la mèche et notre « dynamiteros », avec une adresse extraordinaire, se sert de sa corde comme d'une fronde et envoie la grenade à soixante mètres de là, dans une maison tenue par l'adversaire. Par le créneau, nous constatons que l'objectif a été atteint... Admirable jeunesse obligée de se battre avec des moyens aussi primitifs.

Quand nous revenons aux secondes lignes, le café nous est servi. On nous présente le commandant de la brigade : un paysan d'une quarantaine d'années, en costume civil de velours noir. Nous échangeons nos impressions : c'est le jeune commissaire qui nous répond. Car le commandant ne dit rien, mais il écoute avidement. Visiblement, il doit être plus à l'aise au combat qu'à discuter perspectives politiques. Lui et le jeune commissaire nous font penser inévitablement à Tchapaiev et Fourmanov.

Le commissaire nous fait visiter une petite maisonnette miraculeusement épargnée. On y a installé le siège de la section des « Amis de l'U.R.S.S. » de la brigade. On y apprend à lire et à écrire aux soldats illettrés. On y parle de stratégie militaire.

Quand nous sortons, un obus ennemi explose à dix mètres de nous.

— « Tiens, ils se réveillent ! », interroge le commissaire.

Et sans plus, nous continuons le chemin. Nous croisons des terrassiers, pelle sur l'épaule — ce sont des volontaires pour les travaux du front. Nous rencontrons aussi un camion remorquant — arme nouvelle — un haut-parleur puissant. la nuit tombée celui-ci portera la parole républicaine jusqu'à cinq kilomètres à l'intérieur des lignes fascistes.

Nous revoici enfin dans Madrid, ne parvenant pas à concevoir que la vie continue ainsi, à moins d'un kilomètre du front. Dans un square, des enfants jouent : ils se poursuivent en criant. Sur le boulevard, des couples passent, enlacés.

Dans cette partie de Madrid, partout, des ouvrages de défense. Si Franco avait pénétré dans la ville le 7 novembre, il aurait dû assiéger maison par maison.

***

Dans un cinéma de quartier, meeting des « Amis de l'U.R.S.S. » à onze heures du matin, pour ratifier la délégation de Madrid qui se rend en U.R.S.S. pour le 1er Mai. Une musique militaire prête son concours. « Internationale », Hymne de Riego, Hymne de Valence, « Marseillaise ». Le public chante. Il fait une ovation à ses délégués. Il acclame chaudement les représentants de la section française des « Amis de l'U.R.S.S. » Des coups sourds : le bombardement a repris. Mais le meeting continue.

Le peuple espagnol n'oublie pas et n'oubliera jamais l'attitude de solidarité agissante prise par l'U.R.S.S. A tel point que le général Miaja a été un des premiers à donner son adhésion à la section madrilène des « Amis de l'Union Soviétique ». A tel point que le glorieux animateur de la défense de Madrid tint à recevoir la délégation mondiale des A.U.S. pour nous faire part de son admiration pour l'U.R.S.S. et, en outre, de sa certitude de la victoire finale des armées républicaines.

Le lecteur attend certainement une conclusion à ces notes qui rendent bien imparfaitement l'atmosphère de la ville ardente dont on ne peut plus prononcer le nom qu'avec émotion et admiration.

J'ai acquis la certitude que Madrid est imprenable. Chaque jour qui passe voit se discipliner l'armée populaire, se développer l'industrie de guerre, s'épurer l'arrière du front des complices de Franco qui espionnaient, provoquaient (comme à Barcelone), essayaient de désunir les forces antifascistes.

Que peuvent les généraux rebelles contre un peuple tout entier, dressé pour l'indépendance de son pays ?

Frenier

DRID 1937

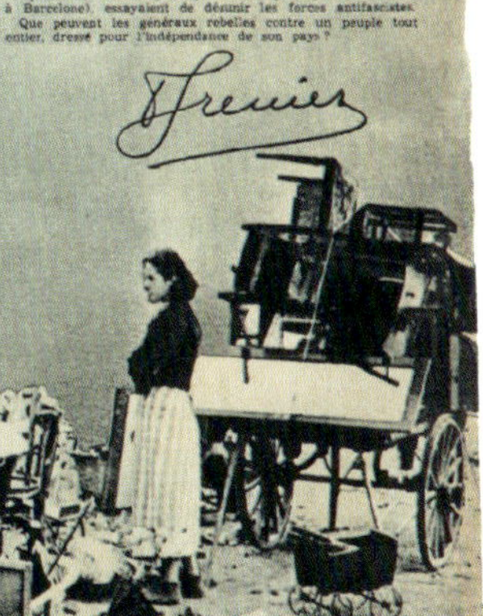

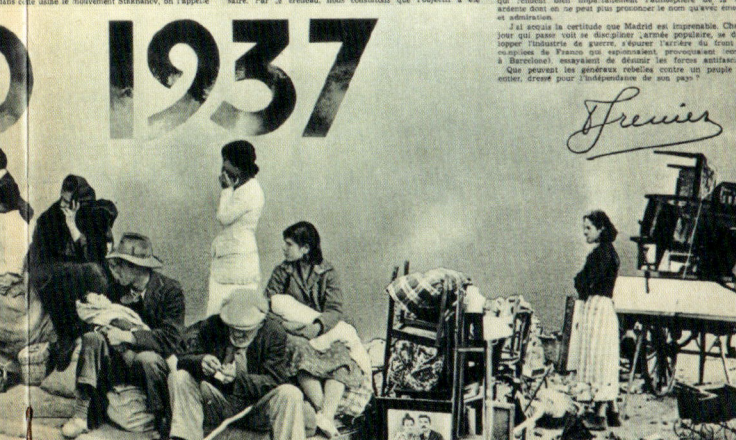

CI-CONTRE : **La façade du pavillon espagnol de l'Exposition de 1937, à Paris. Pour l'occasion, la République avait mobilisé Picasso, Miró et Calder, mais aussi les photographes Capa, Taro**

CI-DESSOUS : **Longtemps attribuée à Robert Capa, cette photo a été publiée en une de *Regards* le 29 octobre 1936, sans signature. Elle est en fait de Chim. Le milicien protège le monastère de Las Descalzas Reales, à Madrid. et Chim.**

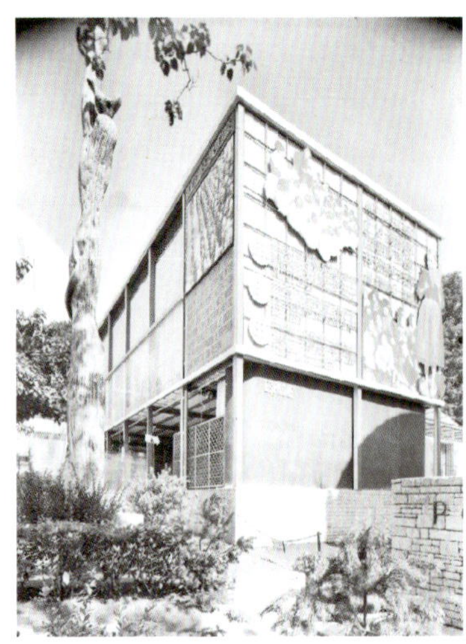

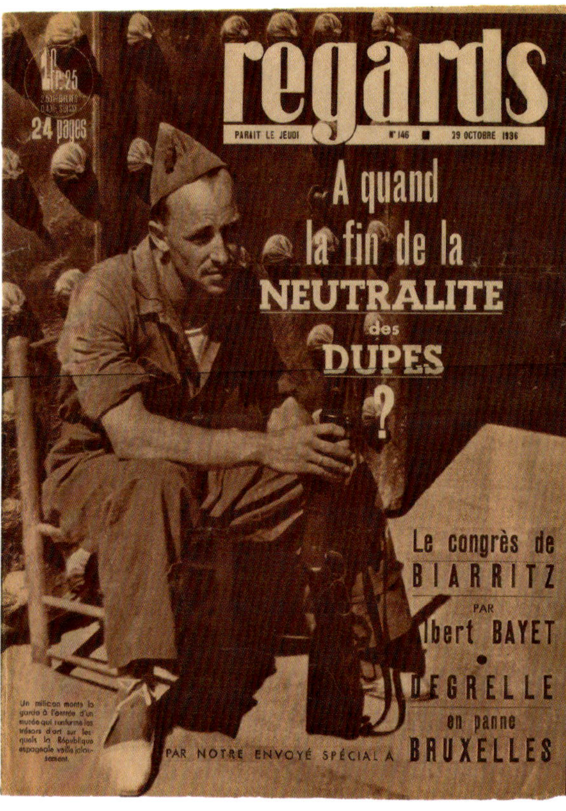

Photomontages à l'Expo de 1937

Trente et un millions de visiteurs en sept mois ! De l'Exposition internationale des arts et techniques dans la vie moderne de 1937 à Paris, on se souvient surtout du prémonitoire face-à-face des pavillons soviétique et nazi sur la rive droite du pont d'Iéna et du tableau de Pablo Picasso, *Guernica*, montré au public pour la première fois. C'est en pleine guerre d'Espagne que se déroule, du 4 mai au 25 novembre, la toute dernière Exposition internationale qu'ait accueillie la France. Cinquante-deux pays exposants s'installent de la colline de Chaillot au Champ-de-Mars. L'ouverture au public n'aura lieu que le 25 mai, en raison des mouvements sociaux qui ont retardé les travaux. Sur la rive gauche, à l'ombre de la tour Eiffel, s'élève sur deux étages le modeste pavillon de la République espagnole en guerre.

À l'entrée, une grande photo montre une file de soldats avec ce slogan : « Nous luttons pour l'unité de l'Espagne, nous luttons pour l'intégrité du territoire espagnol. » Sur l'autre côté de la façade, sous la photographie de deux miliciens en espadrilles, mangeant leur maigre repas, il est écrit : « Il y a plus d'un demi-million d'Espagnols avec des baïonnettes dans les tranchées qui ne se laisseront pas marcher dessus. Président Azaña. »

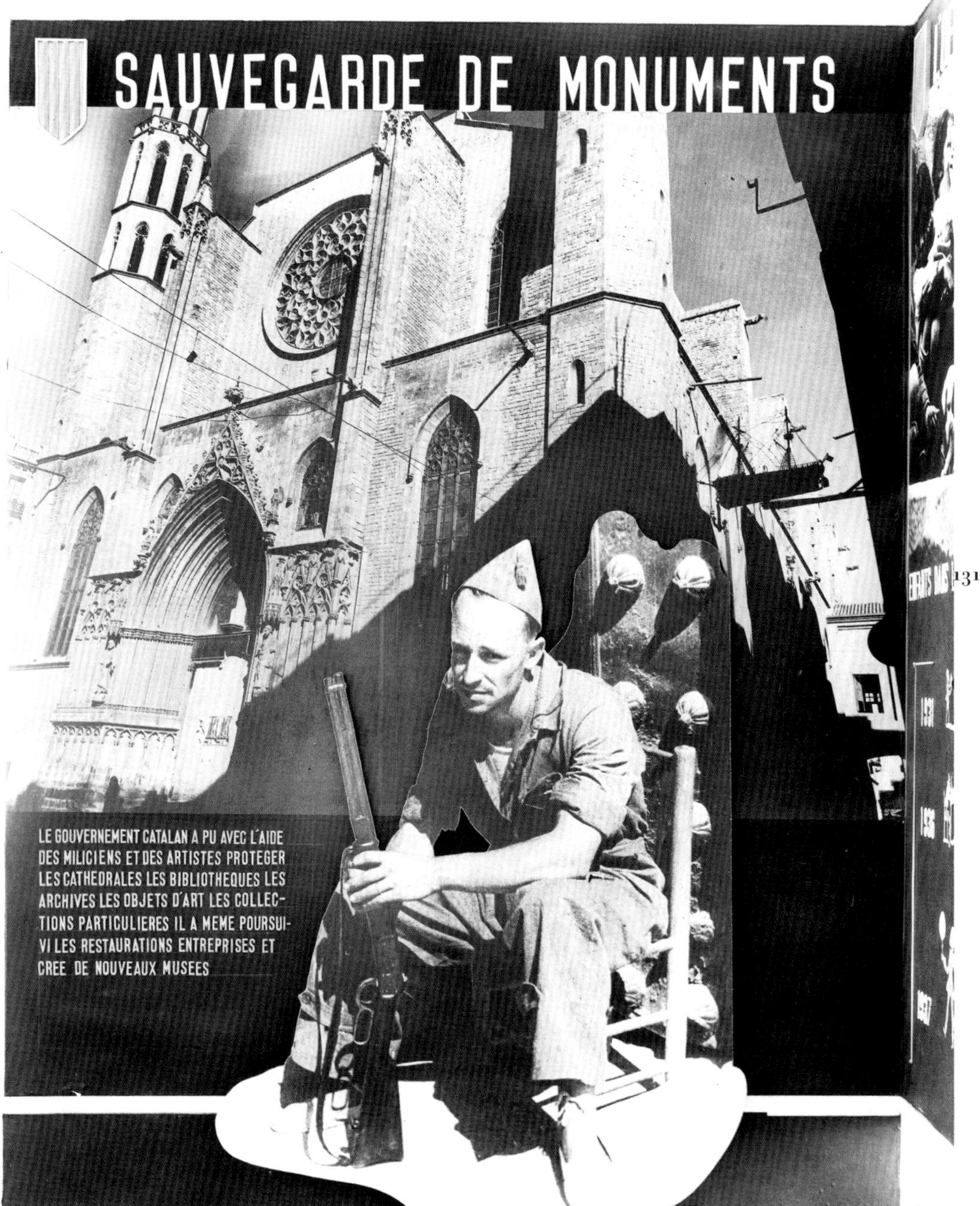
SAUVEGARDE DE MONUMENTS
LE GOUVERNEMENT CATALAN A PU AVEC L'AIDE DES MILICIENS ET DES ARTISTES PROTEGER LES CATHEDRALES LES BIBLIOTHEQUES LES ARCHIVES LES OBJETS D'ART LES COLLECTIONS PARTICULIERES IL A MEME POURSUIVI LES RESTAURATIONS ENTREPRISES ET CREE DE NOUVEAUX MUSEES

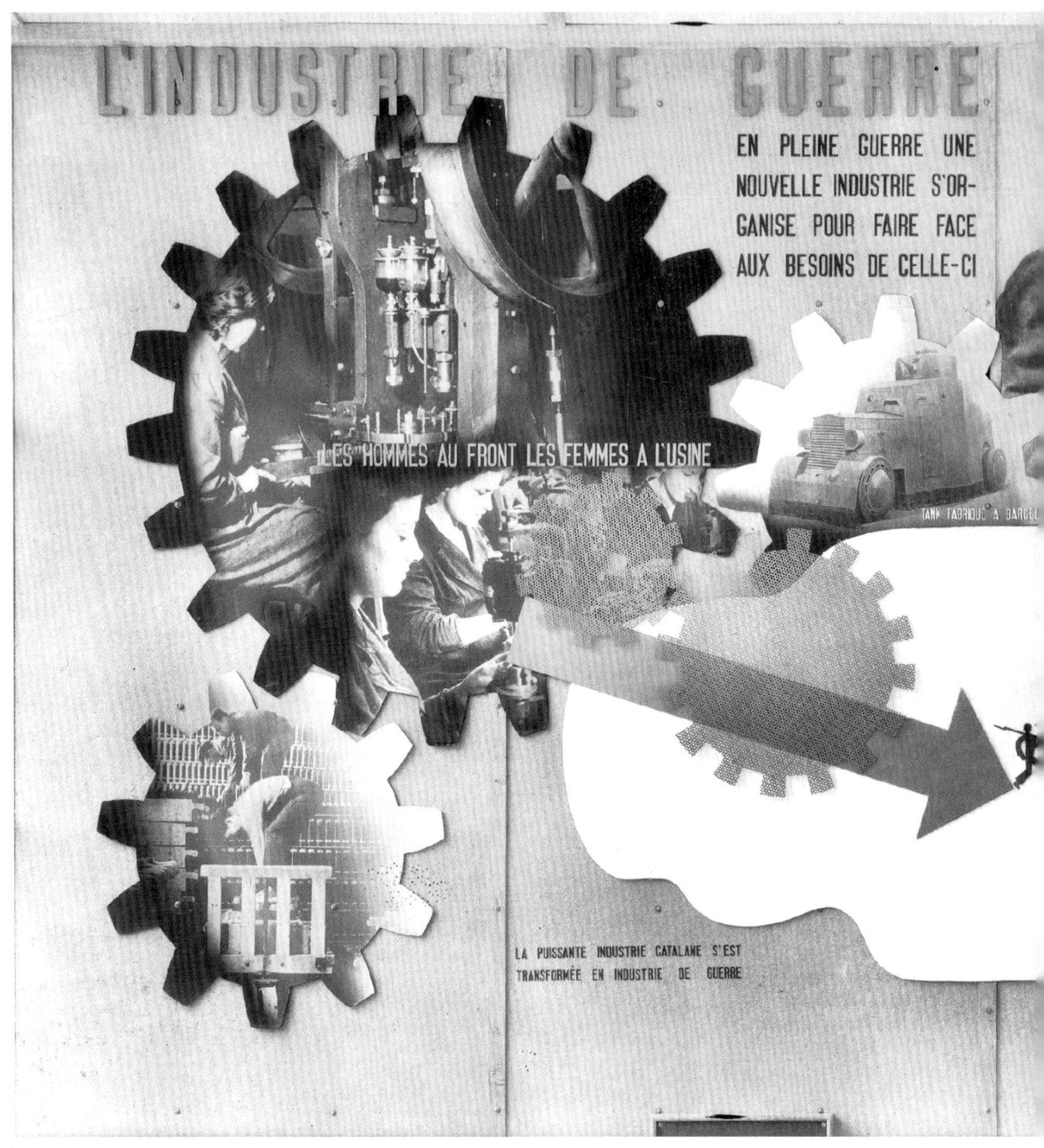

Le soldat au clairon, photographié par Gerda Taro, symbolise la création d'une véritable armée au service de la République espagnole. La photo a été prise à Valence en 1937.

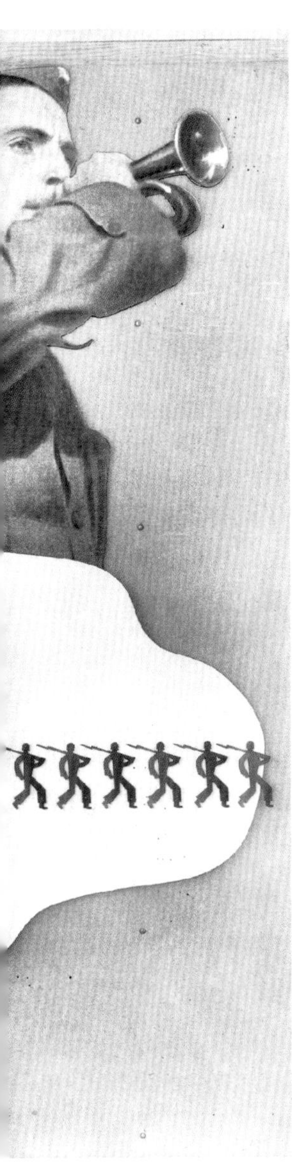

Le pavillon exalte les souffrances du peuple et présente les réalisations de la République espagnole : réforme agraire, mixité dans les écoles publiques, industrie de guerre et secours aux réfugiés. Il ouvrira tardivement, et même plusieurs semaines après l'inauguration officielle, tant l'achèvement des travaux et des aménagements aura été difficile à mener pour ce pays en guerre. Sans doute aussi en raison du retard de Picasso, qui ne livre *Guernica* qu'en juin. Le bombardement tragique de la ville basque n'a été connu en France que le 30 avril. La toile géante (7,80 x 3,50 m) est installée au rez-de-chaussée, dans le patio. Lluís Sert a dessiné le bâtiment, associé à l'architecte madrilène Luis Lacasa Navarro. En qualité de commissaire général adjoint du pavillon espagnol, Max Aub – né en France en 1902, mais ayant grandi et étudié à Valence, naturalisé par la République espagnole – est le réel maître d'œuvre de la participation des artistes : de Miró à Picasso et Calder jusqu'au cinéaste Luis Buñuel en charge de l'animation du pavillon. Ce dernier y montrera son film *España 1936*, dans lequel on voit des photogrammes de Robert Capa.

Dans les étages, un parcours thématique de l'exposition (écoles, hôpitaux, agriculture, industrie, armées, régions, etc.) est conçu à partir de grands photomontages montés sur des panneaux de bois. Deux amis de Robert Capa vont participer aux tirages de ces grands formats. Pierre Gassmann se souviendra avoir développé « à la serpillère sur le carrelage » ces tirages géants dans le laboratoire de son ami hongrois, Taci Czigany, rue Delambre.

Si les conséquences de la guerre sont omniprésentes dans les documents, aucune photographie montrant crûment la guerre, le front et ses combats n'est exposée. « La chute du milicien » de Capa en est donc absente ! C'est bien plus tard que cette icône incarnera à elle seule le conflit espagnol, au point d'en devenir le symbole. En revanche, des photographies de Capa, Taro et Chim, prises à l'arrière du front, sont utilisées de façon anonyme dans les photomontages. Telle celle du soldat montant la garde devant le couvent de Las Descalzas Reales à Madrid intitulée « Sauvegarde des monuments ». Il s'agit d'un cliché longtemps attribué à Robert Capa, dont un tirage a été retrouvé dans la valise dite de « Negrín » qui fut restituée par la Suède à l'Espagne en 1979. En réalité, cette photo a été prise par Chim, et son négatif apparaît parmi ceux de la « valise mexicaine ». Dans le panneau consacré à « L'industrie de guerre », la photographie du soldat sonnant le clairon est de Gerda Taro. Son négatif a également été retrouvé dans la « valise mexicaine ». Elle est issue d'un reportage réalisé à Valence en mars 1937, lors d'une présentation de l'armée populaire de la République ou « Nouvelle Armée du peuple », qui avait pour but d'intégrer les volontaires espagnols – les miliciens – à l'armée régulière. Malgré la présence du tableau de Picasso, qui sera alors mal compris et jugé « pas assez figuratif » par les autorités espagnoles, la presse (à l'exception des journaux communistes) s'est peu intéressée au pavillon espagnol. ■

Premier emploi dans un journal

« […] Ce fut alors la lutte de chambre en chambre. Une lutte sans merci, à la grenade. Tous les murs semblaient avoir été minés : des explosions retentissaient de partout. Dominant les bruits secs des revolvers, entre les rares secondes de silence qui suivaient l'éclatement des grenades, on entendait au cœur du bâtiment s'élever les cris d'*Arriba España !* et les plaintes des malheureux que les factieux avaient entraînés avec eux pour leur servir d'otage, au moment où ils s'enfermèrent dans le palais. […] » Cet article publié dans *Ce soir*, le samedi 8 janvier 1938, est un témoignage exceptionnel sur la bataille de Teruel et la reddition des forces franquistes. Il est signé Robert Capa et paraît sans photographie. Le correspondant de guerre décrit la situation dans cette capitale de l'Aragon, où il est venu avec Herbert Matthews, le correspondant du *New York Times*. Pour certains historiens, cette bataille est le « Stalingrad espagnol » tant les combats qui eurent lieu du 14 décembre 1937 au 22 février 1938, maison par maison et dans un froid glacial, ont été meurtriers. L'empathie de Capa est manifeste : « La ville était à nous », écrit-il. Il a choisi son camp, celui du gouvernement légalement élu. Il exprime toute sa compassion envers les victimes civiles, bloquées dans les caves pour échapper aux bombardements franquistes, mais également pour les combattants qui luttent au corps à corps dans les ruines. Dans le titre de l'article, Robert Capa est mis en avant en tant que « collaborateur » de ce jeune journal.

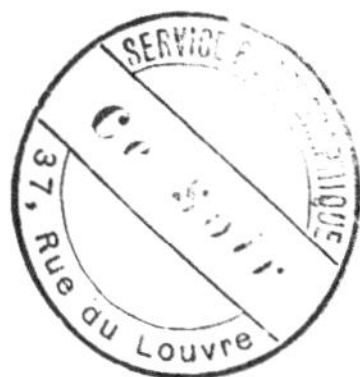

C'est dans le quartier de l'Opéra à Paris, au 31 de la rue du Quatre-Septembre, que s'est installé ce nouveau journal. L'équipe de *Ce soir* est alors dirigée par deux écrivains, Louis Aragon, membre du parti communiste français, et Jean-Richard Bloch, « compagnon de route ». L'objectif de ce quotidien de gauche est clair : concurrencer le géant *Paris-Soir* du groupe Prouvost, dont Pierre Lazareff et Raymond Manevy dirigent la rédaction et Paul Renaudon le service photo. Le premier numéro paraît le 1er mars 1937. Lancé à 100 000 exemplaires, *Ce soir* en atteindra 260 000 deux ans plus tard en s'imposant comme le grand quotidien du Front populaire. Ce journal a été créé avec l'aide de la République espagnole qui cherchait, depuis la fin de l'année 1936, à organiser un soutien à sa cause depuis Paris. Willi Münzenberg, le « Hearst rouge » réfugié à Paris, grand maître de la propagande de l'Internationale communiste et ami de Lucien Vogel – le fondateur de *VU* – s'investit également.

À la tête de la rédaction de *Ce soir*, Elie Richard, débauché de *Paris-Soir*, est désigné expert technique, et Gaston Bensan, venu des maisons d'édition du PCF, devient administrateur. Robert Capa, quant à lui, est nommé à 23 ans photographe attitré du journal et sans doute

Le quotidien *Ce soir* met en avant son collaborateur Robert Capa, célèbre pour ses extraordinaires photos montrant l'âpreté de la bataille de Teruel, mais en publiant ce jour de janvier 1938 son témoignage écrit.

samedi 8 janvier 1938 **SUITE de la DERNIÈRE**

NOTRE COLLABORATEUR ROBERT CAPA REVENANT DE TERUEL, NOUS DÉCRIT la lutte implacable dans les souterrains de la ville

« Teruel est reprise, le général Rojo est fait prisonnier. »

Nous étions à peine de retour à Barcelone et nous nous installions à l'hôtel Majestic avec quelques journalistes lorsque cette stupéfiante nouvelle, diffusée par la radio rebelle, vint nous arracher à notre repos. Nous avions quitté Teruel le 2 janvier ; elle était alors aux mains des gouvernementaux, sauf le palais du Gobierno Civil, où une résistance désespérée se poursuivait. Mais tout le reste de la ville était à nous, ainsi que les environs sur près de 10 kilomètres de profondeur.

Il n'était plus question de rester à Barcelone. Nous reprîmes la route sur cette vieille Ford avec laquelle nous avions fait deux fois par jour, pendant une semaine, la navette entre Teruel et Valence.

Au col de Raguda (1.700 mètres d'altitude), d'innombrables voitures étaient arrêtées. La neige recouvrait la route sur une hauteur de 60 centimètres. Il y avait là de gros camions, des tanks, des canons. De l'autre côté, les nôtres résistaient aux attaques furieuses d'un adversaire parfaitement ravitaillé.

Mais nous eûmes bientôt la preuve de la parfaite organisation de l'armée espagnole. Un véritable plan de travail fut mis en œuvre pour débloquer la route : soldats, chauffeurs, paysans des villages voisins dégagèrent le chemin et poussèrent les voitures. Mètre par mètre, le long convoi avança. Cela dura vingt heures. Mais à minuit toute la route se trouvait dégagée et les voitures roulaient rapidement vers la ville.

« Ce fut un des principaux épisodes de la bataille », nous disaient le lendemain les officiers en mettant pied à terre sur la grande place de Teruel.

Quelle ne fut pas notre surprise, en arrivant à Teruel. La ville, que nous nous avions quittée pleine de soldats, semblait vide. Personne dans les rues. Au loin, très haut dans le ciel, extraordinairement clair malgré le froid inteuse, volaient quarante avions dans la direction de la Muella.

Quelques minutes après notre arrivée, nous nous dirigeons vers le palais du Gobernio Civil, autour duquel s'empressent les hommes de la quarantième brigade, exclusivement composée d'habitants du pays.

— Vous tombez bien, nous dit le colonel. Vous allez assister à la prise du dernier ilot de résistance que les factieux ont conservé dans la ville.

Cinq minutes ne s'étaient pas écoulées, qu'au milieu d'un fracas épouvantable, un des murs s'ouvrit. Une mine avait été placée sous un angle et la déflagration causa une brèche énorme dans la muraille où les soldats se précipitèrent au milieu des décombres.

Ce fut alors la lutte de chambre en chambre. Une lutte sans merci, à la grenade. Tous les murs semblaient avoir été minés : des explosions retentissaient de partout. Dominant les bruits secs des revolvers, entre les rares secondes de silence qui suivaient l'éclatement des grenades, on entendait au cœur du bâtiment s'élever les cris d'*Arriba Espana!* et les plaintes des malheureux que les factieux avaient entraînés avec eux pour leur servir d'otage, au moment où ils s'enfermerent dans le palais.

On avançait avec une prudence extrême : on ne savait où se trouvaient les femmes et les enfants. Les cris se mêlaient aux explosions. Au bout d'un instant, le prémier prisonnier parut : c'était un garde civil, un homme au visage défait, qu'un jeune garçon de Teruel tenait en respect avec le revolver qu'il venait de lui prendre.

Un par un, lès cinquante prisonniers suivirent.

Lorsque toute résistance fut réduite, on rechercha la population civile. Ce fut un spectacle affreux, plus tragique encore que tous ceux que nous avions vus jusque-là.

Plus de cinquante personnes, dès femmes et des enfants pour la plupart, aveuglées par la lumière, nous montraient leurs visages cadavériques, souillés de sang et de crasse. Depuis plus de quinze jours, ils étaient enfermés dans les sous-sols, vivant dans une terreur continuelle, nourris des restes des repas de la garnison et de quelques sardines qu'on leur jetait quotidiennement. Bien peu eurent la force de se lever : il fallut les aider à sortir. Raconter cette scène pitoyable est impossible.

En même temps que s'était accomplie la prise du palais, la bataille faisait rage, à neuf kilomètres dè là, sur le front, aux deux points névralgiques de l'attaque ennemie.

Dans la montagne couverte de neige se distinguait au loin les flocons gris des explosions.

Nous rencontrons des officiers à qui nous donnons lecture des communiqués rebelles. Ils s'exclament : « Cette bataille s'est déroulée à Séville, peut-être, mais sûrement pas à Teruel. »

Et ils nous donnent des précisions sur les opérations en cours :

Le 1er janvier, les factieux envoyèrent 60 avions bombarder la Muela. Si nous avons reculé alors, *c'est uniquement pour ne pas sacrifier inutilement une division*. Nous retirions nos positions pendant la journée ; la nuit, nous reprenions plus de la moitié du terrain perdu.

Et comme, avant de quitter la ville, nous voyons un groupe d'officiers, nous demandons comment se nomme celui qui parle à leur centre, on nous répond :

— Celui-là, mais c'est le général Rojo. Il ne s'est jamais si bien porté que depuis qu'il est en « captivité ».

Robert CAPA.

A Teruel, les gouvernementaux ont brisé une offensive acharnée...

puis ils ont attaqué victorieusement dans le secteur de la Muela...

Sur un
Gra

exposa
peuvent

M. Le Moult n'
pas content du to
sonne à sa place
content ni du cab
qui a trop molle
tenu la « recondu
vant le Sénat, ni
Caillaux moins
s'il est content
— Comment, di
vaincus !... Vous
tion par une « G
l'Expo n'est pas
encore !
— Mais, monsi
— Il n'y a pas
tout ce qu'il faut
l'Exposition.
— Mais le vot
— La Chambr
voté. Nous avons
signatures de dé
Qui est M. Le
Personnellement,
petit homme trap
be de neige, a
traits jeunes, u
jeune. Il est optir
Furieusement.
Entomologiste
lise dans son cal
commerçant les
d'insectes et de
Mais il a une
pays. Des préfére
a, sans doute, ma
mettre. il n'adn
veuille, pour un
fût-elle menée pa
commerce frança
mières de la p
c'est-à-dire de l'E
répète. Il le proc
les foules.
M. Le Moult e
rôle. Ce savant c
tout simplement

responsable du service photo. Ses amis participent aussi à l'aventure. Les photos de Gerda Taro prises en Espagne sont régulièrement publiées dans le journal et en bonne place, comme cette image d'un soldat républicain qui rêve de paix et joue avec une colombe, publiée à la une en juillet 1937. Chim et Cartier-Bresson sont également publiés. Pour Henri Cartier-Bresson, comme pour Capa, *Ce soir* est le tout premier emploi salarié. Ils sont payés au mois et sont libres de faire ce qu'ils veulent. Cartier-Bresson va à Londres suivre le couronnement du roi Édouard VIII, accompagné de Paul Nizan, qui dirige la rubrique de politique étrangère de *Ce soir*. Capa, Chim et Taro enchaînent les reportages en Espagne. « *Ce soir* nous a servi un peu de modèle quand il s'est agi d'imaginer le fonctionnement de l'agence Magnum », expliquera Cartier-Bresson. Tous conservent une grande liberté d'action en dehors de leur emploi. Ainsi, assez rapidement, Capa prend du champ par rapport à *Ce soir*, préférant partir à nouveau en Espagne plutôt que de couvrir les sujets parisiens. C'est à cette époque qu'il crée l'Atelier Robert Capa au 37, rue Froidevaux, dont il confie la chambre noire à son ami Csiki Weisz. Il ne semble pas avoir de clause d'exclusivité avec *Ce soir* puisqu'il développe son propre réseau de distribution : il vend ses photographies à d'autres supports, à Londres, New York ou Amsterdam… Sa notoriété et ses contacts à l'étranger lui permettent désormais de contourner les agences photographiques qui prélèvent un fort pourcentage lors de chacune de ces ventes. L'ambition de Capa est clairement de se mettre à son compte et d'en faire profiter ses amis en leur proposant de distribuer leurs photos. C'est ce qu'il fera à l'occasion avec Willy Ronis, sans pour autant que ce dernier ne quitte l'agence Rapho.

En trois ans, de par la qualité de leur travail en Espagne, Capa, Cartier-Bresson, Taro et Chim sont entrés dans l'histoire de *Ce soir*, contribuant à imposer le journal face à la concurrence d'un *Paris-Soir*, dont le tirage dépassait le million d'exemplaires ! Louis Aragon témoigne ainsi de cette aventure : « Cette guerre, pour savoir où on en était, il fallait lire *Ce soir*, c'était vrai. Et c'est comme ça qu'on a grignoté des centaines de mille de lecteurs à *Paris-Soir*, dans ce temps-là. On était

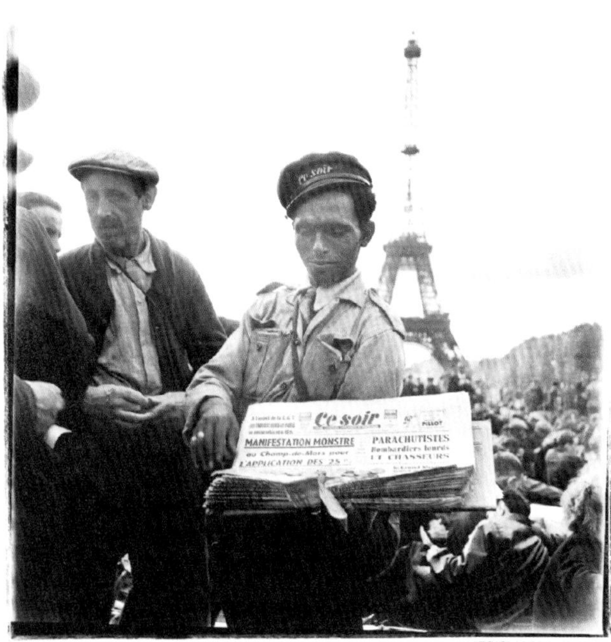

Vendeur du quotidien *Ce Soir* dans les rues de Paris. Ce journal a été créé pour soutenir la République espagnole.

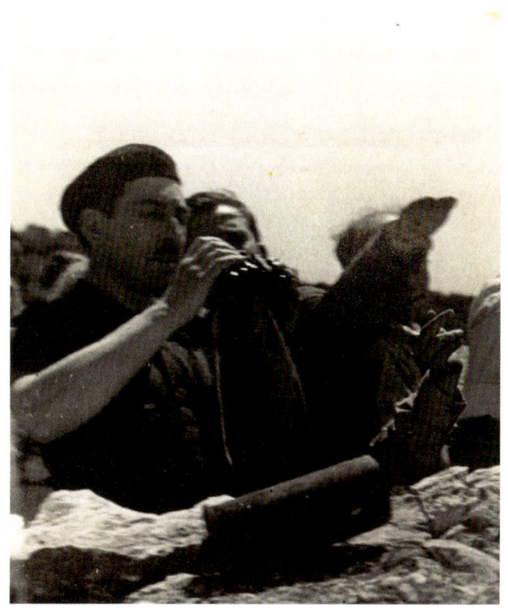

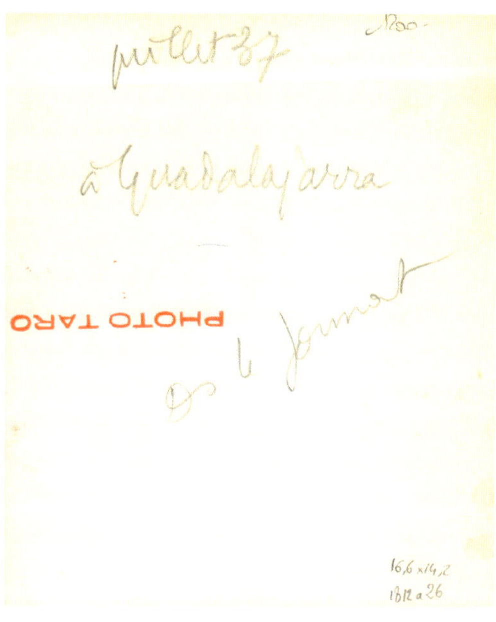

bien renseignés avec Georges Soria comme correspondant et puis une équipe de photographes, les autres ils auraient pu aller se coucher !

C'étaient des amis de Cartier, ce Cartier-Bresson dont, à ma demande, la Maison de la culture avait organisé la première exposition à Paris, je disais et j'avais raison que c'était le plus grand photographe de ce temps-là. Nous avions pu grâce à lui envoyer à Madrid une équipe extraordinaire. De tous les points de vue. Aussi bien politique, le sens aigu de ce qui allait frapper l'imagination… que pour la photo elle-même… l'art de la photo, l'avant-garde de ce temps-là… Et puis, casse-cou, hein ! Le courage… Robert Capa, Gerda Taro, Chim… »

Et puis il y eut le drame qui marqua la vie du journal et de ses lecteurs : le décès accidentel de Gerda Taro sur le front de Brunete, fin juillet 1937. Sous les bombardements des avions et de l'artillerie franquiste, elle tentait de fuir la zone des combats et monta sur le marchepied d'une voiture qui fonçait à vive allure. Un tank républicain heurta la voiture et écrasa Gerda. Grièvement blessée, elle mourut le lendemain, le lundi 26 juillet 1937 à 6 heures du matin, à l'hôpital de campagne américain de l'Escorial. Gerda allait avoir 27 ans le 1er août… C'est en lisant le journal dans la salle d'attente de son dentiste, à Paris, que Robert Capa apprendra la nouvelle ; Aragon la lui confirmera. Il avait revu sa compagne, le 14 juillet, lorsqu'elle était revenue d'Espagne pour livrer ses photographies. Sa couverture de la bataille de Brunete avait eu un grand succès. Toujours en première ligne, Gerda s'imposait alors comme l'un des meilleurs correspondants de guerre ; elle fut parmi les rares photographes

Ce tirage très rare porte le cachet Photo Taro. La photographe a eu bien du mal à signer ses photos de son nom. Après sa mort en juillet 1937 sa signature a disparu, ses photos paraissant avec le crédit Capa.

à avoir saisi la prise éphémère de la ville par les républicains (reportage publié dans *Regards* et *Ce soir*) laissant espérer un possible retournement militaire à la faveur des « loyalistes », avant que l'armée franquiste, soutenue par les avions allemands de la Légion Condor, remporte finalement la bataille. Terrible bataille de Brunete qui fera, en un mois, plus de 25 000 morts dans les rangs républicains, dont 4 300 membres des Brigades internationales, sans compter les volontaires du corps médical. Arrivé un mois plutôt en Espagne, c'est ici que l'ambulancier Julian Bell, neveu de Virginia Woolf, mourut.

Présent lui aussi, le journaliste communiste Georges Soria, correspondant en Espagne de *L'Humanité* et de *Ce soir*, accompagnera la dépouille de Gerda jusqu'à la frontière française : « De Madrid, le fourgon mortuaire de Gerda fut dirigé sur Valence où eut lieu une seconde cérémonie d'adieu. Dans une atmosphère étouffante par la moiteur estivale et le parfum grisant d'innombrables lis royaux, les Valenciens défilèrent à leur tour devant le catafalque de la belle étrangère, surmonté d'un portrait géant aux yeux rieurs, entouré de noir. Puis, suivant en voiture à cinquante mètres de distance le fourgon regorgeant de couronnes et de gerbes, je remontai jusqu'à PortBou, à la frontière espagnole, sûr d'y retrouver Bob (Capa). Mais Bob, foudroyé, n'était pas là. Ce fut Paul Nizan, philosophe et romancier, proche collaborateur d'Aragon au quotidien *Ce Soir*, qui m'attendait. Nizan prit le funèbre relais jusqu'à Paris qui, à son

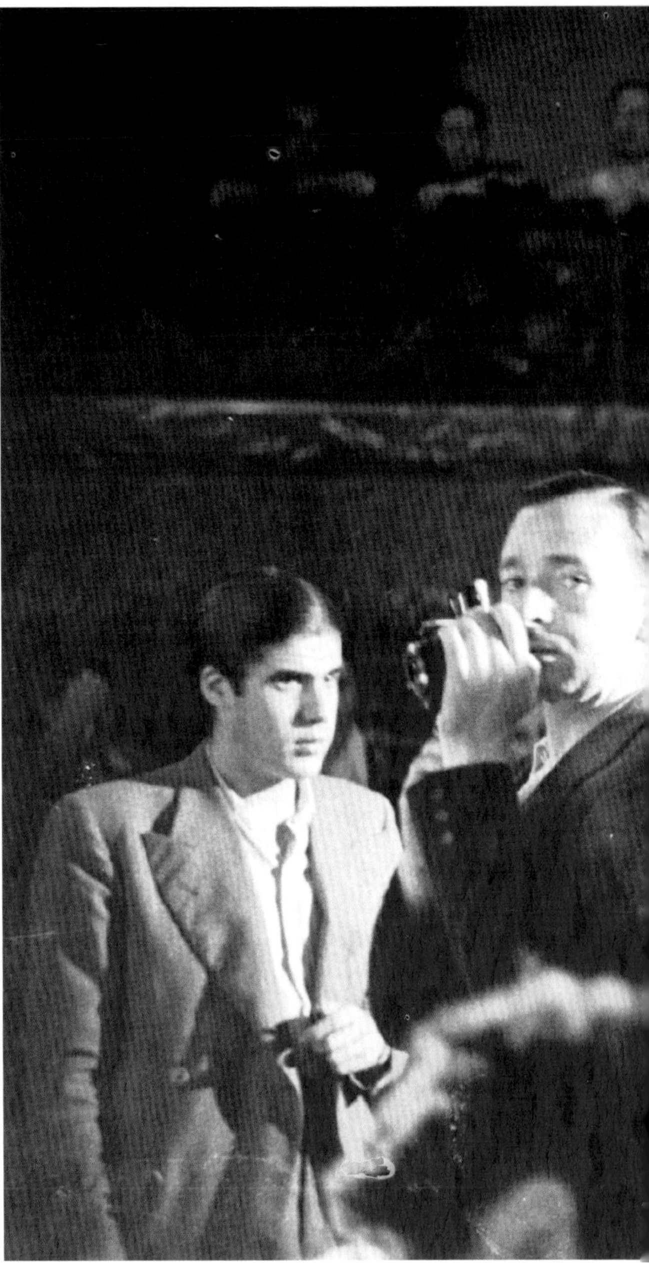

Gerda Taro photographiée par Walter Reuter lors du Deuxième congrès des écrivains pour la défense de la culture à Valence. Cette photo recadrée a longtemps été diffusée comme étant de Capa, qui n'était pas là. C'est l'un des derniers reportages de Taro avant sa mort.

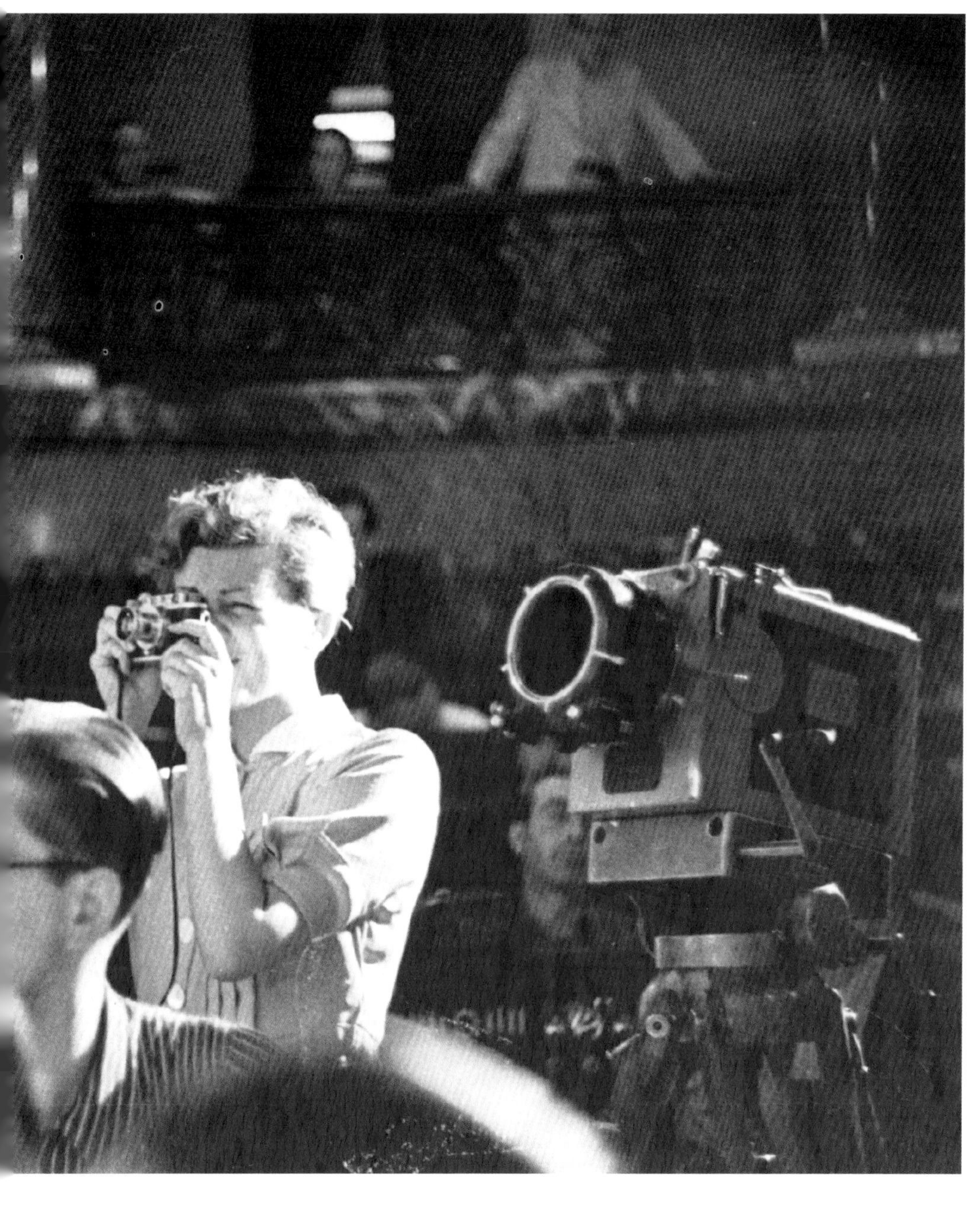

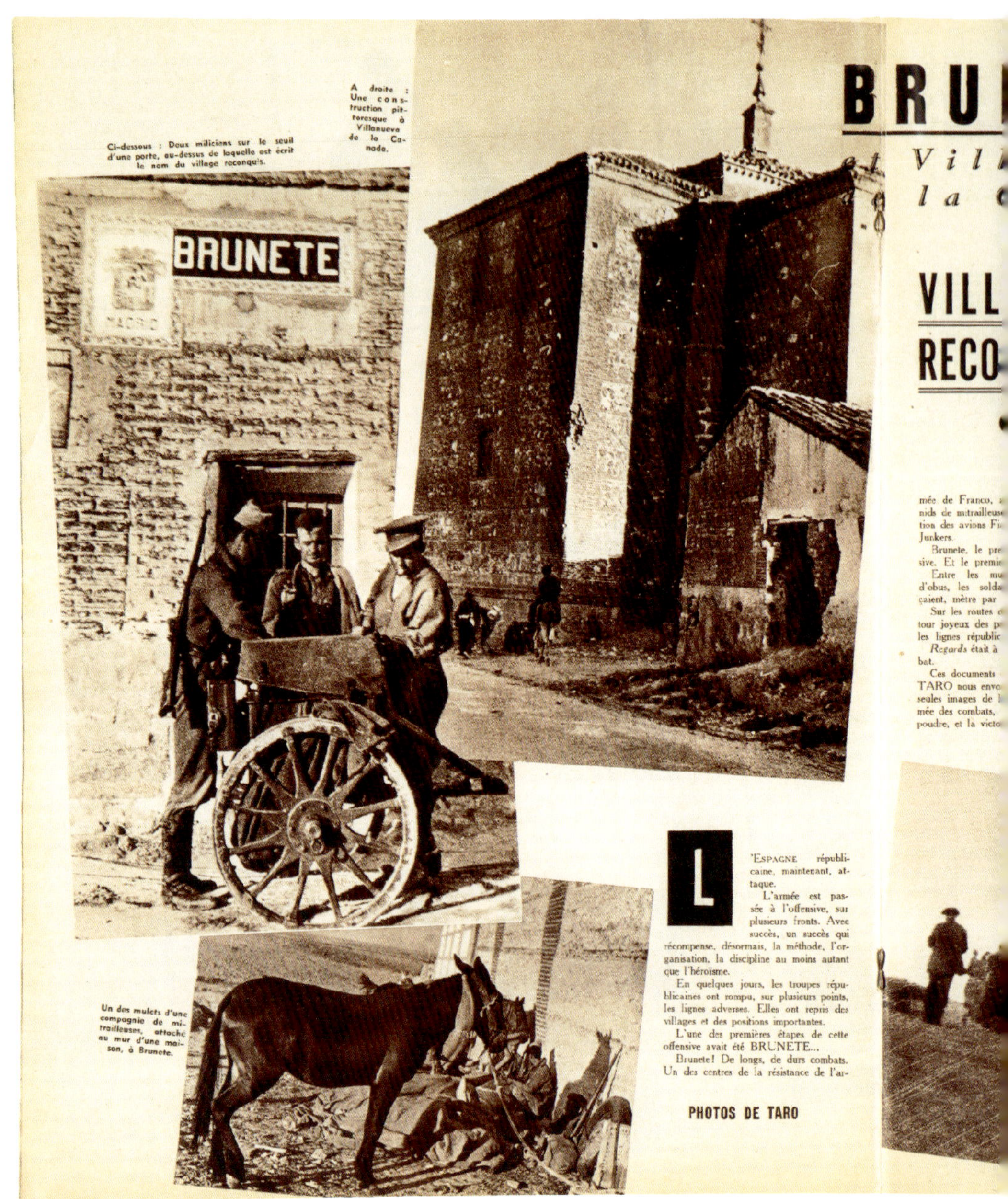

BRU

Vil
la

VILL
RECO

A droite : Une construction pittoresque à Villanueva de la Canada.

Ci-dessous : Deux miliciens sur le seuil d'une porte, au-dessus de laquelle est écrit le nom du village reconquis.

mée de Franco,
nids de mitrailleuse
tion des avions Fi
Junkers.
Brunete, le pre
sive. Et le premi
Entre les mu
d'obus, les solda
çaient, mètre par
Sur les routes
tour joyeux des p
les lignes républic
Regards était à
bat.
Ces documents
TARO nous envo
seules images de
mée des combats,
poudre, et la victo

L'Espagne républicaine, maintenant, attaque.

L'armée est passée à l'offensive, sur plusieurs fronts. Avec succès, un succès qui récompense, désormais, la méthode, l'organisation, la discipline au moins autant que l'héroïsme.

En quelques jours, les troupes républicaines ont rompu, sur plusieurs points, les lignes adverses. Elles ont repris des villages et des positions importantes.

L'une des premières étapes de cette offensive avait été BRUNETE...

Brunete! De longs, de durs combats. Un des centres de la résistance de l'ar-

Un des mulets d'une compagnie de mitrailleuses, attaché au mur d'une maison, à Brunete.

PHOTOS DE TARO

Le reportage de Taro sur la bataille de Brunete – où elle trouve la mort – paraît dans le numéro de *Regards* du 22 juillet 1937. *Ce soir* publiera le 10 août 1937 une page de ses photos sous le titre : « Ce que Gerda Taro a vu la veille de sa mort. »

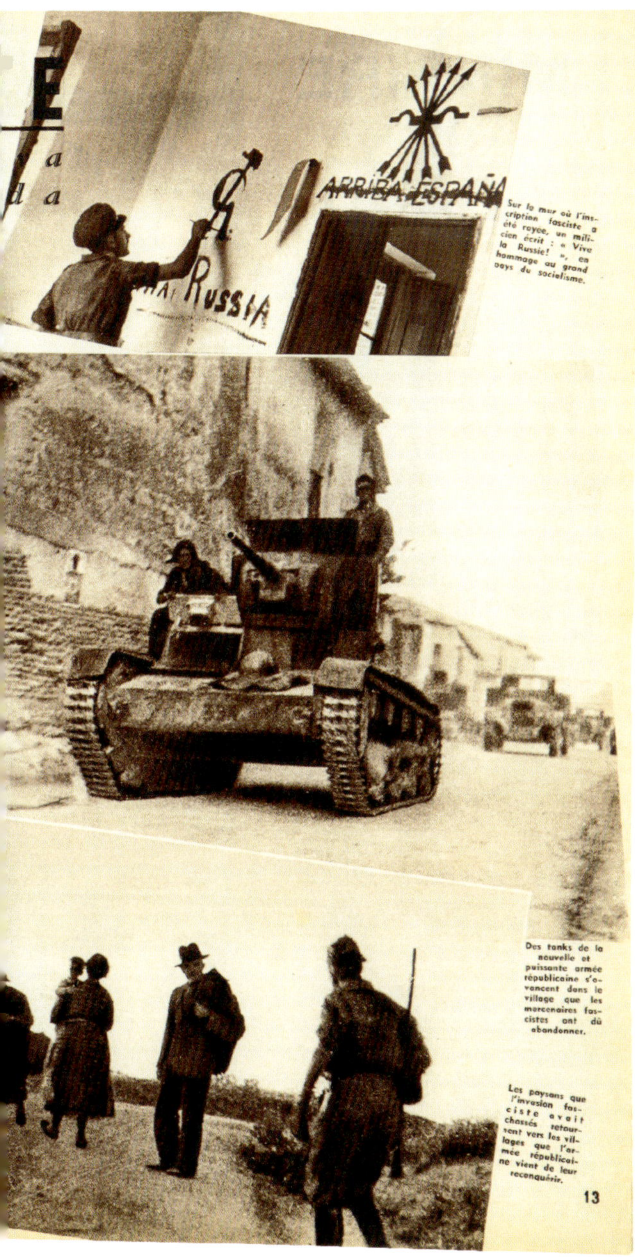

tour, fit à Gerda des obsèques grandioses. »

Paul Nizan conservera, épinglée au mur de son bureau au journal, la photographie de Gerda – prise par Capa – se reposant sur une borne kilométrique espagnole, où l'on voit les initiales PC. Une photo que publiera *Ce soir* à la une pour annoncer la mort de sa collaboratrice. Sur cette couverture apparaît aussi le grand portrait souriant de la photographe, encadré de bandes noires. Le 1er août 1937, rue du Quatre-Septembre passe un long cortège funéraire devant la façade du journal : une foule énorme, précédée de dizaines de jeunes filles portant des fleurs blanches, entoure le corbillard. L'émotion est énorme, le parti communiste enterre la « Jeanne d'Arc de la lutte antifasciste » avec faste, même si Gerda ne semble avoir jamais été membre du parti. C'est aussi aux martyrs de la guerre civile espagnole que la foule parisienne rend hommage. Au cimetière parisien du Père-Lachaise, les deux patrons de *Ce soir*, Aragon et Bloch, feront l'éloge funéraire de « l'alouette de Brunete ».

Effondré de douleur, Robert Capa suit en silence et en larmes le cercueil. En 1954, Louis Aragon écrira dans *Les Lettres françaises* : « Je me rappellerai tout ma vie ce terrible matin où il m'appartint de dire à Robert Capa le malheur qui le frappait dans son amour. Et le peuple de Paris fit à la petite Taro un enterrement extraordinaire, où toutes les fleurs du monde semblaient s'être donné rendez-vous. Capa, à mes côtés, pleurait

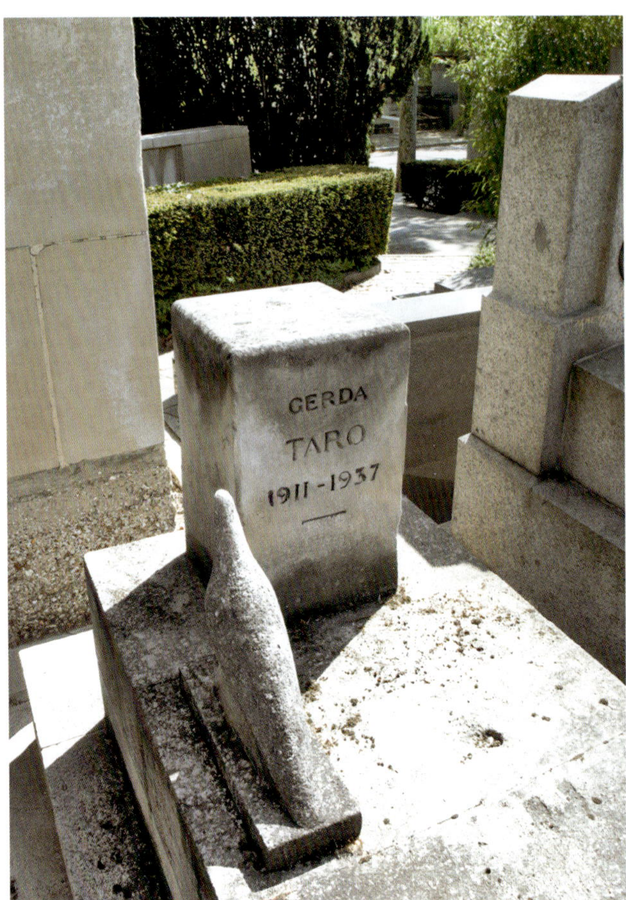

CI-CONTRE : **La tombe de Gerda Taro est toujours visible dans le cimetière parisien du Père-Lachaise, ornée de la sculpture d'Alberto Giacometti.**

À DROITE : **« Une femme photographe écrasée par un tank loyaliste », dit la légende de cette petite carte publicitaire faisant partie d'une série distribuée par une marque de chewing-gum américaine. « C'est probablement la première photographe jamais tuée en action », précise le texte.**

et aux haltes du cortège cachait ses yeux contre mon épaule. » Cartier-Bresson était aussi présent au Père-Lachaise. Jamais il n'avait vu son ami dans cet état. « Après, répétera-t-il, il ne fut plus jamais le même. » Aux États-Unis, dès le 16 août, le magazine *Life* rendra hommage à Gerda Taro à travers la publication de ses photographies sur une double page, intitulée : « La guerre d'Espagne tue sa première femme photographe ». Un bref article explique « qu'elle est probablement la première femme photographe à avoir jamais été tuée en action. Et que ses photographies sont parmi les meilleures à être sorties d'Espagne cette dernière année. [...] Gerda Taro était franchement une propagandiste des loyalistes et ne prenait des photographies que derrière les lignes du camp du gouvernement ». Puis d'ajouter que « son journal parisien depuis cinq mois était le communiste *Ce soir* ». Et la légende de naître. Belle, jeune, courageuse et engagée : de quoi entrer, dès 1938, dans une série de 240 cartes publicitaires d'une marque de chewing-gum de Philadelphie, consacrée aux héros des « Histoires vraies de la guerre moderne », avec un dessin en couleurs évoquant le dramatique accident de Brunete. Au printemps 1938, le PCF demanda au sculpteur Alberto Giacometti de réaliser la tombe de Gerda Taro, installée au cœur de la 97e division du Père-Lachaise. Une tombe minérale, en pierre calcaire, avec posés dessus une coupe et un oiseau. Un faucon, représentant le dieu égyptien Horus, symbole de l'immortalité. Sur la tombe, à la demande du journal, fut gravée cette épitaphe : « Gerda Taro – photographe à *Ce soir* – morte le 25 juillet 1937 sur le front de Brunete, Espagne, dans l'exercice de son métier. » Une inscription qui sera détruite au burin en août 1942, à la demande des occupants nazis. ■

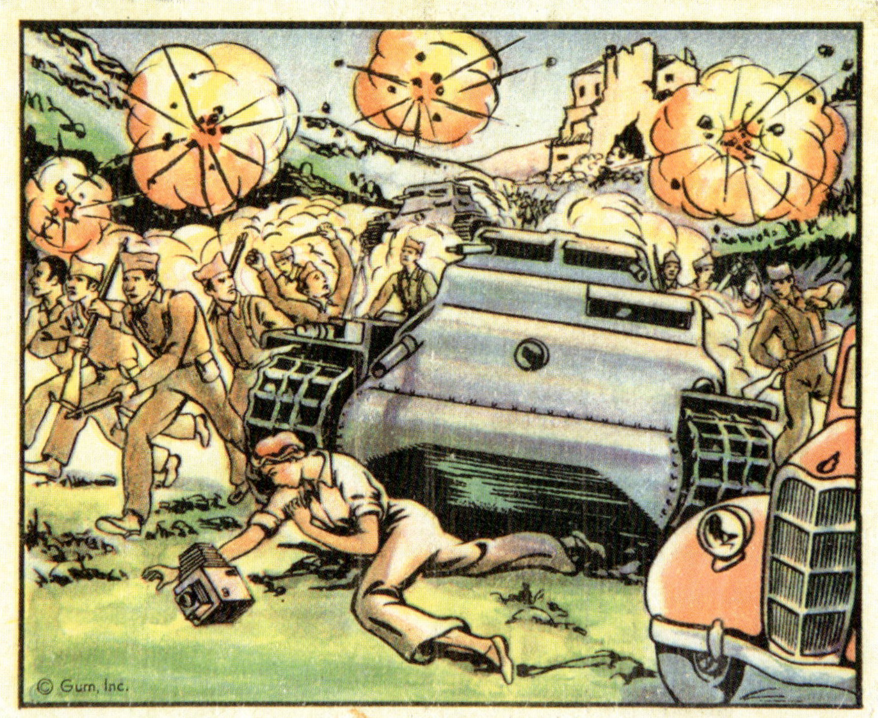

89 Woman Photographer Crushed by Loyalist Tank

Probably the first woman photographer ever killed in action, pretty Gerda Taro covering the Spanish Civil War for the Paris "Ce Soir," was crushed by a Loyalist tank during the great battle of Brunete on July 26, 1937. The Loyalists had taken Brunete, lost it, taken it again, and then lost it. Gerda Taro had left Brunete once in the retreat, and then decided to join the Loyalist rear guard in the city. For almost an hour she had crouched with a remaining battalion under Rebel bombardment. Finally she hopped on the running board of a press car. Suddenly, as part of a Loyalist counter attack, a tank, cruising blind, careened into view. With an unexpected swerve the creeping, shell-spitting monster bumped the daring young woman from her perch and crushed her beneath the revolving lugs! She died the following morning in the Escorial Hospital her husband-photographer, Robert Capa, at her side.

To know the HORRORS OF WAR is to want PEACE

This is one of a series of 240 True Stories of Modern Warfare. Save to get them all. Copyright 1938, GUM, INC., Phila., Pa.

L'homme à la caméra

The greatest war photographer in the world (« Le plus grand photographe de guerre du monde »). Ce portrait paraît dans le *Picture Post* en décembre 1938 et nous présente un Capa portant une caméra et non un appareil photo. C'est plutôt inhabituel de montrer ainsi un photographe. Dans ce numéro, le magazine britannique dirigé par le Hongrois Stefan Lorant publie le plus beau reportage de Capa sur la guerre d'Espagne, celui de la bataille du Sègre. Une série d'images saisissantes prises au milieu de la mitraille. Ces photos seront publiées par les principaux magazines avec une mise en page spectaculaire évoquant des plans de cinéma. Capa était capable avec son appareil photo de saisir le mouvement et l'action de manière impressionnante, peut-être parce que la caméra était son deuxième instrument de travail. Quand il arrive, en décembre 1936, à l'état-major de la 12e Brigade internationale à Madrid, il est accompagné du cinéaste russe Roman Karmen. Ensemble, ils prennent des images – Karmen à la caméra, Capa avec ses appareils photo –, et certaines prises à la cité universitaire de Madrid se retrouvent dans le film *Espagne 1936* produit à Paris par Luis Buñuel. En effet, le cinéaste surréaliste travaille à l'ambassade d'Espagne où il est chargé d'espionnage et de la collecte des images de propagande afin de les utiliser dans des documentaires et dans la presse. Dans *Espagne 1936*, il utilise des images prises par Capa et Karmen à la cité universitaire de Madrid.

De nombreux documentaires ont ainsi été produits à des fins de propagande pendant cette guerre civile. Dans un premier temps, il s'agissait de films de compilation réalisés à partir de bandes d'actualité. Par la suite, des réalisateurs se sont rendus sur le terrain. C'est le cas d'Ernest Hemingway et Joris Ivens qui ont réalisé *The Spanish Earth*. À New York, Paul Strand et Leo Hurwitz ont également monté un film, *Heart of Spain*. La qualité n'étant pas satisfaisante, Strand demande au réalisateur Herbert Kline de se rendre à Paris afin d'y solliciter Cartier pour un second film sur l'aide sanitaire apportée aux républicains espagnols. À la fin de l'été 1937, une équipe composée d'Herbert Kline, Henri Cartier-Bresson et Jacques Lemare (de la coopérative Ciné-Liberté, proche des communistes) arrive en Espagne. Cartier et Lemare se sont connus à l'Association des écrivains et artistes révolutionnaires. Tous trois se rendent dans des hôpitaux de Benicasim, près de Valence, et enregistrent les images du film *Victoire de la vie*. En octobre 1937, juste après la bataille de Fuentes de Ebro, ils interrompent le tournage et partent durant deux jours rendre visite aux volontaires américains de la brigade Lincoln, installés sur le front d'Aragon. Ils tournent alors *With the Abraham Lincoln Brigade in Spain* (« Avec la brigade Abraham Lincoln en Espagne »). Dans ce film retrouvé récemment par le chercheur espagnol Juan Salas, des images de paysans – prises sur le front de Cordoue par Capa – et celles d'un cadavre de soldat au Pays basque ont été ajoutées au montage à Paris pour éclaircir le contexte.

À DROITE : **Des images tirées du film *Espagne 1936* produit par Luis Buñuel et réalisé par Jean-Paul Le Chanois à partir d'images tournées en Espagne, dont certaines signées Capa.**

ESPAGNE 1936

Un grand reportage cinématographique

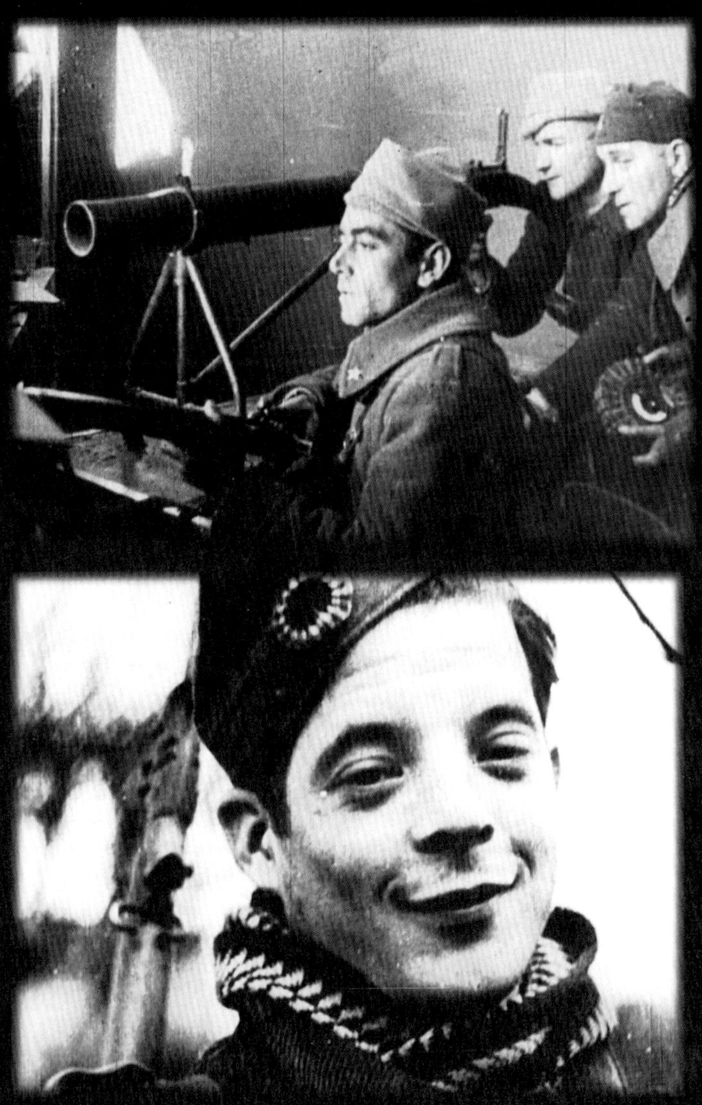

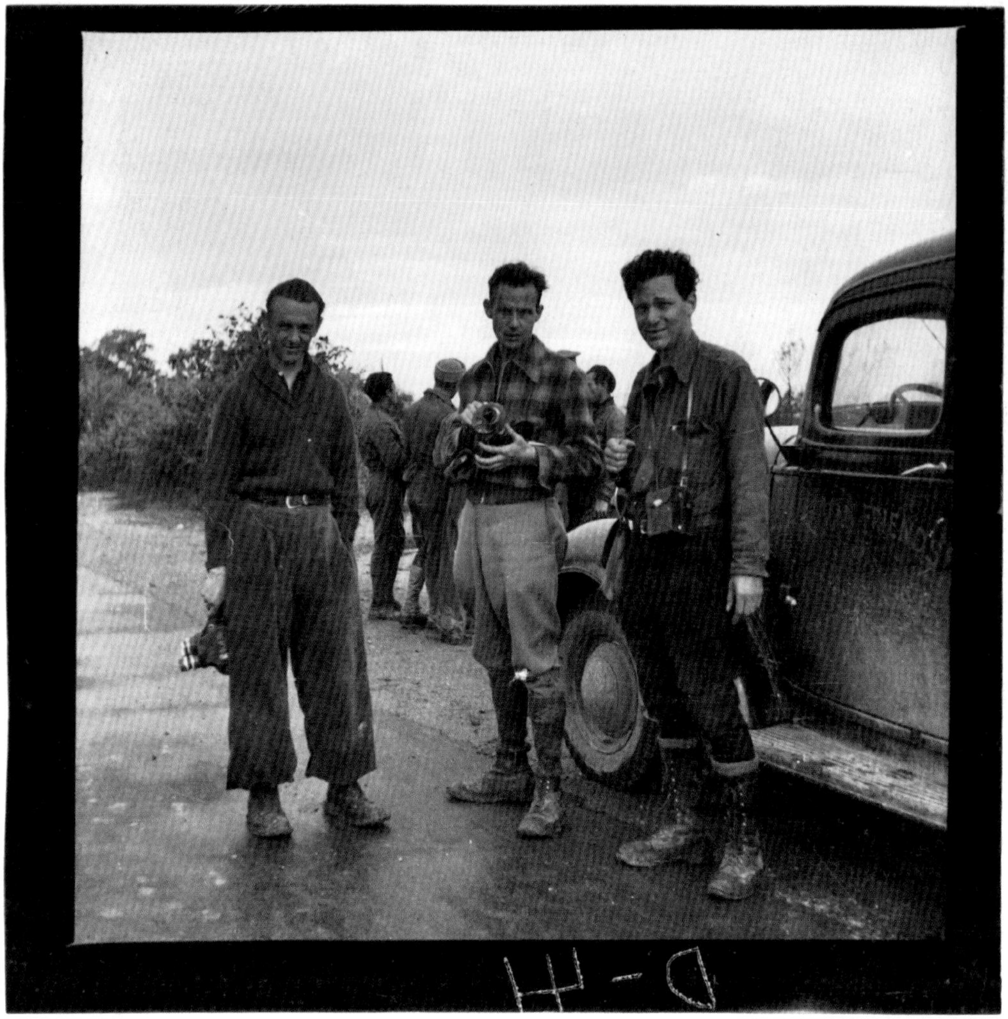

CI-DESSUS : **Henri Cartier-Bresson photographié en octobre 1937 pendant la guerre d'Espagne. Il est entre Jacques Lemare et Herbert Kline, avec qui il réalise un film sur les volontaires américains.**

À DROITE : **« Dans quelques semaines, 150 vétérans de cette brave et héroïque armée reviendront aux États-Unis », conclut le documentaire. Ces légendes sont incrustées dans des images de Capa.**

IN SPAIN – THE LINCOLN BRIGADE WITH THE SPANISH PEOPLE STILL FIGHT ON AGAINST FASCISM...

IN A FEW WEEKS 150 VETERANS OF THIS BRAVE AND HEROIC ARMY WILL RETURN TO AMERICA FOR REHABILITATION...

IN AMERICA – WE MUST CONTINUE OUR TRADITION OF FIGHTING FOR DEMOCRACY

Images prises par Robert Capa pendant l'offensive de Ségovie menée par les forces républicaines pendant la guerre d'Espagne. Elles sont tirées d'un documentaire des actualités cinématographiques *March of Time*.

Si les deux amis Cartier et Capa ne se sont pas rencontrés en Espagne, leur travail est mêlé dans ce film. *Victoire de la vie* et *With the Abraham Lincoln Brigade in Spain* sont produits par l'American Medical Bureau to Aid Spanish Democracy (Bureau médical américain d'aide à la démocratie espagnole), organisme qui employait donc aussi Capa.

C'est à partir du milieu de l'année 1937 que Capa va lui-même utiliser la caméra. En mai à Paris, Capa vient de se désengager de son contrat avec *Ce soir* et cherche de nouveaux clients. Il pousse la porte des bureaux du groupe de presse américain *Time-Life*, dirigé par Henry Luce. Sa première parution dans *Life*, montrant la résistance de Madrid, est intervenue dès janvier 1937. Le magazine, qui n'a alors que deux mois d'existence, est promis à un bel avenir, et le groupe a d'autres ambitions. Il s'est lancé en 1935, avec la Warner, dans la production d'actualités cinématographiques. Désormais, 1500 salles aux États-Unis diffusent, en prélude au film, *March of Time* (« La Marche du temps »). Le programme dure vingt minutes et pendant seize ans, son commentateur sera toujours le même : Westbrook Van Voorhis, surnommé « The Voice of Doom ». Un seul ou plusieurs sujets d'actualité nationale ou internationale sont abordés chaque mois. Ce sont de véritables documentaires, entre spectacle et information, qui mêlent images d'actualité, archives et séquences reconstituées en studio.

Voici donc Capa en possession d'une caméra Bell & Howell 35 mm, une Eyemo, que lui remet Richard de Rochemont, le coordinateur pour l'Europe de *March of Time*. Son frère, Louis de Rochemont, installé à Hollywood, monte les films. Le 31 mai, Capa est à nouveau en Espagne aux côtés de Gerda Taro, ils suivent une offensive républicaine près de Ségovie. Tous deux utilisent alternativement caméra et appareils photo. Évidemment sans prise de son et en noir et blanc, cette caméra de poing est dotée d'un magasin à pellicule de 30 mètres, soit trois minutes d'autonomie de tournage. Le trépied est lourd et encombrant. Ni l'un ni l'autre ne maîtrisent les techniques de prise de vues. Alors ils improvisent. Au col de Navacerrada, Capa et Taro filment des chars qui manœuvrent, puis des officiers républicains qui consultent les cartes de la bataille. De retour à Madrid, ils se rendent près de Carabanchel pour filmer un groupe de *dinamiteros*, puis ils prennent la route des régions minières, au sud de la capitale. Près de Peñarroya est stationné le bataillon Tchapaïev des Brigades internationales, dont le commissaire politique n'est autre que l'écrivain allemand Alfred Kantorowicz que Capa et Taro ont connu à Paris. Ensemble, ils vont mettre en scène la prise du village de La Granjuela, que le bataillon avait investi le 5 avril précédent. Les troupes se prêtent de bonne grâce à cette reconstitution..« Servez-vous du faux pour créer le vrai ! » disait Henry Luce à ses réalisateurs. Pendant ce séjour, Gerda Taro devient la mascotte du bataillon. Fin juin, Capa rapporte à Paris les séquences tournées à Richard de Rochemont. Fort peu ont été utilisées dans le montage final de *Rehearsal for War* (« Répétition pour la guerre »), le numéro mensuel de *March of Time* projeté sur les écrans américains à l'automne 1937. ■

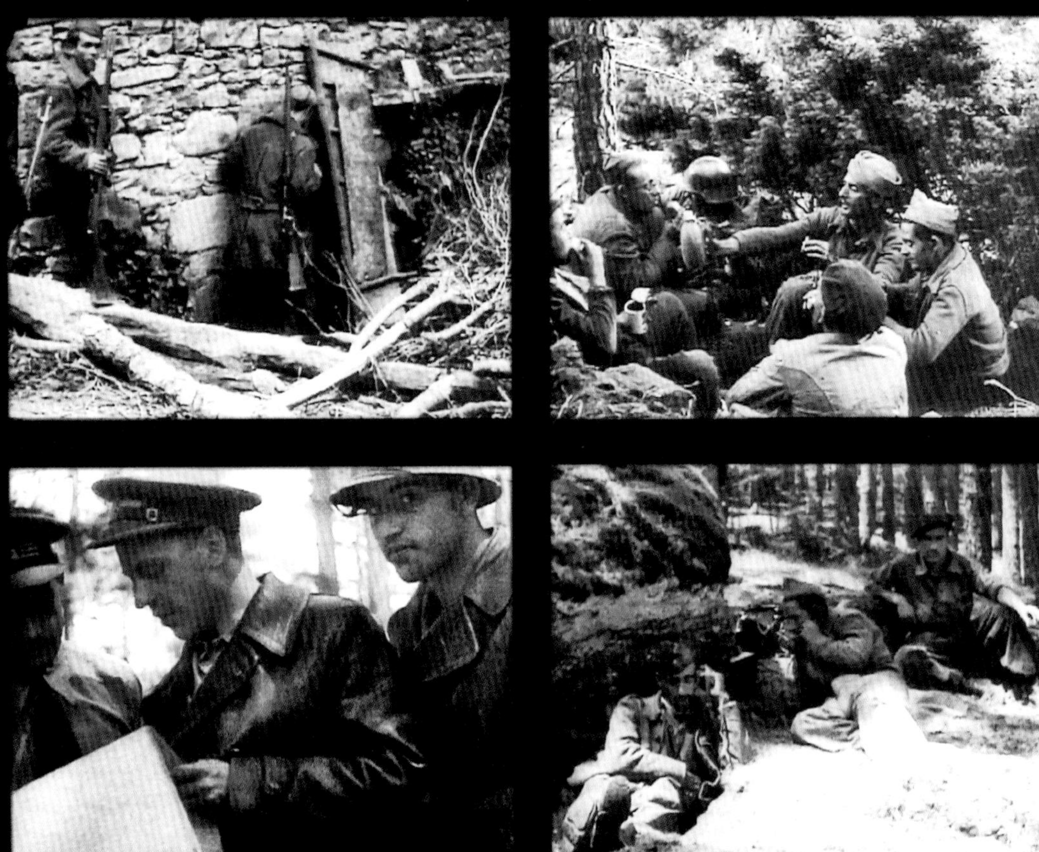

Dans le numéro du 22 octobre 1936, le journal *Regards* reproche à son concurrent *VU* d'avoir publié une photo recadrée de Capa, en dénaturant ainsi le sens. En effet, recadrer l'image en coupant les poings levés de ces Alsaciennes saluant le Front populaire rend la photo totalement insignifiante.

Le cadrage d'une photo

Dans l'histoire de l'utilisation des photos dans la presse, le débat sur le respect du cadrage original est récurrent. Dès les années 1930, Henri Cartier-Bresson fait figurer au dos de ses clichés la mention suivante : « La photographie ne doit pas être modifiée par le cadrage » (*photograph must not be altered by trimming*). Ce souci du respect de l'intégrité de l'image sera au cœur de la création, par Capa et ses amis, de la coopérative de photographes Magnum. Avant la Seconde Guerre mondiale, pour des raisons de mise en page le plus souvent ou encore de manipulation, le recadrage des photos est très courant. Ce n'est pourtant pas qu'une affaire d'esthétique. Le conflit entre *Regards* et *VU* constitue à cet égard un véritable cas d'école. Dans le numéro du 22 octobre 1936, à côté d'une page présentant six photos superbes de Chim sur l'Espagne, l'hebdomadaire *Regards* publie une photo de Robert Capa représentant des Alsaciennes en costume traditionnel levant le poing, accompagnée de la couverture d'un numéro de *VU* reprenant cette photo, mais recadrée en vue de supprimer le poing levé. Le journal communiste dénonce ainsi le changement d'orientation de *VU* ainsi que le limogeage de Lucien Vogel suite à la parution du numéro spécial consacré à l'Espagne et que les actionnaires n'ont pas apprécié. *Regards* commente ainsi, sans d'ailleurs signaler que ce cliché est de Capa : « Cette Alsacienne en costume qui représente "le vrai visage de l'Alsace" a été photographiée au meeting communiste de Strasbourg, au milieu de ses camarades, le poing fermé, et vous voyez sur cette page la photo originale dont *VU* a tiré sa couverture… en enlevant simplement les poings fermés pour le salut au Front populaire. » ■

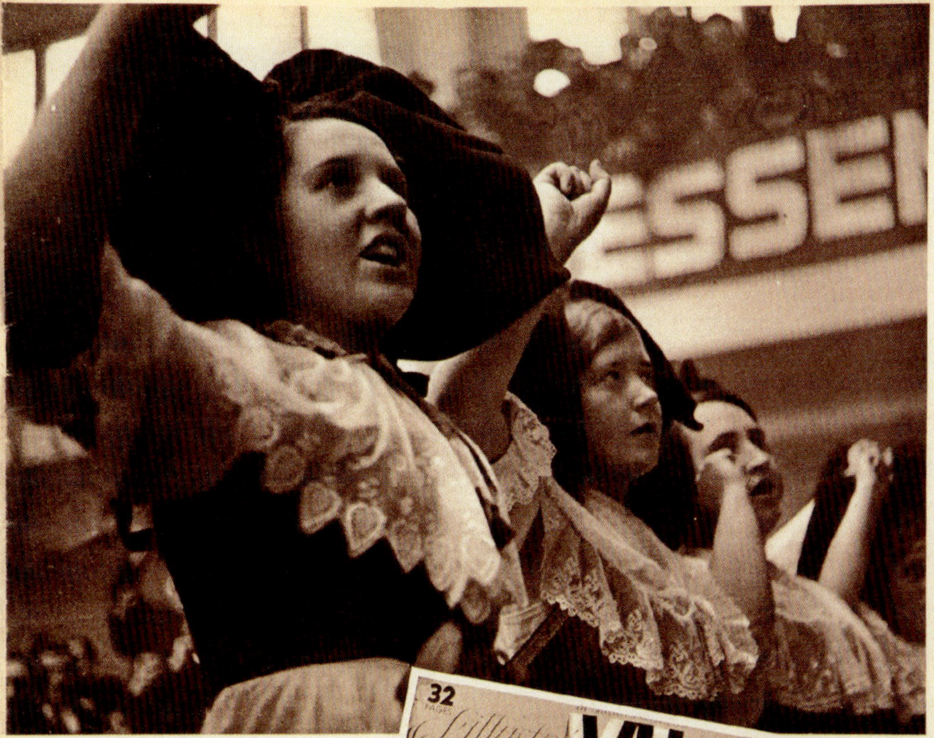

“LE VRAI VISAGE DE L’ALSACE”

VOUS avez sous les yeux, à droite, la couverture du numéro du 14 octobre de l’hebdomadaire « VU » (nouvelle direction). L’Alsacienne qui y figure est destinée à représenter « le vrai visage de l’Alsace ». A l’intérieur du numéro, un article, à propos des meetings communistes des 10 et 11 octobre en Alsace-Lorraine, prétend nous montrer ce visage. Nous en détachons ces quelques phrases :

« La formidable tournée de propagande initialement projetée par le Parti communiste ne pouvait que provoquer un trouble certain. » « Une crainte surtout se manifestait : entendre un élu communiste répondre au discours de Nuremberg. » « La lutte semble donc se circonscrire nettement entre les partisans de l’ordre, d’un côté, et, de l’autre, le Parti communiste ». « Si les 120 réunions projetées avaient eu lieu, l’ALSACE SE SERAIT SENSIBLEMENT ELOIGNEE DE LA FRANCE. Telle est l’opinion générale. ». « VU » veut donc prouver que l’Alsace est contre le Front Populaire, et que « les partisans de l’ordre » sont à droite. Il a, dans ce cas, assez maladroitement choisi la photo destinée à illustrer cette thèse. Car cette Alsacienne en costume qui représente le « vrai visage de l’Alsace », elle a été photographiée au meeting communiste de Strasbourg, au milieu de ses compagnes le poing fermé, et vous voyez sur cette page la photo originale dont « VU » a tiré sa couverture... en enlevant simplement les poings fermés pour le salut du Front Populaire. Il arrive quelquefois, comme vous voyez, que l’on altère la vérité par... omission. Mais ne dit-on pas que M. Pierre Laval s’intéresse particulièrement à « VU et LU » (nouvelle direction)? Et chacun connaît sa manière.

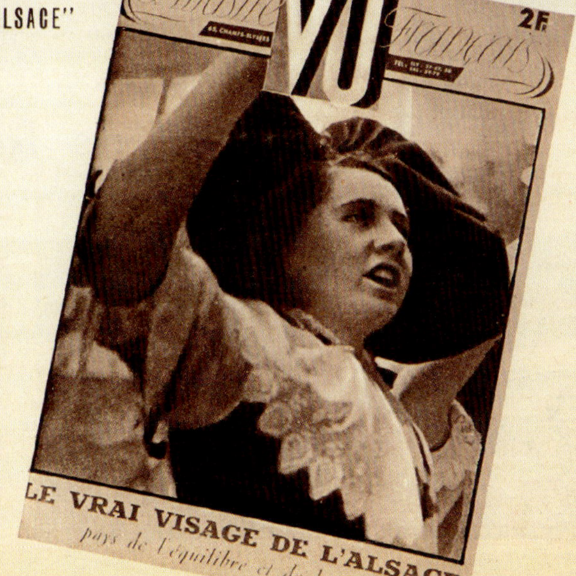

Livres de combat, de New York…

Si le travail du trio Capa, Taro et Chim est publié dans la presse professionnelle ou militante, il paraît aussi, souvent sans signature, dans nombre d'ouvrages majeurs et cependant peu connus. Caractérisés par une grande qualité graphique, ces livres sont réalisés ou soutenus par les services de propagande de la République espagnole. Ceux présentés au fil des pages suivantes ont été publiés à New York, Londres, Moscou et Barcelone. Ils témoignent d'une volonté commune, celle de rendre compte par l'image de la lutte d'un peuple. Les thématiques sont toujours les mêmes : les femmes et les enfants face aux bombardements aveugles, la protection des œuvres d'art, la formation d'une armée populaire, les paysans au travail et les soldats faisant face à l'ennemi. La photographie est ainsi utilisée comme instrument de propagande pour susciter le soutien, en particulier à l'étranger. Le plus émouvant de ces livres a pour auteur Robert Capa et pour titre *Death in the Making*, littéralement « La Mort en action ». Il paraît en 1938 avec la mention suivante : « Photographies de Robert Capa, légendes de Robert Capa traduites par Jay Allen, préface de Jay Allen, maquette d'André Kertész ». Il comporte 95 pages et 150 photos – la moitié environ est signée Capa, le reste est de Taro et Chim – le tout mis en page avec une grande modernité. Dans sa présentation au dos de la jaquette, l'éditeur écrit : « Allen connaît Capa. Allen a connu Gerda Taro avant sa mort. Il sait comment tous les deux ont suivi les bataillons républicains dans des actions périlleuses, comment ils ont risqué leur vie quotidiennement pour faire connaître au monde entier le récit photographique de la lutte la plus héroïque des temps modernes. » Et il poursuit ainsi : « Robert Capa et Gerda Taro nous ont amenés dans la maison des paysans et dans leurs champs, dans les queues pour acheter le pain, dans les usines de fabrication de munitions, dans les gares, les cafés et les théâtres aussi bien que sur la ligne de front dans les tranchées. » Ce superbe ouvrage de l'éditeur Covici-Friede n'a jamais été réédité, il est introuvable.

Jay Allen est un journaliste américain, fin connaisseur de l'Espagne qu'il parcourt comme correspondant pour le *Chicago Tribune* depuis le début des années 1930. Il a suivi la révolution de 1934 et vit depuis près de Malaga. Il est célèbre pour avoir réalisé en juillet 1936 l'interview du général Franco et en août un reportage sur le massacre perpétré par les troupes insurgées à Badajoz. Partisan inconditionnel de la République espagnole, cet excellent journaliste va devenir un ardent propagandiste.

Dans sa longue préface de *Death in the Making*, il explique : « Quand les exemplaires de *VU* et de *Regards* arrivaient, je voyais un visage que je connaissais, le véritable visage de l'Espagne, et presque toujours on le voyait dans les photographies, des photographies simples et vivantes, comme celles de ce livre. Elles étaient signées par un certain Robert Capa et parfois une certaine Gerda Taro.

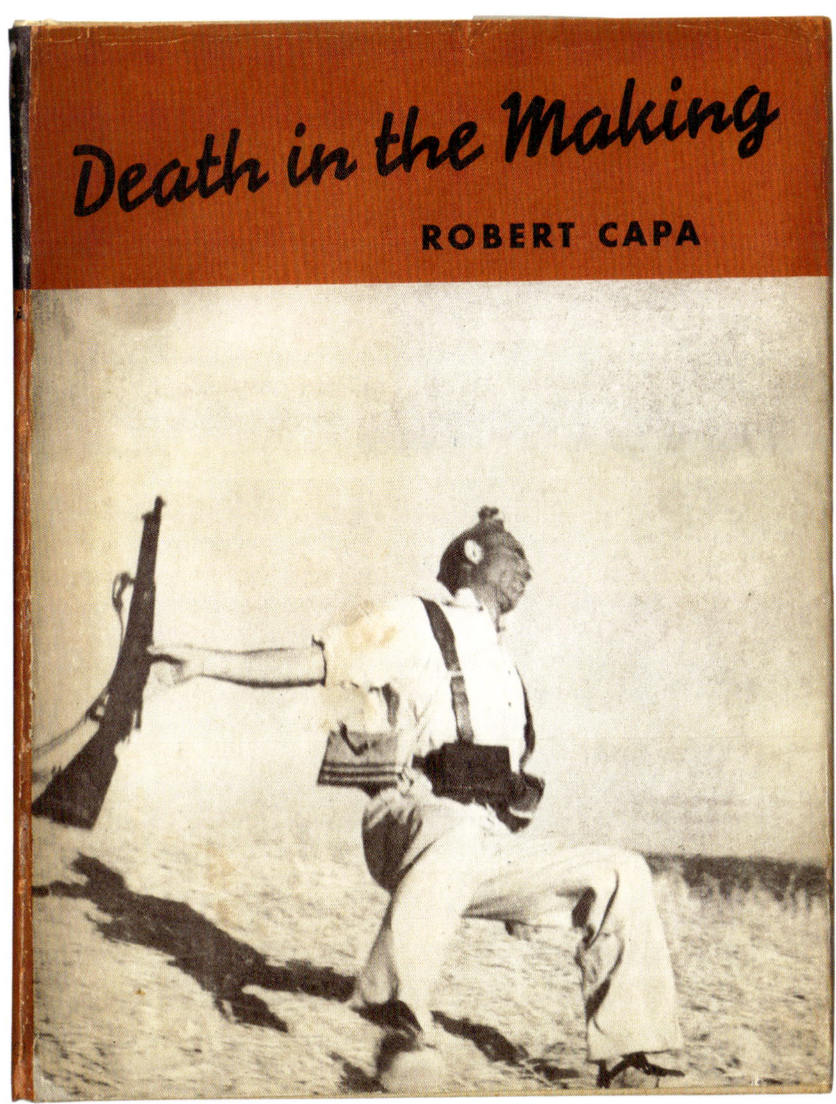

Ces noms ne me disaient rien. » Il rencontre Capa en 1937 à Bilbao et Taro à Madrid, peu avant son départ pour la bataille de Brunete où elle allait trouver la mort. Il conclut son texte par ces mots : « Il aurait dû appeler ce livre *Life in the Making*, cela aurait été beaucoup plus juste. » Il s'agit justement du titre de la toute première exposition de Capa aux États-Unis. Dans son numéro du 28 février 1938, *Time* évoque l'ouverture « la semaine passée » d'une exposition de 200 photos de Capa à la Manhattan's New School for Social Research. Le papier fait également état de la mort accidentelle de « sa femme », Gerda Taro. ■

Le livre de Capa, *Death in the Making*, a fait l'objet d'une republication analytique à la charge de Cynthia Young en créditant les photos de ce livre du nom des trois photographes, Capa, Chim et Taro.

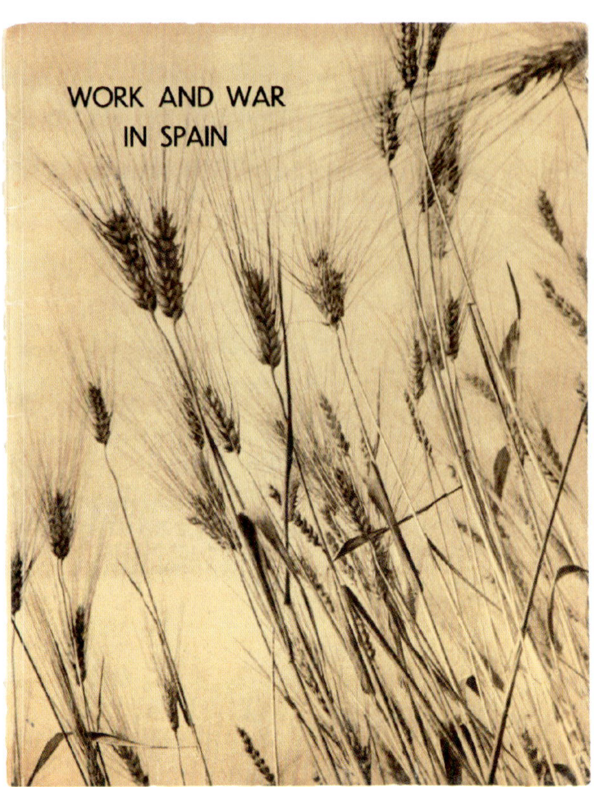

Couvertures de deux livres publiés à Londres par l'ambassade de la République espagnole. Ils contiennent tous les deux de nombreuses photos de Capa, Chim et Taro non créditées.

… à Londres

Un milicien photographié de face – uniforme improvisé, casque sur la tête, regard franc – c'est le visage de l'Espagne en armes que nous montre la photographie en couverture du livre *La Lucha del pueblo español por su libertad*. Celle-ci a longtemps été attribuée à Walter Reuter, un photographe allemand ami de Capa, qui lui a prêté son laboratoire à Barcelone pendant la guerre d'Espagne pour y développer ses photos. Capa lui a rendu le même service à Paris en 1939, rue Froidevaux. Depuis la découverte d'un carnet de contacts en 2005, nous savons que cette impressionnante photo a été en réalité prise par Capa. Elle fait partie d'une série de portraits réalisés sur le front d'Aragon, au tout début de l'offensive menée dans cette région, dans une zone où Capa et Taro désespéraient de trouver des combats. Cette manière de photographier des visages est une spécialité de Capa. Ce portrait se retrouve, au milieu d'une série de photomontages, dans le livre du poète chilien Pablo Neruda, *España en el corazón*, publié à Santiago du Chili en 1937. *La Lucha del pueblo español por su libertad* paraît en trois langues – espagnole, anglaise et française – à Londres en 1937. Préfacé par le journaliste Antonio Ramos Oliveira, l'ouvrage compte 128 pages illustrées uniquement avec des photos légendées.

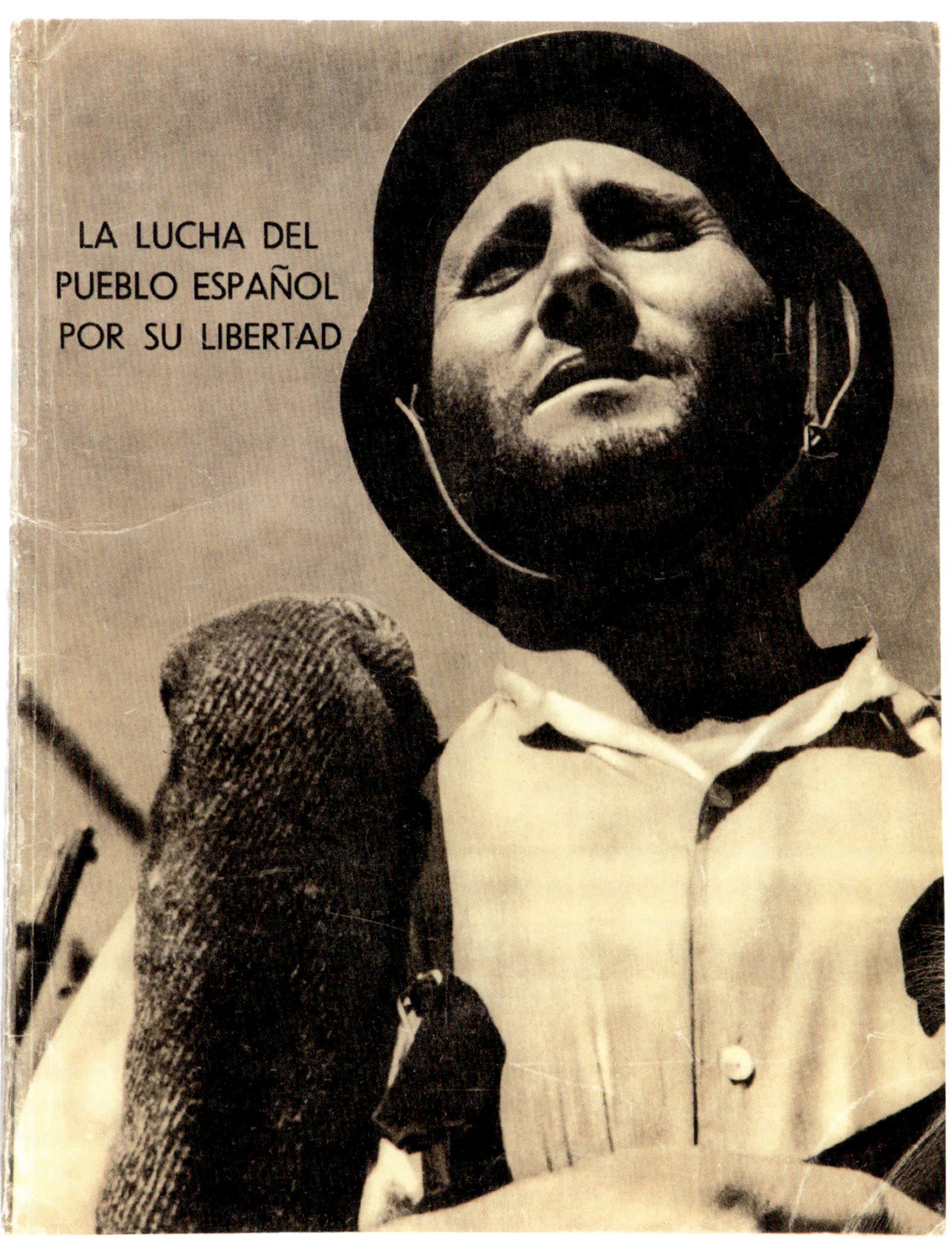
LA LUCHA DEL
PUEBLO ESPAÑOL
POR SU LIBERTAD

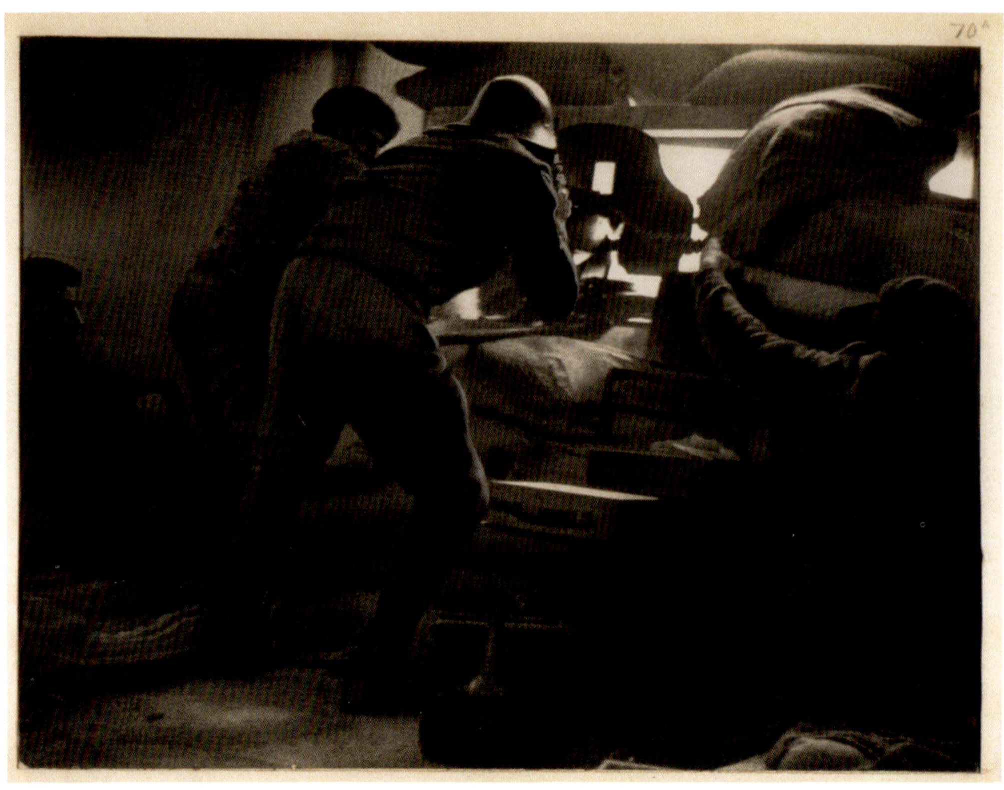

CI-DESSUS : **Photo originale de Capa utilisée dans l'album *La Lucha del pueblo español por su libertad*.**

À DROITE : **Deux doubles pages intérieures, les photos sont de Capa.**

Une bonne moitié de celles-ci sont de Taro, Chim et surtout Capa. L'ouvrage est édité par le service de presse de l'ambassade de la République espagnole, dirigé par Pablo de Azcárate. Ce dernier mène à Londres un intense travail de propagande, organisant des expositions, des conférences, publiant des journaux et des brochures. Il récidive en 1938 avec un deuxième album intitulé *Work and War in Spain*, toujours illustré par Capa, Chim et Taro.

Dans ces deux livres, les photos ne sont pas signées, il est simplement précisé en début d'ouvrage qu'elles proviennent d'agences, dont Alliance Photo, qui distribue celles du trio. Les auteurs de ces photos sont restés longtemps inconnus.

En 1979, une valise est retrouvée en Suède. Il s'agit d'une élégante petite malle Vuitton que l'ambassadeur de Suède à Madrid remet aux autorités espagnoles. Elle contient des documents ainsi que 97 photos sur la guerre civile espagnole, dont les auteurs sont Robert Capa, Gerda Taro, Chim et Fred Stein. À quoi pouvait bien être destinée cette valise qui appartenait à Juan Negrín, président du Conseil de la République espagnole ? Ces clichés pourraient avoir été rassemblés en vue d'une publication ou d'une exposition, tant ils témoignent bien des différents aspects du conflit : batailles de Madrid, Brunete ou de l'Èbre, souffrances de la population civile et portraits des dirigeants républicains.

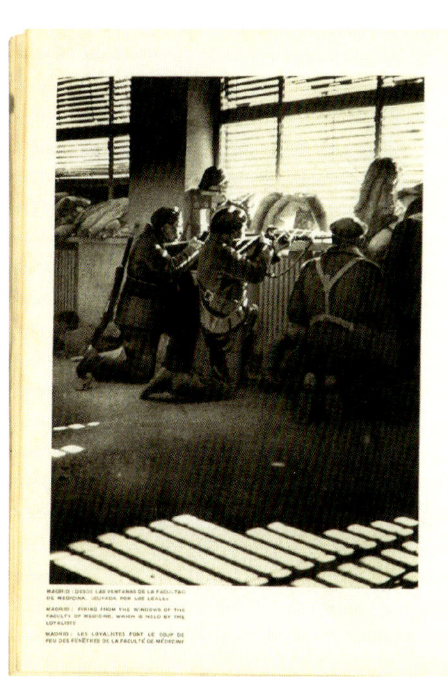

MADRID : DESDE LAS VENTANAS DE LA FACULTAD DE MEDICINA, OCUPADA POR LOS LEALES

MADRID : FIRING FROM THE WINDOWS OF THE FACULTY OF MEDICINE, WHICH IS HELD BY THE LOYALISTS

MADRID : LES LOYALISTES FONT LE COUP DE FEU DES FENÊTRES DE LA FACULTÉ DE MÉDECINE

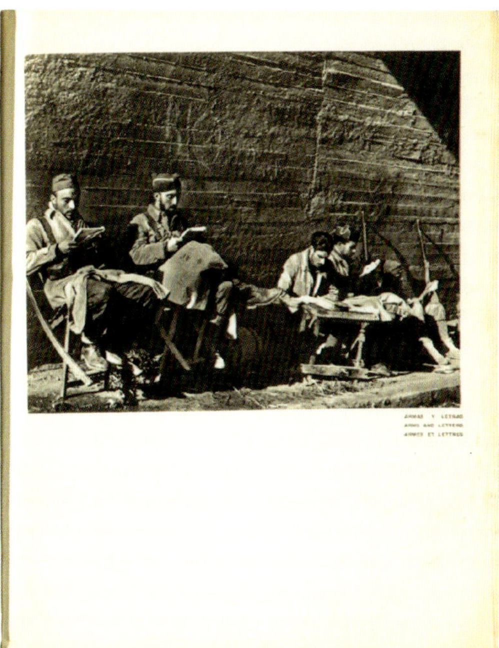

ARMAS Y LETRAS

ARMS AND LETTERS

ARMES ET LETTRES

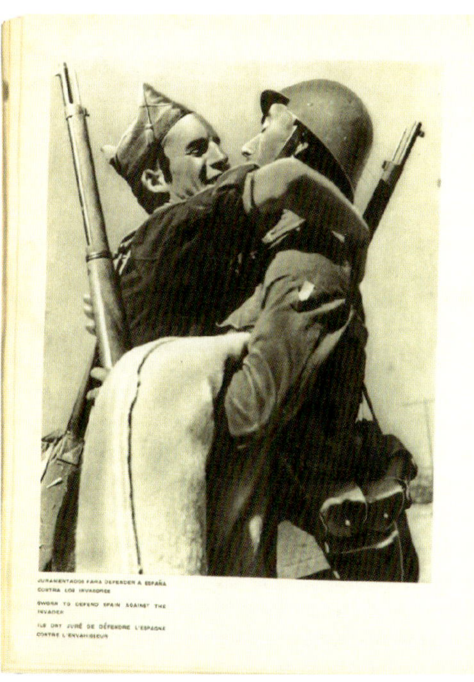

JURAMENTADOS PARA DEFENDER A ESPAÑA CONTRA LOS INVASORES

SWORN TO DEFEND SPAIN AGAINST THE INVADER

ILS ONT JURÉ DE DÉFENDRE L'ESPAGNE CONTRE L'ENVAHISSEUR

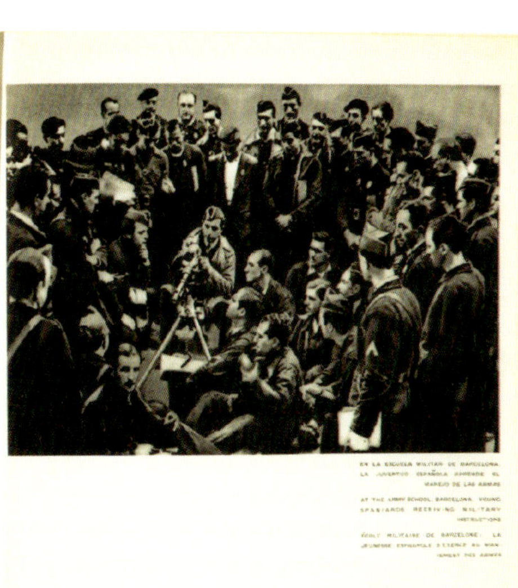

EN LA ESCUELA MILITAR DE BARCELONA, LA JUVENTUD ESPAÑOLA APRENDE EL MANEJO DE LAS ARMAS

AT THE ARMY SCHOOL, BARCELONA, YOUNG SPANIARDS RECEIVING MILITARY INSTRUCTIONS

ÉCOLE MILITAIRE DE BARCELONE : LA JEUNESSE ESPAGNOLE S'EXERCE AU MANIEMENT DES ARMES

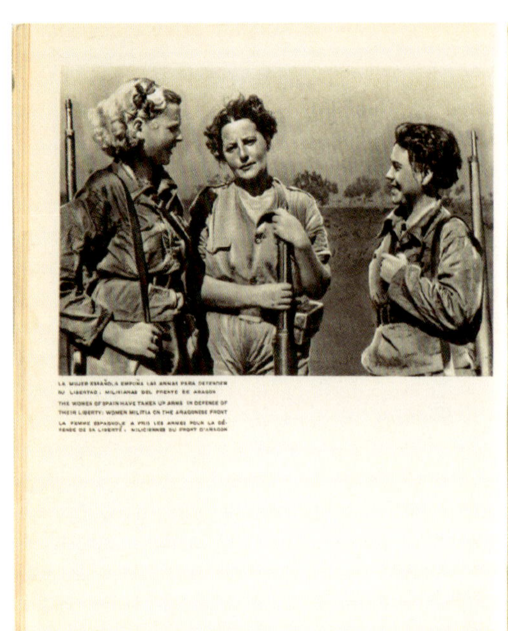

LA MUJER ESPAÑOLA EMPUÑA LAS ARMAS PARA DEFENDER SU LIBERTAD: MILICIANAS DEL FRENTE DE ARAGON

THE WOMEN OF SPAIN HAVE TAKEN UP ARMS IN DEFENCE OF THEIR LIBERTY: WOMEN MILITIA ON THE ARAGONESE FRONT

LA FEMME ESPAGNOLE A PRIS LES ARMES POUR LA DÉFENSE DE SA LIBERTÉ: MILICIENNES DU FRONT D'ARAGON

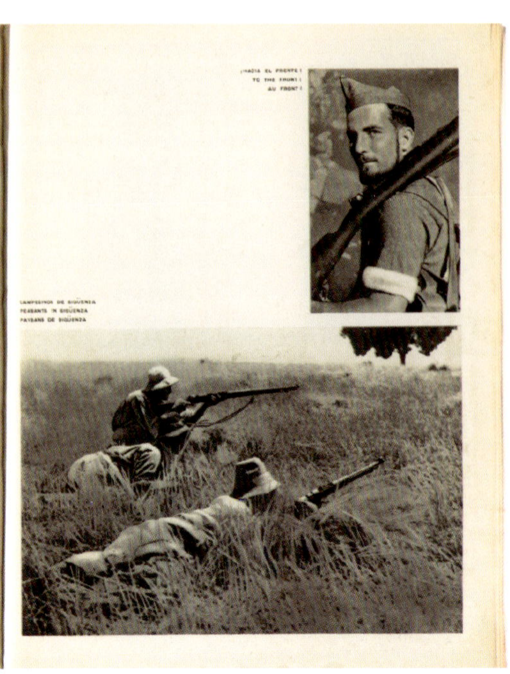

¡HACIA EL FRENTE!
TO THE FRONT!
AU FRONT!

CAMPESINOS DE SIGÜENZA
PEASANTS IN SIGÜENZA
PAYSANS DE SIGÜENZA

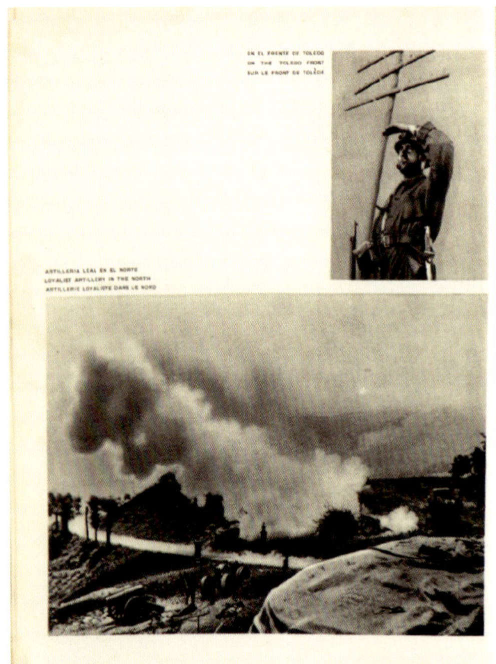

EN EL FRENTE DE TOLEDO
ON THE TOLEDO FRONT
SUR LE FRONT DE TOLÈDE

ARTILLERIA LEAL EN EL NORTE
LOYALIST ARTILLERY IN THE NORTH
ARTILLERIE LOYALISTE DANS LE NORD

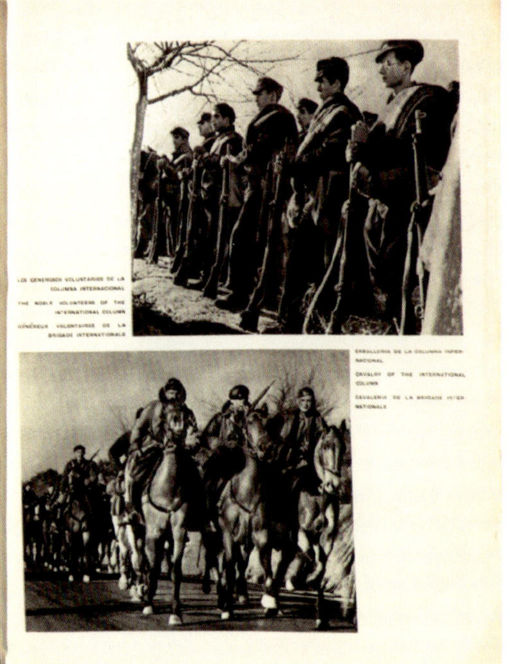

LOS GENEROSOS VOLUNTARIOS DE LA COLUMNA INTERNACIONAL

THE NOBLE VOLUNTEERS OF THE INTERNATIONAL COLUMN

GÉNÉREUX VOLONTAIRES DE LA BRIGADE INTERNATIONALE

CABALLERIA DE LA COLUMNA INTERNACIONAL

CAVALRY OF THE INTERNATIONAL COLUMN

CAVALERIE DE LA BRIGADE INTERNATIONALE

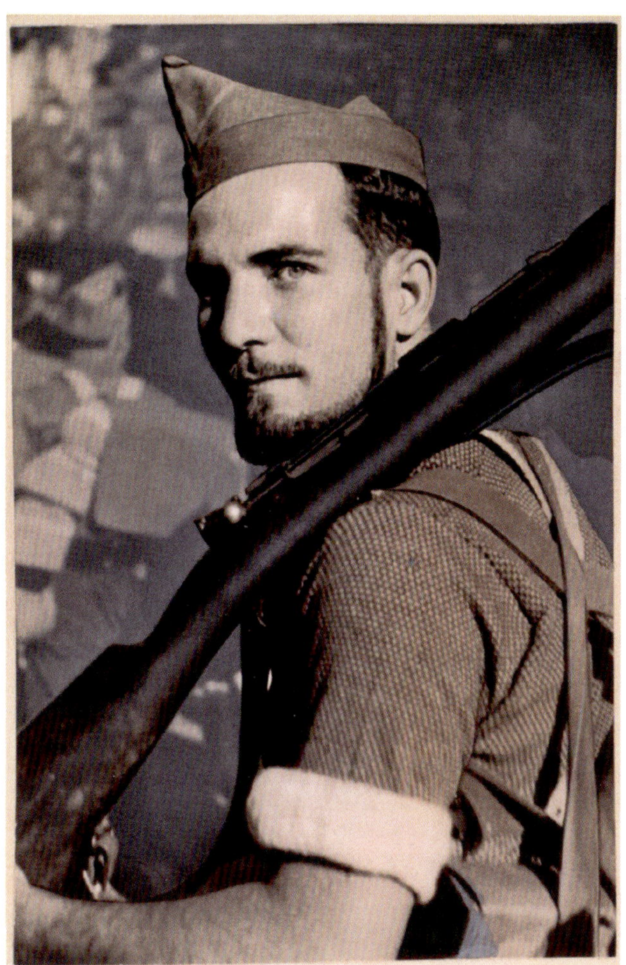

Photo originale de Capa utilisée dans l'album *La Lucha del pueblo español por su libertad* et pages intérieures.

Il s'agit d'un ensemble bien choisi destiné à renforcer la propagande de la République espagnole. Dans un livre qui accompagne la publication de ces documents, l'universitaire Carlos Serrano écrit : « Cette collection constitue indubitablement une des meilleures démonstrations du rôle de Robert Capa durant la guerre d'Espagne et de sa conception d'une photographie qui prétend être à la fois un témoignage et une arme, ou plus exactement une arme parce qu'elle est un témoignage. » Les auteurs avancent également l'hypothèse selon laquelle les photos de cette collection auraient pu être publiées en 1937, à Londres, dans l'album intitulé *La Lucha del pueblo español por su libertad*. Si l'hypothèse est séduisante, elle est inexacte.

En 2000, un libraire anglais se rend à Barcelone et cherche à vendre environ une centaine de photos grand format montées sur carton, parmi lesquelles une trentaine de Capa, une dizaine de Chim et plusieurs de Walter Reuter. Elles sont finalement achetées par la Bibliothèque nationale d'Espagne. Cette fois, il s'agit bel et bien d'une partie des photos originales qui ont été publiées dans l'album de Londres – où elles apparaissent très retouchées, comme le montrent les deux exemples présentés. Sur les tirages, on retrouve les mêmes légendes que celles qui accompagnent les photos du livre. ■

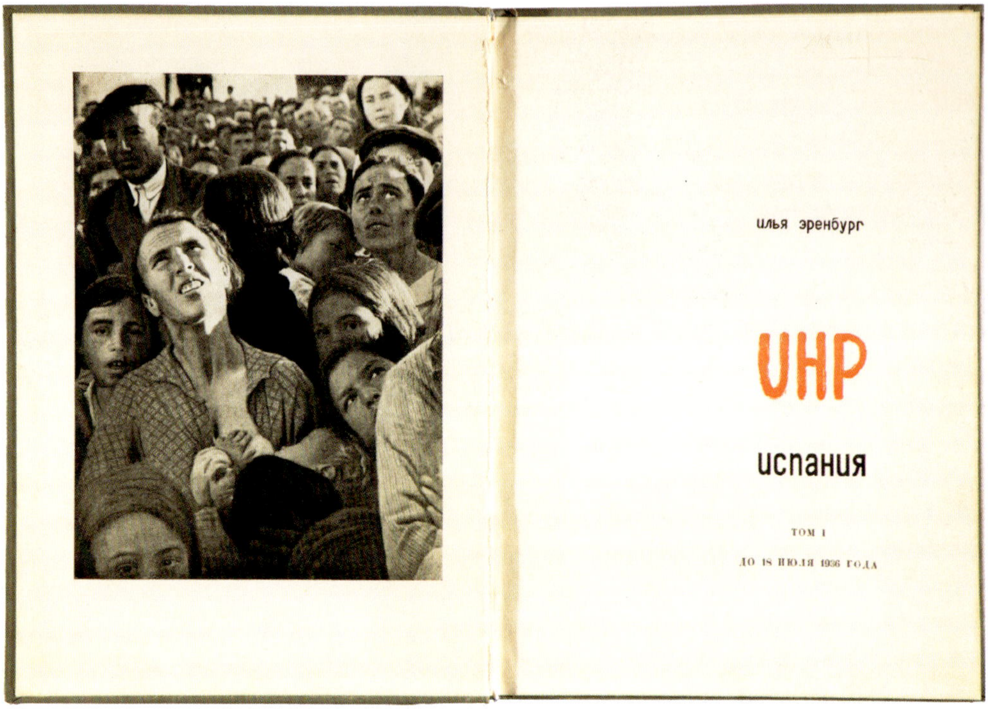

... à Moscou

Un ouvrage intitulé *Espagne* paraît en deux volumes, à Moscou, au début de l'année 1937. L'auteur est Ilya Ehrenbourg, journaliste et écrivain soviétique vivant en Europe. Chaque tome – dont la fabrication est très soignée – présente environ 150 photos, accompagnées de courtes légendes et de petits textes d'introduction issus des reportages que l'auteur a consacrés à l'Espagne depuis le début de l'année 1936.

Le premier volume, achevé en août 1936, présente des « photos et textes sur le début de la Révolution espagnole ». Les photos sont d'Ehrenbourg lui-même, mais aussi d'Eli Lotar, Hans Namuth, Georg Reisner et surtout Chim – dont celle montrant une femme allaitant un enfant et regardant vers le ciel deviendra l'une des plus emblématiques de la guerre d'Espagne, bien qu'elle ait été prise avant le début du conflit.

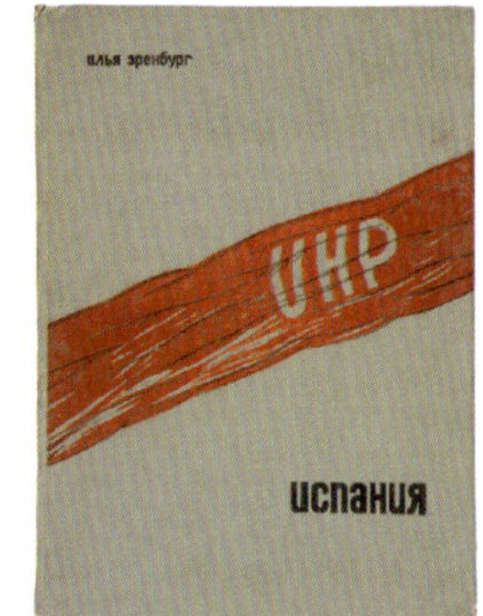

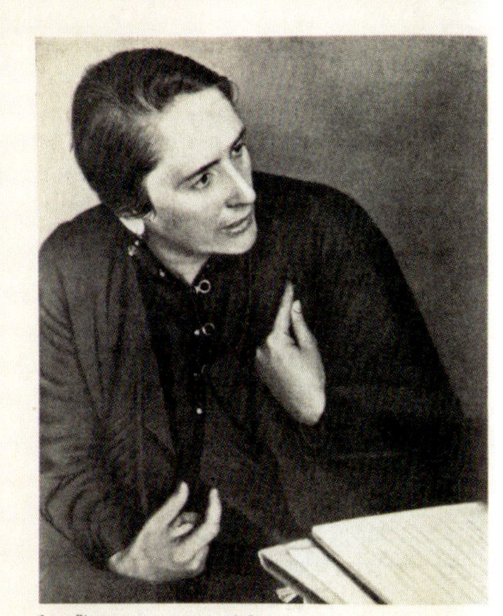

Долорес Ибаррури, которую народ прозвал «Ла Пасионария» — «Неистовая»

Восемнадцатого февраля в тюрьме Овиедо находилось свыше девятисот заключенных. Рабочие собрались вокруг тюрьмы. Они кричали: «Амнистию!» Коммунистка Ла Пасионария, дочь шахтера и жена шахтера, шла впереди толпы. Стража выставила пулеметы. Ла Пасионария направилась к губернатору: «Тотчас же освободите заключенных!» Губернатор ответил: «Я признаю только закон. Если толпа не разойдется, комендант скомандует — пли». Толпа не расходилась. Ла Пасионария скомандовала коменданту «вольно», комендант повторил «вольно!» Ла Пасионария вошла в тюрьму. Сначала из тюрьмы вышли приговоренные к смерти, потом — к вечному заключению, потом остальные. Когда из ворот выбежал последний узник, жмурясь от солнца и счастья, показалась Ла Пасионария, в ее руке был огромный ржавый ключ, она показала его толпе: «Тюрьма пуста»

Освобожденные шли по улицам города, который в октябре 1934 года они отстаивали от гвардейцев и легионеров, шли и пели «Интернационал». Толпа в ответ кричала «UHP» «Ухчене!»

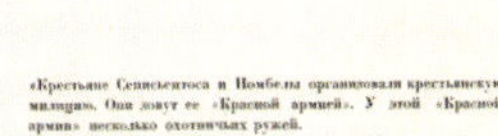
«Крестьяне Сеписьентоса и Помбелы организовали крестьянскую милицию». Они зовут ее «Красной армией». У этой «Красной армии» несколько охотничьих ружей.

Помещики сдавали землю в аренду кулакам. Помещики убежали, сражаются за них кулаки. В Помбеле 90 кулаков — все вооружены. В Альморадиеле кулаки с криками «Да здравствует христос» напали на сельский совет. Они искалечили несколько человек. У них нашли 200 ружей, 350 револьверов, 60 винтовок военного образца. В Боведе и Манчере кулаки стреляли в председателей сельских кооперативов.

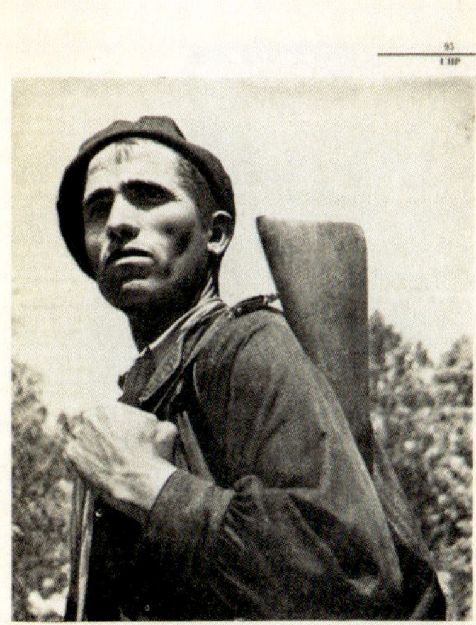

Боец крестьянской милиции

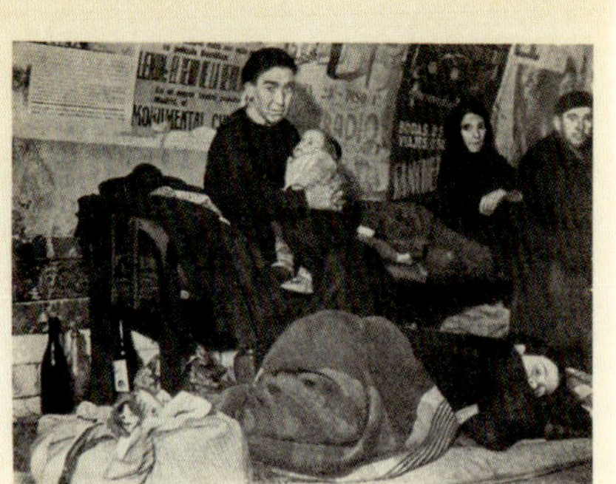

В метро Мадрида

В кафе стояло тридцать чашек. Возле каждой лежала булочка. Старый официант сказал мне: «Мы ждем детей из Мадрида. Они должны приехать часа через два». Они не приехали. Старый официант собрал чашки и салфеткой вытер глаза. На большой белой дороге, среди реклам мадридских гостиниц и хересского коньяка, суетились санитары: они подбирали крохотные трупы. Фашистский самолет из пулемета обстрелял детей Мадрида. Это было 19 ноября.

Дети Москвы, веселые, счастливые дети! В Испании люди борются и умирают. Они не хотят, чтобы фашисты расстреливали ваших сверстников. Они сражаются за прекрасное детство, за него они умирают в Университетском городке и в парке Каса де Кампо.

Мадрид — Декабрь 1936 г.

136

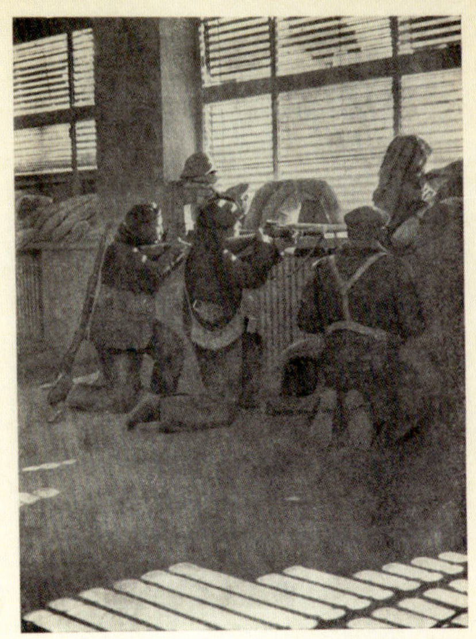

Защитники Мадрида

137

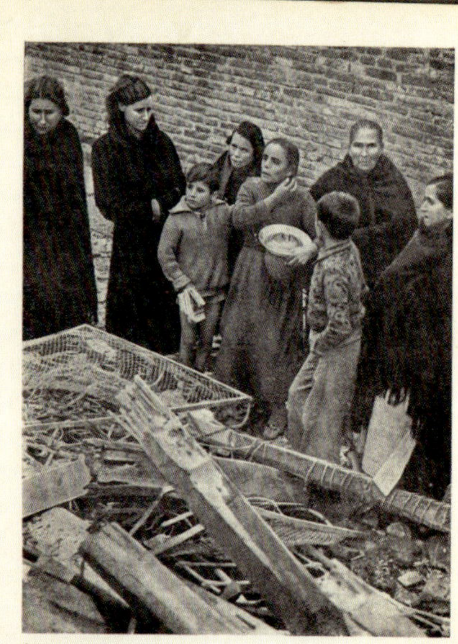

Фашистские самолеты выполнили свое назначение

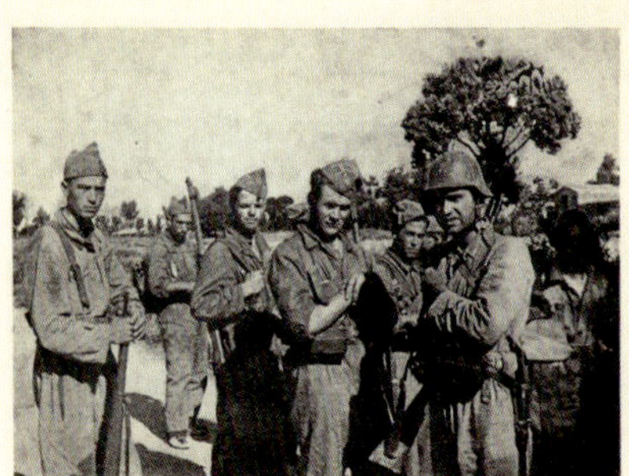

Дружинники

На площади установили передвижку. Старые крестьяне в коротких штанах, бритые и сухие, сосредоточенно молчали. На стене дома показался Чапаев. Кони лихо неслись вперед. Печально кричал под аркадами маленький ослик. Везли артиллерию. Французы-добровольцы пели комсомольскую песню. Русая, курносая девушка с рупором в руке поясняла картину: «Генералы-фашисты задумали ночную атаку...» Крестьяне кричали: «Молодец Чапаев!» Когда кончился сеанс, батальон выступил на позиции. Долго среди камней и снега пела одинокая труба горниста.

119

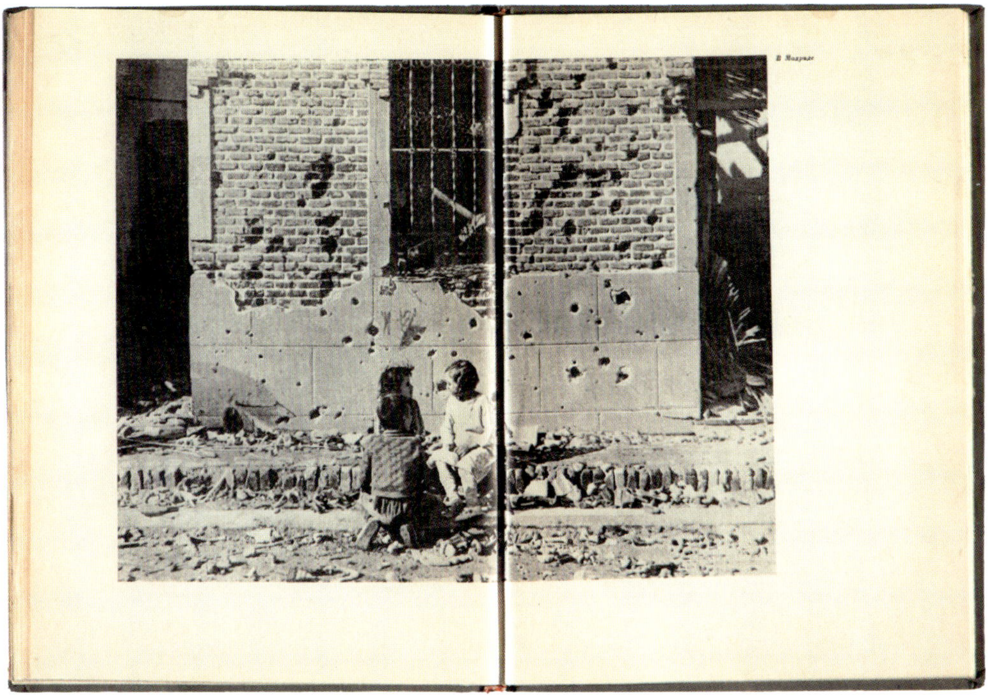

Le second volume, quant à lui, accorde une place conséquente à Capa en reproduisant les plus belles photographies parmi celles prises à Madrid lors de son deuxième voyage en Espagne. On trouve également des photos de Chim, Oples, Agustí Centelles, des frères Mayo et là encore de Namuth et Reisner. La maquette de ce deuxième tome est signée du constructiviste russe El Lissitzky.

Ilya Ehrenbourg, très présent en Espagne avec son confrère Mikhaïl Koltsov, est un fervent partisan de la République espagnole. Il est notamment au cœur du réseau de propagande qui diffuse des textes et photos dans le monde entier, depuis l'Agence Espagne à Paris. ■

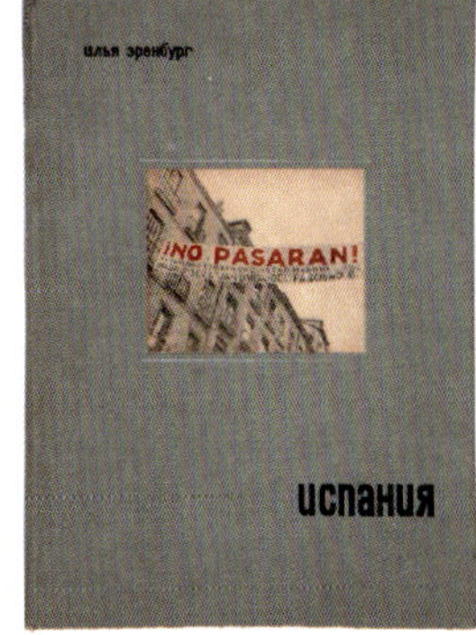

164

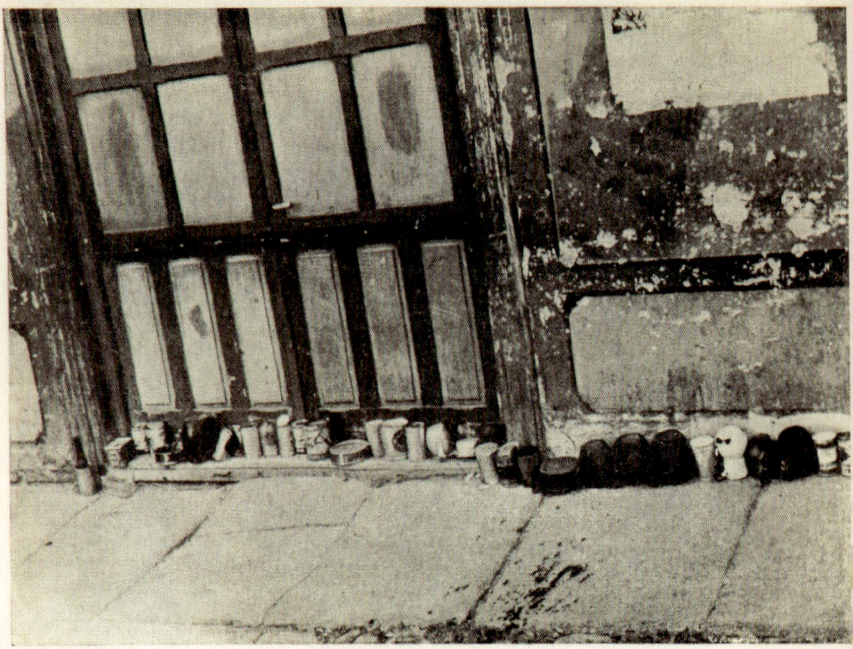

Вместо очереди

Под Альказар закладывали мины. Дружинник показал мне вход в подземную галлерею: «Здесь я работаю». У него были волосы седые от пыли и черные молодые глаза. Он долго пил воду. Был неистово знойный полдень. Молчали пушки, молчали люди, молчала даже мошкара. Потом дружинник сказал мне: «У меня там жена и двое ребят. Я тебе ничего не скажу про жену: я не знаю твоей жизни. Женщина может изменить. Женщине можно изменить. Но ты понимаешь, что значит вот это?..» Он вынул из кармана фотографию, покрытую пылью и табачной трухой. Я увидал двух девочек в нарядных воскресных платьях. Он спрятал карточку.

И не глядя на меня, он ушел рыть сапу.

Мадрид — Сентябрь 1936 г.

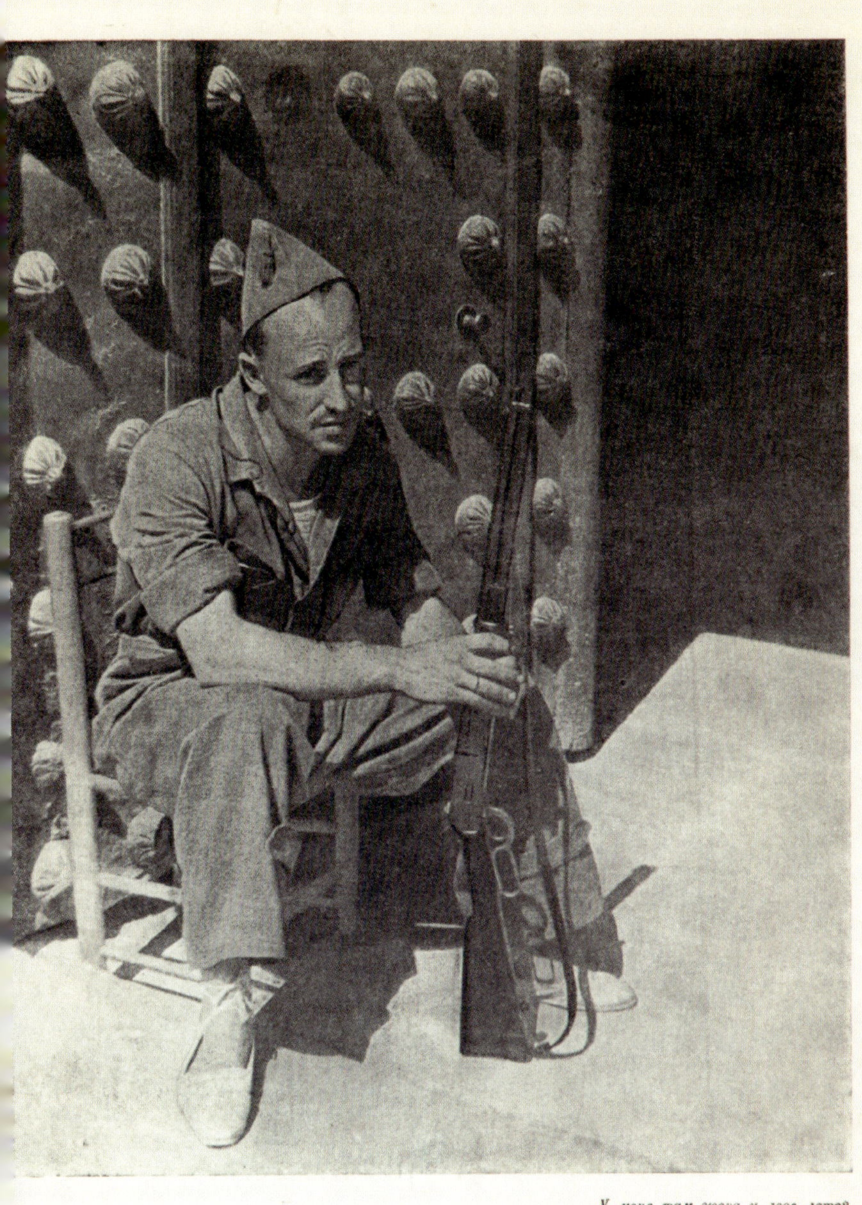

У меня там жена и двое детей

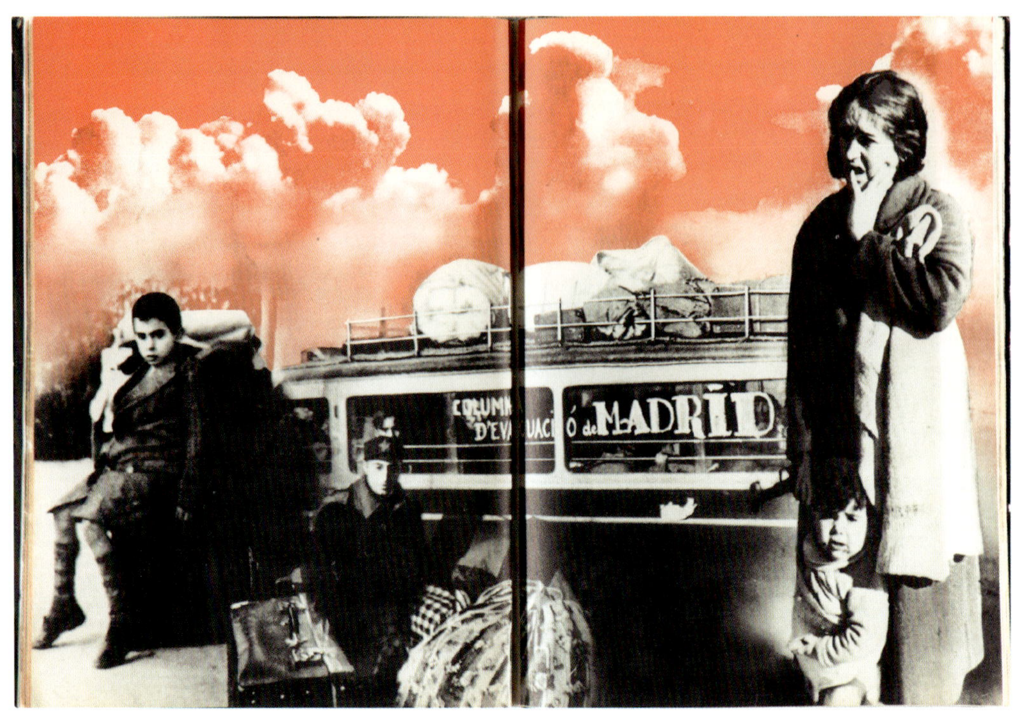

… et à Barcelone

Le dernier ouvrage majeur contenant une part significative de photos du trio Capa, Taro et Chim est publié à Barcelone sous le titre *Madrid*. À nouveau, on retrouve en couverture la photo prise par Chim de cette femme allaitant un bébé, menacée par une bombe nazie… Les textes rédigés en catalan, espagnol, français et anglais sont d'Andrée Viollis, journaliste française alors très célèbre, qui écrit : « Le sol espagnol est le théâtre d'une lutte où se jouent les destinées du monde. Qui gagnera ? La furie fasciste ou l'enthousiasme populaire ? »

La centaine de photos – dont la moitié est signée Capa – montre des immeubles détruits par l'aviation allemande, des réfugiés dans le métro ou sur les routes, des victimes à la morgue ou encore des enfants rescapés et déplacés loin du front. La mise en page et les photomontages colorisés, dans leur progression dramatique, en font un des plus beaux livres de photographie. Jaume Miravitlles, le responsable de la propagande de la Generalitat et grand ami de Capa, en était d'ailleurs particulièrement fier. On ne trouve là encore dans le livre aucune mention du nom des photographes. ■

Publié par la Generalitat de Catalunya, l'album *Madrid* est l'un des plus beaux livres sur la guerre d'Espagne. Les photos de Capa et de Chim qu'il contient ne sont pas signées, elles montrent la destruction d'un pays, victime de bombardements aveugles. Certaines images (double page suivante) sont utilisées dans des photomontages colorisés réalisés par le graphiste catalan Josep Sala.

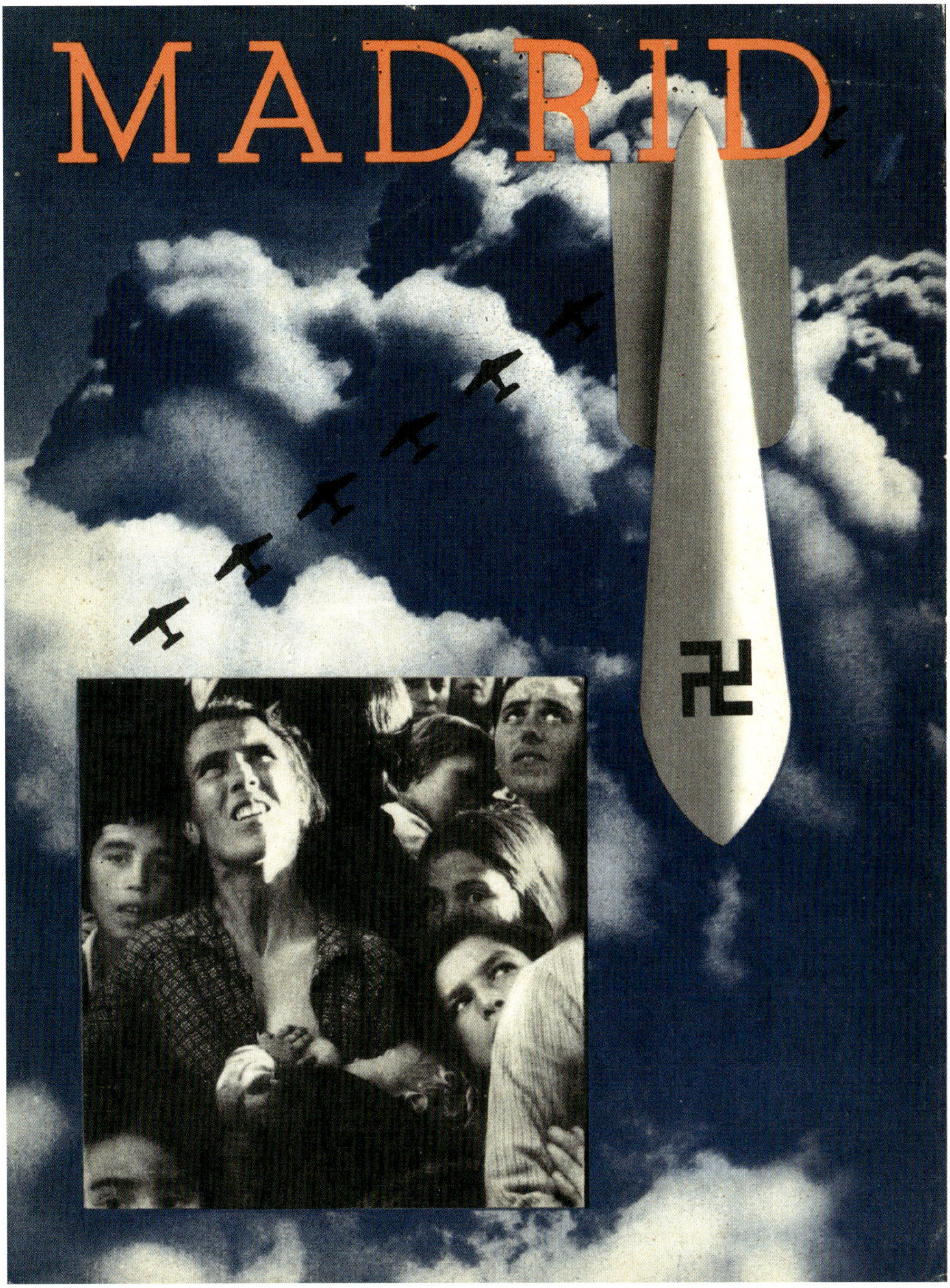

MADRID

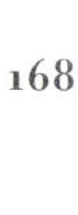

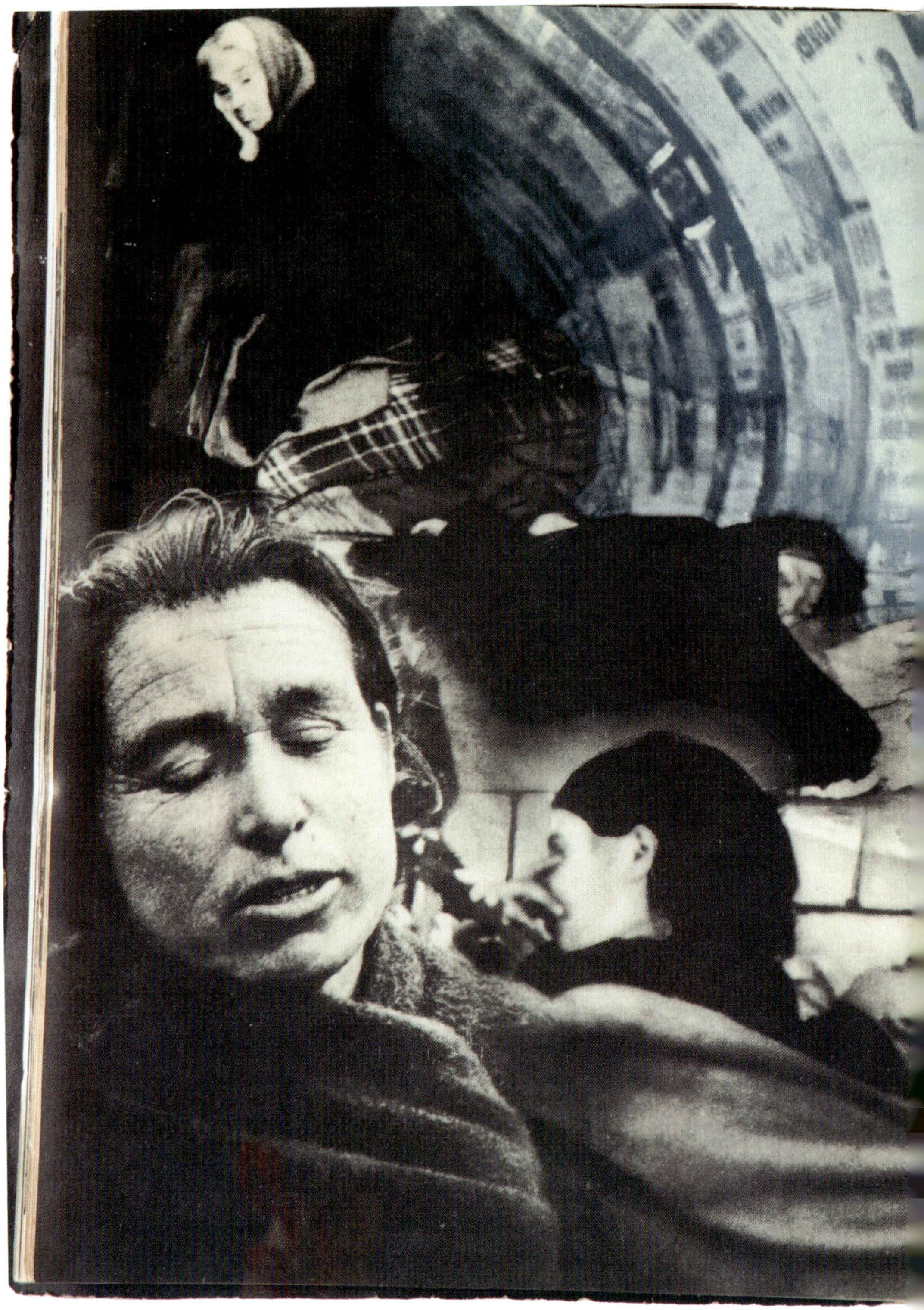

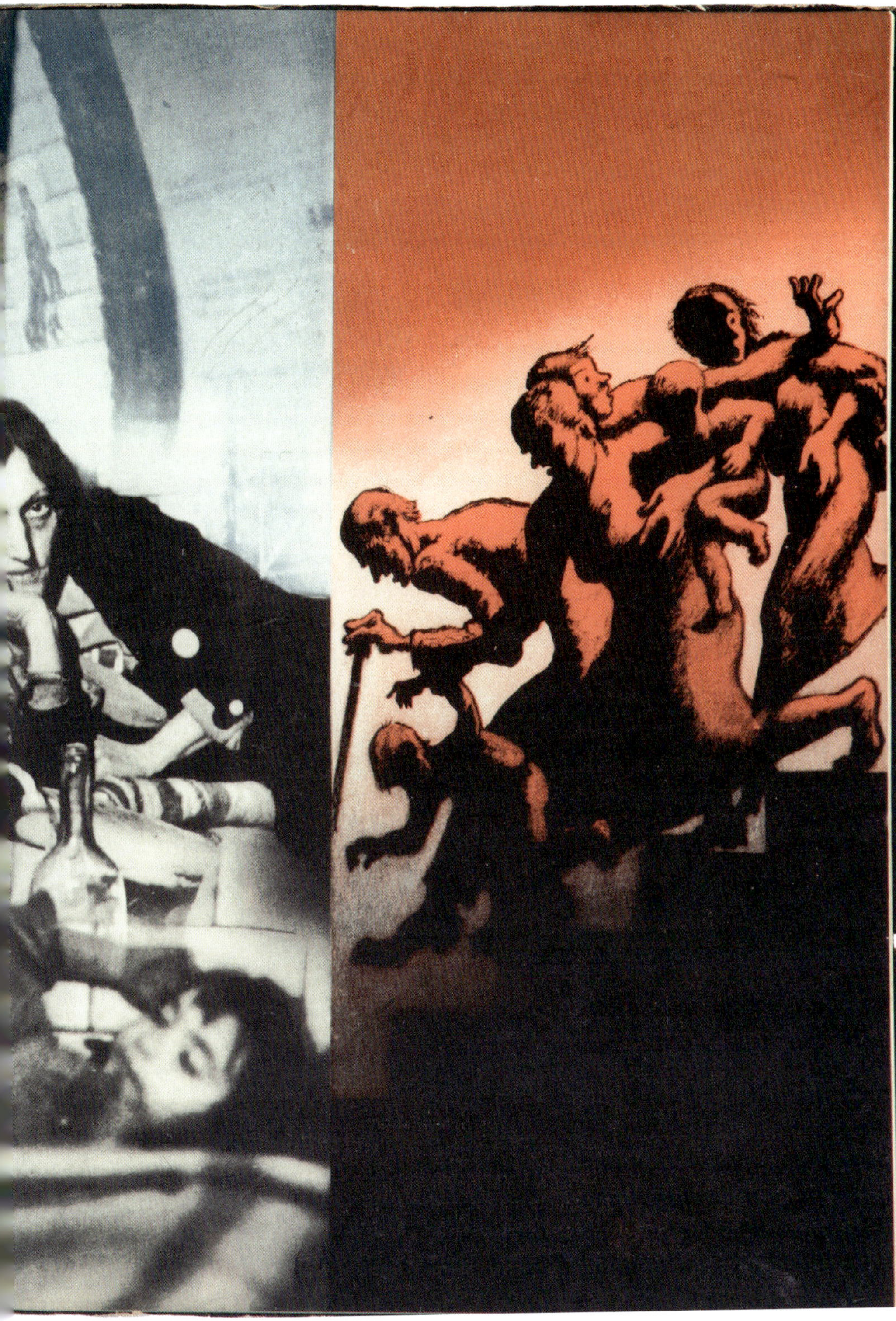

Le « carnet chinois », découvert rue Froidevaux et conservé à l'ICP. Ce précieux document de travail, qui permettait d'organiser l'archivage et d'éditer les commandes, a été réalisé par Csiki Weisz qui tenait alors la chambre noire de l'Atelier Capa. Selon la légende, cette page de contacts réalisés dans un hôpital d'Hankeou en 1938 montre madame Tchang Kaï-chek (photos 17 et 18) aidant les médecins à soigner les blessés.

En Chine avec Joris Ivens

Le vendredi 21 janvier 1938, Robert Capa arrive à la gare maritime du port de la Joliette à Marseille. Il embarque à bord du paquebot *Aramis* à destination de Hong Kong *via* Saigon, avec John Fernhout, un Hollandais, chef opérateur attitré du cinéaste Joris Ivens. Capa et Fernhout ont tous deux 24 ans et sont amis de longue date. Johannes Hendrik Fernhout (1913-1987) a fait ses études de photographie à l'école de la firme Agfa à Berlin, en 1931. Il est marié à Eva Besnyö (1910-2003), voisine de palier et amie d'enfance de Capa à Budapest. Les deux hommes se sont côtoyés à Madrid, au printemps 1937, lors du tournage par Ivens de *The Spanish Earth*. La photographe Germaine Krull, épouse de Joris Ivens, se trouve à Marseille le jour de leur départ. Depuis le quai, elle les photographie, appuyés au bastingage du pont des secondes classes. Si Fernhout, grand, bras croisés, sourit, Capa, le visage appuyé dans la paume de la main, semble songeur. Ce n'est pas étonnant quand on sait qu'il avait projeté de faire ce voyage avec Gerda Taro…

À bord du paquebot se trouvent également deux Britanniques, le poète William H. Auden et le romancier Christopher Isherwood. Dans leur *Journal de guerre en Chine* publié en 1939, voici ce qu'ils écrivent sur Capa et Fernhout : « Nous avions fait leur connaissance pendant le voyage de Marseille à Hong Kong. D'ailleurs, avec leurs facéties, leur manie de pincer toutes les fesses qui passaient, leurs continuels "Eh quoi ! Salopes !" braillés à tout bout de champ et leurs intarissables histoires de "poules", ils avaient été les boute-en-train de la seconde classe. Capa est hongrois, mais plus français que les Français ; trapu, basané, avec des yeux noirs et tombants d'acteur comique. Il n'a que 23 ans [*sic*], mais il est déjà très connu comme photographe de presse. Fernhout est un jeune Hollandais, grand et blond – aussi déchaîné que Capa, mais un peu moins bruyant. » Joris Ivens, qui vit et enseigne le cinéma à San Francisco, gagne quant à lui Hong Kong à bord d'un hydravion de la Pan American Airways. Proche du Komintern et ami de Willi Münzenberg qu'il a connu à Berlin, il est, à 39 ans, l'un des plus influents réalisateurs de films politiques. D'ailleurs, en Chine, les nationalistes du Kuomintang le soupçonneront de sympathie envers les communistes et lui reprocheront ses liens avec leur représentant Zhou Enlai, dont Capa fera le portrait debout devant une photo de Karl Marx.

Beaucoup plus tard, Ivens dira avoir voulu « remettre Capa au travail », après le décès de Gerda Taro, en lui proposant de l'accompagner en Chine en qualité d'assistant opérateur. Toutefois l'intérêt du réalisateur envers Capa est surtout lié au fait que ce dernier soit sous contrat avec *Life*, depuis l'automne 1937. Proche de Tchang Kaï-chek et des nationalistes chinois, donc très éloigné des communistes, le magazine d'Henry Luce entend mobiliser l'opinion publique américaine en faveur du camp nationaliste qui défend l'indépendance de la Chine contre le Japon. La carte de visite de *Life*

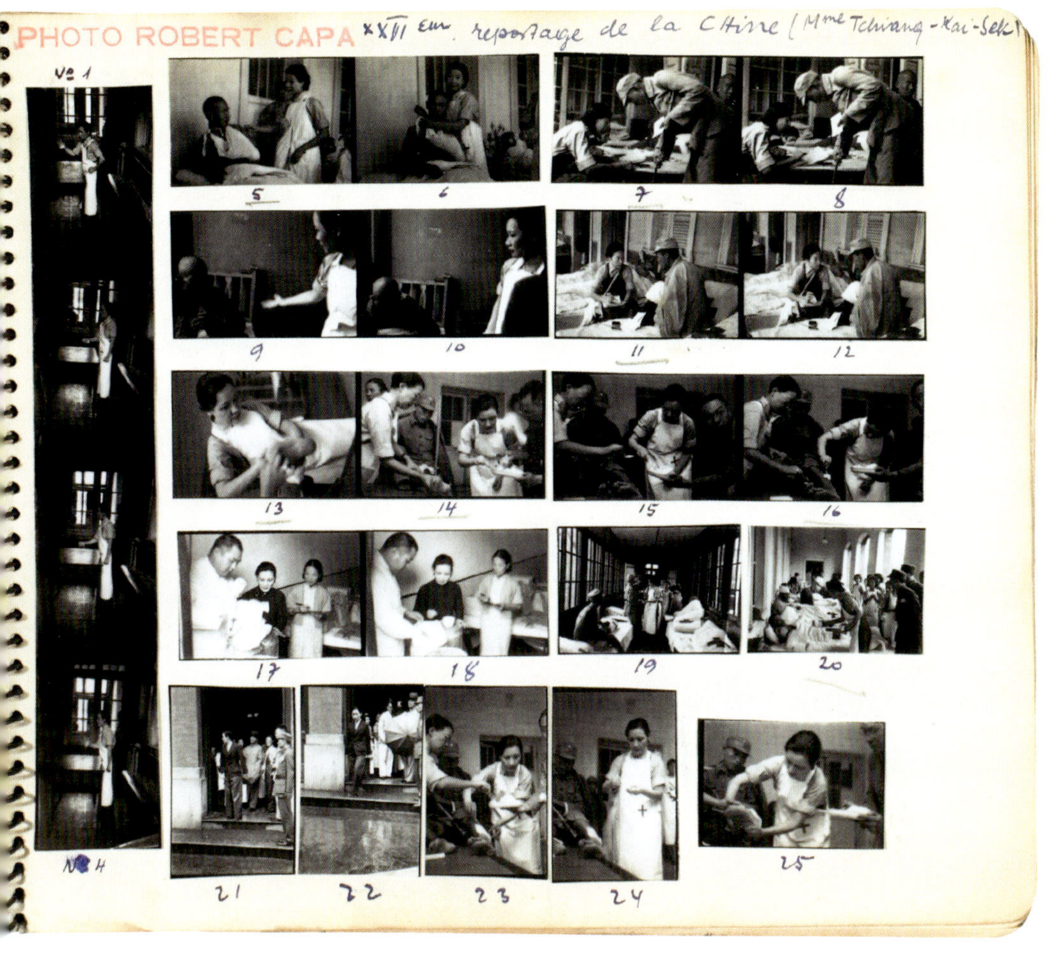

facilitait le contact d'Ivens avec monsieur et madame Tchang Kaï-chek, qui faciliteront son film.

Avant son départ, Capa a négocié avec plusieurs journaux. *Life* sera son premier client, mais il passe aussi un accord avec *Ce soir* et *Regards* en France, le *Picture Post* et *The Illustrated London News* en Grande-Bretagne. Le photographe leur réclame une avance pour payer son billet et ses frais. Plus que jamais, Capa a des velléités d'indépendance et essaie de développer son atelier de la rue Froidevaux comme une coopérative de distribution afin de contourner les agences et leurs lourdes commissions sur les ventes de photos. C'est dans ce sens qu'il écrit, le 24 novembre 1937, depuis Paris, à Peter Koester, rédacteur à l'agence Pix de New York : « Nous avons organisé le bureau ici afin de distribuer, au plus vite, l'entière

Zhou Enlai – futur Premier ministre de 1949 à 1976 – debout devant le portrait de Karl Marx au quartier général du Comité central du parti communiste chinois d'Hankeou, saisi par Robert Capa en juillet 1938. Il est alors le représentant de Mao auprès de Tchang Kaï-chek.

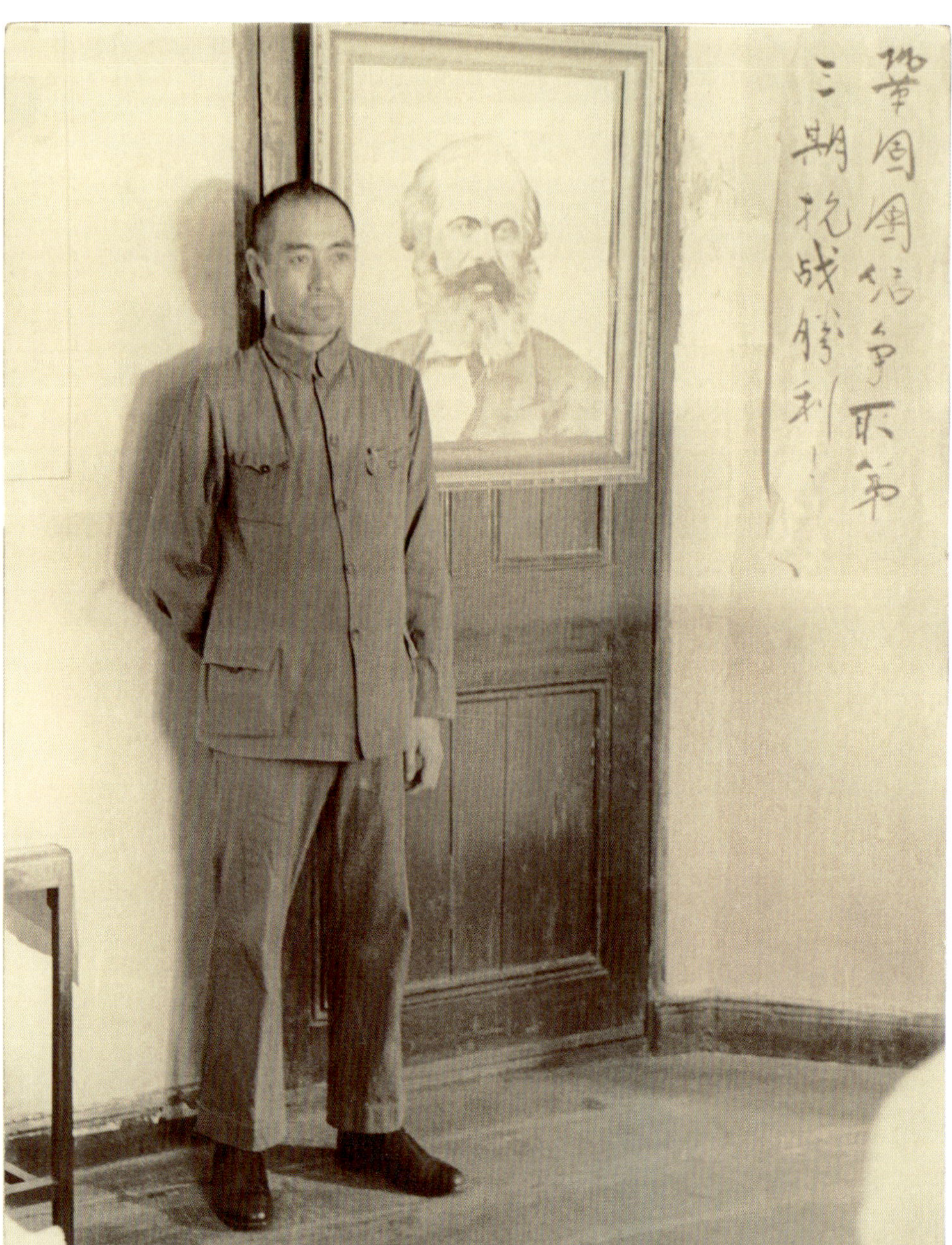

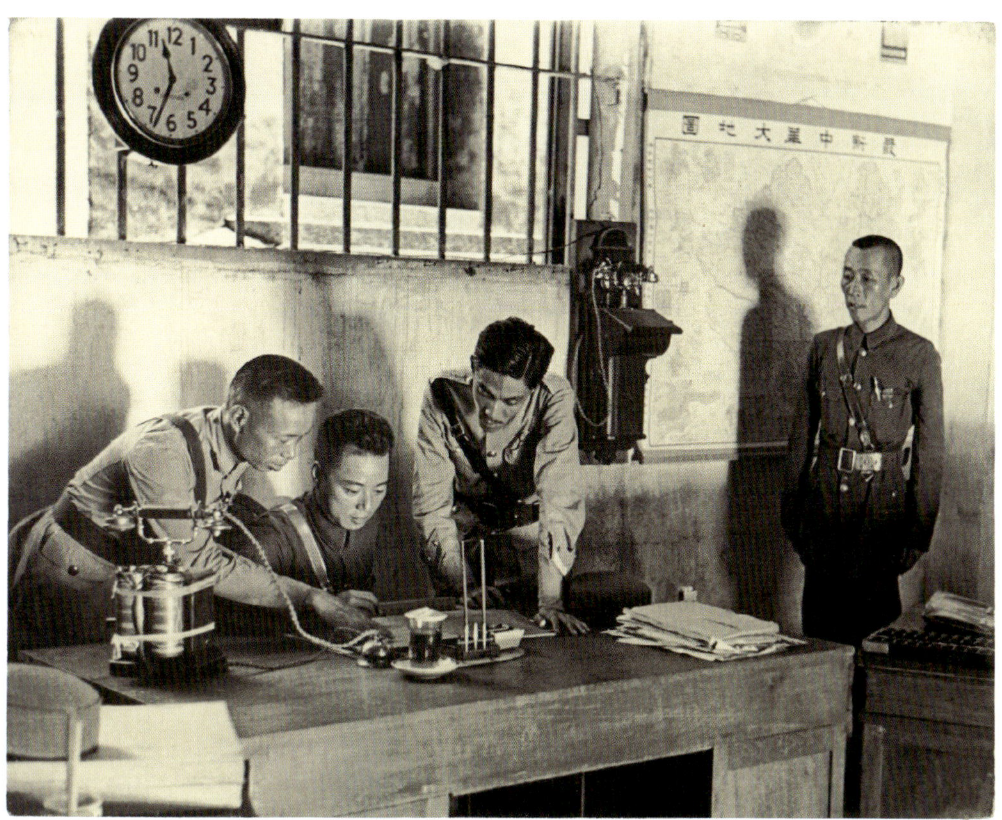

Débarqué à Hong Kong le 16 février 1938, après vingt-six jours de mer, Robert Capa y retrouve Joris Ivens. Le tournage commence le long de la rivière des Perles, en direction de Canton. Sur cette photographie, retrouvée rue Froidevaux, on reconnaît un bureau de recrutement du Kuomintang.

production de tous les photographes en Espagne. Le travail de Chim, de Cartier et le mien seront naturellement tous regroupés ici et nous pourrons aussi, bien sûr, vous envoyer les travaux les plus intéressants que nous produisons pour *Ce soir*. »

Lors de son tout premier voyage aux États-Unis, en septembre 1937, Robert Capa s'est rendu à l'agence Pix. Elle a été fondée par de grands photographes allemands tous exilés, Alfred Eisenstaedt, George Karger, Hans Knopf et leur ancien rédacteur en chef de Dephot, Léon Daniel. Son frère, Henri Daniel, en tant que proche collaborateur de Simon Guttman, était, dès 1935, l'un des agents de Capa à Paris. Chez Pix, Capa est connu de tous. Il a fait embaucher son frère Cornell à la chambre noire de l'agence. C'est avec Léon Daniel, qui lui sert d'interprète en anglais, que Capa se rendra dans les bureaux de *Life* situés dans le Chrysler Building, pour négocier son contrat. Le photographe a en effet décidé de rompre son accord avec Alliance Photo à Paris, qui diffuse son travail aux États-Unis *via* l'agence Black Star. Pix sera désormais son unique diffuseur.

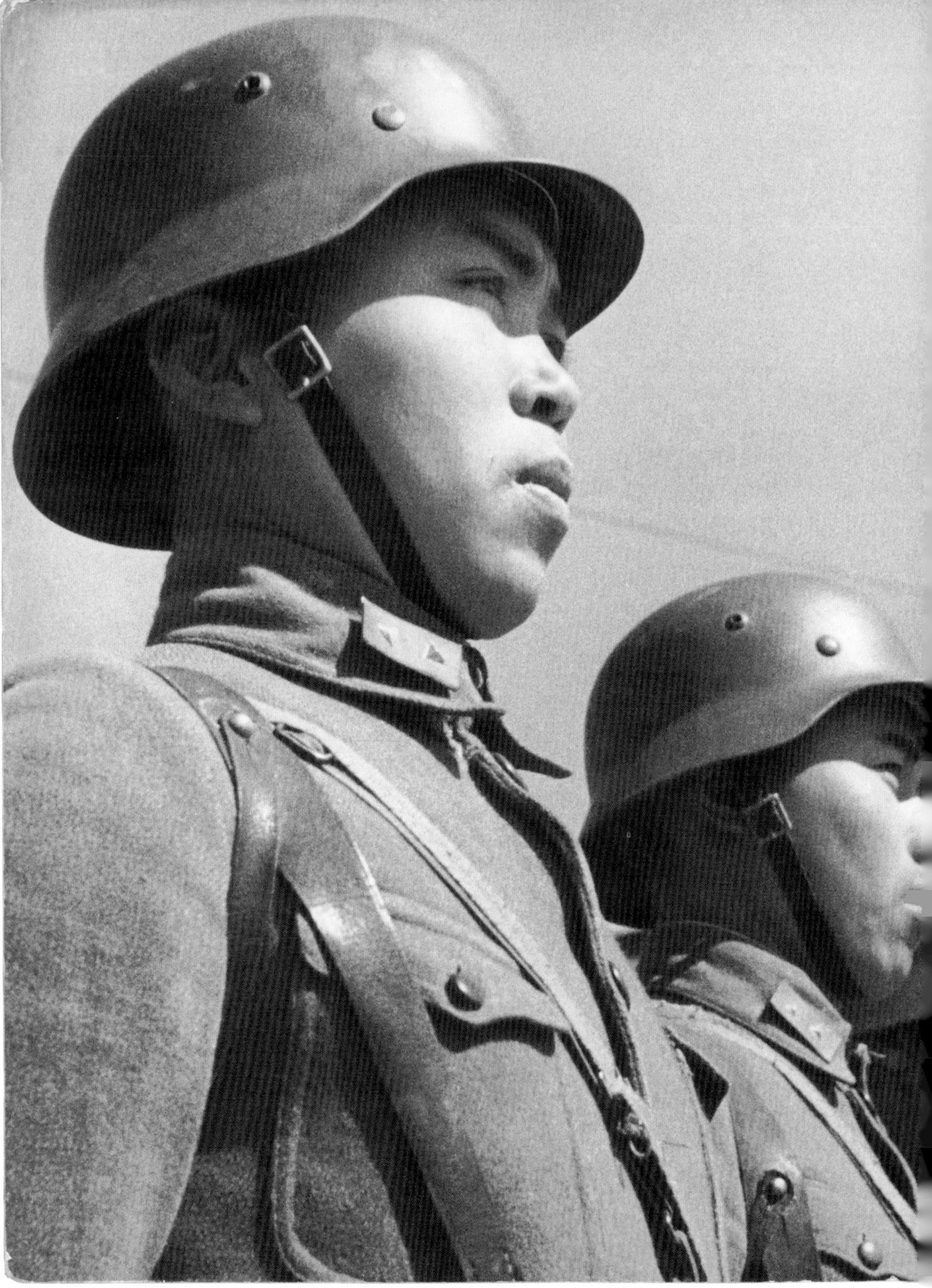

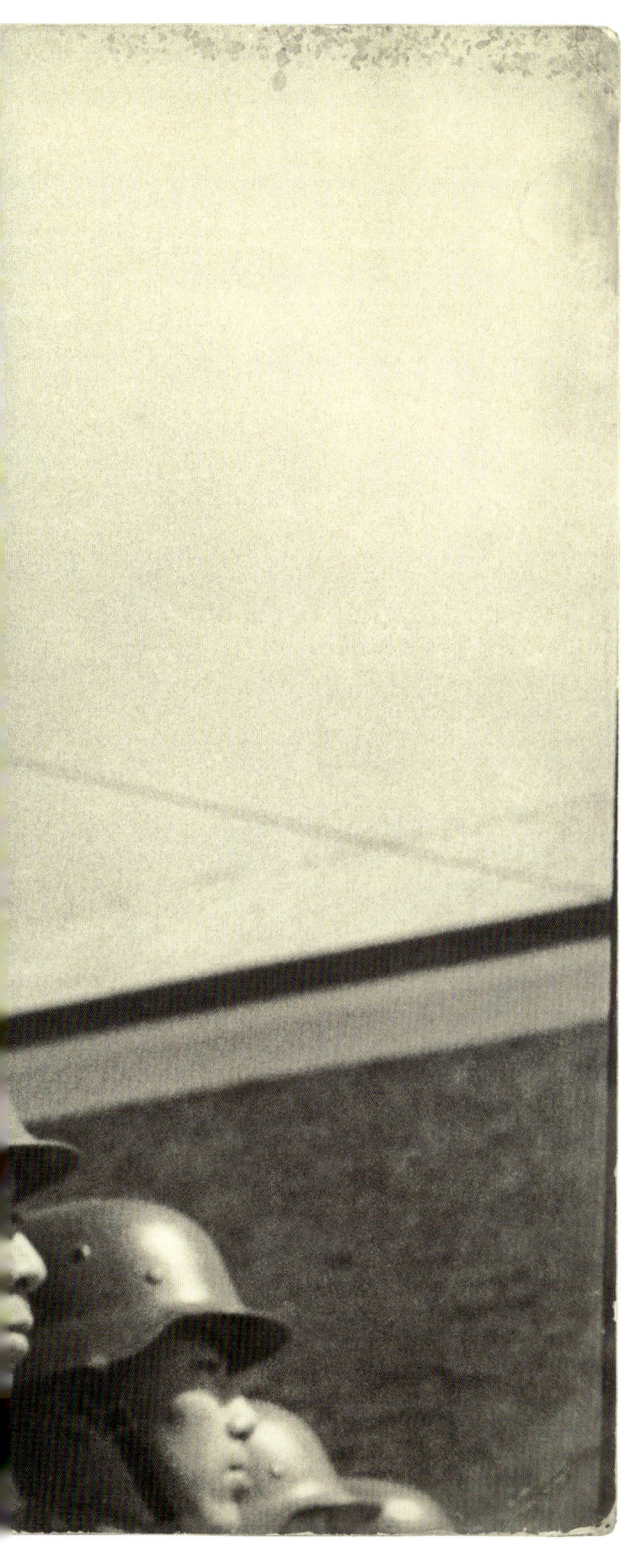

Très jeunes soldats chinois des forces militaires du Kuomintang en mars 1938 à Hankeou, avant leur départ pour le front. En juin 1938, l'un de ces jeunes soldats fera la couverture de *Life*, sous le titre : « Un défenseur de la Chine ». Cette photographie, retrouvée rue Froidevaux, est présente dans un album de l'agence Pix de New York, page 9, contact numéro 7.

À Hankeou, devenue provisoirement la nouvelle capitale de la Chine depuis le massacre de Nankin (qui a fait de 90 000 à 300 000 morts selon les historiens) par les Japonais en décembre 1937, l'équipe de tournage de Joris Ivens est sous le contrôle total des nationalistes. Madame Tchang Kaï-chek a compris tout l'intérêt qu'elle pouvait tirer de ce film. Bien que communistes et nationalistes aient signé une alliance militaire contre le Japon, celle-ci s'emploie à espionner le tournage et fait en sorte que les forces communistes, la fameuse « Armée de la huitième route » de Mao, n'apparaissent jamais dans le film. Ainsi, en attendant de se rendre sur la ligne de front, Capa doit se contenter de photographier la population civile, les parades militaires de jeunes soldats nationalistes et les états-majors du Kuomintang. À cette époque, à Paris, Ruth Cerf, l'amie de Gerda Taro, travaille rue Froidevaux. C'est elle qui tape à la machine et traduit en français les légendes à partir des textes rédigés en allemand par Capa depuis la Chine.

Défilé à Hankeou, le 12 mars 1938, pour le 13e anniversaire de la mort du président Sun Yat-sen, fondateur de la république de Chine en 1912 et du Kuomintang. Sur ce tirage découvert rue Froidevaux, le jeune garçon tend un drapeau sur lequel est écrit : « Immortel ! »

Durant les huit mois passés dans ce pays, le photographe échange une correspondance assidue avec Koester. Capa a connu Koester à Berlin, où ce dernier faisait office de directeur financier à l'agence Dephot. Né à Budapest comme Capa, c'est un militant communiste discret. Son vrai nom est Laszlo Fekete, mais il change souvent de nom (il est connu aussi sous le pseudonyme de Ladislaus Glück). Il meurt soudainement de la tuberculose, à New York, en juillet 1938. Le 17 avril 1938, Capa lui confie : « Dans l'ensemble, je suis le "parent pauvre" de l'expédition [...]. Ils sont très gentils, mais ils considèrent le film comme leur affaire personnelle (et ils me le font bien sentir) ; pour eux les photos sont totalement secondaires [...]. Les photos de Taierchwang ne sont pas mauvaises, mais ce n'est vraiment pas facile de photographier avec une grosse caméra dans le dos, quatre censeurs autour, et lorsqu'il faut en plus aider l'opérateur. »

À Taierchwang, un village sur le front de Xuzhou dans le nord-est de la Chine, se déroule du 24 mars au 7 avril 1938 une bataille entre les forces nippones et les forces nationalistes. Pour la première fois, ces dernières en sortent vainqueur, mais le village a été totalement détruit par les Japonais. Capa arrive immédiatement après la bataille et y réalise de saisissantes photos qui font le tour du monde. *Life* fait de ce village le « Verdun chinois ». De retour à Hankeou, il saisit la première attaque aérienne des Japonais sur la capitale nationaliste. Comme à Madrid, il photographie les civils, tête levée scrutant le danger venu du ciel. Il montre également les dramatiques conséquences pour des millions de paysans de la destruction des digues du fleuve Jaune décidée par les nationalistes dans le but de ralentir la progression de l'infanterie japonaise. Tokyo ayant rallié les forces de l'Axe constitué par Rome et Berlin, il devenait clair qu'en 1938, après l'Espagne, se jouait à Hankeou une nouvelle bataille pour la liberté. À Paris, *Regards* titre ainsi le 1er septembre 1938 le reportage de Capa : « Hankeou sera le Madrid de la Chine ».

À la mi-août, après un tournage à Canton d'une scène de bombardements, Ivens et Fernhout, pressés de monter leur film, quittent la Chine. Enfin libéré de cette « expédition cinématographique » qui, écrivait-il, « [l]'empêchait de photographier », Capa décide de rester. Il dira plus tard que davantage que le maniement de la caméra, c'est son anglais qu'il a le plus amélioré au contact des journalistes et militaires

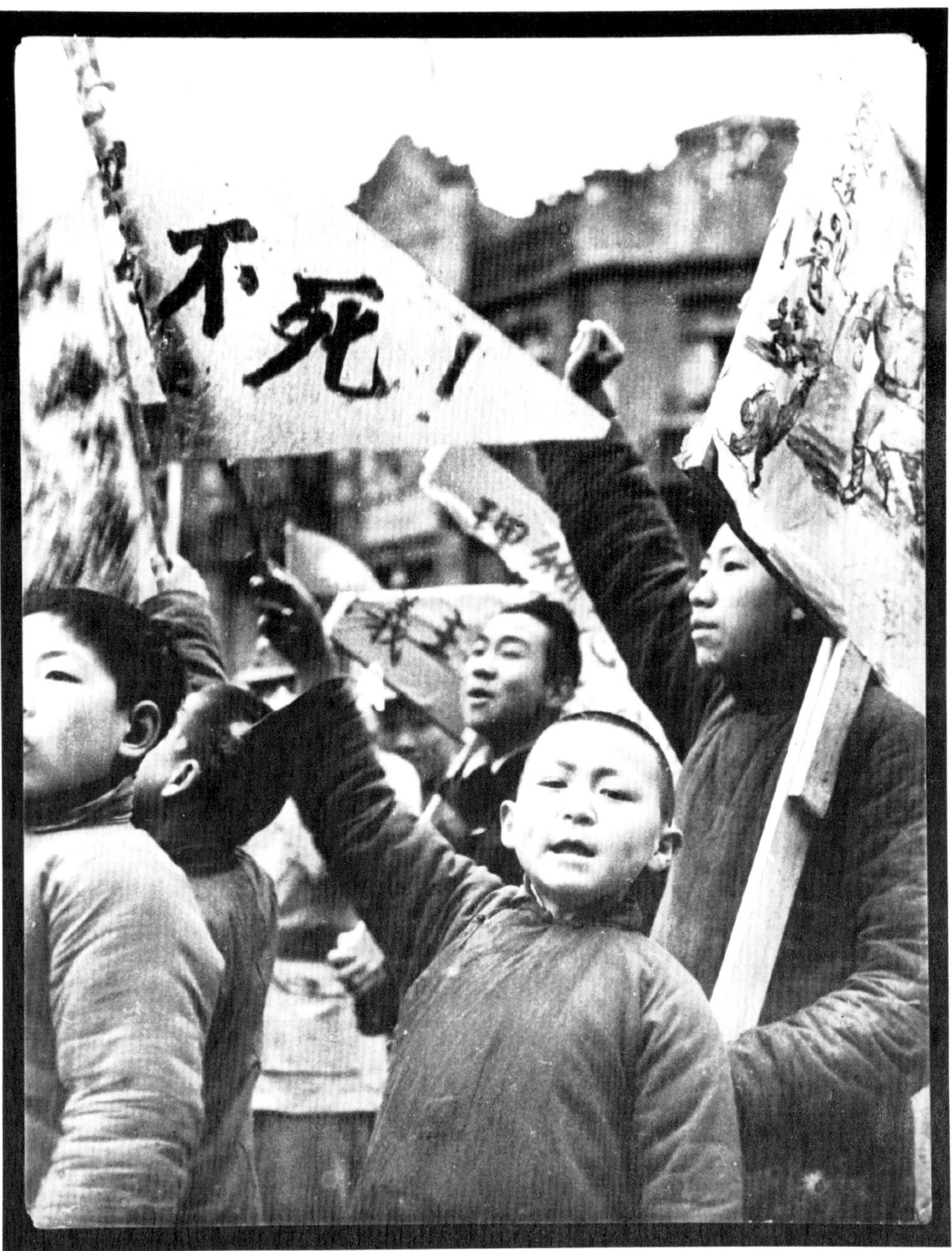
不死！

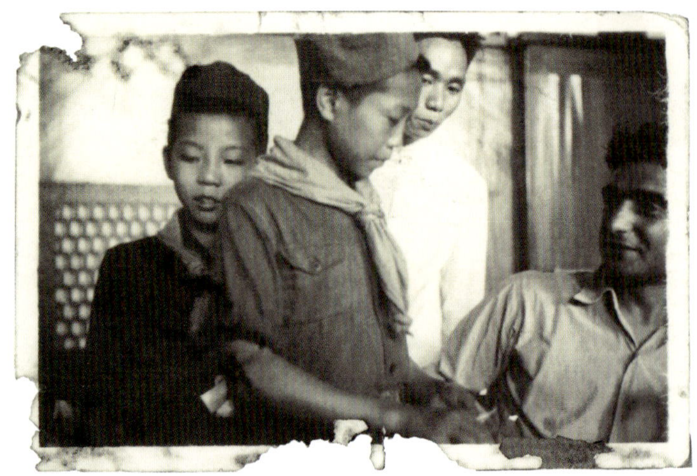

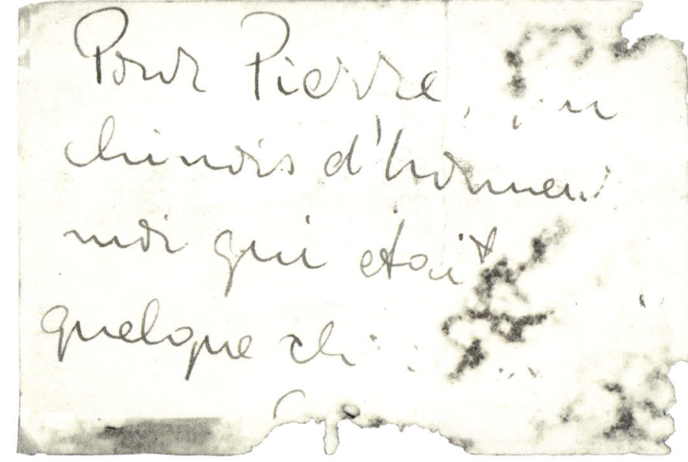

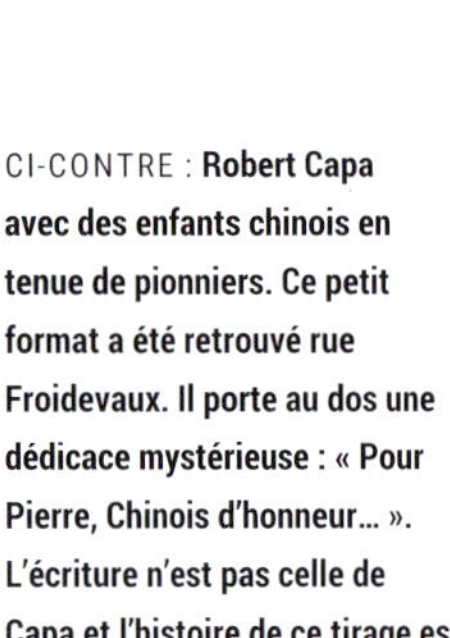

CI-CONTRE : **Robert Capa avec des enfants chinois en tenue de pionniers. Ce petit format a été retrouvé rue Froidevaux. Il porte au dos une dédicace mystérieuse : « Pour Pierre, Chinois d'honneur… ». L'écriture n'est pas celle de Capa et l'histoire de ce tirage est inconnue.**

À DROITE : **Réfugiés de la bataille de Taierchwang, avril 1938. Ce tirage ne semble pas avoir été publié dans la presse. Cette « pietà chinoise » illustre fort bien la volonté de Capa, où qu'il soit, de témoigner des souffrances des populations civiles.**

anglo-américains. Il forme également six jeunes photographes chinois, donnant ainsi naissance au « gang de Capa ». Dans une nouvelle lettre à Koester, il évoque ainsi ses projets : « J'aimerais que nous formions une sorte d'organisation, qui ne serait en aucun cas une agence. L'atelier de Paris est mon quartier général personnel. […] Actuellement, tout ce que je peux faire, c'est enseigner à quelques jeunes gens comment faire du bon travail. »

Capa souhaitait attendre la chute d'Hankeou, mais épuisé par le climat et souffrant de dysenterie, il décide de rentrer en avion à Paris, le 22 septembre. La ville tombe le 25 octobre entre les mains des Japonais. Dans l'une de ses dernières lettres à Koester, Capa écrit : « Lentement, je me fais de plus en plus l'impression de devenir un charognard. […] Le vœu le plus cher du correspondant de guerre, c'est d'être au chômage. » ■

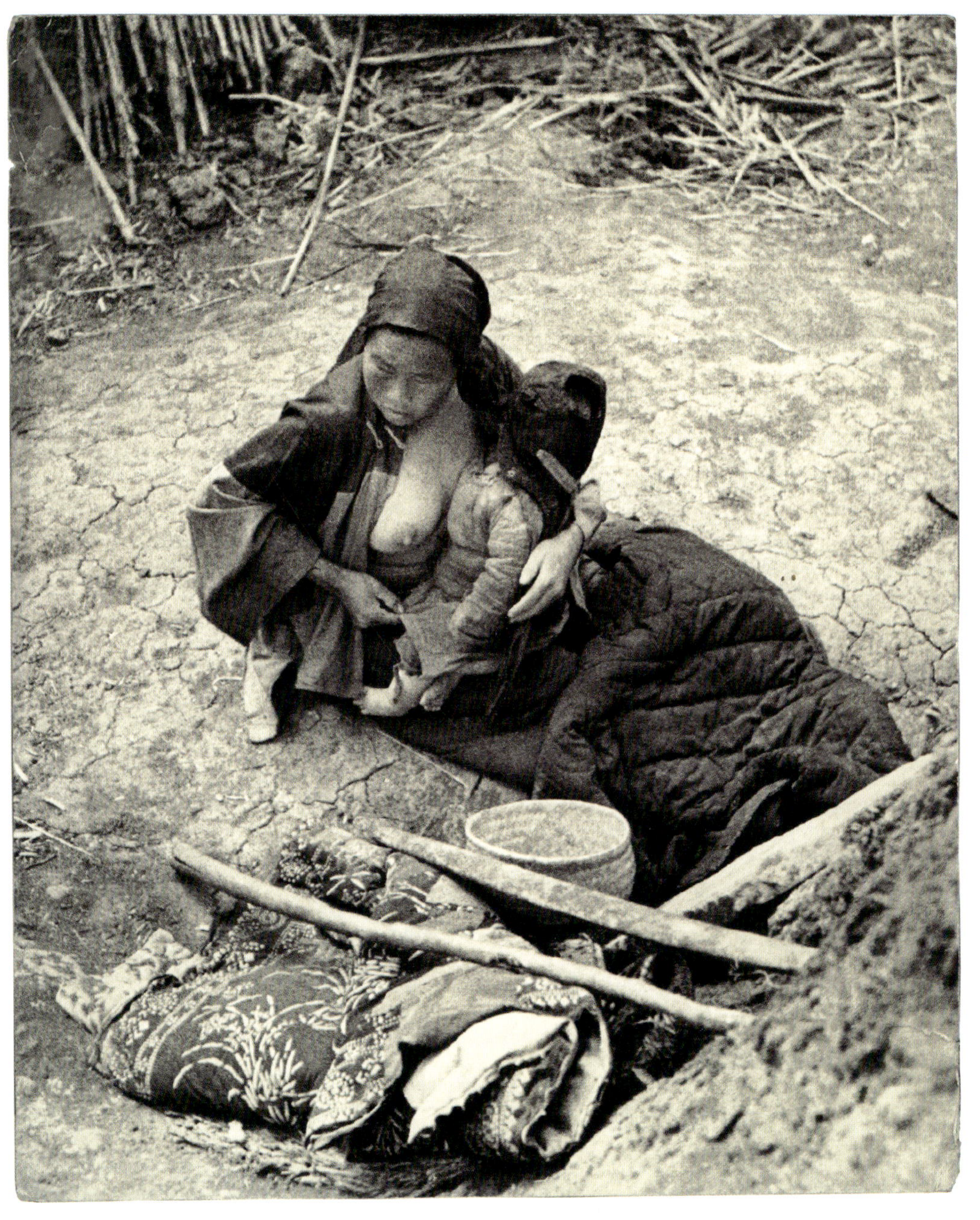

APRÈS PLUS D'UN AN DE GUERRE D'INDÉPENDANCE

Bien que le photographe l'ait, pour un instant, distrait et fait sourire cette foule de Hankéou, elle n'en a pas moins entendu l'appel pour la défense que lui adresse ce jeune orateur. Chacun donne son obole : quelques-uns de 5 cents, de 5.000 dollars. 1.200.000 dollars ont été collectés pendant les manifestations pour la défense du pays.

HANKEOU SERA LE MADRID DE LA

REPORTAGE de Robert CAPA

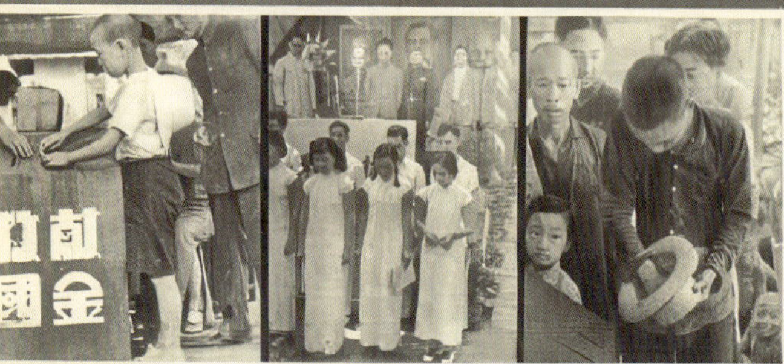

Chacun donne pour la défense selon ses moyens, de 5 cents à 5.000 dollars.

Trois minutes de silence pour les morts.

Un chanteur populaire qui vient de chanter la « Ballade de Shanghaï » donne, pour la défense, l'argent, produit de sa collecte et qu'il vient de recueillir dans son vieux chapeau.

La Chine rivalise d'héroïsme avec l'Espagne pour défendre son territoire et son indépendance. Ce que Madrid a fait, Hankéou, devenue capitale, le fera.

A l'occasion du premier anniversaire de la guerre, le général Chen Cheng, commandant militaire d'Hankéou, a appelé la ville à la résistance.

En quatre jours, 1.200.000 dollars ont été réunis pour la défense.

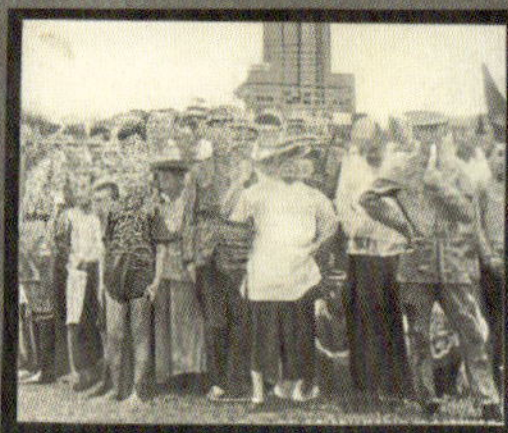

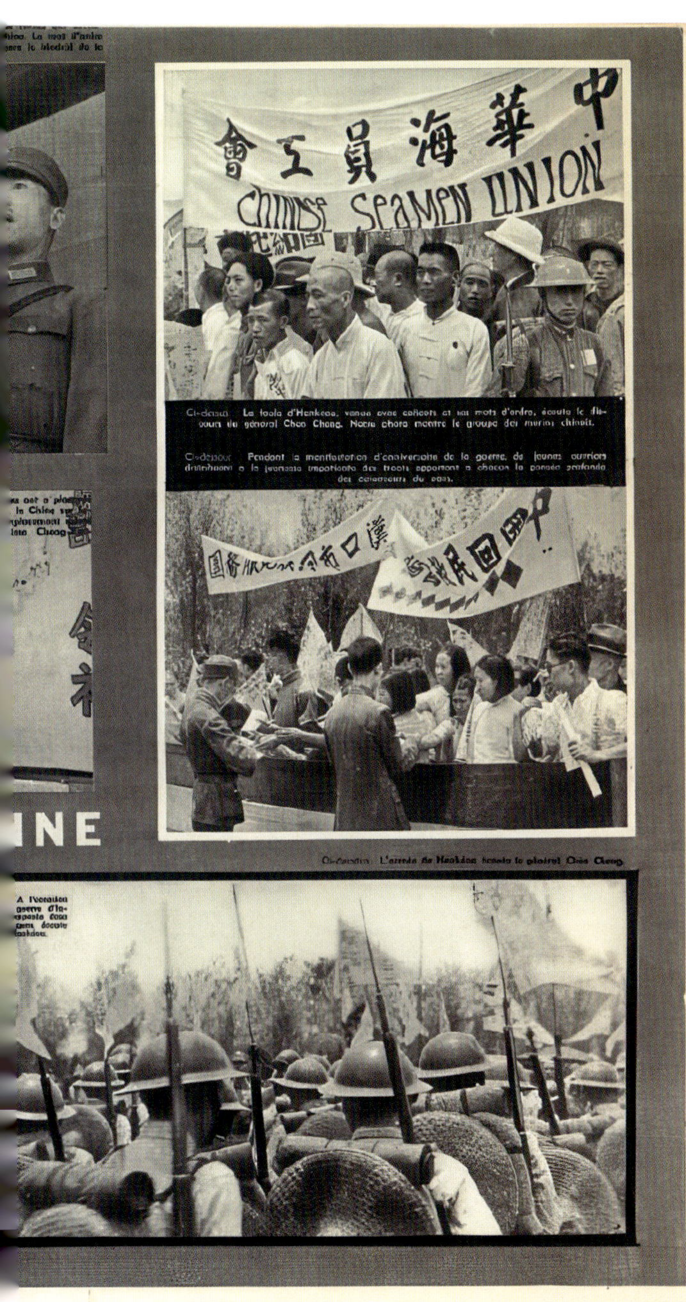

Parallèlement à *Life* aux États-Unis, la revue *Regards* a également publié des dizaines de pages de photographies de Robert Capa en Chine, pendant son séjour. *Regards*, qui a contribué à la célébrité de Capa, le traitait comme une vedette : « Nous sommes heureux de pouvoir présenter à nos lecteurs des documents uniques que nous recevons de l'intrépide photographe Robert Capa dont nous donnerons prochainement un reportage sensationnel », écrit le journal le 9 juin 1938. En novembre, alors que Robert Capa est déjà de retour en Espagne, *Regards* titre : « Hankeou sera le Madrid de la Chine » et s'explique : « La Chine rivalise d'héroïsme avec l'Espagne pour défendre son territoire et son indépendance. [...] Le commandant militaire d'Hankeou a appelé la ville à la résistance. » Hankeou tomba le 25 octobre 1938 aux mains des forces japonaises.

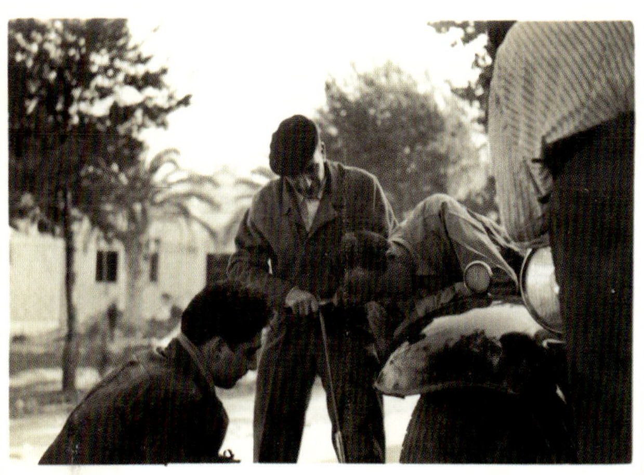

En route pour le front de l'Èbre

Pendant la guerre d'Espagne, les journalistes circulent en groupe dans des voitures fournies par les services de presse du gouvernement républicain. Il en est de même du côté franquiste. Le travail des reporters – comme toujours en temps de guerre – est étroitement surveillé et soumis à autorisation. Les textes et les photos doivent effectivement passer par les services de la censure. Robert Capa voyageait régulièrement avec Henry Buckley, journaliste britannique du *Daily Telegraph*. Ce dernier prenait lui aussi des photos, certes d'amateur, mais qui témoignent de manière émouvante du travail de la presse. Ces quelques clichés ont un petit côté « Tintin reporter de guerre ». On y voit notamment Robert Capa surveillant la réparation d'une roue d'un car dans un village catalan avec le reporter du *New York Times*, Herbert Matthews, à ses côtés. Nous sommes le 25 octobre 1938, les journalistes se rendent à la cérémonie d'adieu des Brigades internationales près de Tarragone. Joseph Kessel est alors dans le même véhicule. Sur l'autre photo, Capa sert ce qui semble être du champagne, probablement espagnol, à un groupe de reporters parmi lesquels Ernest Hemingway (debout) et, assis de gauche à droite, Hans Kahle, commandant des Brigades internationales, Herbert Matthews et Vincent Sheean du *New York Herald Tribune*. Les journalistes viennent de Barcelone et sont en route vers le front de l'Èbre. Ils se sont arrêtés pour déjeuner avec Henry Buckley qui lui vient de Sitges. Ils s'apprêtent à traverser le fleuve dans des conditions acrobatiques pour rencontrer le général Lister. Nous sommes le 5 novembre 1938, la bataille de l'Èbre est presque terminée. Ce fut la dernière grande offensive républicaine, et malgré des débuts prometteurs, elle vira au fiasco. ■

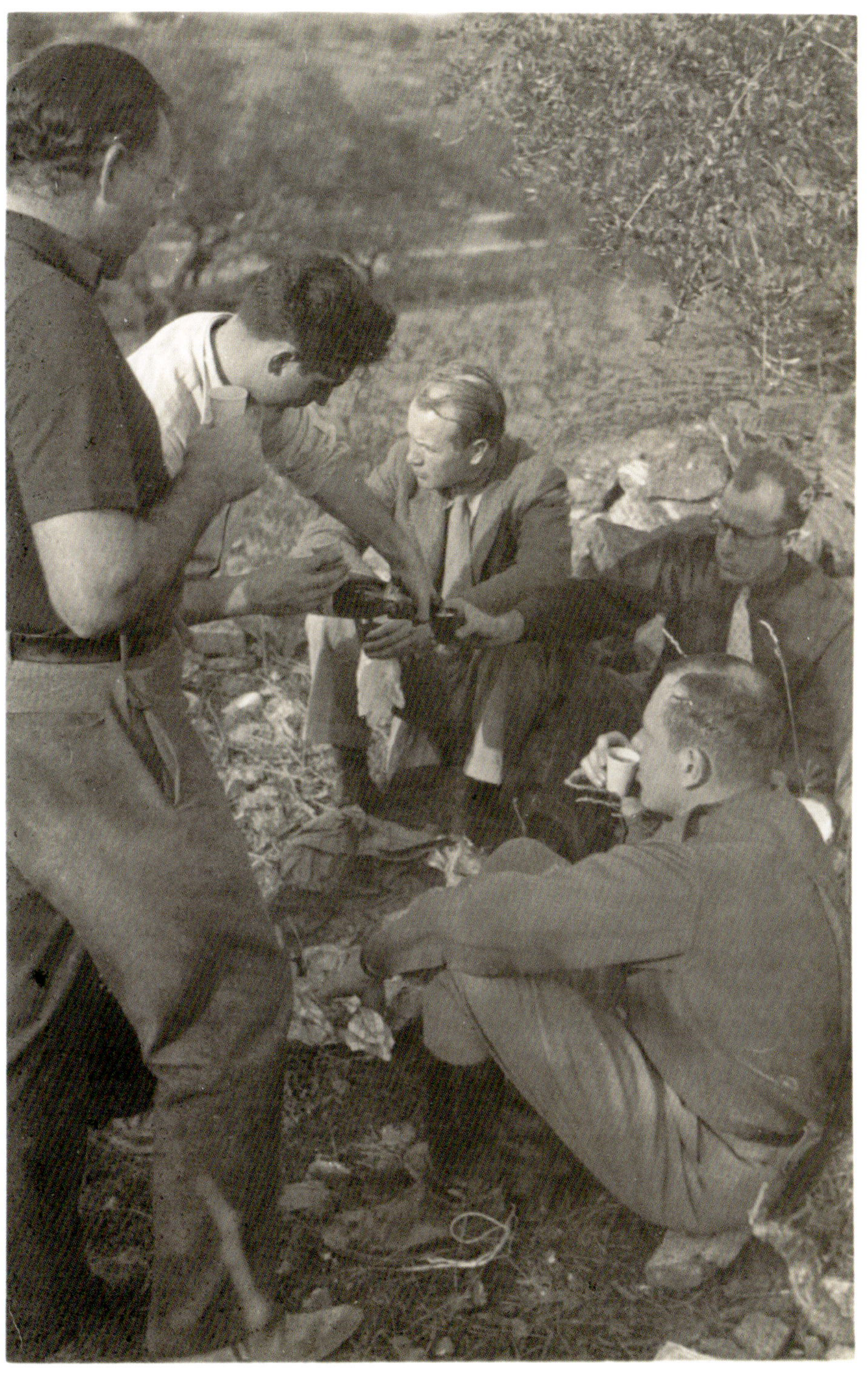

Le 15 janvier 1939, Capa est encore en Catalogne alors que les troupes franquistes progressent. Il fait un reportage dramatique sur la retraite de la population civile de Tarragone à Barcelone que l'aviation italienne mitraille sans relâche.

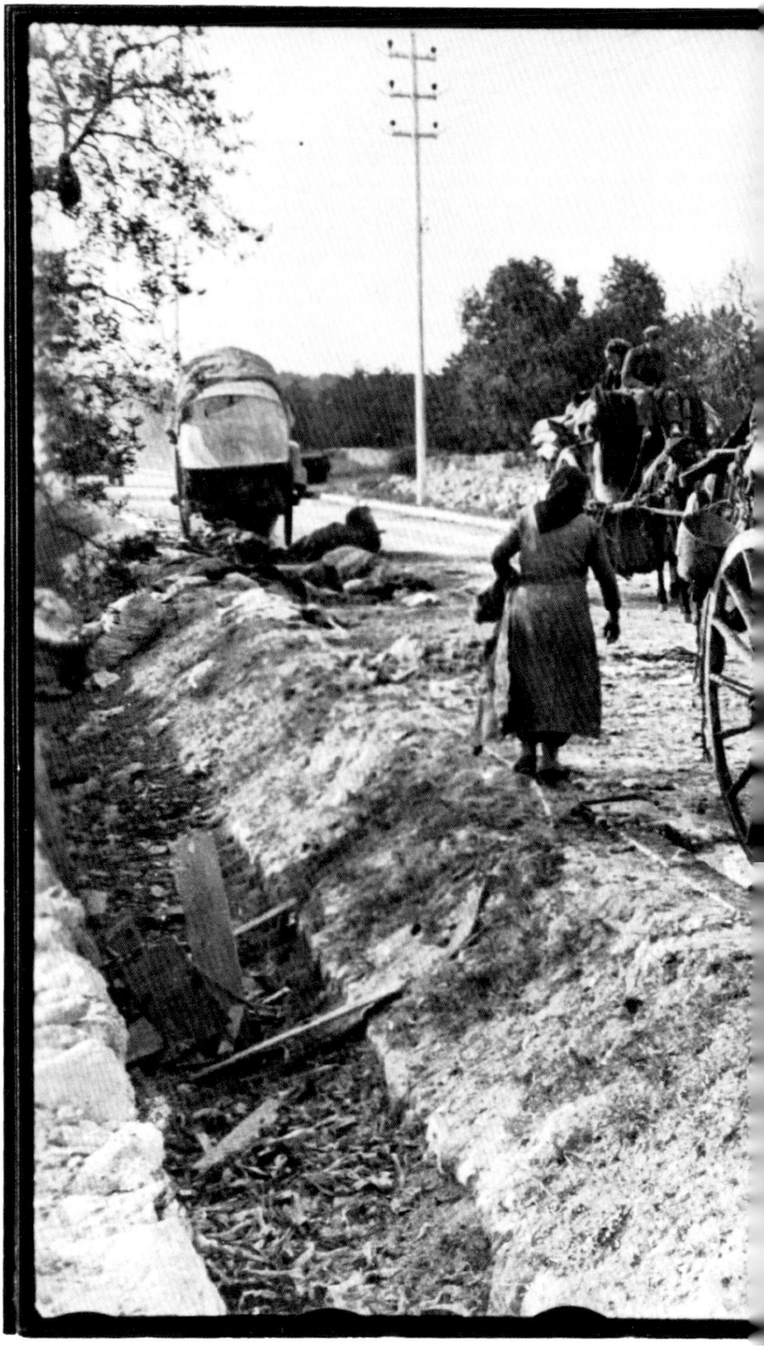

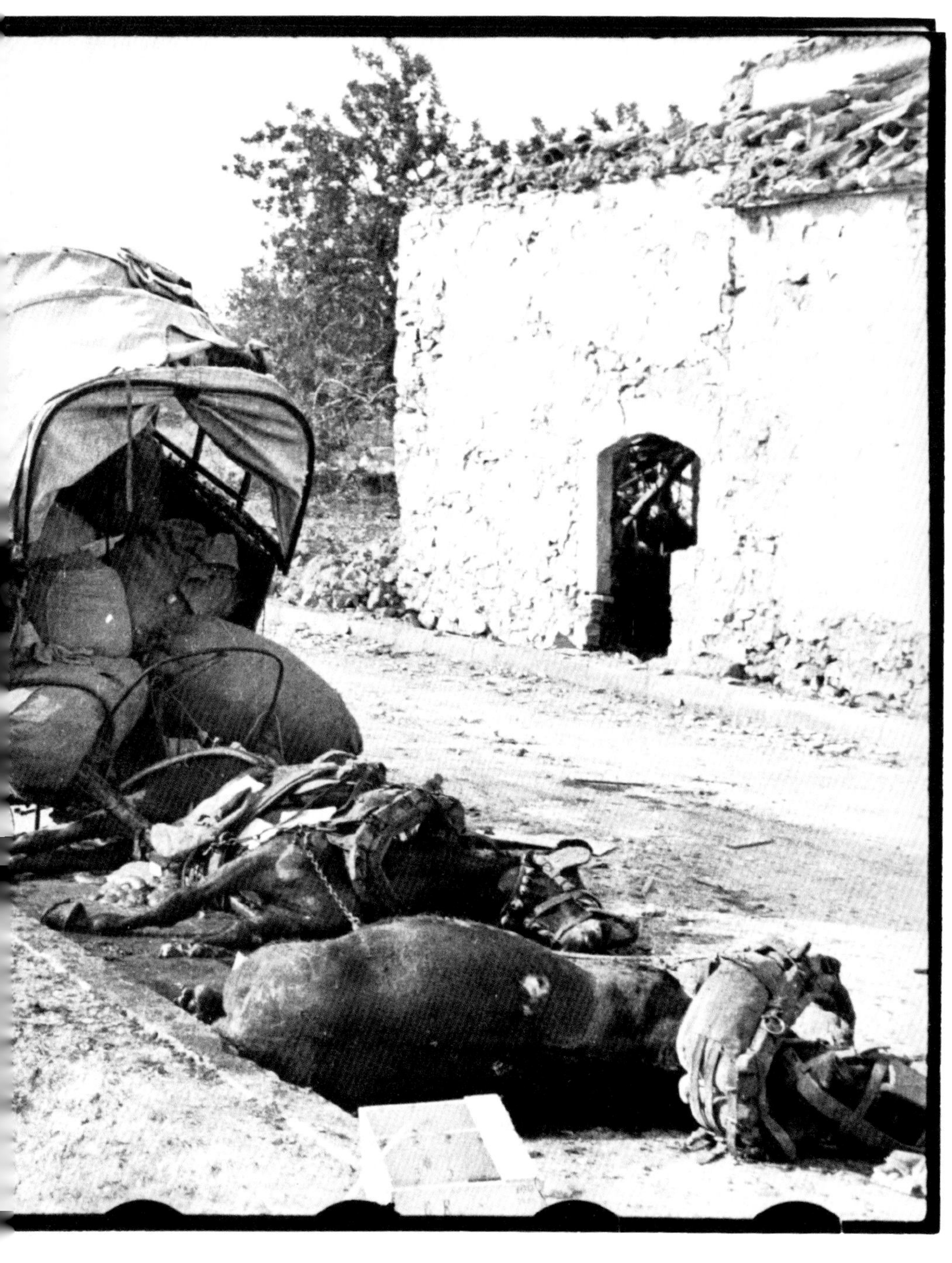

WIDE WORLD PHOTO: PLEASE WATCH CREDIT
900472
FINAL PARADE OF THE INTERNATIONAL BRIGADE

SPAIN – A GENERAL VIEW AS THE MEN OF THE INTERNATIONAL BRIGADE OF THE SPANISH REPUBLICAN ARMY, FORMED OF MEN OF ALL NATIONALITIES, TOOK PART IN A FINAL PARADE "SOMEWHERE" BEHIND THE EBRO FRONT BEFORE THEY WERE DISBANDED RECENTLY. DR. JUAN NEGRIN, THE SPANISH GOVERNMENT PREMIER, TOOK THE SALUTE AT A MARCH PAST AND INSPECTED THE MEN.

N-11/10/38 (s)

Photographes et brigadistes

Capa gardera toute sa vie la nostalgie de la guerre d'Espagne, qu'il a couverte du début à la fin. Son frère Cornell écrit qu'il faisait partie d'une « Brigade internationale de photographes » engagés aux côtés de la République espagnole. Lors de toutes les batailles, de Madrid à l'Èbre, il a côtoyé les volontaires français, allemands ou américains avec lesquels il noue des relations d'amitié comme avec Milton Wolf, le commandant de la brigade Abraham Lincoln, Alfred Kantorowicz ou Gustav Regler. Au mois d'octobre 1938, plusieurs cérémonies sont organisées en Catalogne pour marquer le départ des Brigades internationales.

Cette photo a été trouvée sur Internet. Nous sommes le 25 octobre 1938, assistant à l'une de ces cérémonies, Robert Capa – accroupi à gauche – prend des photos. Au-dessus de la banderole accrochée sur la galerie, nous distinguons David Seymour, dit Chim. Le lieu de l'événement a été tenu secret jusqu'au dernier moment pour éviter tout bombardement. Les journalistes et photographes sont venus de Barcelone en bus jusqu'à Espluga de Francolí, petite commune près de Montblanc, dans la province de Tarragone.

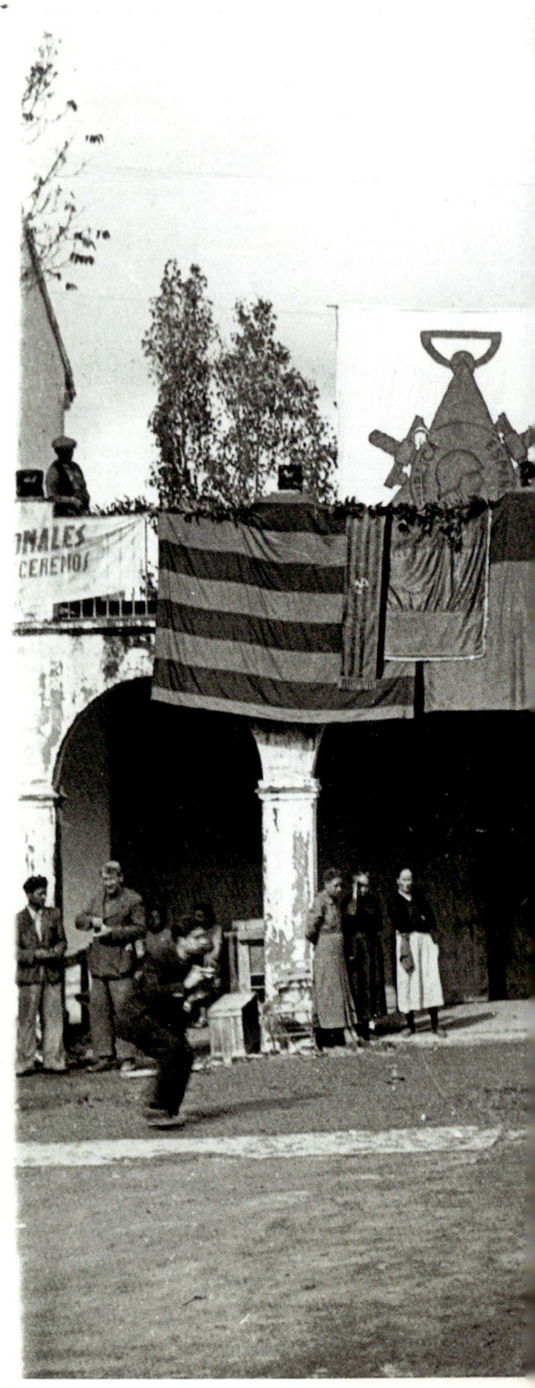

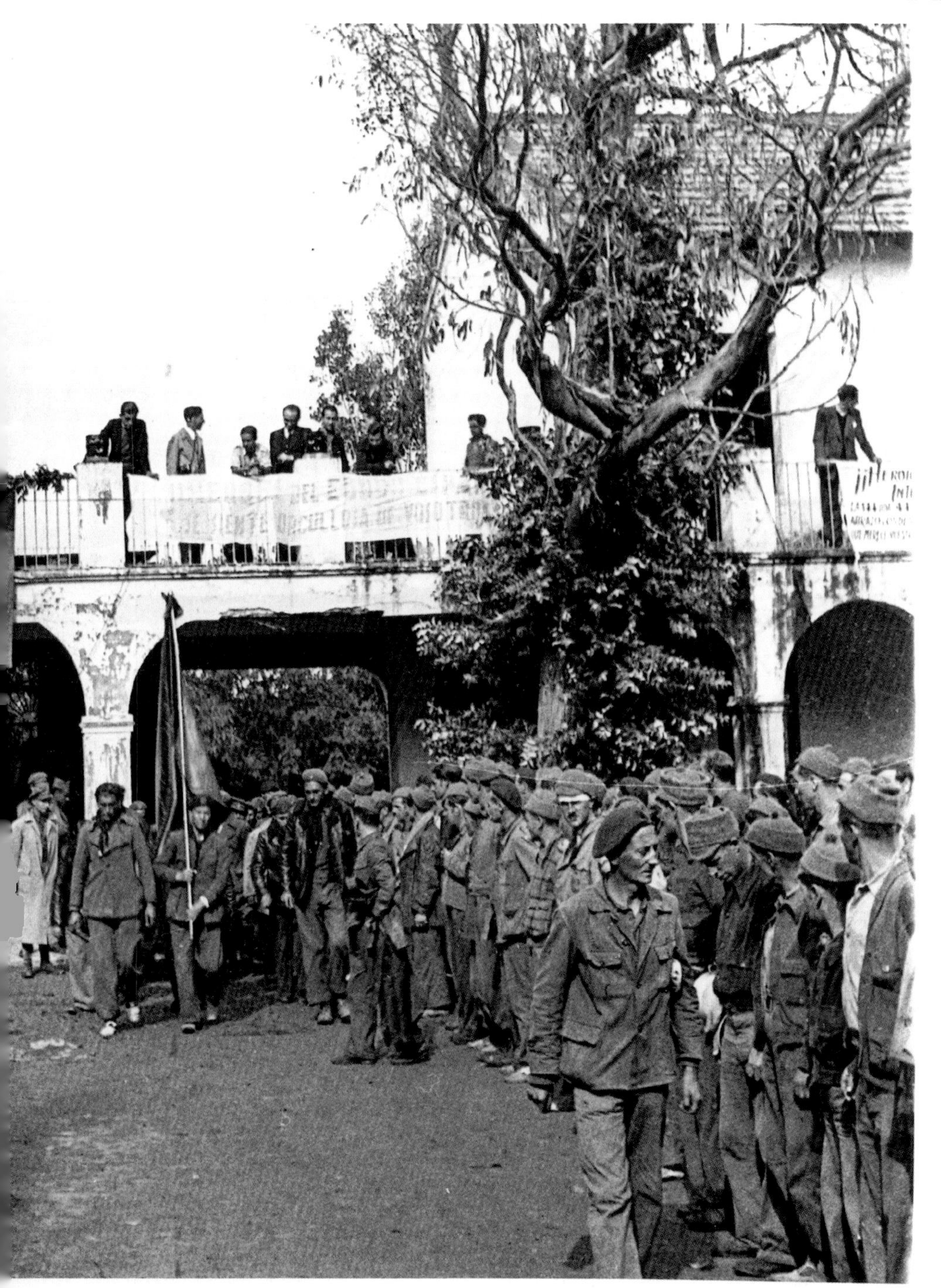

Cette photographie de Capa du départ des brigadistes porte un cachet d'époque Photo Capa. De nombreux photographes sont là, il est le seul à faire des portraits serrés de ces volontaires qu'il a accompagnés sur tous les fronts.

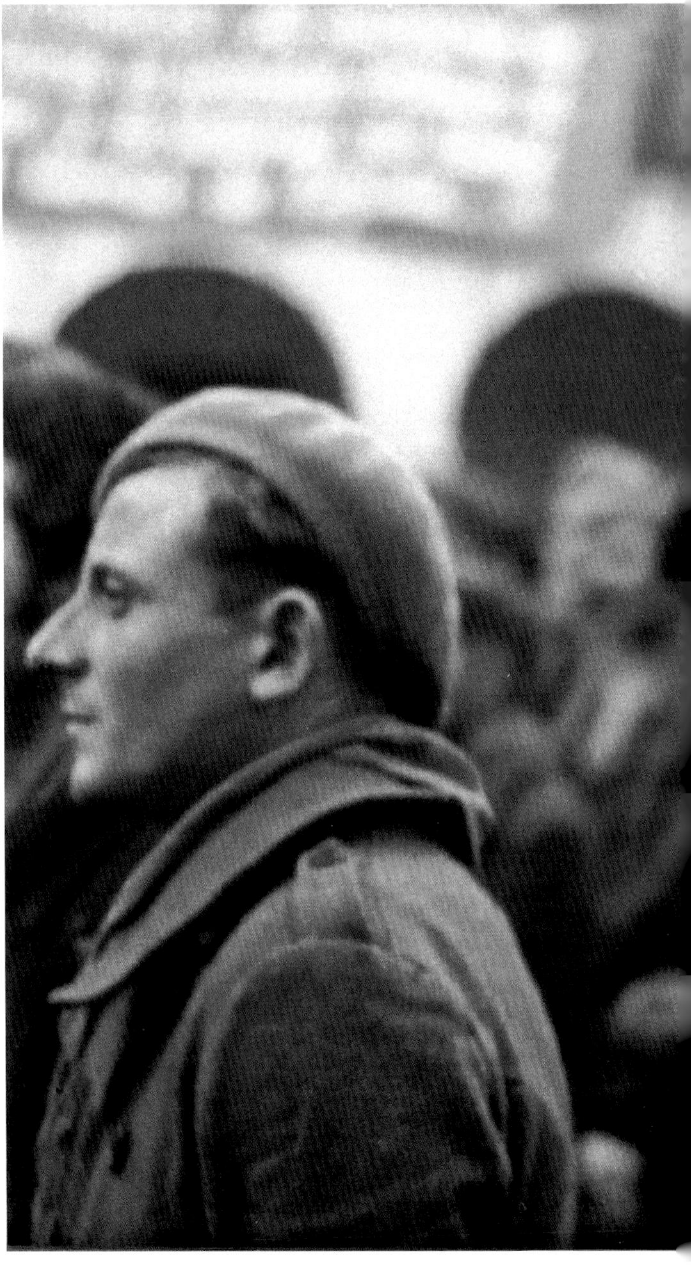

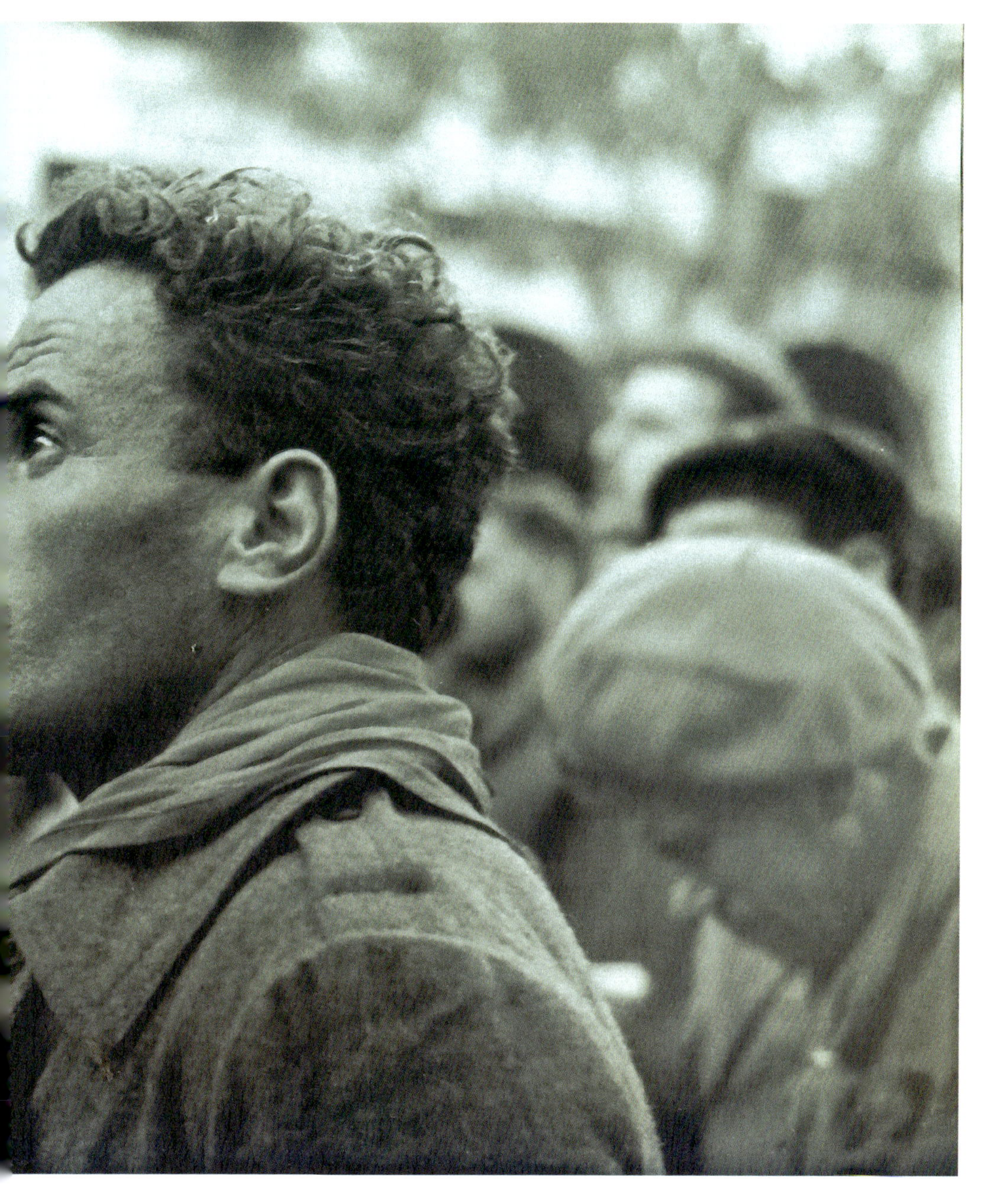

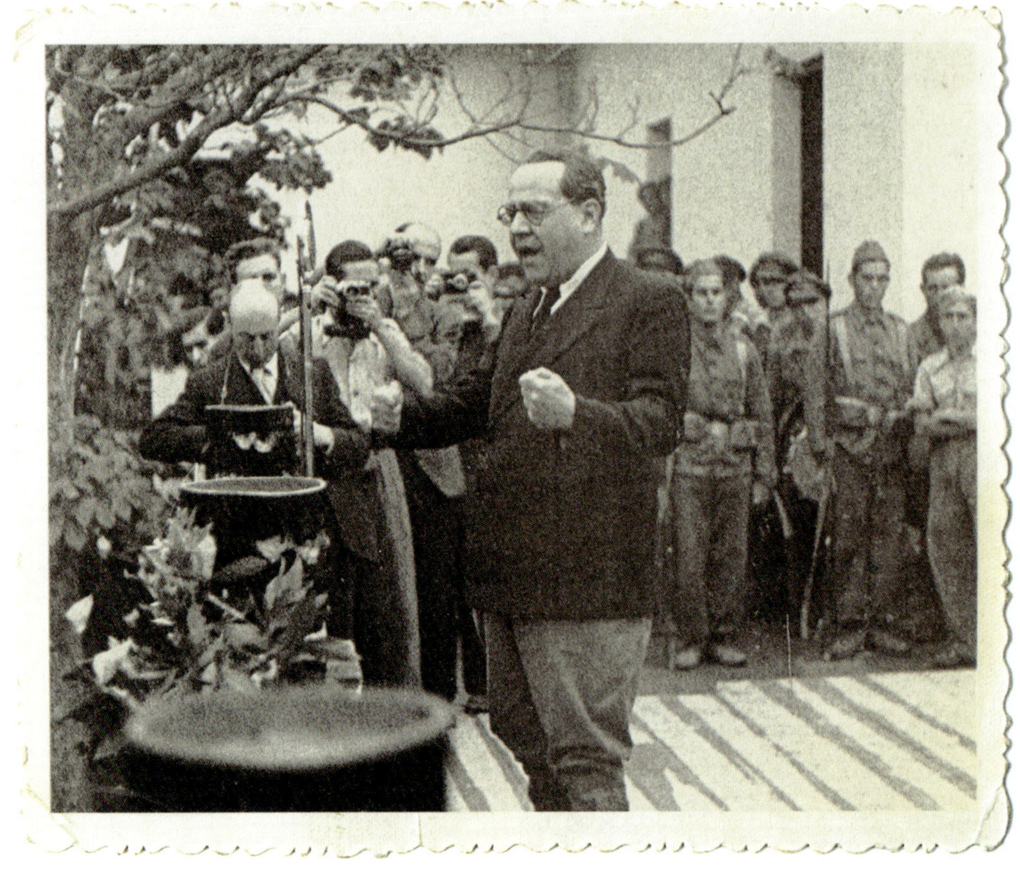

CI-DESSUS : **Juan Negrín, le Premier ministre espagnol, s'adressant aux volontaires internationaux, photographié par Juan Guzman.**

À DROITE : **Un numéro de *l'Humanité* où sont publiées les photos de Capa de la cérémonie de départ des brigadistes, sans mention d'auteur.**

Sur la photo ci-dessus, nous pouvons apercevoir le visage de Capa derrière la rangée de photographes. Lors de cette même cérémonie de départ, les reporters photographient le Premier ministre espagnol Juan Negrín adressant un message d'adieu aux volontaires. C'est ce jour-là que Capa prend parmi ses photos les plus célèbres de la guerre d'Espagne, des portraits de brigadistes italiens, poing levé. De nombreux journalistes et photographes sont présents : Ernest Hemingway, Joseph Kessel ou encore Jean Moral. Le défilé final des brigadistes sera salué à Barcelone par des brassées de fleurs ; Capa et Chim immortaliseront l'instant. ■

Les combattants de la liberté ont changé de FRONT

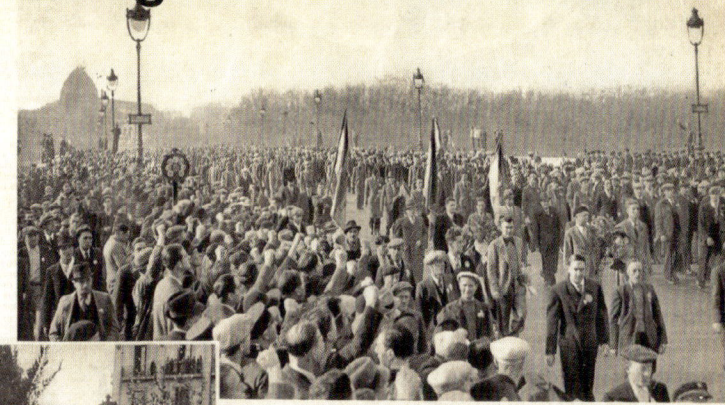

Un aspect de leur défilé inoubliable à travers Paris. On reconnait, vivement acclamé par la foule, de gauche à droite : Marcel Sagnier, commandant de la brigade la « Marseillaise » ; André Marty : Yves Tanguy, commissaire politique

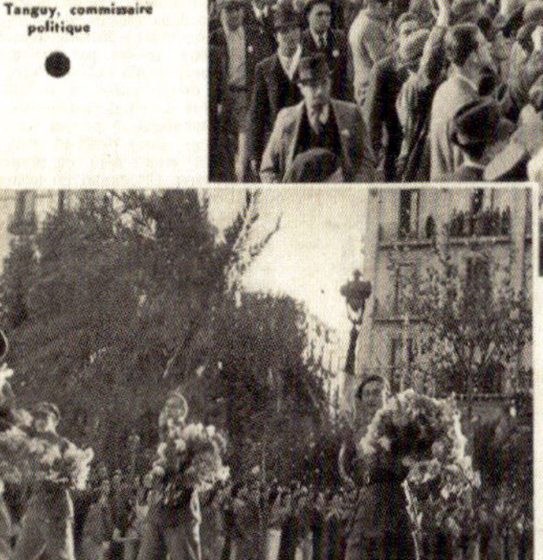

Sous une pluie de fleurs, les volontaires de la liberté défilèrent dans Barcelone. L'Espagne saluait ceux qui l'avaient aidée à résister...

APRÈS 24 mois d'une lutte terrible, où souvent — la non-intervention odieuse jouant — ce furent les poitrines nues qui durent arrêter les engins d'acier du fascisme bestial. Ils ont quitté — ou s'apprêtent à le faire — la terre espagnole, après les adieux poignants que leur a faits le peuple d'Espagne, de Madrid à Valence, de Barcelone à Port-Bou.

Pourra-t-on dire jamais ce que furent, ce que firent les volontaires internationaux, ces hommes d'épopée, venus de 53 pays — 28 % d'entre eux étant arrivés de France — et qui sont symbolisés par la grande figure d'André Marty, qui fut au milieu d'eux depuis les jours héroïques de novembre 1936 à Madrid jusqu'à ceux, témoignages de la vitalité de la jeune armée espagnole, de juillet-septembre 1938 sur l'Ebre ?

Ils sont partis, sûrs de la victoire finale de l'armée populaire aux bataillons ardents, aux chefs jeunes et capables, aux commissaires fiers de leur rôle grandiose et périlleux, ils sont partis confiants dans le triomphe de l'héroïque peuple espagnol, uni derrière son gouvernement de Front populaire et son chef, le docteur Negrin.

Le peuple de Paris les a vu défiler, l'autre dimanche, glorieux et simples et a fait l'ardent accueil qui convenait à ces vaillants fils de France qui ne quittent le combat dans les tranchées et les armes que pour entreprendre une autre forme de lutte. Mais c'est toujours le même ennemi ! Sans prendre de repos, sans connaître de trêve, ils prennent tout de suite place dans les rangs des millions de syndiqués, d'antifascistes, mettant toute l'expérience qu'ils ont si héroïquement acquise — au prix de tant de douloureux sacrifices ! — au service de la grande lutte humaine pour la liberté et la paix.

Gloire aux combattants de la Liberté !

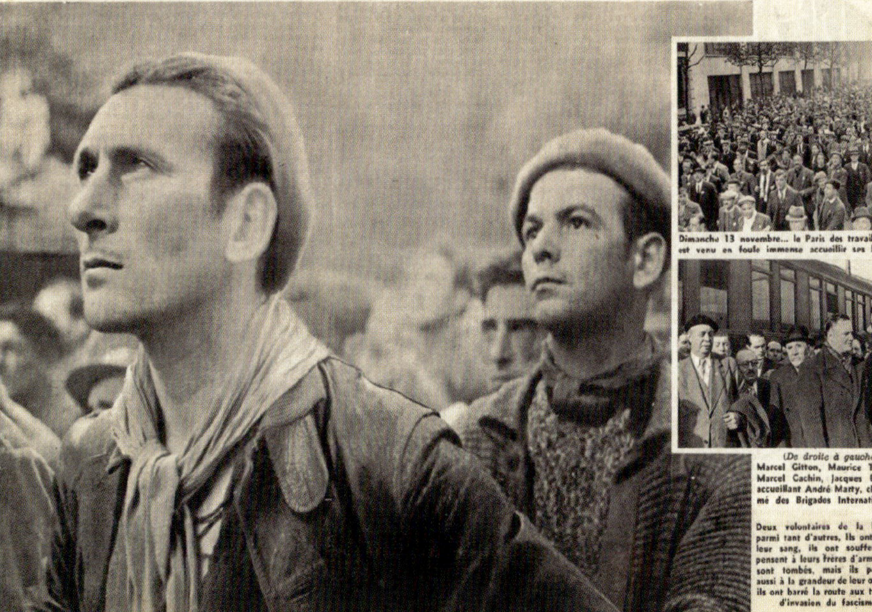

Dimanche 13 novembre... le Paris des travailleurs est venu en foule immense accueillir ses héros

(De droite à gauche) Marcel Gitton, Maurice Thorez, Marcel Cachin, Jacques Duclos, accueillant André Marty, chef aimé des Brigades Internationales

Deux volontaires de la liberté parmi tant d'autres. Ils ont versé leur sang, ils ont souffert, ils pensent à leurs frères d'armes qui sont tombés, mais ils pensent aussi à la grandeur de leur œuvre : ils ont barré la route aux troupes d'invasion du fascisme

Partir de France à tout prix

Après la fin de la guerre d'Espagne en avril 1939, Capa continue à produire des reportages pour la presse. Il suit en juillet le Tour de France pour l'hebdomadaire *Match*, un magazine illustré de grande qualité qui a déjà publié en 1938 ses photos de la bataille du Sègre en Espagne ainsi que celles de la retraite des Espagnols vers la France début 1939. Il continue également à travailler pour *Regards*. Chim quitte la France au printemps 1939 à bord du *Sinaïa*, à destination de Veracruz. Ce bateau transporte un millier de réfugiés espagnols vers le Mexique, qui a accepté de les accueillir. Pour Chim, qui couvre le voyage, ce sera aussi la route de l'exil.

En septembre 1939, la France et l'Angleterre ont déclaré la guerre à l'Allemagne hitlérienne. Comme des milliers de réfugiés d'Allemagne et d'Europe centrale, Capa est pris au piège. Il a tout à craindre des nazis (à qui il a échappé en 1933) mais également des Français qui emprisonnent les « étrangers indésirables » dans les mêmes camps qui avaient abrité les Espagnols. Capa a besoin du visa d'un pays d'accueil pour quitter la France et rejoindre sa famille à New York. Au magazine *Life*, on s'inquiète de son sort. Dans un courrier du 31 janvier 1939, ses employeurs lui écrivent : « Ici, nous étions très soucieux à votre sujet quand les troupes de Franco s'approchaient de Barcelone et pendant la prise de la ville. Cela a été un grand soulagement lorsque Mme Chambers nous a câblé "Capa sain et sauf à Perpignan". Vous auriez pu y rester, comme je le craignais, après le travail photographique que vous avez réalisé dans l'Espagne loyaliste, vous n'auriez pas été bien traité par les ennemis des loyalistes si vous étiez tombé entre leurs mains. *Life* a été très satisfait de vos photos d'Espagne et de Chine. J'espère que votre modestie n'en souffrira pas si je vous dis que vous êtes aujourd'hui le photographe de guerre numéro un. »

Pour partir, Capa n'a guère de solution. Le 6 septembre 1939, il se met à la disposition des autorités militaires françaises en tant que photographe. Pierre Lazareff, de *Paris-Soir* et *Match*, essaye de lui obtenir un visa, en vain. Finalement, le consul chilien, Pablo Neruda, lui fournira ce document tant désiré et ses employeurs de *March of Time* lui trouveront une place sur un bateau. Neruda était très impliqué dans le soutien aux républicains espagnols ; il réussit à en faire sortir des milliers hors de France. Il publie d'ailleurs au Chili, en 1937, un recueil de poèmes, *L'Espagne au cœur*, illustrés de photomontages, dont au moins une photo de Capa. Ce visa, daté du 19 septembre 1939, va permettre à Capa de prendre le bateau pour les États-Unis. Il laisse derrière lui Csiki Weisz et ses archives rue Froidevaux. ■

Le reportage sur le Tour de France 1939 est un des derniers de Capa avant son départ de France. Il paraît dans deux numéros de *Match*.

NOTRE GARS, CLOAREC DE PLEYBEN COURT LE "TOUR"

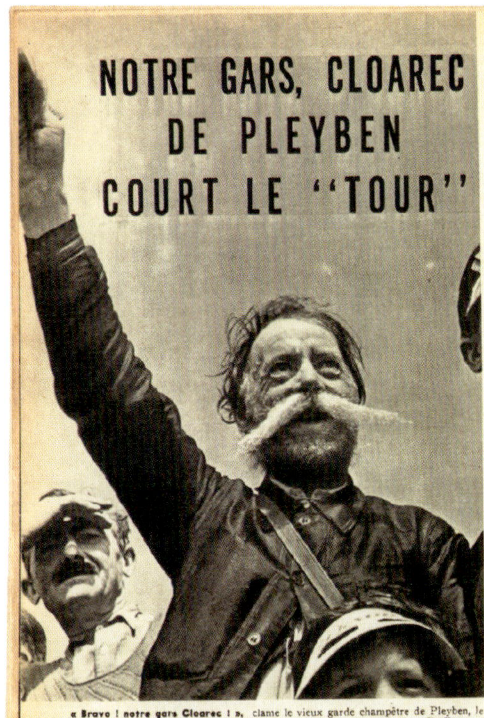

« Bravo ! notre gars Cloarec ! », clame le vieux garde champêtre de Pleyben, le pays natal du coureur. « Papa, ne te laisse pas enfermer ! » halète son fils Pierrot.

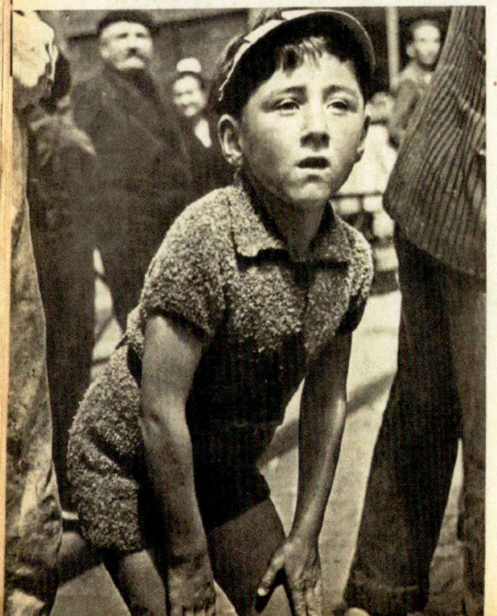

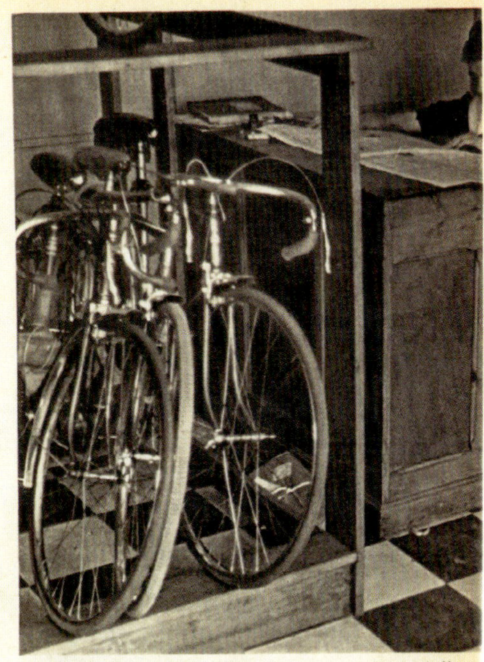

A Quimper, dans le magasin de cycles qu'elle tiendra seule pendant un mois, Mme Cloarec suit sur le journal les performances de son mari avec une émotion que la ben-

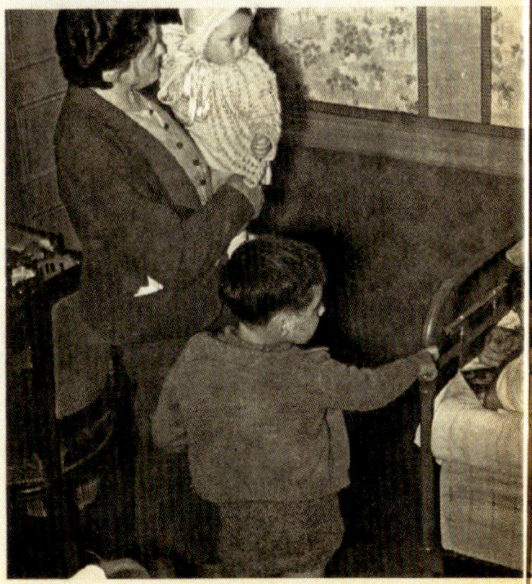

Mme CLOAREC A EMMENE JEANNIC ET PIERROT VOIR PAPA A L'ETAPE. A

CINQ MINUTES DE DRAME SU

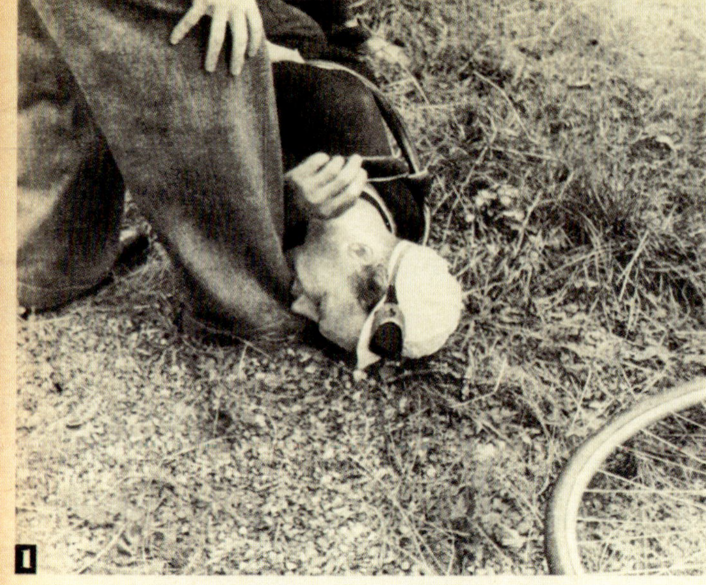

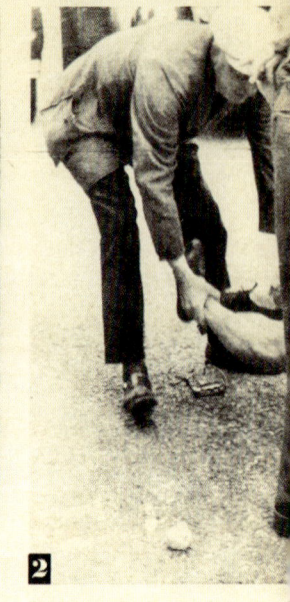

1 DANS LE PELOTON COMPACT, UN ACCROCHAGE. VINGT COUREURS A TERRE. ROMAIN MAES EST K. O.

2 LES MOINS TOUCHES SONT REPARTIS VE

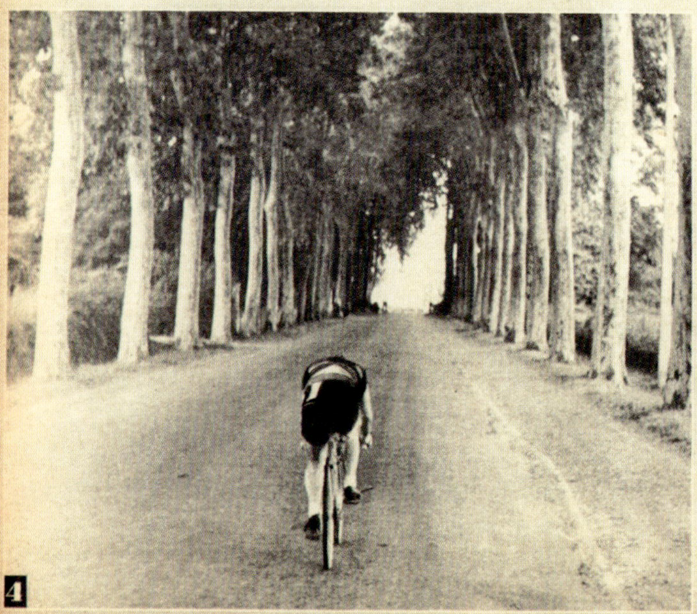

4 L'HOMME, A DEMI CONSCIENT, S'EST REMIS EN SELLE, EST REPARTI SEUL SUR LA ROUTE LANDAISE.

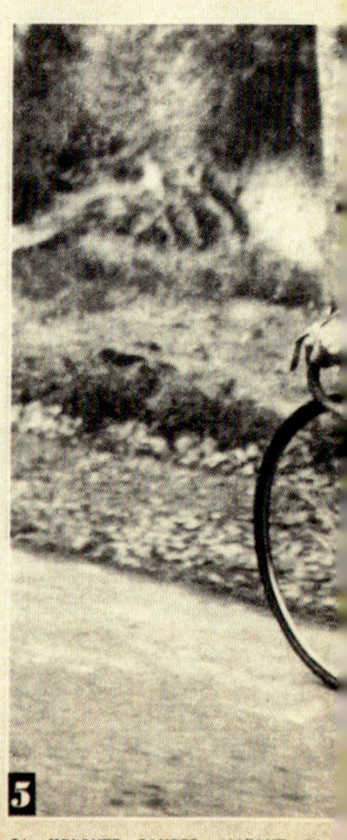

5 SA VOLONTE BANDEE, MATANT SA

A ROUTE DU TOUR DE FRANCE

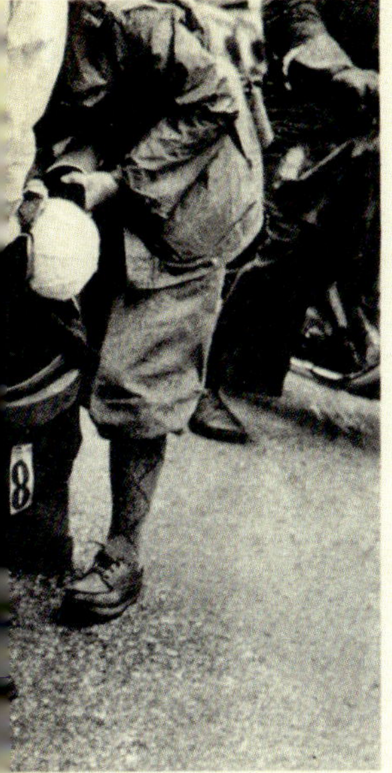

…UES SUIVEURS RELEVENT LE COUREUR BELGE.

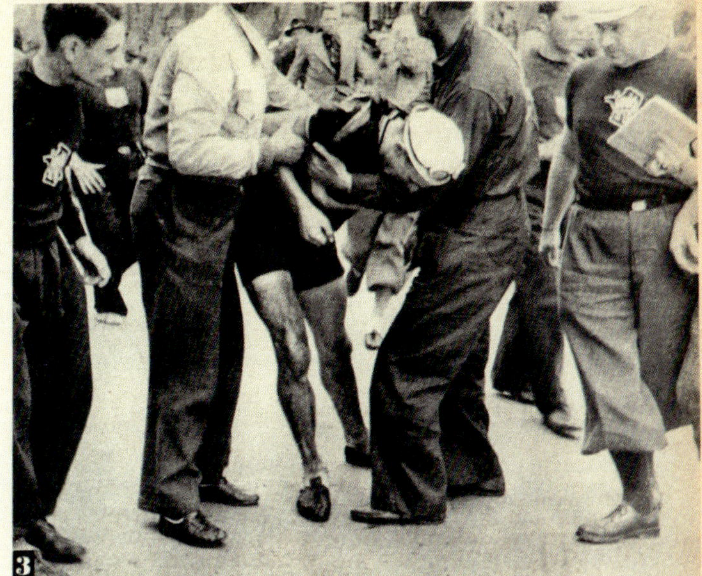

ON TENTE DE REDRESSER CETTE LOQUE DOULOUREUSE ET SANGLANTE. ON RAMENE LE VELO RETAPE.

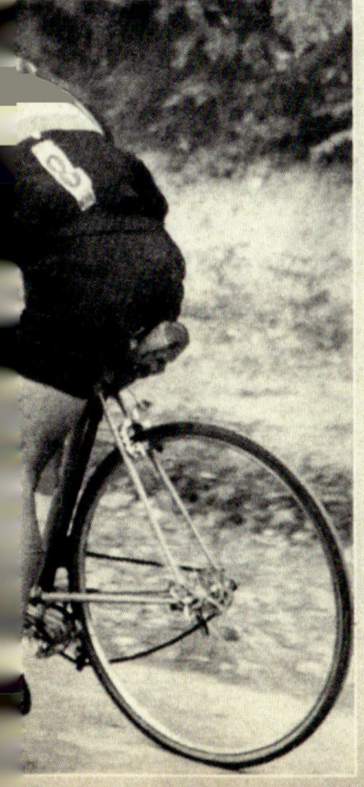

MAES ESSAIE DE RETROUVER SON RYTHME.

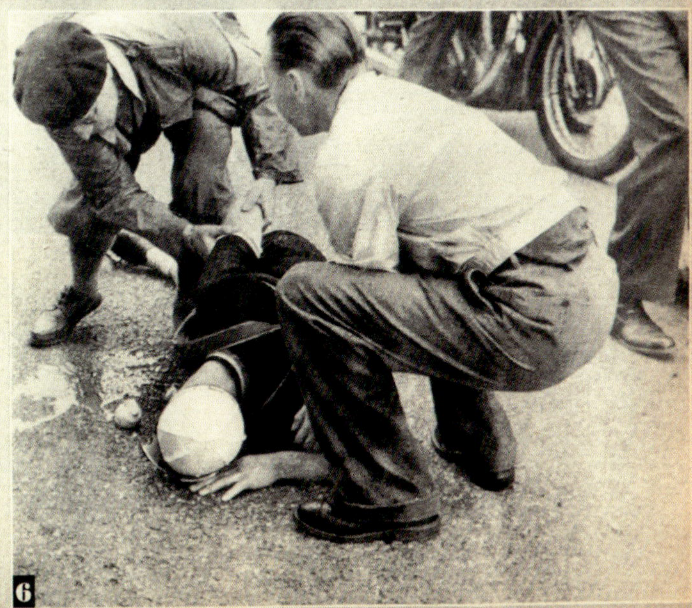

ET PLUS LOIN, EPUISE, LE VAINQUEUR D'UN AUTRE TOUR DE FRANCE S'ABAT A NOUVEAU. IL ABANDONNE.

FIN

BOB

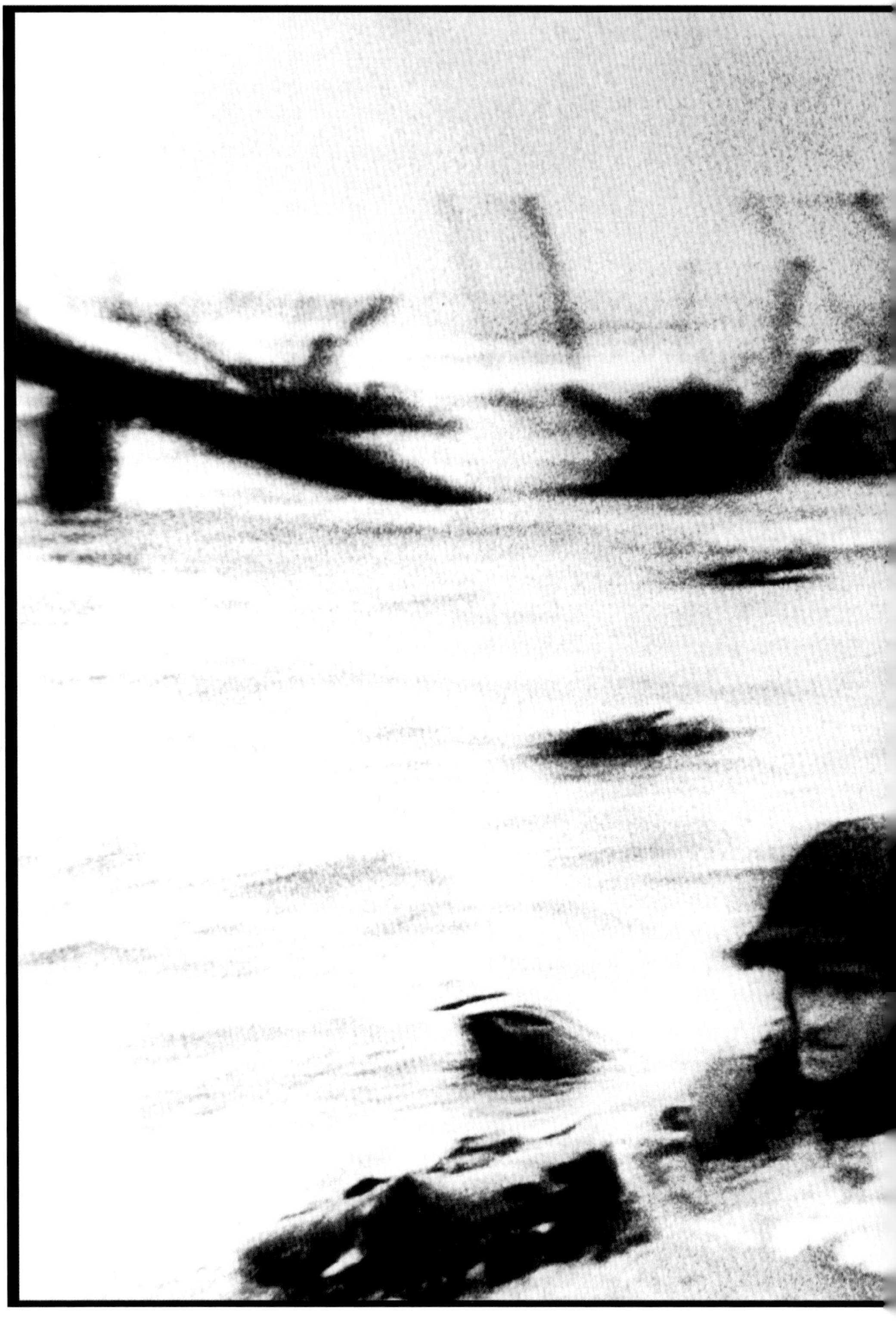

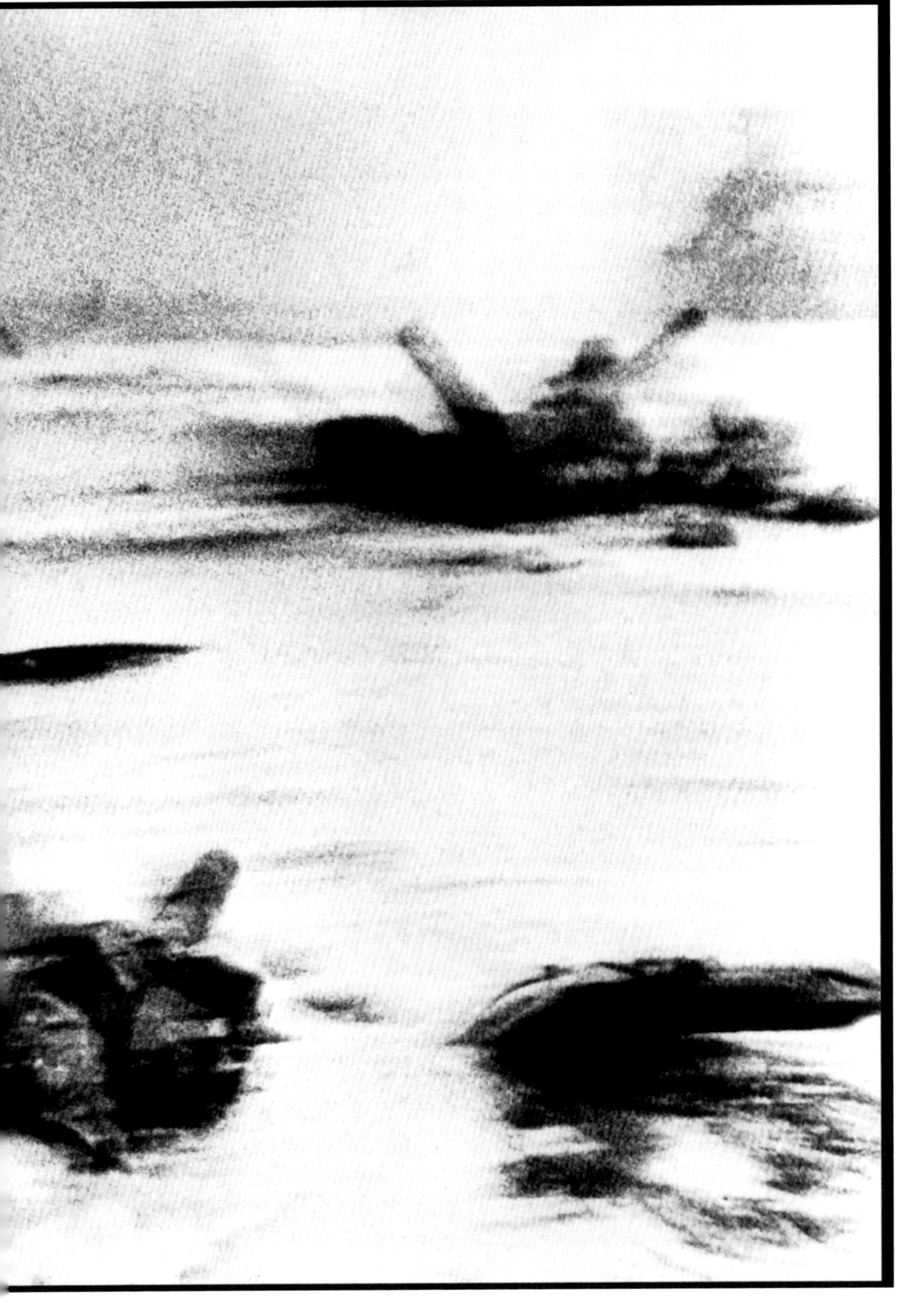

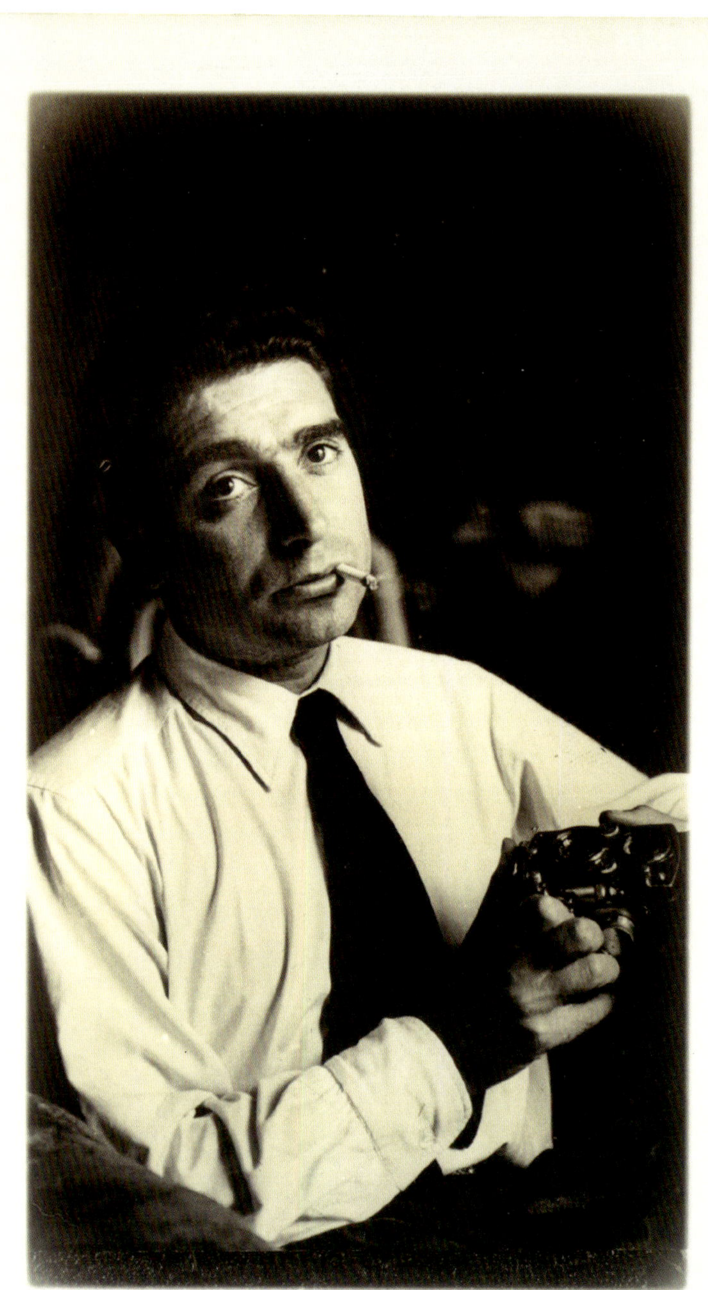

DOUBLE PAGE PRÉCÉDENTE : **La plus célèbre des *Magnificent Eleven*, « le visage dans les vagues ». Identifié en 2007, ce soldat serait le Private First Class Huston Riley.Le négatif de cette image a été perdu, on l'appelle, l'homme qui sort des flots.**

CI-CONTRE : **Ce portrait de Bob Capa avec son Rolleiflex date de mars 1948. Il est publié dans *This is Israël* (Boni and Gaer, New York) aux côtés de ceux des autres protagonistes du livre, les photographes Jerry Cooke, Tim Gidal et les auteurs I. F. Stone et Bartley C. Crum pour la préface. L'auteur de cette photo est inconnu.**

L'Américain

Il était le plus parisien des Américains et, bien sûr, le plus américain des Parisiens. Durant toute sa carrière sous le nom de Capa, il n'eut que deux ports d'attache : Paris et New York. Paris pour vivre et créer, New York pour la famille et les affaires. C'est en Espagne qu'il a noué des relations solides avec des journalistes américains : Ernest Hemingway, mais aussi Jay Allen, Herbert Matthews et beaucoup d'autres. 1937 fut l'année de l'« américanisation » de sa carrière. Il décroche un contrat avec *Life Magazine* et passe un accord de distribution avec l'agence Pix Publishing. C'est également à New York que Capa monte son premier projet de livre, dont le titre sonne tellement anglais : *Death in the Making*. En juin 1937, sa mère Julia et son frère Cornell emménagent définitivement à New York, d'abord dans le Bronx chez une tante, puis dans la 94e Rue Ouest. Pour autant, c'est à Paris que le photographe a son numéro de téléphone dans le bottin : CAPA Robert, Danton 75 21. Un correspondant de guerre américain avec un plan de Paris dans la tête. C'est peut-être au fond des bars et cafés d'un Paris libéré, au temps où tout ce qui était américain donnait le ton, que vint l'habitude de l'appeler Bob. « D'accord, Bob », écrit Michel Descamps, le photographe de *Paris Match*, quand il raconte sa dernière rencontre en Indochine avec Capa. Même son vieux copain communiste, le journaliste de *L'Humanité* Georges Soria, avec lequel il couvrit la guerre d'Espagne dès 1936, l'appelle Bob dans ses lettres à Cornell Capa. « Bob avait une façon toute particulière de manifester son hilarité, écrit aussi Noël Howard, le réalisateur américain, dans ses Mémoires. Les yeux mi-clos, la bouche fendue d'une oreille à l'autre et cramponnée sur sa cigarette, il gloussait tout doucement par soubresauts. On s'attendait à ce qu'il éclate de rire mais il ne le faisait jamais. À travers ce discret ronronnement, on sentait une immense joie intérieure. » 1947 fut l'année de son indépendance, avec la création au registre du commerce de la ville de New York de Magnum, société au capital de 2 800 dollars. C'est au restaurant du MoMA, dans la 53e Rue, au printemps, que Capa fonde la célèbre agence – dont le nom, si français, s'inspire d'une bouteille de champagne de grande taille (150 cl) – avec ses amis : David Seymour (Chim), Henri Cartier-Bresson bien sûr, mais aussi l'Anglais George Rodger croisé en Italie pendant la guerre, William « Bill » Vandivert de *Life*, son épouse Rita qui sera nommée présidente de l'agence, et enfin Maria Eisner, la fondatrice d'Alliance Photo, qui prendra la direction du bureau parisien de Magnum. Paris-New York, New York-Paris, toujours.

À Londres, en attendant le jour J

C'est une toute petite pièce pleine de classeurs dans les bureaux de l'agence Magnum à New York. En 2002, en ouvrant un tiroir à fond, un documentaliste découvre par hasard de vieilles boîtes de photos sur lesquelles on peut lire : « Life at front, Pix Publishing, Kodachrome » et « From Robert Capa to *Collier's* ». À l'intérieur se trouvent des photographies en couleurs datant de la Seconde Guerre mondiale. Avant la guerre, Capa a traversé l'Atlantique sur des paquebots de ligne : la première fois, en septembre 1937, il embarque du Havre sur le paquebot *Lafayette* ; en octobre 1939 il prend la route de l'exil sur le *Manhattan*. Mais, à la fin du mois d'avril 1941, à New York, il monte à bord d'un bateau de guerre, un cargo norvégien affrété par la Cunard Steamship Company qui transporte des avions et des armes à destination de l'Angleterre. À l'époque, même si elle existe depuis 1938, la photographie de presse en couleurs demeure exceptionnelle. Capa – qui s'est déjà essayé à la couleur en Chine – documente son voyage en couleurs avec l'un de ses Contax II, dans lequel se trouvent des rouleaux de film Kodachrome. Deux de ses photos en couleurs paraissent dans le *Saturday Evening Post*, tandis que d'autres sont publiées dans *The Illustrated*.

En Amérique, Capa se sent frustré d'être du mauvais côté de l'Océan et n'a qu'une hâte : rejoindre le théâtre des opérations en Europe. Pour cela, il faut obtenir une accréditation militaire. La tâche n'est pas facile pour Capa qui, bien que disposant depuis peu d'une carte de résident permanent aux États-Unis, est originaire de Hongrie, pays allié de l'Allemagne… Il lui faut aussi obtenir l'ordre de mission d'un journal ; or *Life* refuse de l'envoyer en Grande-Bretagne, considérant que les événements sont suffisamment bien couverts par le bureau de Londres. Grâce à ses amis – Martha Gellhorn, Léon Daniel de l'agence Pix et Vincent Sheean, qui prépare avec sa femme Diana Forbes-Robertson un livre sur le Blitz *The Battle of Waterloo Road* – Capa réussit donc à franchir l'Atlantique une première fois en 1941, puis une seconde, toujours sur un convoi d'armement, en 1942. Cette fois, de Londres, il se rend ensuite en Afrique du Nord pour le magazine américain *Collier's Weekly* ainsi que pour le journal britannique *The Illustrated*. De mars à mai 1943, il couvre la campagne de Tunisie du IIe corps d'armée américain du général Patton, qui remporte la bataille d'El Guettar contre l'Afrikakorps. Le 23 mars 1943, dans le sud de la Tunisie, Capa assiste là à la toute première victoire des forces américaines sur le IIIe Reich. Les photos prises à El Guettar arrivent si tard à la rédaction du *Collier's* à New York – trois mois après – que Capa perd son contrat avec le journal. Il revient alors vers *Life*, qui l'emploie pour couvrir les campagnes de Sicile et d'Italie, de juillet 1943 à février 1944. Après ces longs mois passés dans les rangs de l'armée américaine, Capa est devenu ami avec le général Théodore Roosevelt Jr, fils de l'ancien président, et le général Ridgway qui commande à Naples. Plus tard, tous deux l'aideront à obtenir la nationalité américaine.

Alors que le Débarquement approche, les correspondants de

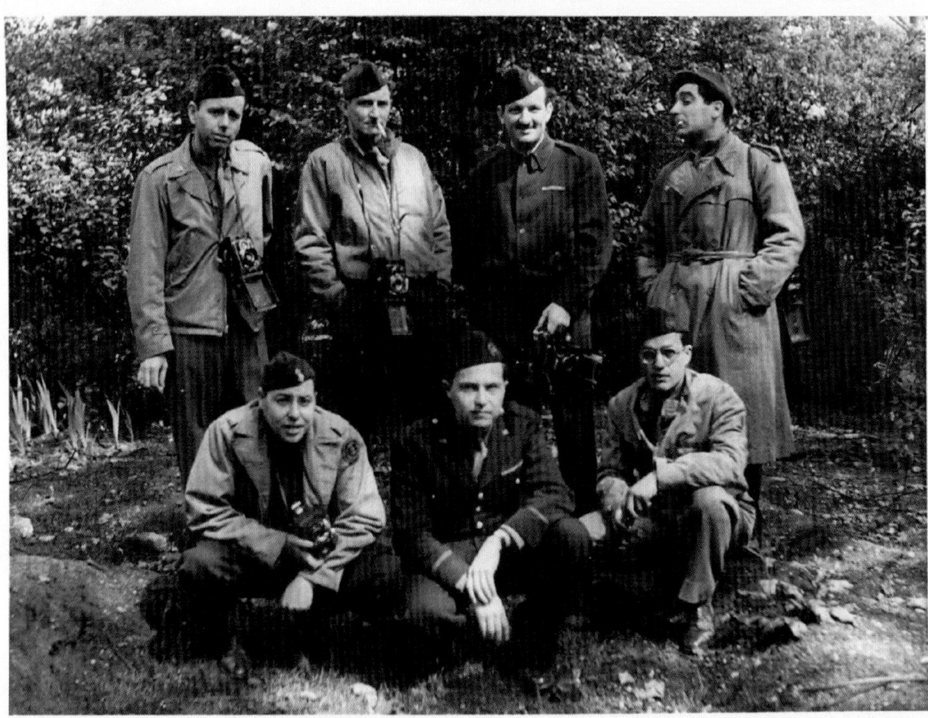

guerre de *Life* se rassemblent à Londres pour se préparer à couvrir la plus grande opération militaire de tous les temps, baptisée Overlord, « Chef suprême ». En mai 1944, comme l'explique John Morris, une photo de groupe est prise à Grosvenor Square. Tous les immeubles de la place où se trouve l'ambassade des États-Unis sont occupés par l'armée américaine.

Capa – au deuxième rang à droite sur la photo – n'est pas en uniforme comme les autres, il porte un imperméable Burberry et son fameux bonnet commando qu'il gardera jusqu'à Berlin. À ses côtés, munis de leurs appareils photo, se trouvent (de haut en bas et de gauche à droite) Bob Landry, George Rodger, Frank Scherschel, Ralph Morse et David Scherman, rassemblés autour de leur jeune patron de 28 ans.

Capa prend du bon temps à l'hôtel Dorchester avec son amie « Pinky » – Elaine Justin de son vrai nom –, qu'il a rencontrée en février 1943. Elle est mariée avec John Justin, pilote anglo-argentin de la RAF et acteur. En avril, il invite son ami Hemingway à une dernière fête. Raccompagné à l'hôtel par un conducteur ivre, Hemingway traverse le pare-brise tandis que le véhicule percute un château d'eau. Le lendemain, Capa, accompagné de Pinky, rend visite à « Papa » au Royal London Hospital et le photographie. L'accident n'empêche nullement Hemingway de participer au Débarquement, depuis la passerelle d'un navire de guerre. Mais, contrairement à la légende, ce n'est que le 18 juillet et non le D-Day qu'il débarque en Normandie, à Utah Beach, avec le général Patton. ■

À Londres, dans le parc de Grosvenor Square, près de l'ambassade des États-Unis, les photographes de *Life* et leur chef posent à la veille du jour J. De haut en bas et de gauche à droite : Bob Landry, George Rodger, Frank Scherschel, Robert Capa, Ralph Morse, John Morris et David Scherman. Capa à Omaha et Landry dans le secteur d'Utah Beach seront les seuls à débarquer le 6 juin. Mais toutes les photos de Landry disparaîtront lors de leur acheminement vers Londres.

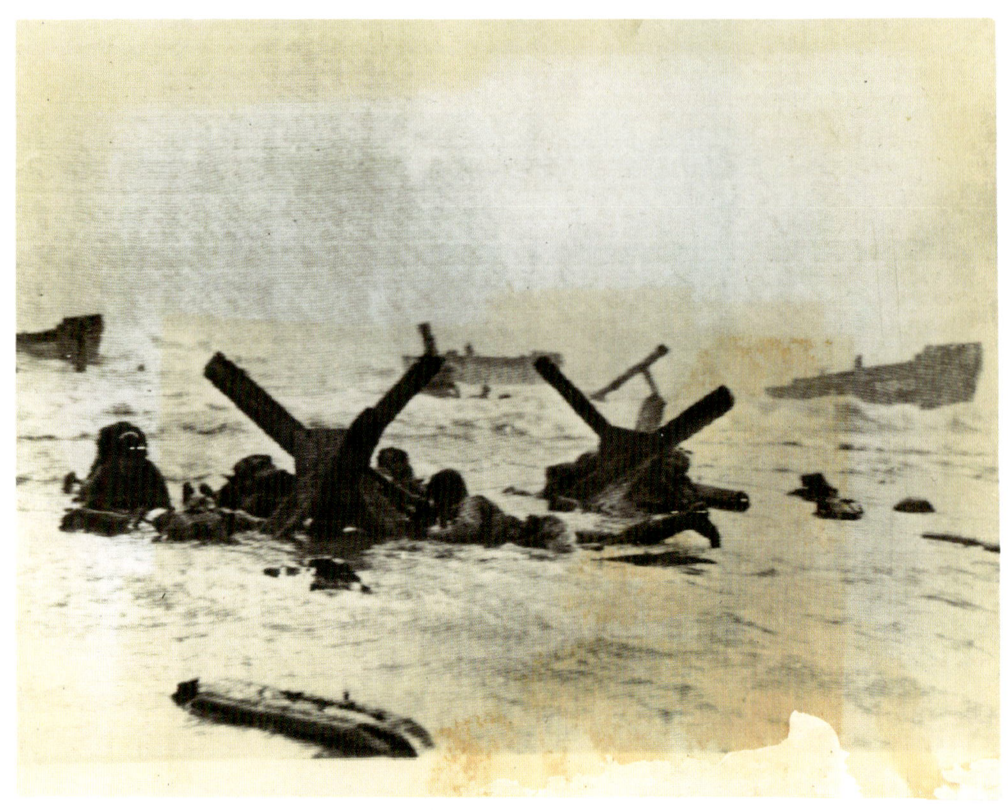

Débarquer à Omaha Beach

Les Américains les appellent les *Magnificent Eleven*, les « onze magnifiques ». Onze photographies uniques au monde, prises par Robert Capa sur la plage d'Omaha « la sanglante », le 6 juin 1944. Ces onze négatifs auraient été sauvés parmi les quatre rouleaux contenant 106 photos que Capa expédie à Londres du port de Portsmouth et qui seront détruits lors de leur développement. Cet accident de chambre noire, John Morris, alors directeur photo du bureau britannique de *Life*, en a souvent raconté les moindres détails. Dennis Banks, un jeune laborantin, aurait fermé la porte du séchoir à films ; le chauffage électrique du placard aurait fait fondre les pellicules.

Cette thèse a longtemps prévalu. Un journaliste américain, A.D. Coleman, après de nombreuses investigations défend une autre version. Pour lui, Capa a débarqué avec la troisième vague et non la première, il a passé peu de temps sur la plage, et l'histoire des pellicules brûlées est invraisemblable, il n'y a jamais eu qu'un rouleau et onze photos. Ces photos sont publiées pour la première fois dans *Life* le

THIS IS A SOUNDPHOTO

H114-WATCH YOUR CREDIT-U.S. SIGNAL CORPS RADIOP

FROM INTERNATIONAL NEWS PHOTOS

SLUG(FIRING-AMBUSH)

FIRST TROOPS HIT THE BEACHHEAD

FRANCE.....USING ENEMY BEACH OBSTACLES AS COVER,
THE FIRST ALLIED TROOPS TO SWARM ON THE BEACHHEAD
LAY DOWN UNDER HEAVY ARTILLARY AND MACHINE GUN FIRE
FROM THE ENEMY PILLBOXES. LANDING CRAFT THAT
CONVEYED THESE MEN TO THE SHORES MAY BE SEEN
IN BACKGROUND.

(V-6-7-44)

19 juin 1944. Aujourd'hui, sur ces onze négatifs originaux, il n'en reste plus que neuf, conservés à l'ICP.

Parmi les images ayant disparu figure notamment la plus connue de la série, l'une des plus fameuses photos du XXe siècle : *The Face in the Surf* (« Le Visage dans les vagues »). C'est la seule photo, parmi les onze, montrant un soldat en gros plan. On a longtemps cru que le soldat photographié s'appelait Edward Reagan, mais en 2007, lors de l'exposition « Robert Capa at Work », il a été établi qu'il s'agissait en fait du Private First Class Huston « Hu » S. Riley. Ce dernier s'est interrogé jusqu'à sa mort en 2011 sur les raisons de la présence de ce « dingue de photographe » dans un pareil enfer.

Capa est sorti de la barge avec les soldats, en sautant dans l'eau face à la plage. Avec son Contax, il se retourne et appuie sur le déclencheur. On voit des « hérissons tchèques », ces obstacles antichars derrière lesquels les soldats américains, sous le feu des mitrailleuses allemandes, tentent de se protéger. Manifestement, Capa est accroupi devant, un peu plus haut sur la plage. C'est la photo numéro 35 sur le film. On aperçoit au large les barges de débarquement, leur pilote venant juste de faire demi-tour. Il est tôt, la mer est mauvaise, la première vague a déjà pris pied sur la plage au prix de

« Soldats à l'abri derrière les hérissons tchèques », l'une des onze photos de Capa sauvées du débarquement à Omaha Beach. Le dos de ce *vintage* prouve que les photographes de *Life* travaillaient aussi pour toute la presse et les services d'information de l'administration américaine.

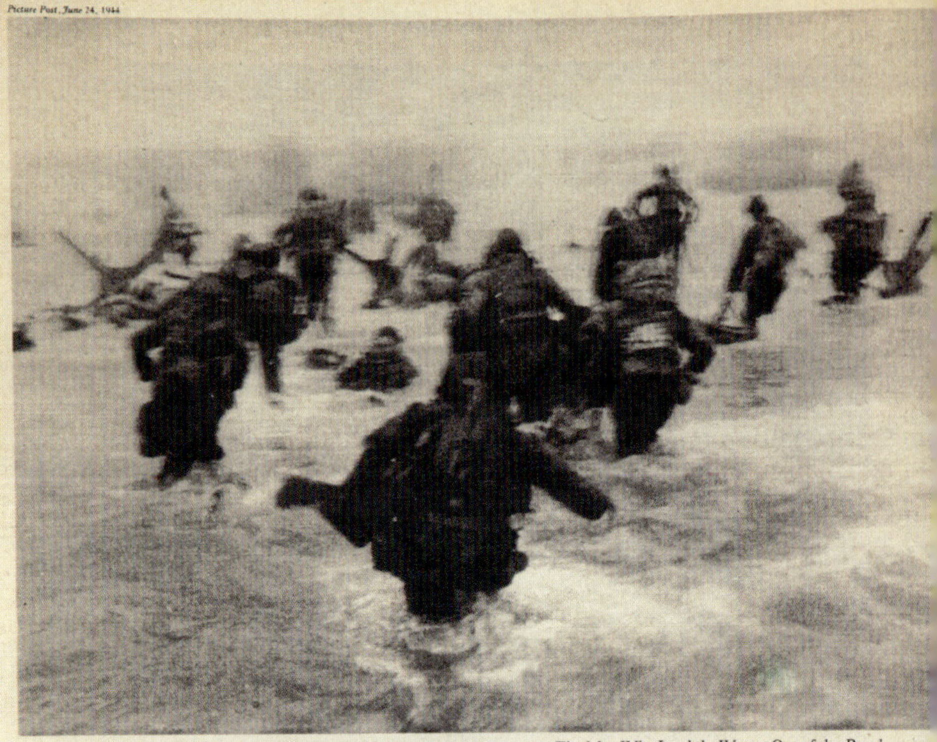

THE FIRST DESPERATE MOMENTS OF AN EPOCH-MAKING DAY: *The Men Who Lead the Way to One of the Beaches*

It is dawn on June 6. The great Allied armada of 4,000 ships has streamed across the Channel. The first of the invaders have piled into the landing-craft and now they wade ashore. The sea boils up to their waists, their feet slither on the rocks, their water-proofed equipment drags them down. But ahead lies the goal they must reach—the beach of German-held France.

WHAT IT FEELS LIKE TO INVADE

A young sailor has written for us one of the most dramatic stories of the war—the story of a single Landing Craft in the greatest of all its days—D-Day. He finishes his story when the Landing Craft has done her first trip and the invasion has started. Now the story is with the Army—whose deeds we follow in these historic pictures.

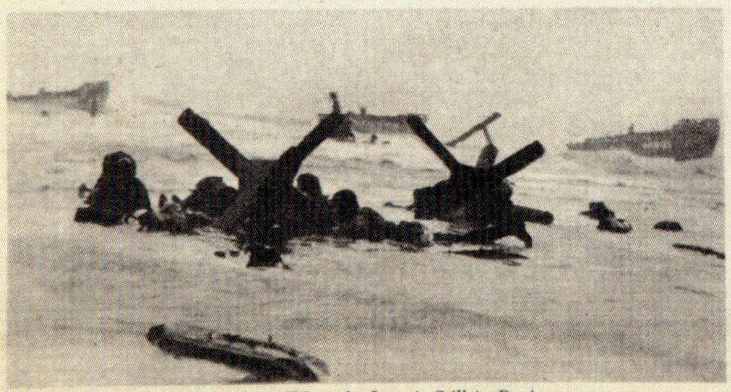

The Moment When the Issue is Still in Doubt

The men who have gone ahead need quick support. Some who are following act instinctively. They take cover behind German beach obstacles, and fire from the water.

THE story begins in a state cabin of H.M.S. *Asi*
In peacetime she was a famous liner—now
has her war work. Instead of lifeboats swin
on her davits, there are L.C.A.s (Landing C
Assault). These are the craft which land the
troops on enemy beaches. Lying low in the wa
they are armour-plated and, at low speed, are c
pletely silent.

In the state cabin of the *Asiatic*, the officers
being briefed, the last stage before the a
operation. Sub-Lieutenant John Richardson
a corner, a cigarette between his fingers, liste
carefully. S.N.O.L.—Senior Naval Officer L
ing—takes his pipe from his mouth and watches
effect of his words. The room is heavy with sm
and the ship is rolling gently on a mild sea.
much, for she is a big ship, just enough to show
is under way. "You are about to take part,
says, "in the largest operation of this war—of
war. I don't know whether you are proud. I
think proud is quite the right word. Life is s
and I don't think any of us will try to preten
like what is going to happen. But it is one big
nearer the time when we can all go home."

He takes his pointer off the table and indic

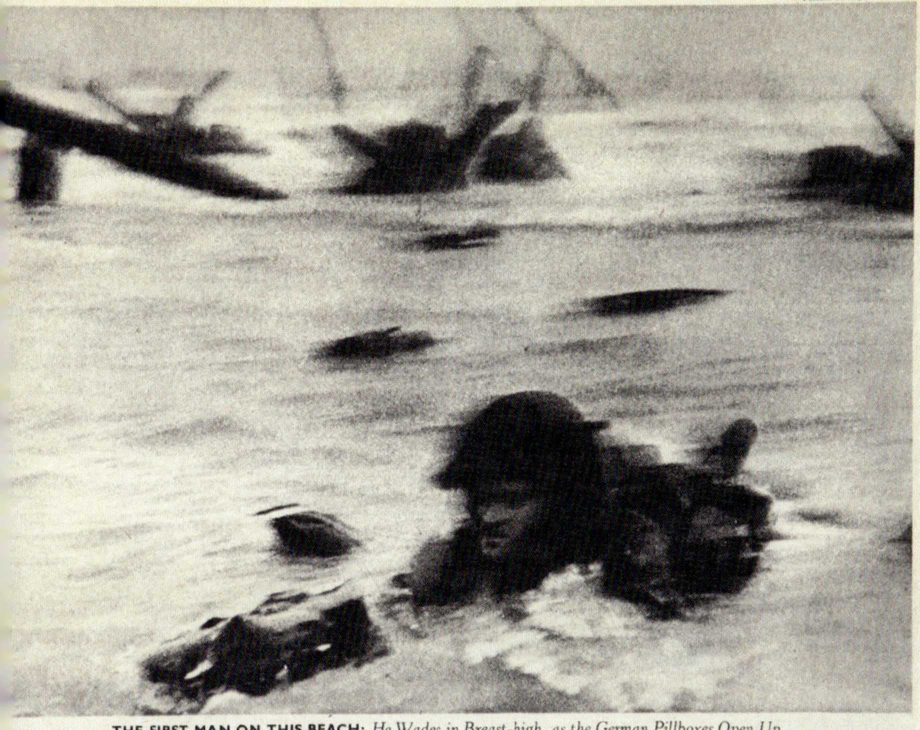

THE FIRST MAN ON THIS BEACH: *He Wades in Breast-high, as the German Pillboxes Open Up*

He is the first out of his landing-craft. The sea almost boils over him, but he moves forward, keeps a tight hold on his equipment, and sets his jaw. There is a roar of guns all around him, the explosion of mines and the crackle of the fire that covers the beach where he must land. It is a moment when one human being seems to be pitted against the whole overwhelming weight of modern war.

on the chart hanging on the bulkhead. "At moment, we are just about here," he says. -morrow we rendezvous there. Our aircraft already begun the operation with extremely y bombing and we hope they will be successful. :hutists will be dropped on the two aerodromes e vicinity at the same time as we beach. The e fleet will join us on D plus two. They will fire at dawn."

N.O.L. stops again, and looks round at the sea ces before him and he half smiles to himself. goes on to tell them of the batteries and gun ions near the shore, and of some of the naviga-l obstructions they may meet.

7e will anchor at twenty-three-thirty," he con-s, "and craft will be lowered and leave the ship ouble o three o. We. will be guided by an For the first mile we will steer north twenty There is a minefield here," and he points to ded portion of the chart, "which will be indica-y a blue light. The first flight beaches at o e three o." Now, are there any questions? ll understand your maps and written directions letely, I hope."

twenty-three thirty, two days later, they hear amiliar roar as the anchor dives for the bottom. n't be long now, thinks John. But there is y swell. It won't be any fun in an L.C.A. weather, and they'll have to watch the sea.

terday, they were joined by other craft. John on deck and watches the vast assembly of s from Motor Launches and L.C.T.s (Landing Tank) to carriers such as the *Asiatic*. They been informed, too, that the battlefleet is easy distance.

Continued overleaf

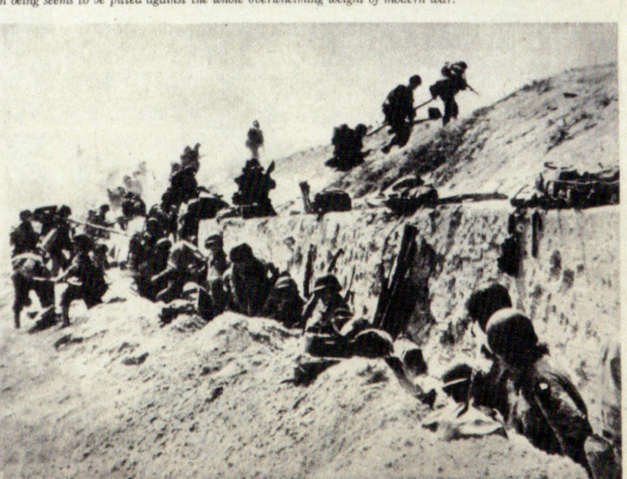

The Moment When the Beach-head is Won—and Extended

The first minutes of rest and relief. But when they have drawn breath under the wall won from the Germans, the hill is before them. What lies on the other side?

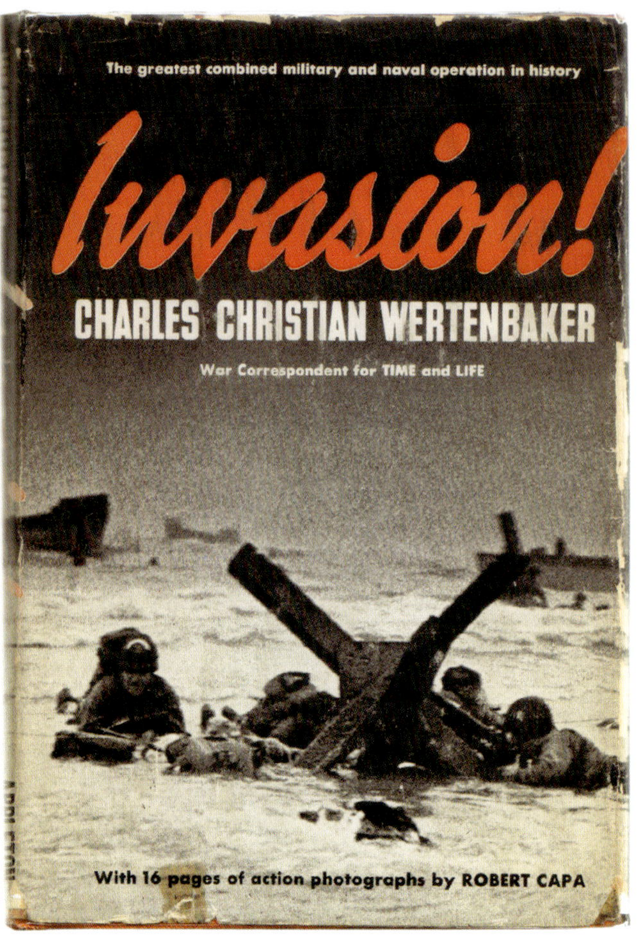

Ce livre méconnu en France constitue une prouesse journalistique. Moins de trois mois après le débarquement en Normandie, il paraît à New York et à Londres en septembre 1944. Les textes sont signés de Charles Christian Wertenbaker, rédacteur de *Time* qui fit équipe avec Capa, de la plage d'Omaha jusqu'à Paris.

À DROITE : **Une des seize planches photographiques du livre.**

lourdes pertes. D'après Coleman, il est environ 7 h 30.

Avec son Contax, il se retourne et appuie sur le déclencheur. C'est la photo numéro 35 sur le film. On aperçoit au large les barges de débarquement, leur pilote venant juste de faire demi-tour. Il est très tôt, la mer est mauvaise. 6 h 30 : heure de la première vague d'assaut. Le militaire le moins à l'abri, à gauche, est un membre du génie (reconnaissable à l'arc de cercle blanc sur son casque). Derrière le croisillon d'acier se terrent des soldats du 16e régiment d'infanterie de la 1re division, la célèbre « Big Red One ». Tous sont membres de la compagnie E, que Capa avait déjà croisée en Tunisie et en Sicile.

Les photographes de *Life*, aux premières loges, cédaient leurs clichés au « pool » des agences AP, UPI, Reuters mais aussi aux services de propagande du gouvernement américain. Soumis à la censure militaire et surtout à l'Office of Censorship, cet exemplaire de collection porte au dos le tampon de la section presse de l'USIS (United States Information Service).
Ce service dépendait alors de l'Office of War Information, un département spécial de l'administration créé en 1942 et directement rattaché à la présidence des États-Unis. En retour, les services photographiques de l'armée américaine ainsi que les multiples unités spécialisées du Signal Corps alimentaient gratuitement en images (contrôlées) la presse et les cinémas des pays alliés.

Dans ses Mémoires, à propos de la différence entre un soldat et un journaliste en temps de guerre, Capa écrit : « Je répondrais que le correspondant de guerre est plus gâté en alcool, en filles, en salaire et jouit d'une plus grande liberté mais qu'au moment critique, être libre de choisir son affectation, c'est-à-dire avoir la possibilité d'être un lâche sans être exécuté, est une torture.
Le correspondant de guerre a son sort – et sa vie – entre ses mains, il peut parier sur ce cheval-ci ou sur celui-là, ou remettre sa mise dans sa poche à la dernière minute. Je suis un joueur. Je décidai de partir avec la compagnie E dans la première vague. »

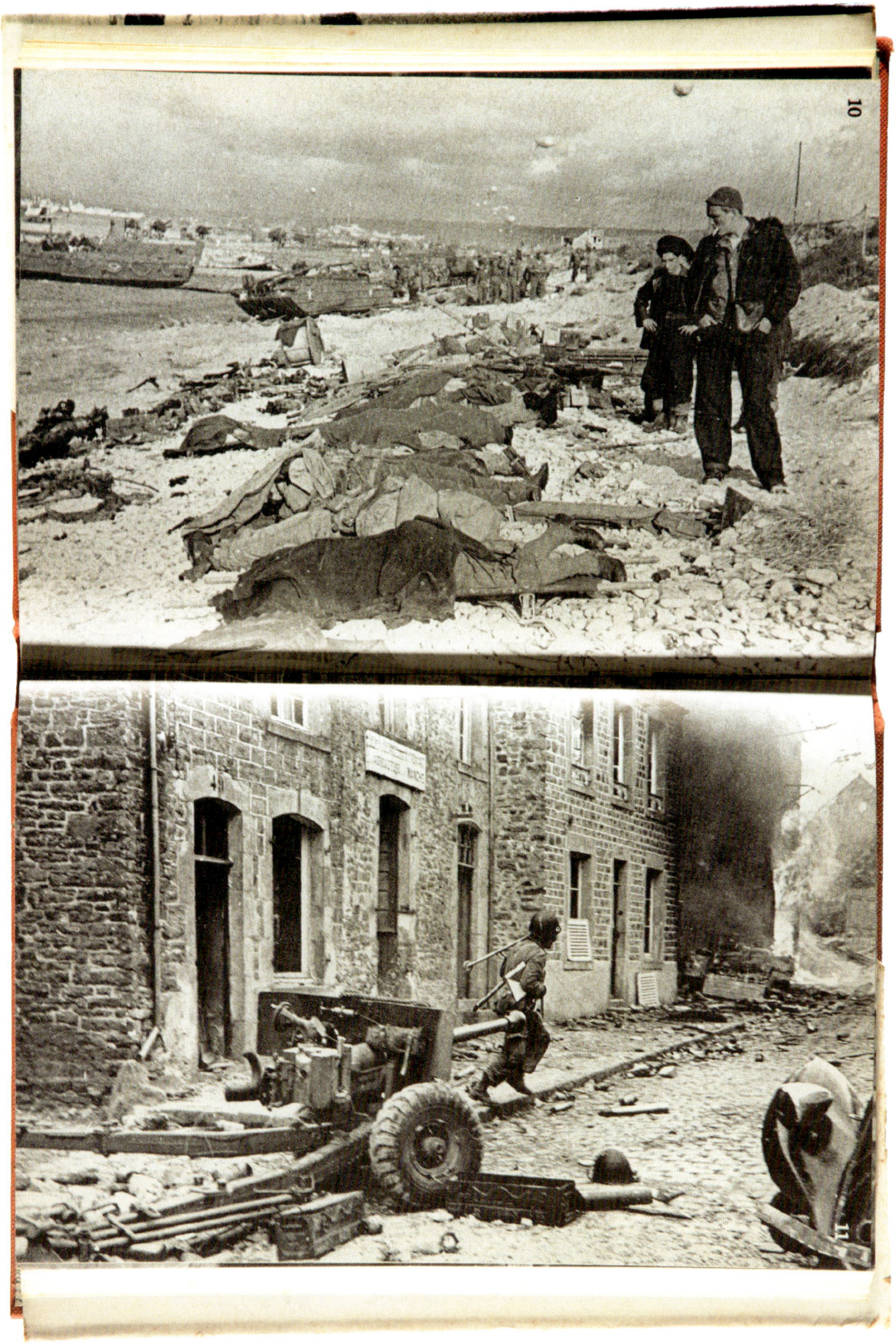

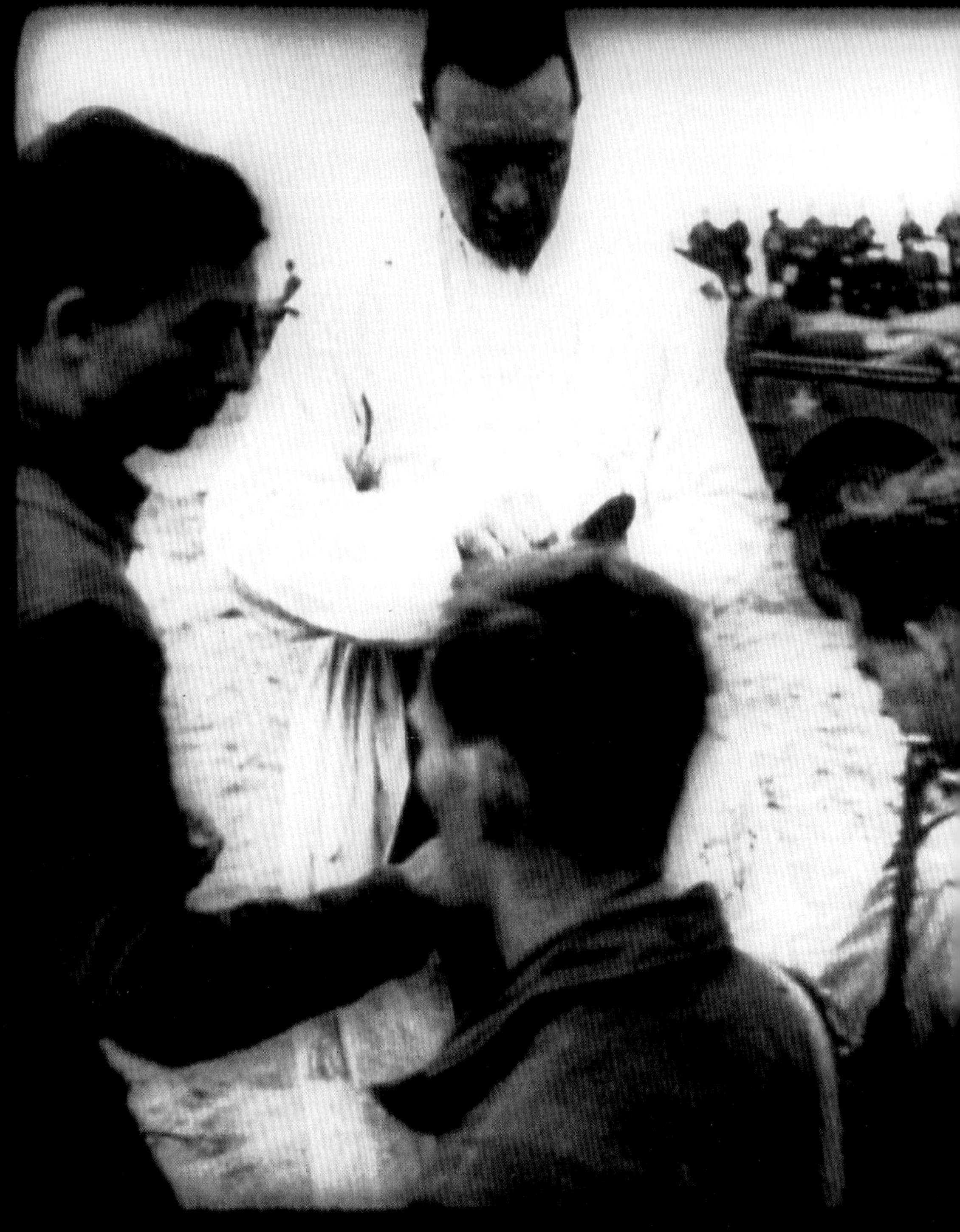

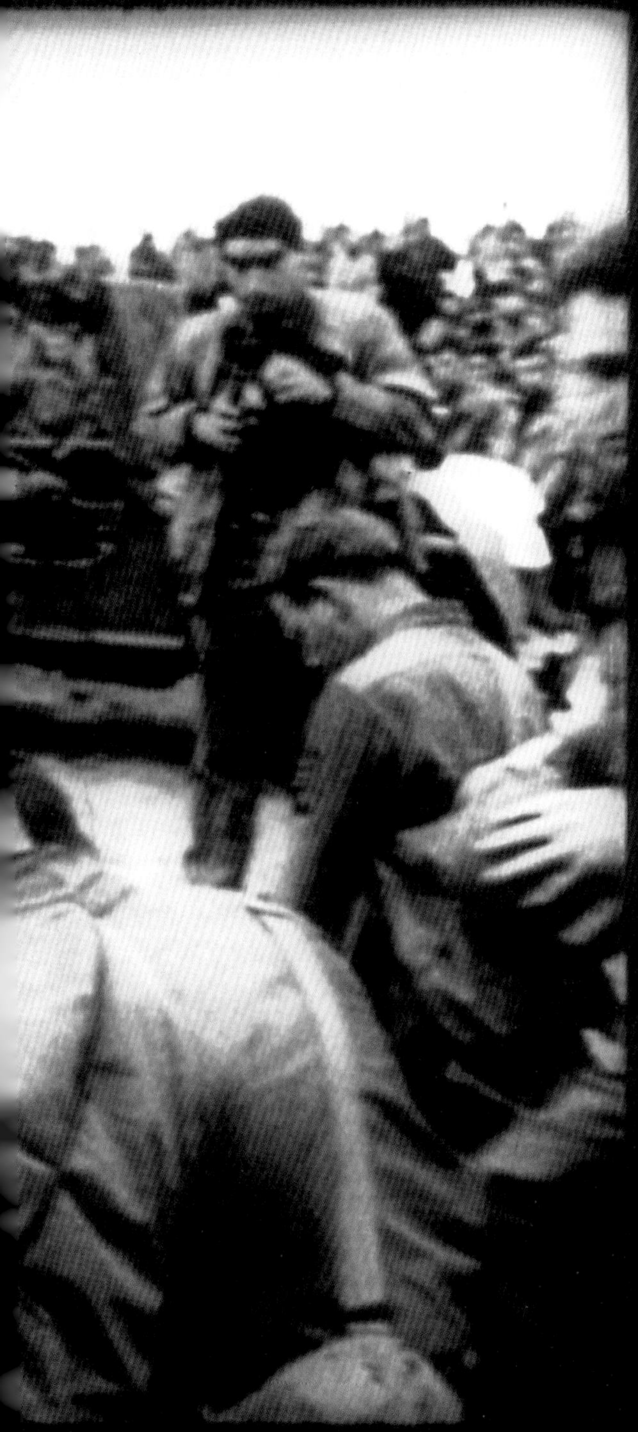

Vierville-sur-Mer, secteur d'Omaha Beach, 12 juin 1944, lors de la cérémonie religieuse organisée pour l'inauguration du premier cimetière militaire provisoire américain. *Le Military Chaplain* est le révérend William Dempsey, de New York.
Sur le photogramme de cette bande d'actualité, on reconnaît nettement Robert Capa, debout à droite, réarmant son Contax. Ce document rare a été découvert dans les archives de l'ECPAD par l'équipe du réalisateur Patrick Jeudy, à l'occasion de la sortie du film *Robert Capa, l'homme qui voulait croire en sa légende*, en 2003.

Après sa première et malheureuse livraison de pellicules en Angleterre, Capa – que ses amis croyaient mort pendant le débarquement – revient dès le 8 juin sur la plage d'Omaha. Il y photographie une cérémonie religieuse lors de l'inauguration du cimetière américain. Dans ce seul secteur, 4 000 hommes ont été mis hors de combat et plus d'un millier d'entre eux sont morts. Plus tard, la France a offert le terrain aux États-Unis, et le cimetière de Colleville-sur-Mer – où reposent 9 386 soldats tués pendant la bataille de Normandie – est devenu célèbre. Un opérateur du Service cinématographique des armées françaises assiste également à la cérémonie. Il y saisit Capa réarmant son appareil. ■

Robert Capa, flasque de whisky et cigarette en main, Rolleiflex autour du cou et bonnet commando sur la tête, se tient à l'épaule de Olin Tomkins, le chauffeur de la jeep d'Ernest Hemingway. L'écrivain, qui joue alors les « stratèges » dans le bocage normand, ne quitte plus ses jumelles. Selon les témoignages de deux vétérans, cette photographie aurait été prise dans le sud de la Manche, au lieu-dit le Pont-Brocard sur la commune de Dangy, le 30 juillet 1944, exactement à la fin de l'opération « Cobra » qui entraîna la percée d'Avranches et ouvrit la porte de la Bretagne aux troupes américaines.

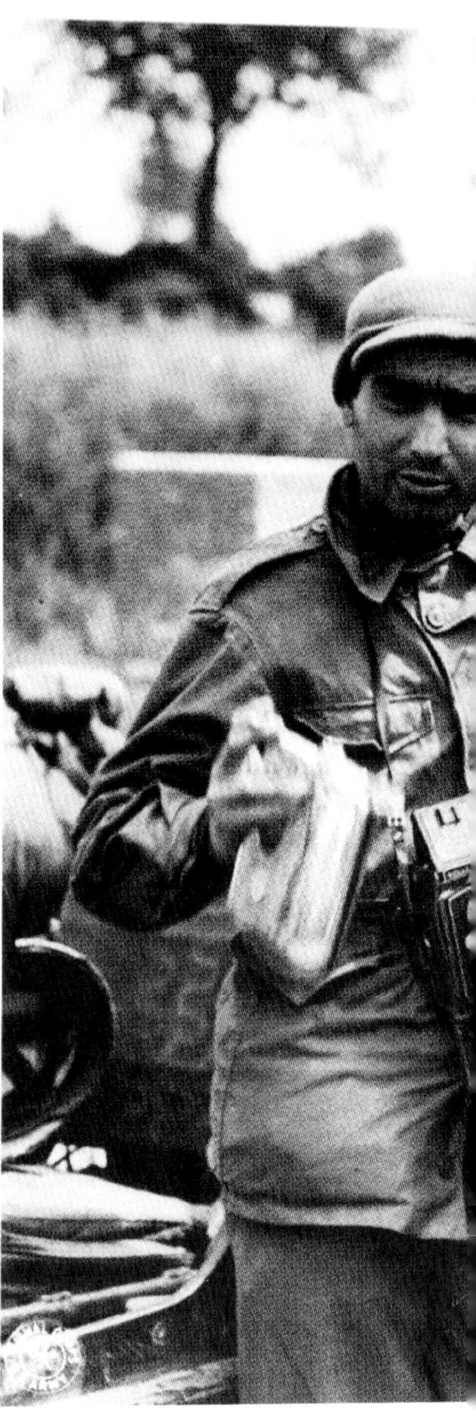

Sur le front de Normandie

Sur le terrain, pendant les trois mois de la bataille de Normandie, Capa travaille pour *Life* avec un rédacteur de génie : Charles Christian Wertenbaker (1901-1955). Capa l'appelait « Charlie » ou « my boss ». Ce grand reporter était l'un des chefs du bureau de *Time Magazine* à Londres. Il rejoint Capa à Bayeux, la première ville libérée de France métropolitaine. Wertenbaker avait quitté Londres avec l'idée folle d'être le premier à publier un livre sur le débarquement. Cela se concrétise dès novembre 1944 avec la parution à New York d'*Invasion!*, ouvrage de 184 pages comprenant 16 planches photographiques de Capa. La période couverte s'étend du débarquement à la Libération de Paris, car ce jour-là, le 25 août 1945, « à 9 h 40 et 20 secondes à ma montre, nous passons la porte d'Orléans avec le chauffeur de notre Jeep, le Private Hubert Strickland de Norfolk, Virginie », écrit Wertenbaker qui avec Capa sont les premiers correspondants de guerre américains à entrer dans la capitale, aux côtés de la 2e division blindée du général Leclerc. « Assis dans un café de Bayeux, le soir du 12 juin, écrit Wertenbaker dans *Invasion!*, Capa,

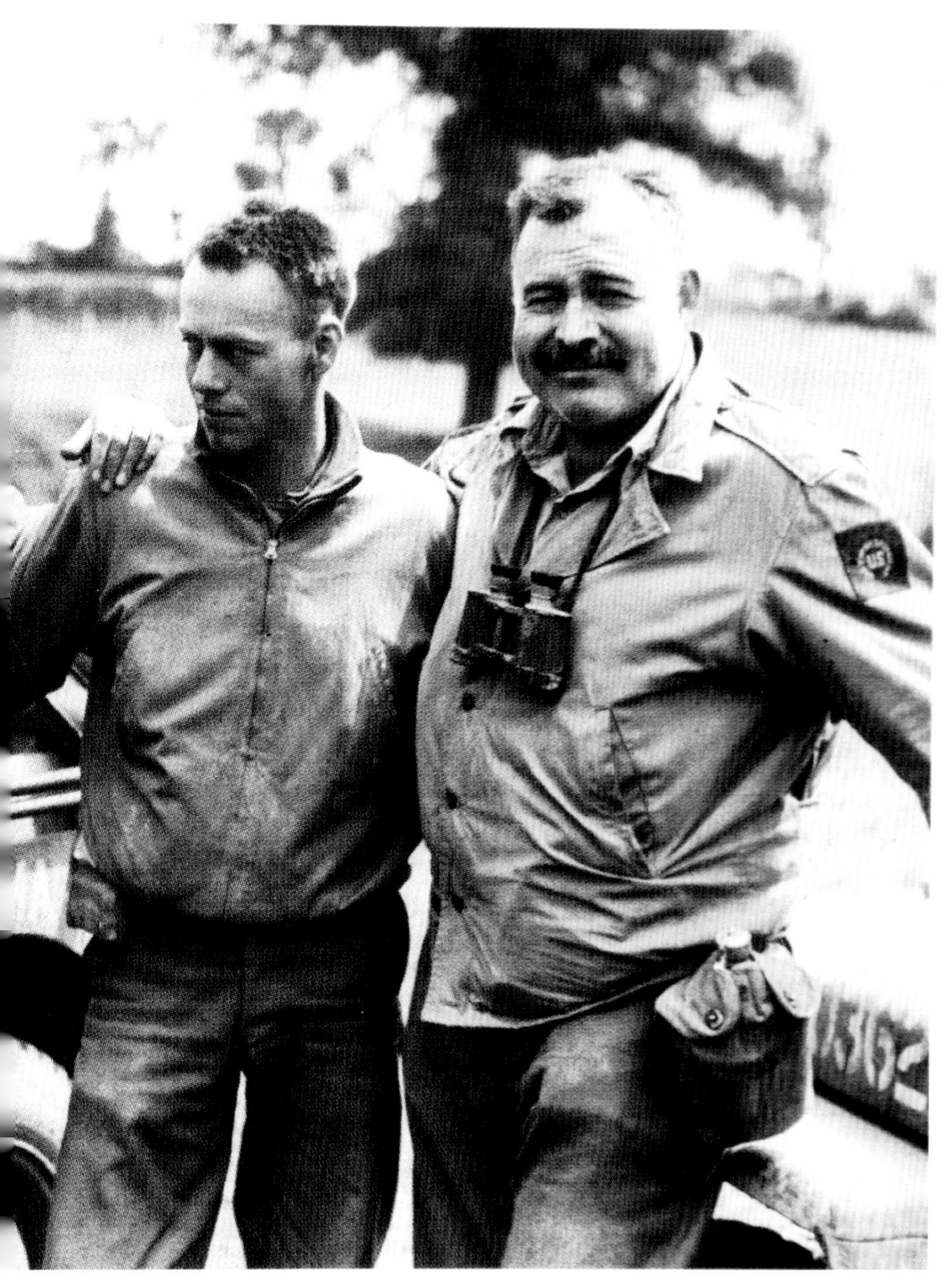

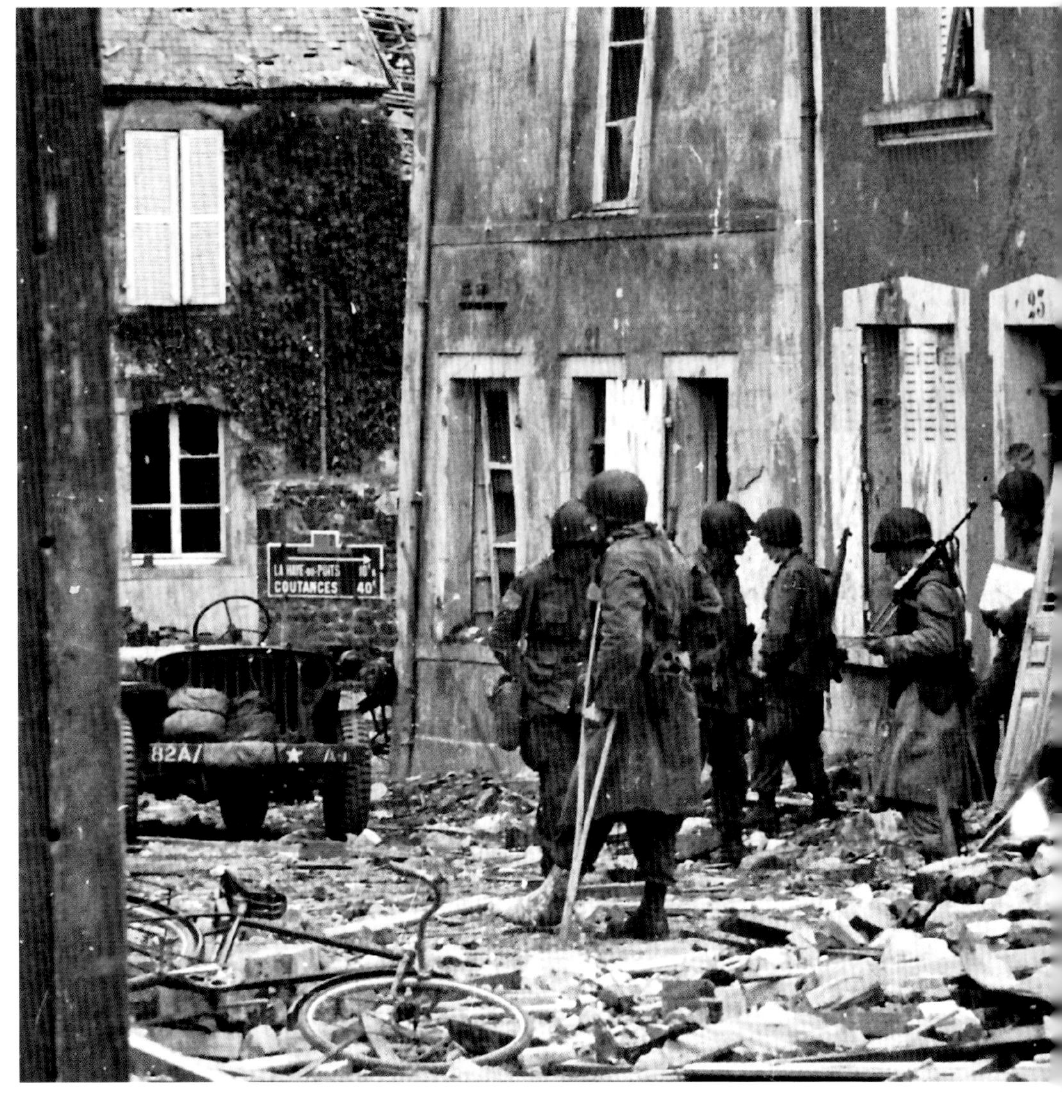

Saint-Sauveur-le-Vicomte, 16 juin 1944, avec le 505e régiment de parachutistes de la 82e division aéroportée américaine. À droite de la photo, Robert Capa recharge son boîtier (Rolleiflex ou Contax). Début 2008, Claude Demestre, du site PhotosNormandie, a été le premier à l'identifier. Le tirage porte le tampon « Signal Corps – US Army ».

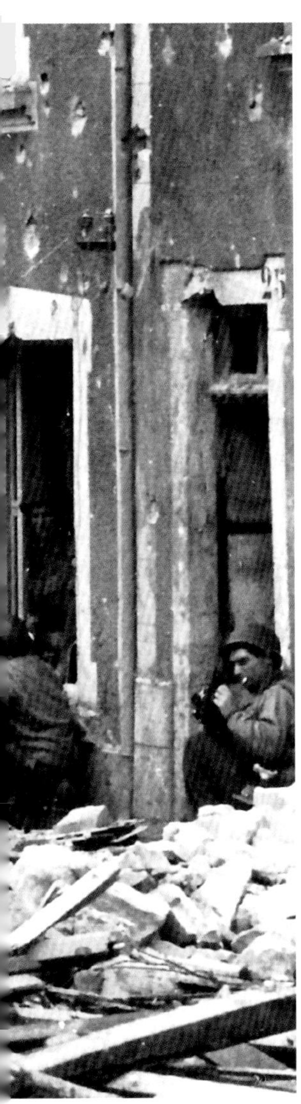

avec son accent alourdi sous l'effet du calvados », lui raconte la fin de son périple du 6 juin à Omaha Beach : « J'ai pris des photos pendant une heure et demie, jusqu'à ce que ma pellicule soit finie. J'ai vu une barge de débarquement sous le feu, derrière moi, avec des médecins qui sautaient par-dessus bord et d'autres déjà morts. Ensuite je suis grimpé à bord et j'ai commencé à changer de pellicule. J'étais un peu sonné et puis… je me suis retrouvé couvert de plumes. Je me suis dit, qu'est-ce que c'est que ça ? Quelqu'un tue des poulets ? Puis j'ai vu que le haut du bateau avait volé en éclats et que les plumes venaient des gilets de sauvetage rembourrés qui avaient explosé. Après, les choses sont devenues confuses. J'étais, je crois, totalement lessivé. Un plus gros navire est sorti de nulle part dans le chaos et je suis parti avec eux. »

Quelques semaines plus tard, Capa apprend à Londres la terrible nouvelle de l'accident de laboratoire. Ses « meilleures photos avaient été détruites, écrit-il à sa mère. Le peu qui reste imprimable n'est rien par rapport au matériel gâché ». En guise de consolation, il est définitivement embauché par *Life* comme photographe, avec une prime annuelle de 9 000 dollars (environ 90 000 dollars aujourd'hui).

Dans le livre d'or d'un hôtel de Bayeux, où se trouvent Charlie ainsi que le grand Ernie Pyle – que Capa a connu sur les fronts de Tunisie et d'Italie – il laisse, le 8 juin, ce petit mot : « Au Lion d'Or, dans cette ville pittoresque et confortable, j'aurai pu prendre un bain chaud et avoir un lit avec des draps propres. Cuisine délicieuse et bon vin. » Ensuite Capa passe quelques jours au château de Vouilly, au sud d'Isigny-sur-Mer, où a été aménagé le premier centre de presse pour les correspondants américains. Le Signal Corps y a installé des stations bélinographiques pour transmettre les photographies à Londres, ainsi que de gros moyens radio permettant d'émettre vers les États-Unis. John Morris y rejoint Capa. En août 1944 – quelque part dans le département de la Manche, qu'ils parcourent ensemble, de Cherbourg au Mont-Saint-Michel, ou en Bretagne, vers Rennes et Saint-Malo lors de leur libération par les troupes américaines – Morris fait une photo de Capa, accroupi et de dos, qui photographie la reddition d'officiers allemands. Ce document n'a jamais été diffusé. Plus tard, pendant ce que l'on a appelé « la guerre des haies » dans le bocage de la Manche, Ernest Hemingway, débarqué le 18 juillet à Utah Beach avec la 3e armée du général Patton, retrouve son ami Capa. Voyageant ensemble dans une Jeep affectée à « Papa », ils assistent, avec « Charlie » Wertenbaker, à la bataille de Saint-Sauveur-le-Vicomte dans laquelle interviennent les parachutistes de la 82e division aéroportée américaine. L'homme à la béquille sur les photos de Capa n'est autre que le lieutenant-colonel Benjamin Vandervoort (dont John Wayne interprète le rôle dans *Le Jour le plus long*), l'un de ces héros qui s'est fracturé la cheville en atterrissant en parachute le 6 juin. Parmi les ruines de Saint-Sauveur, on aperçoit à droite Robert Capa accroupi le long d'un mur, rechargeant son boîtier. Cette photo a été prise par un soldat non identifié de la SCP, la Signal Photographic Company, section spécialisée du Signal Corps. ■

Arrêt déjeuner au Mont-Saint-Michel

Sur la route de la Bretagne, le week-end du 6 et 7 août 1944, Robert Capa et ses amis – Charles Wertenbaker de *Time*, Charles Collingwood de CBS radio, Abbott Liebling du *New Yorker* et John Morris – font halte au Mont-Saint-Michel qui vient d'être libéré. Un panneau sur la jetée indique : « Interdit d'accès aux soldats, sauf aux généraux et aux correspondants de guerre. » Une équipe de tournage des actualités cinématographiques de l'armée américaine – et pas n'importe laquelle ! – est de la partie. Il s'agit de la Special Coverage Unit du Signal Corps que dirige George Stevens, le réalisateur d'Hollywood devenu Major de l'US Army. Cette capture du photogramme en couleurs montre Capa dans sa tenue de correspondant de guerre, son Rolleiflex dans les mains et avec, pour une fois sur la tête, non pas son « bonnet commando », mais le calot d'officier réglementaire. Sur ce dernier ainsi qu'à l'épaule, on reconnaît l'insigne des photographes accrédités par l'armée américaine. Ernest Hemingway est également présent, semblant s'être réconcilié avec Capa au Mont-Saint-Michel. Ils s'étaient en effet fâchés peu de temps avant, à Saint-Pois. L'écrivain avait eu un accident alors qu'il se trouvait dans un side-car. Capa avait bondi pour le photographier dans une posture peu flatteuse, avant de le secourir. Hemingway lui avait ainsi reproché de chercher à tout prix le « scoop » de sa mort. ■

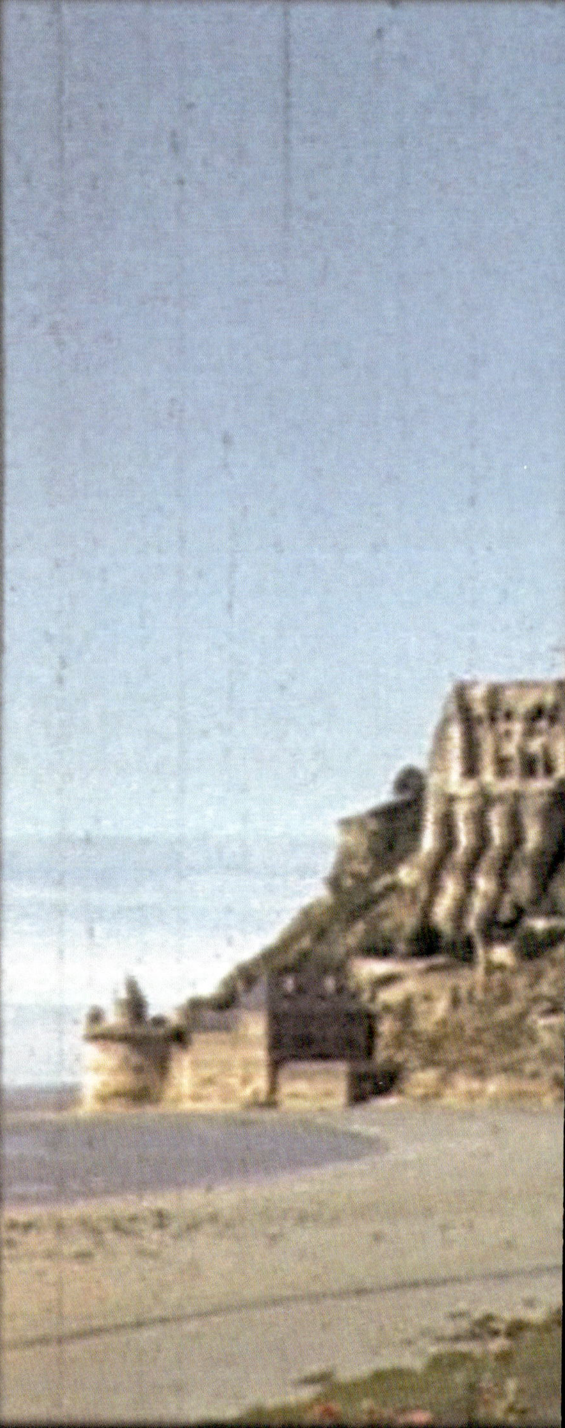

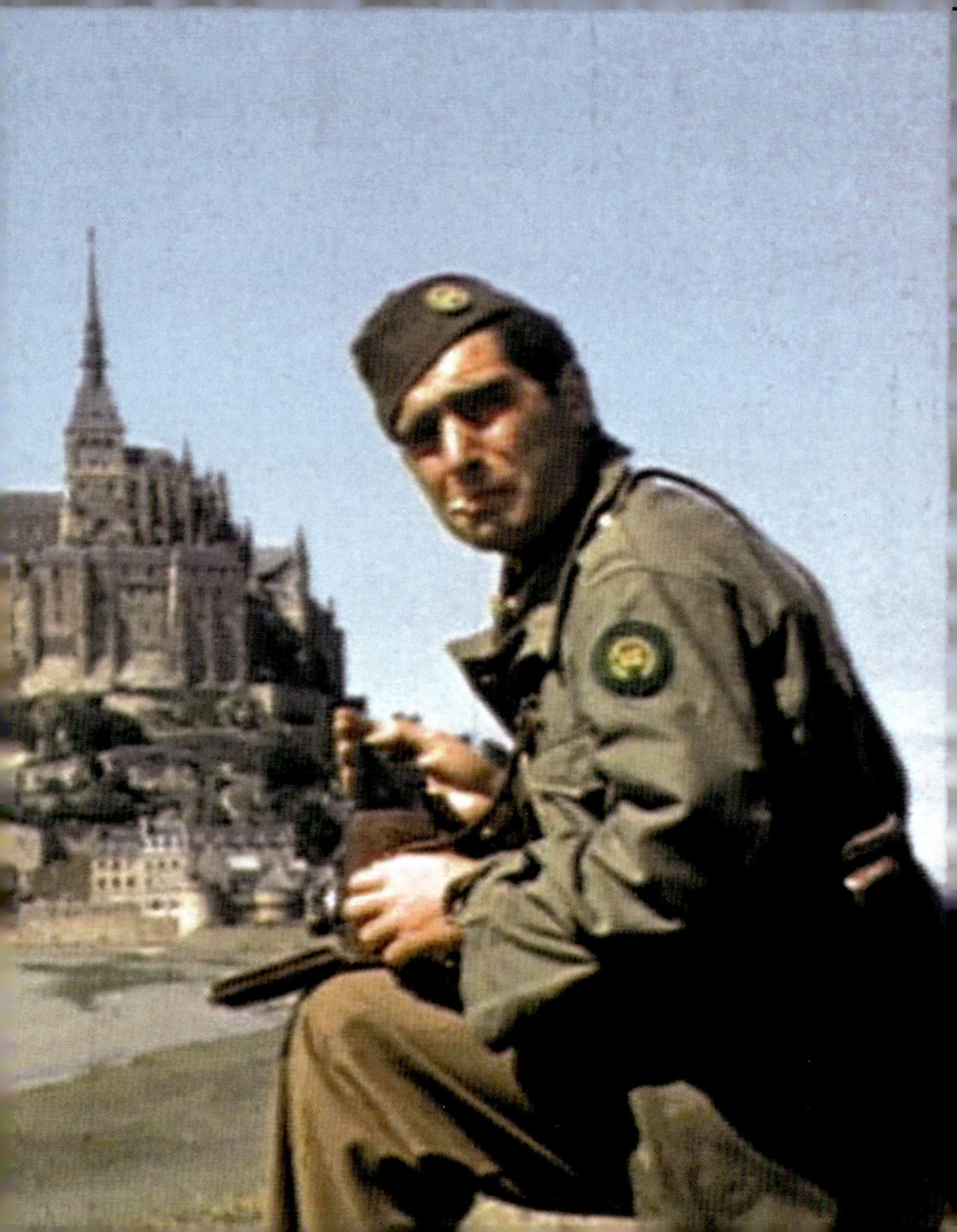

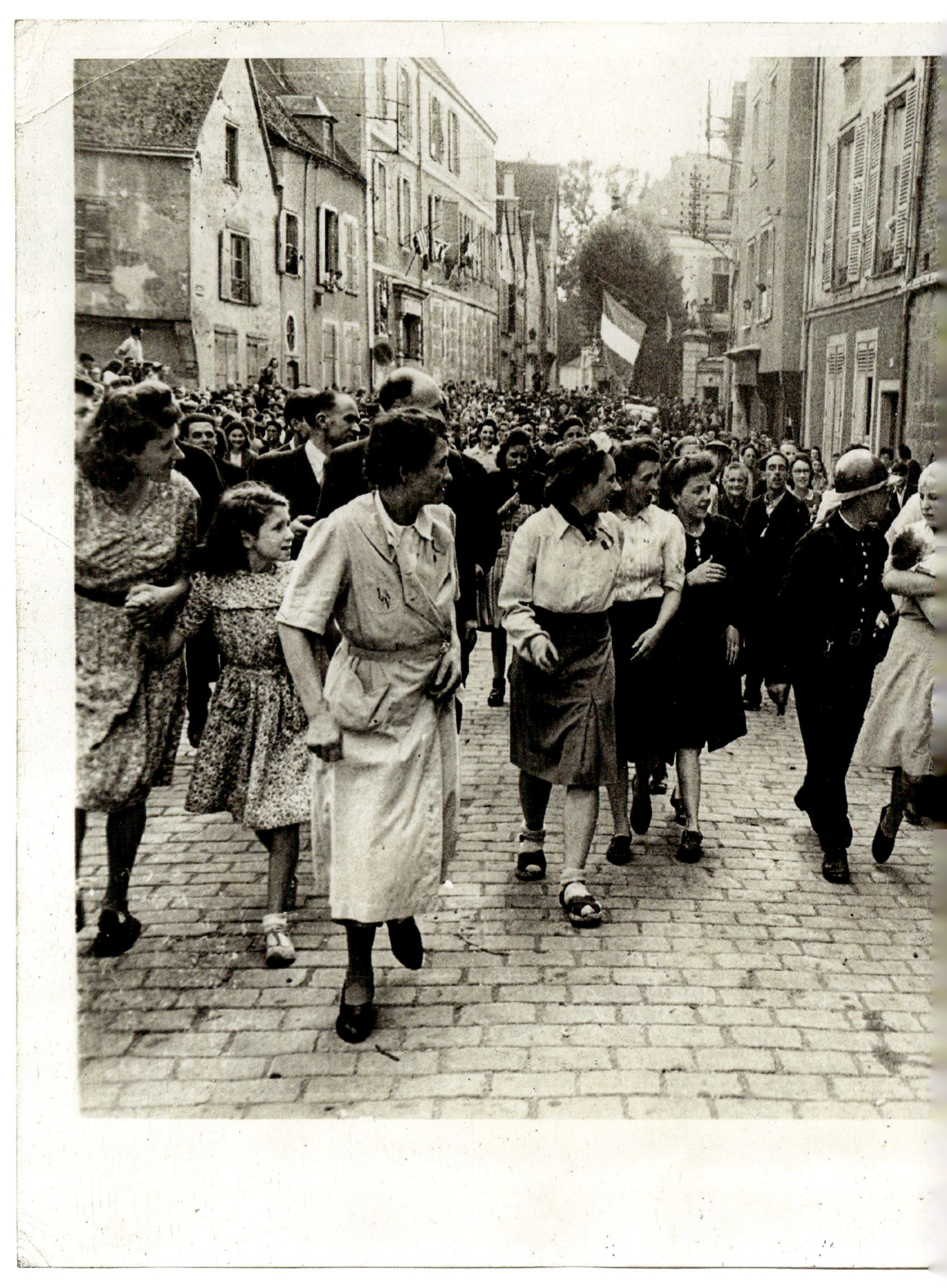

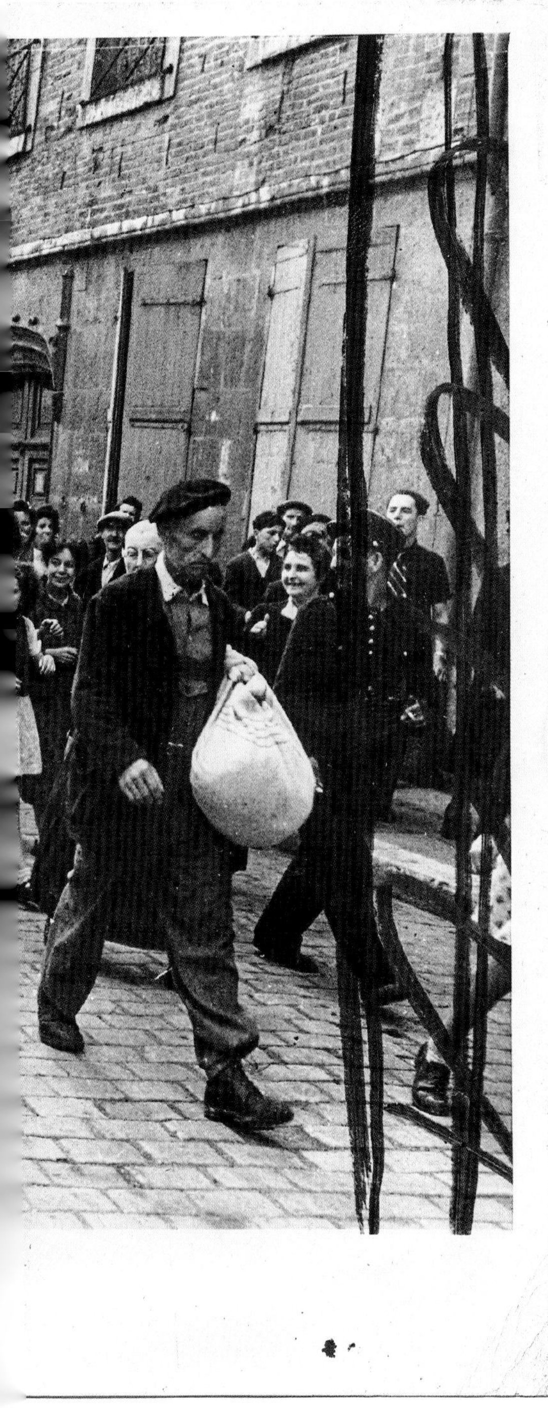

Une femme rasée, accusée de collaboration avec les nazis, serre contre elle son bébé, au milieu d'une foule hostile. Pris par Robert Capa, qui est accompagné d'un autre photographe, l'américain Ralph Morse, dans les rues de Chartres, le 16 août 1944, ce cliché va symboliser l'épuration. Capa prend huit photos de cette scène, dont la photo ci-contre, un tirage américain d'époque, ils paraissent le 4 septembre, dix-huit jours plus tard, dans Life sur quatre pages sous le titre « *Get back their freedom* », « Les Français retrouvent leur liberté ». Deux livres et de nombreux articles ont été consacrés à cette photo et à la femme au centre de l'image, Simone Touseau.

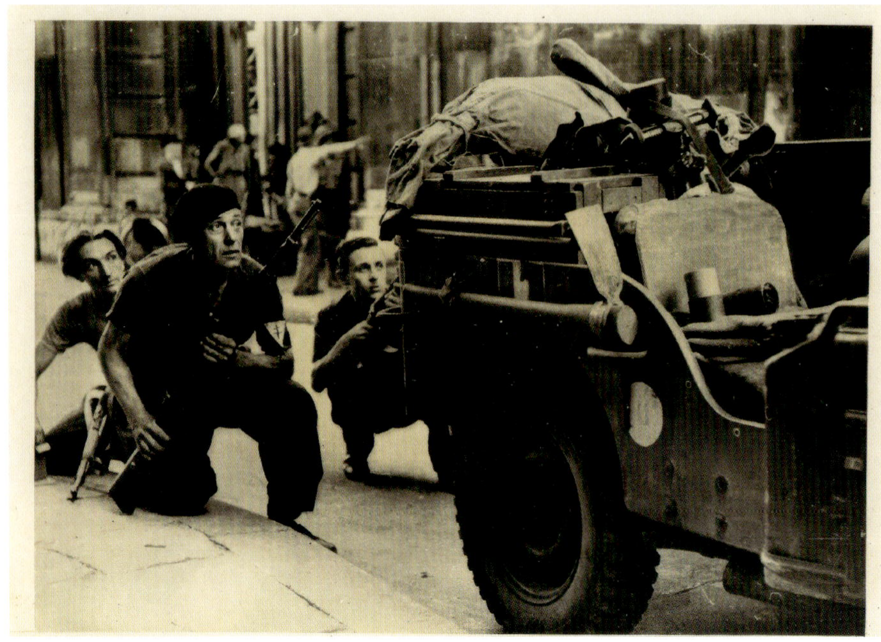

Combats pour la libération de Paris. Capa vient d'entrer dans la capitale à 9 h 40, par la porte d'Orléans, accompagné du journaliste de *Time* Charles Christian Wertenbaker et du chauffeur, le soldat américain Hubert Strickland. Le vendredi 25 août, les FFI du colonel Rol-Tanguy – qui ont lancé l'insurrection dans la capitale dès le 19 août – participent aux combats avec les soldats de la 2e DB du général Leclerc, ici à l'abri derrière une Jeep. Ce cliché de Capa se retrouve en couverture du premier numéro de *Cadran*, la revue en français éditée par les Services d'information britannique à Paris.

Paris, ma ville

Le vendredi 25 août 1944, Robert Capa atteint enfin Paris. Après cette terrible bataille de Normandie, il ne voulait pas manquer l'événement, qu'il raconte dans son livre *Slightly out of Focus*. Juché sur un tank de la 2e division blindée du général Leclerc – un Sherman du nom de *Teruel* conduit par un équipage de combattants espagnols –, vers 9 h 30, il traverse la place Denfert-Rochereau dans le XIVe arrondissement. « Cette entrée à Paris avait été inventée de toutes pièces spécialement pour moi. Sur un tank de cette armée américaine qui m'avait accepté, aux côtés de républicains espagnols avec qui j'avais combattu le fascisme, je revenais à Paris – cette ville magnifique où j'avais découvert l'amour, les bons vins, la cuisine raffinée. Les milliers de visages dans mon viseur étaient de plus en plus flous, ce viseur était très mouillé. Nous avons traversé le quartier où j'avais vécu pendant six ans, dépassé ma maison à côté du Lion de Belfort. Ma concierge agitait un mouchoir et je hurlais dans sa direction au-dessus du boucan de mon tank : “C'est moi, c'est moi !” » Il dira plus tard que ce fut le plus beau jour de sa vie, mais l'épisode est enjolivé. En réalité, le *Teruel* est entré dans Paris la veille au soir. De plus, ce n'est pas un tank, mais un half-track (une autochenille blindée), qui fait partie de la légendaire Nueve, la 9e compagnie du capitaine Dronne. Celui-ci est le premier à entrer dans la capitale : le 24 août, à 22 heures, il est sur la place de l'Hôtel de Ville. À sa manière, Capa rend ainsi hommage à ses amis espagnols, les oubliés de cette armée de la Libération. Sans

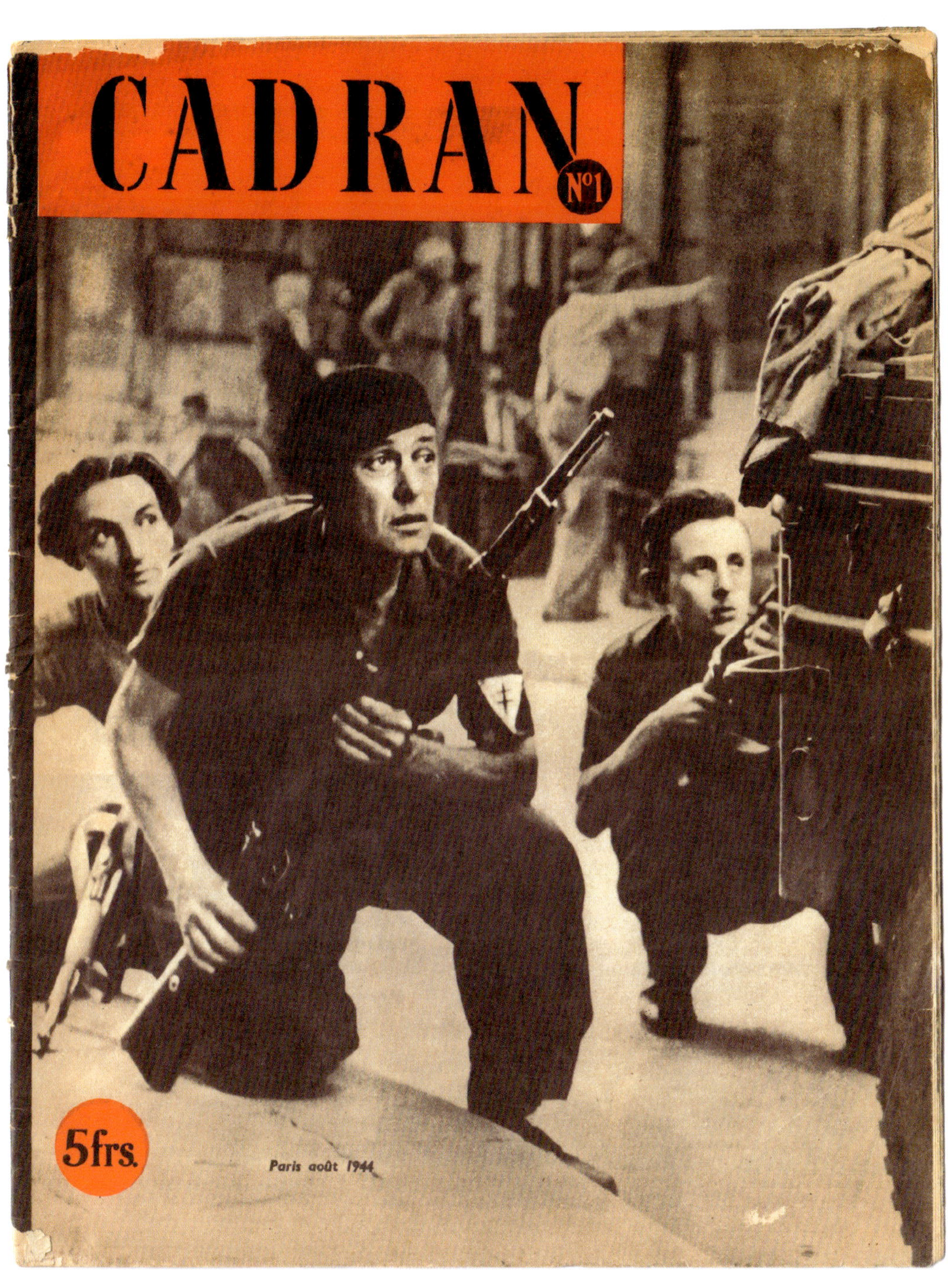

221

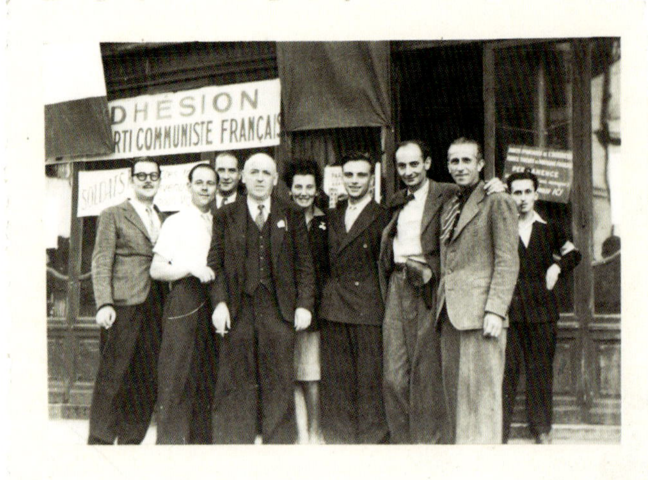

CI-DESSUS : **La libération de la Chambre des députés, le 25 août 1944. FFI et soldats de la 2e DB combattent rue de Bourgogne aux abords de la place du palais Bourbon où se trouve l'entrée arrière. Rapidement, les officiers allemands, tenant la place, viennent négocier drapeau blanc en main avec un officier français. Puis c'est la reddition et la remontée de la rue de Bourgogne avec les prisonniers.**

CI-DESSOUS : **Pendant ce temps à la mairie du XIVe arrondissement, le photographe du 37 rue Froidevaux, Emile Muller, pistolet à la ceinture, participe au Comité de libération avec ses camarades du parti communiste.**

prononcer son nom, il évoque aussi Gerda Taro et leur histoire d'amour. En ce qui concerne la concierge, il y avait bien une loge au 37 rue Froidevaux, mais rien ne nous indique qu'elle se trouvait, comme le raconte Capa, parmi les Parisiens qui accueillirent les libérateurs le matin du 25 août. C'est toutefois plausible, la rue Froidevaux débouchant sur la place Denfert-Rochereau.
Si la présence de la concierge est incertaine, Emile Muller, l'« âme » des lieux – ce résistant de la première heure qui, pistolet à la ceinture, est devenu pour quelque temps maire du XIVe arrondissement dans la capitale libérée –, assistait bel et bien à l'événement. Dès son arrivée, Capa photographie la reddition des Allemands qui occupaient la Chambre des députés, mais aussi la bataille du Sénat, au cours de laquelle les FFI et les soldats du général Leclerc ont bien du mal à déloger les ennemis retranchés. Le lendemain, il saisit devant l'Hôtel de Ville la foule essayant de se protéger alors que des tireurs embusqués livrent un dernier combat depuis les toits. ■

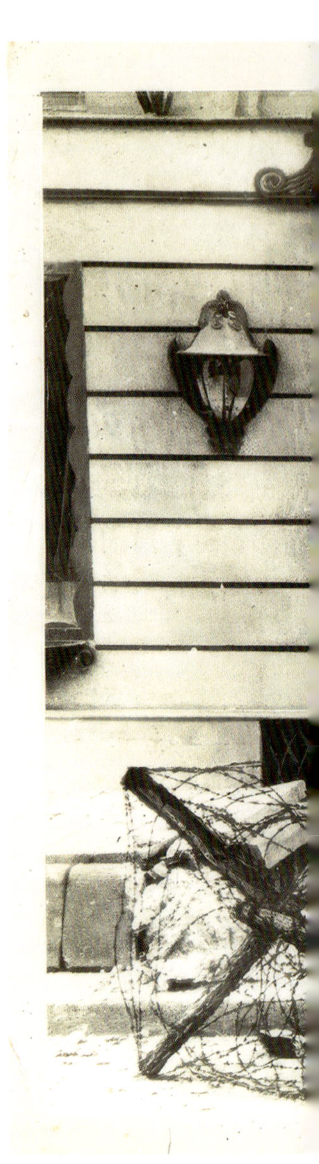

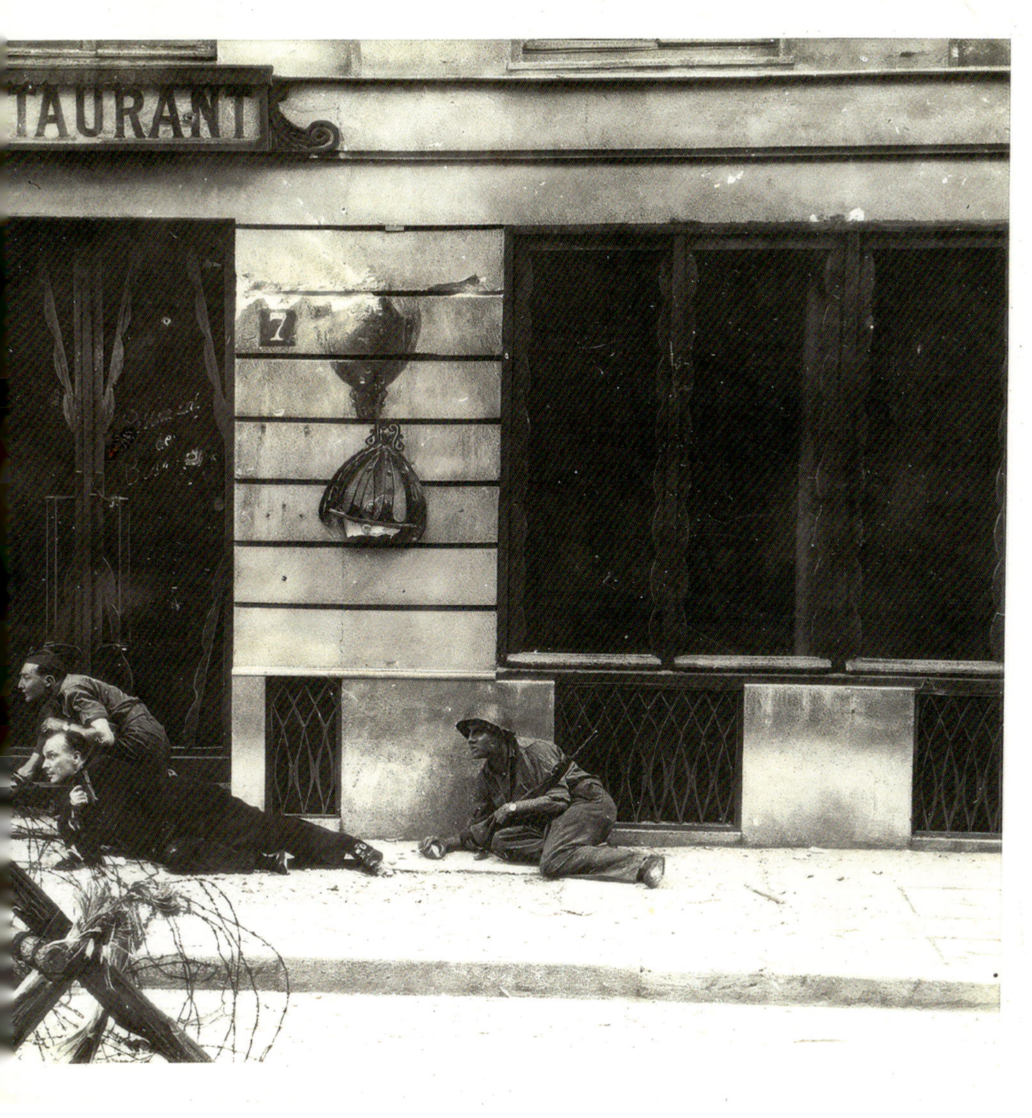
TAURANT
7

Les amis au bar du Scribe

DOUBLE PAGE SUIVANTE ET PORTRAITS À DROITE: **Ce tableau de Floyd MacMillan Davis a été publié par le magazine *Life* en janvier 1945. Il est désormais la propriété de la National Portrait Gallery de Washington, où il est répertorié sous le titre *Bar in Hotel Scribe*.**

En août 1944 à Paris, l'hôtel Scribe, près de l'Opéra, est choisi par l'état-major de la 2e DB et par le commandement américain de la place de Paris pour l'hébergement des correspondants de guerre. Le Scribe a été préféré au Ritz en raison de la qualité de sa cave, mais aussi et surtout pour sa proximité avec le célèbre Harry's New York Bar de la rue Daunou. Cet établissement – le premier bar américain fondé à Paris, en 1860 – est devenu célèbre avec les écrits de la *Lost Generation*, ce courant littéraire américain de l'entre-deux-guerres. Hemingway, figure emblématique du mouvement, est au premier plan du tableau présenté, surplombant les autres personnages de sa stature puissante et… légèrement ridicule. Cette extraordinaire peinture, à laquelle il ne manque que le bruit du bar, est l'œuvre de Floyd MacMillan Davis. Ce dernier est, avec sa femme, le seul peintre-correspondant de guerre de *Life* envoyé en Grande-Bretagne, puis en France pour couvrir les opérations militaires. Cette huile sur toile – réalisée à Paris en août 1944 – est publiée pour la première fois en janvier 1945 dans *Life*, en double page. Six mois après la libération de la capitale, le chef du bureau parisien du magazine, Charles Christian Wertenbaker, fait un papier sur la tristesse de Paris subissant les privations de l'après-guerre, loin de l'ambiance euphorique des journées d'août 1944. L'article est illustré de peintures de Floyd Davis. Sur ce tableau, « Charlie » Wertenbaker et Robert Capa sont à gauche du drapeau nazi, exhibé tel un trophée de guerre par un autre photographe de *Life*, le jeune Ralph Morse. Isolé, le visage grave, mal rasé, Capa porte le bonnet qu'il aime tant, un de ces dessous de casque de GI qui amortit le poids du métal sur la tête. À sa gauche, un portrait officiel du général de Gaulle est accroché au mur. En contrebas, Wertenbaker, le boss de Capa, porte la moustache et une écharpe beige. En face de lui figure un confrère *so british*, fumant la pipe. Davis croque cet instant historique de manière grinçante, comme le montre si bien le personnage représentant Lee Miller, paradant derrière Hemingway, telle une blonde platine d'Hollywood. Comme dans une vanité moderne, la mort est représentée sous les traits d'une vieille dame, à gauche, derrière le bar. Ce regroupement d'un nombre inconsidéré de journalistes dans un même lieu n'a paradoxalement jamais été photographié. ■

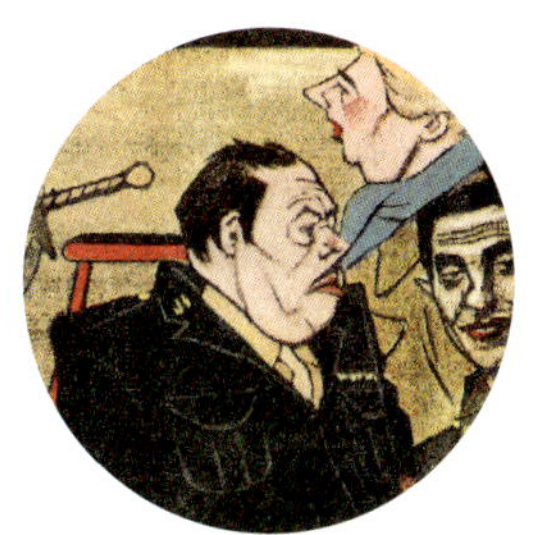

Richard de Rochemont
(1903-1982), « MARCH OF TIME », PARIS

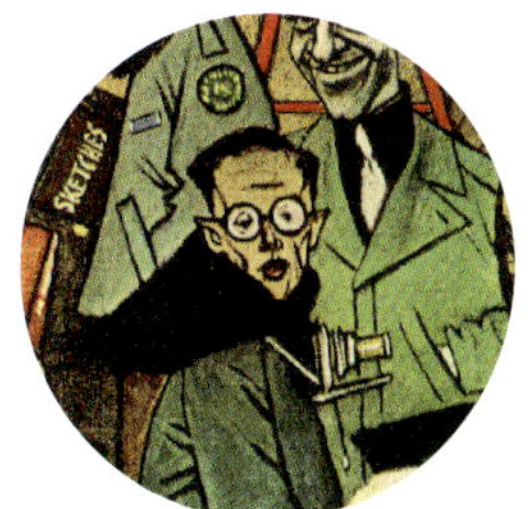

David Scherman
(1916-1997), PHOTOGRAPHE, « LIFE »

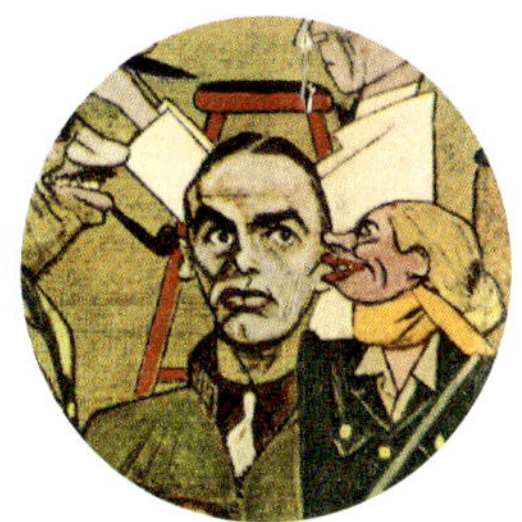

Will LANG
(1914-1968), JOURNALISTE, « LIFE »

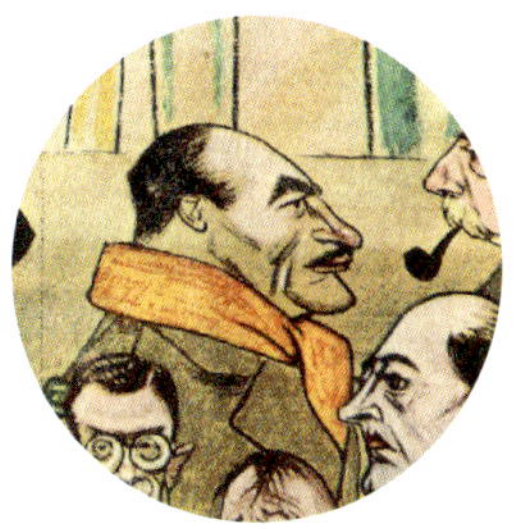

Charles Wertenbaker
(1901-1955), JOURNALISTE, *TIME* ET *LIFE*

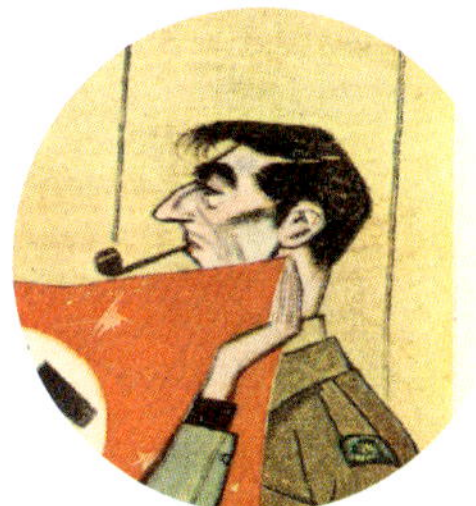

Noel Busch
(1906-1985), JOURNALISTE, *LIFE*

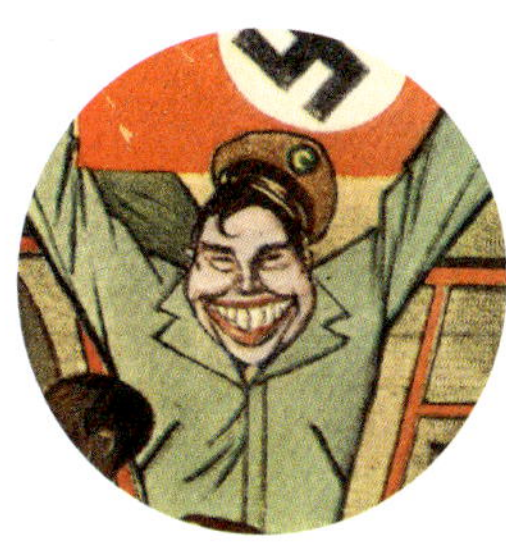

Ralph Morse
(né en 1917), PHOTOGRAPHE, *LIFE*

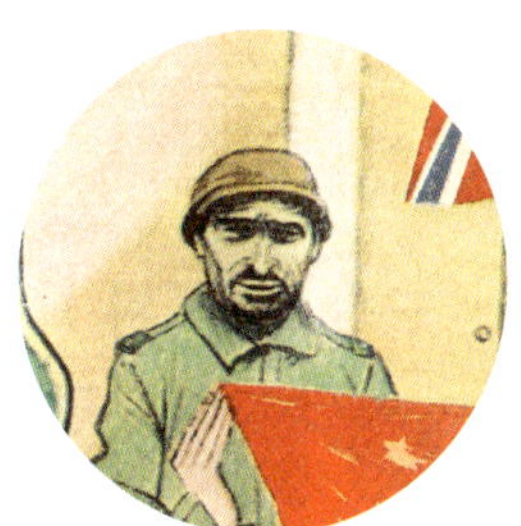

Robert Capa
(1913-1954), PHOTOGRAPHE, *LIFE*

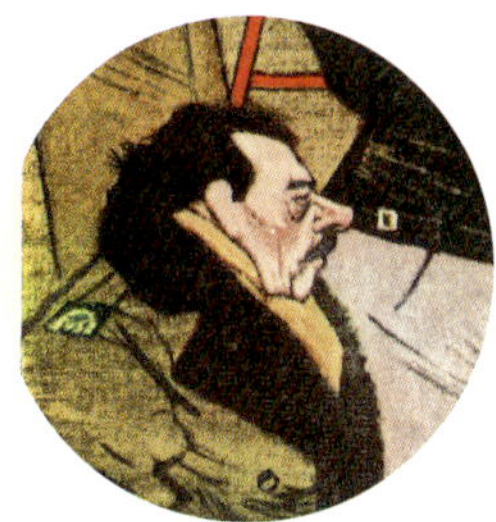

Floyd Davis
(1896-1966), ARTISTE-REPORTER, *LIFE*

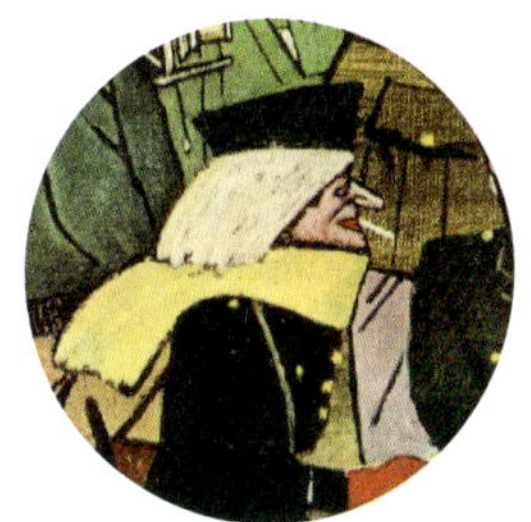

Janet Flanner
(1892-1978), JOURNALISTE, *THE NEW YORKER*

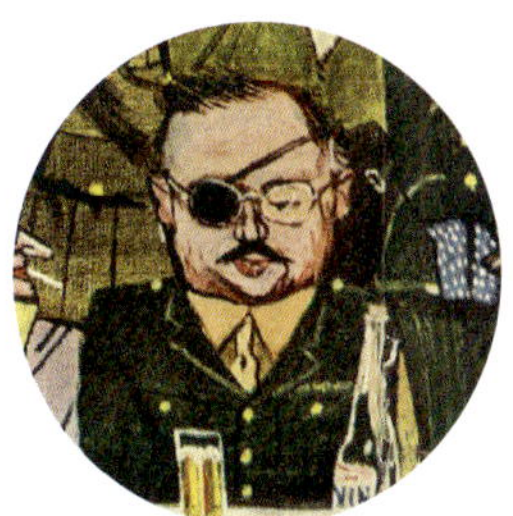

William Schirer
(1904-1993), JOURNALISTE, CBS RADIO

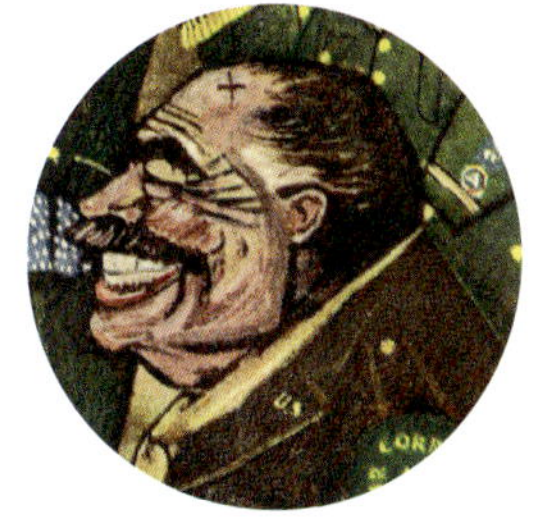

Ernest Hemingway
(1899-1961), ÉCRIVAIN ET JOURNALISTE, *COLLIER'S*

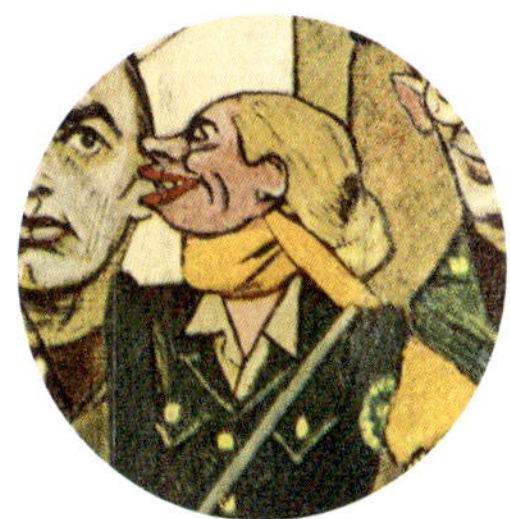

Lee Miller
(1907-1977), PHOTOGRAPHE, *VOGUE*

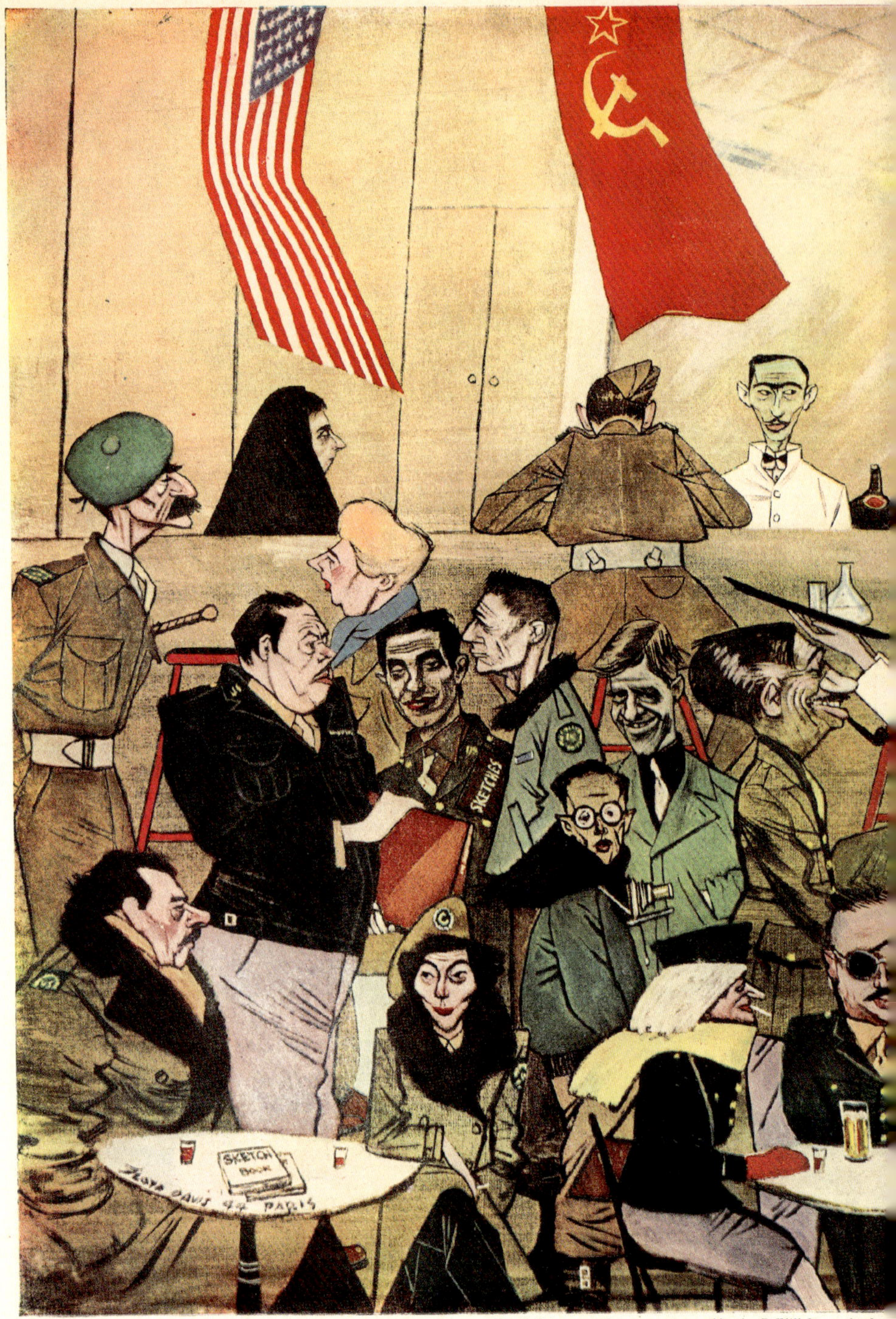

THE SCRIBE HOTEL BARROOM is the headquarters and the hangout of correspondents in France. Here Artist Floyd Davis found old acquaintances of the *Time* and LIFE European staff: (*standing, second from left*) *March of Time* movies' Producer Richard de Rochemont; (*right, with camera*) Photographer David Scherman; (*center, staring starkly ahead*) Will Lang; (*under
portrait, facing right*) Charles Wertenbaker; (*at right, holding Naz
Noel Busch's *pipe*) Photographer Ralph Morse; (*at bar, behind M
tographer Robert Capa. At table in left foreground are Floyd and Gla

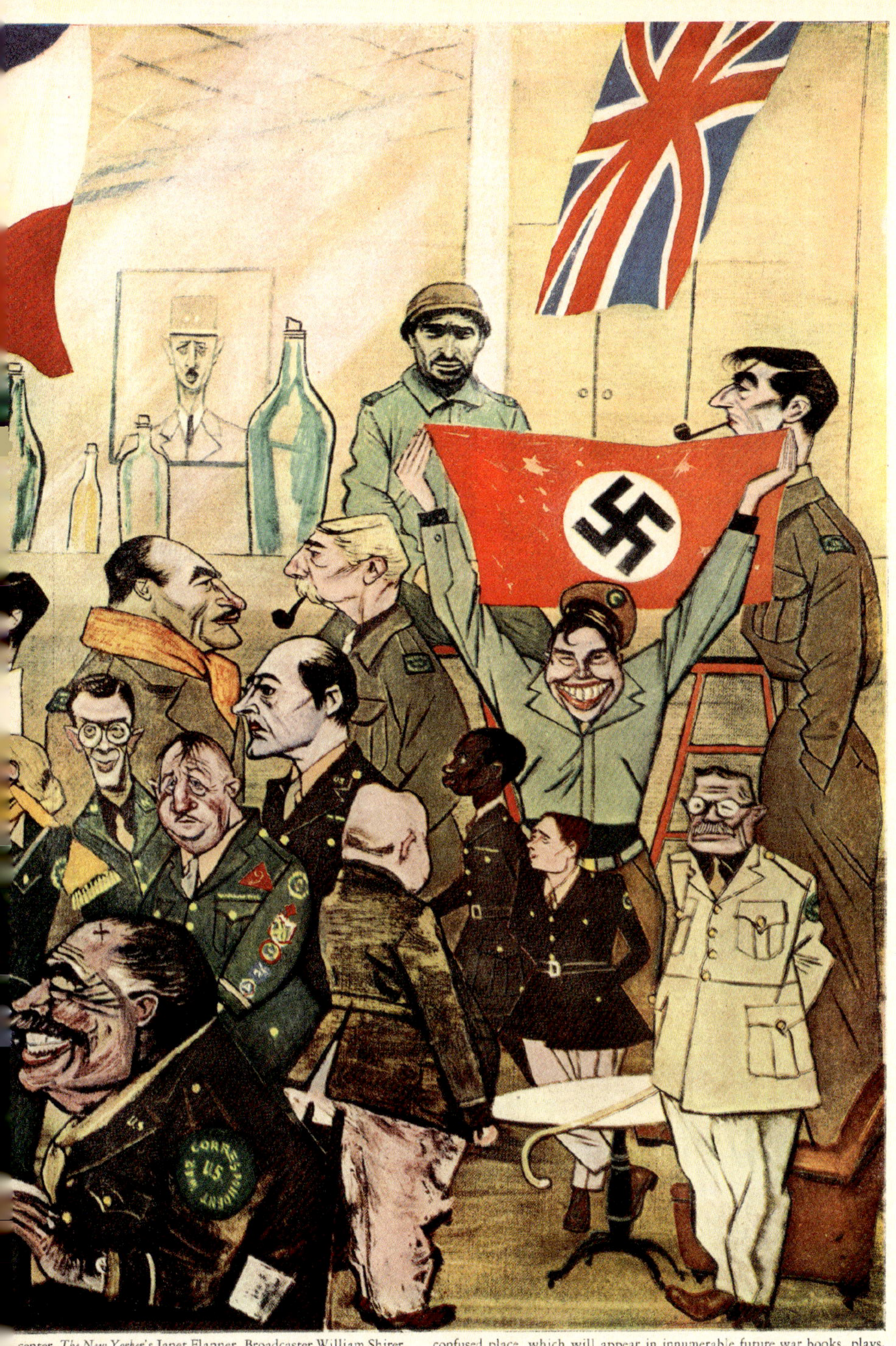

center, *The New Yorker's* Janet Flanner, Broadcaster William Shirer, rnest Hemingway; at far right, H. V. Kaltenborn. Every other day rved brandy and then the place was crowded with correspondents k the brandy, they insisted, just to keep warm. The Scribe was a confused place, which will appear in innumerable future war books, plays, movies. Spruce correspondents rushed out to the front to get stories. Disheveled correspondents rushed back from the front to file their stories. At any time reporters could be heard complaining about censors, brass hats, editors.

228

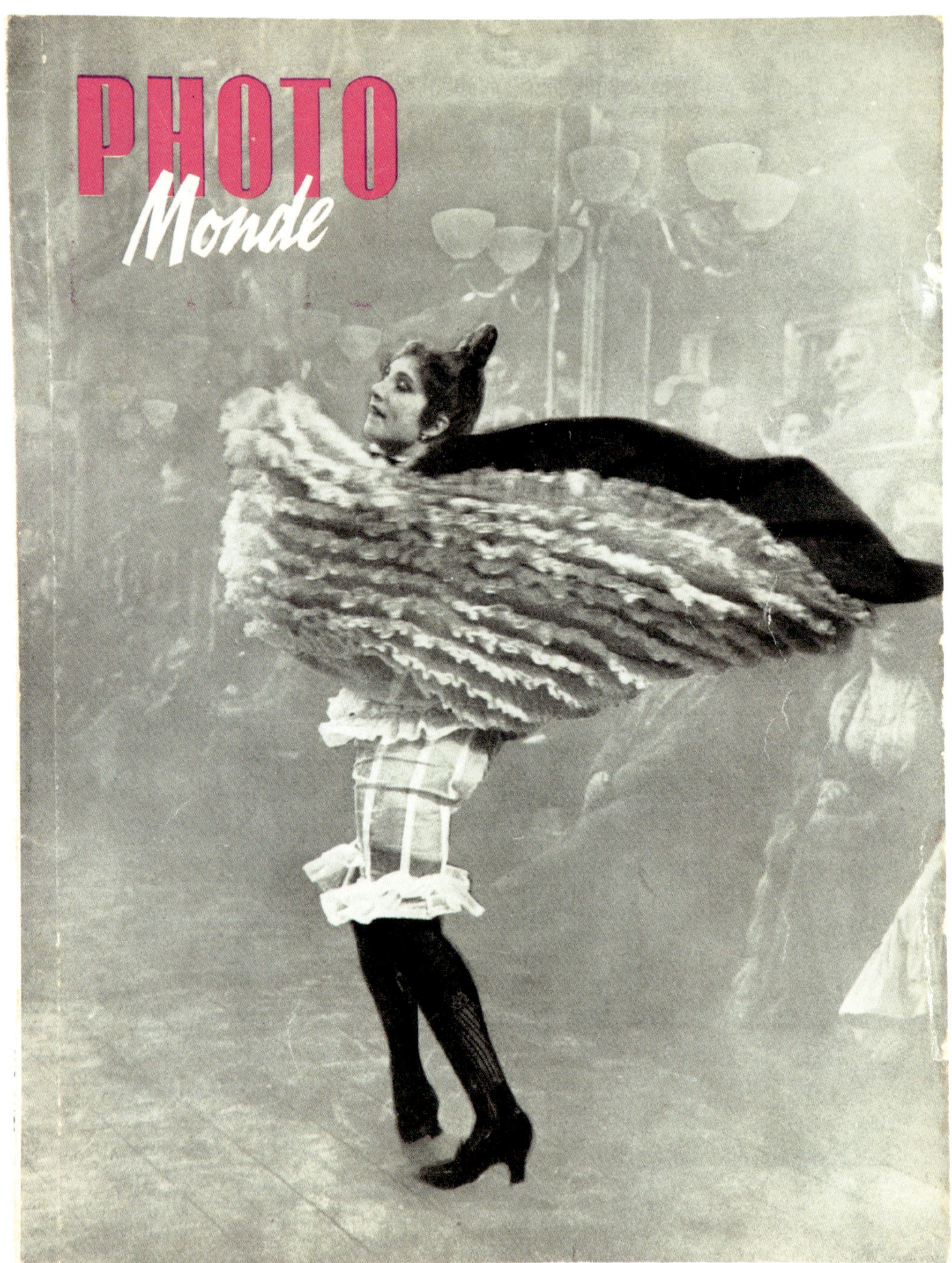

Photographier le cinéma

L'excellente revue française *Photo Monde* publie en couverture du numéro de février 1953 la photo d'une danseuse de french cancan prise par Capa. Le journal propose six photos de ce dernier, réalisées lors du tournage du film *Moulin Rouge* de John Huston, une vieille connaissance de Capa, et interprété par José Ferrer, Colette Marchand et Zsa Zsa Gabor. Le rédacteur écrit : « Dans le reportage de Robert Capa, nous retrouvons le rendu du mouvement par le même effet de flou, mais nous voyons intervenir un nouvel élément proprement photographique : celui de la saisie du mouvement vrai. » Capa a toujours été tenté par le cinéma.

En Espagne, il maniait déjà la caméra de reportage. Mais c'est sa liaison avec Ingrid Bergman, en 1945, qui révèle véritablement son amour pour le cinéma. Dans ses Mémoires, l'actrice raconte avec humour et tendresse leur rencontre lors d'un dîner loufoque à Paris ainsi que leur voyage dans le Berlin en ruine. Devenu son amant, Capa la suit à Hollywood où il s'essaie au cinéma, sans grand plaisir ni succès, sur le tournage de *Notorious* (*Les Enchaînés*) d'Alfred Hitchcock. Capa ne souhaitant pas épouser l'actrice, leur relation se termine en 1947. De retour en Europe, le photographe couvre le chef-d'œuvre du néoréalisme italien *Riso amaro* (*Riz amer*), qui a notamment révélé Silvana Mangano, l'épouse du grand producteur Dino De Laurentiis.

Le tournage se déroule dans le Piémont, avec pour décor naturel les rizières de Vercelli, et rassemble Raf Vallone, Vittorio Gassman et l'Américaine Doris Dowling, la petite amie de Capa. Les photographies paraissent en novembre 1948 dans *The Illustrated*, à Londres, et en mars 1949 dans *This Week*, le supplément du dimanche du *New York Herald Tribune*. En 1953, à l'occasion du tournage de *Beat the Devil* (*Plus fort que le diable*), à Ravello, près de Naples, Capa retrouve John Huston ainsi qu'Ingrid Bergman. Gina Lollobrigida et Humphrey Bogart, autre grand ami de Huston, sont les autres vedettes du film.

Le réalisateur raconte comment, le soir, il plumait au poker Capa et Truman Capote, le scénariste du film. Deux autres photographes sont présents sur le tournage : Ted Castle et Chim. Bien qu'infructueuse, l'expérience de Capa à Hollywood lui a au moins permis de nouer des relations avec de nombreuses personnalités du milieu. Il avait d'ailleurs déjà tissé des liens pendant la Seconde Guerre mondiale, à Londres et en France, avec certains membres des équipes de tournage des actualités cinématographiques militaires. Les plus grands réalisateurs d'Hollywood – parmi lesquels John Huston, Alfred Hitchcock et George Stevens – en faisaient partie. Dès la création de Magnum en 1947, ces relations lui permettent de faire engager ses amis de l'agence sur des tournages, les magazines étant très friands de ce type de photos. En 1950, comprenant l'intérêt financier de ce travail, Capa négocie avec John Huston et Howard Hawks l'exclusivité de la couverture de leurs films. ■

Capa saisit dans un élégant flou artistique « la Goulue », interprétée par Katherine Kath, sur le tournage de *Moulin Rouge*, en 1952. Il s'inspire des tableaux de Toulouse-Lautrec, comme le met en évidence le journal.

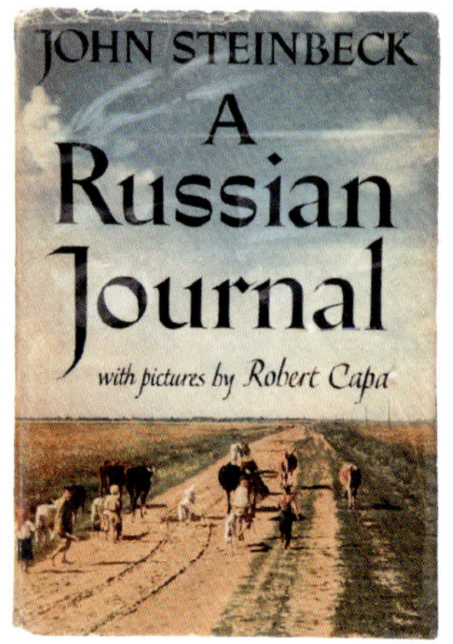

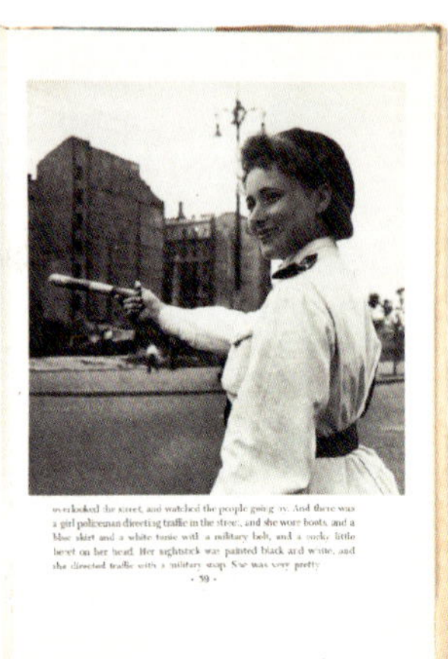

Au pays des Soviets

Ils se sont connus pendant la guerre à Londres, puis se sont revus en Normandie. En 1947, John Steinbeck, 45 ans, et Robert Capa, 34 ans, se retrouvent au bar de l'hôtel Bedford à New York. L'écrivain – qui a obtenu en 1940 le prix Pulitzer pour *Les Raisins de la colère* – traverse alors une passe difficile. Il propose ainsi à Capa un périple en URSS, désirant voir ce qui a changé depuis son premier voyage en 1936. Capa, quant à lui, vient de créer l'agence Magnum et a besoin d'argent. Le *New York Herald Tribune* finance le périple et le publie du 14 au 31 janvier 1938. John Morris, alors directeur photo du *Ladies' Home Journal*, consacrera la couverture du numéro de février 1938 et 16 pages intérieures aux photographies en couleurs et en noir et blanc de Capa, associées aux légendes de Steinbeck. Ce travail est alors considéré comme le premier reportage « libre » en URSS.
Capa, citoyen américain depuis 1946, réussit à obtenir un visa, car Steinbeck, invité, refuse de partir sans lui. Les Soviétiques redoutaient alors plus que tout la présence d'un photographe étranger. L'écrivain et le reporter prennent l'avion à Paris le 31 juillet 1947. Ils passent quarante jours derrière le rideau de fer, de Moscou à Stalingrad en passant par la Géorgie et l'Ukraine. Capa prend 4 000 photographies (une centaine seront censurées par les services soviétiques), sur les paysans, les ouvriers, ou encore la vie quotidienne. John Steinbeck en fera un livre, *A Russian Journal*, paru en 1948 aux États-Unis. « Sous un air décontracté, écrit-il, Capa cachait un caractère anxieux. En Russie, il fut contraint d'envoyer ses films à développer auprès du gouvernement, il tournait en rond en caquetant comme une poule qui a perdu ses poussins. Il formait des plans, refusait de quitter le pays sans ses films. La moitié du temps, il voulait fomenter une contre-révolution en cas d'atteinte à ses films, et l'autre moitié, il pensait tout bonnement au suicide. » Après la parution du livre, les Soviétiques ont qualifié les auteurs de « hyène » et de « gangster ». En ces temps de guerre froide, la presse républicaine américaine y vit un plaidoyer pour l'URSS de Staline. ■

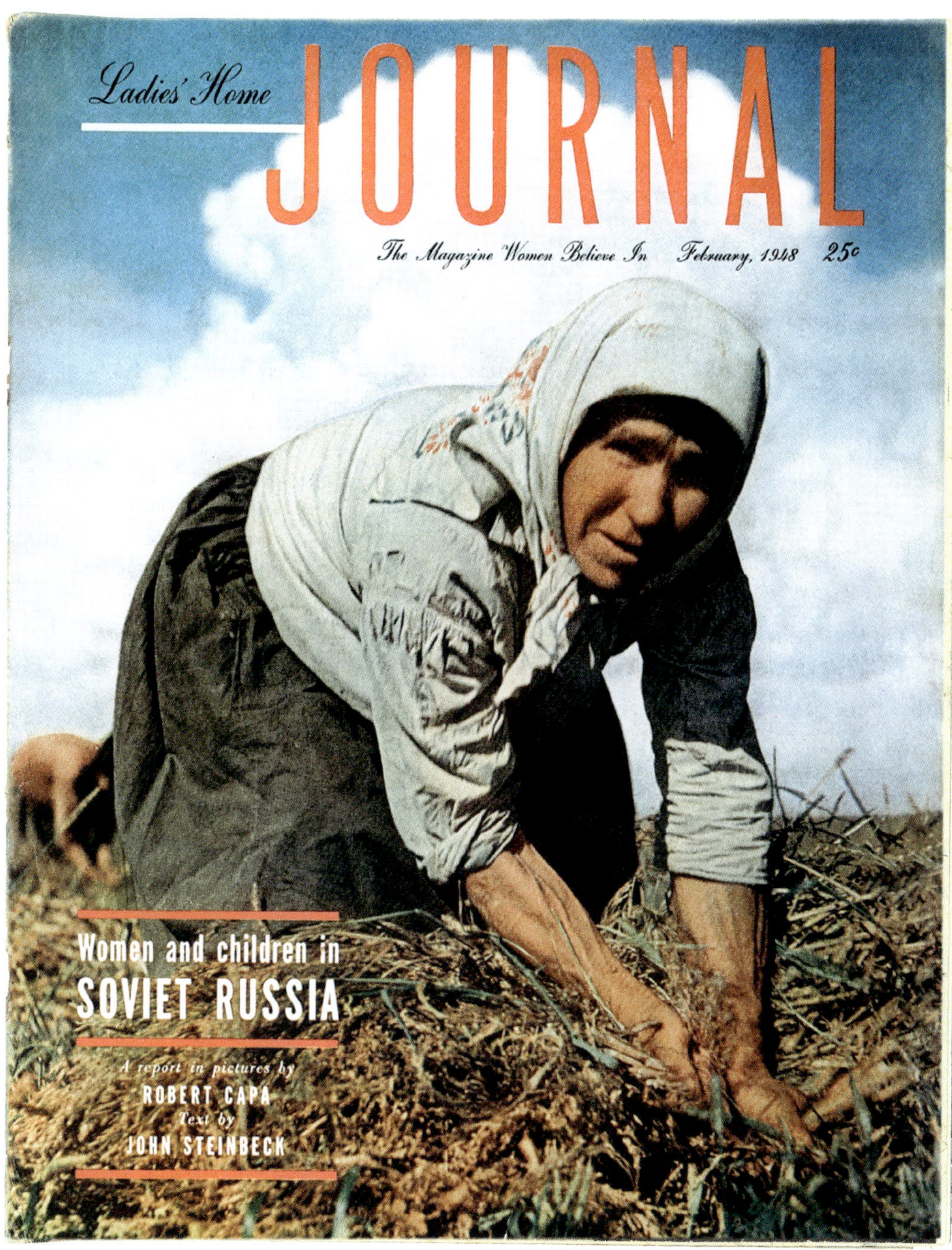
Ladies' Home
JOURNAL
The Magazine Women Believe In February, 1948 25¢
Women and children in
SOVIET RUSSIA
A report in pictures by
ROBERT CAPA
Text by
JOHN STEINBECK

Regards *publiera en exclusivité le reportage de Capa sur le siège de Jérusalem dans son numéro du 2 juillet 1948.*

Sur trois pages illustrées de « documents extraordinaires », le journal salue « le silence aux armes » au « terme d'un mois dramatique ».

Encore au cœur de la bataille

Capa arrive à Tel-Aviv le 8 mai 1948. Il veut être le témoin de la naissance d'une nation à laquelle il ne se sent pas étranger. Mais la première guerre israélo-arabe éclate par surprise le 14, au soir de la déclaration d'indépendance d'Israël. Comme l'écrit *The Illustrated* à Londres : « Une fois encore la violence de la guerre a rattrapé Robert Capa. » La démarche de Capa peut s'illustrer par cette citation, rapportée par son amie, la journaliste Martha Gellhorn. « Dans une guerre, lui disait-il, il faut détester ou aimer quelqu'un, en tout cas prendre position, sinon on ne supporte pas ce qui se passe. » Au cours des trois voyages (1948, 1949 et 1950) effectués en Israël, le photographe utilise 700 pellicules. À Paris, le laboratoire de Pierre Gassmann met une année à développer les commandes passées à Capa sur le sujet. On y cherchera en vain des images montrant la souffrance des populations arabes contraintes à l'exode. Une seule fois, Capa saisit un Arabe d'âge mûr en costume traditionnel, derrière une rangée de barbelés. Cette image sera publiée en pleine page par *The Illustrated*, le 27 août 1949, avec cette légende : « L'Arabe errant : une nouvelle figure tragique ». En France, *Regards* « qui s'honore d'avoir été à l'origine de sa notoriété » publiera les images de la bataille de Jérusalem qui ne sont pas sans rappeler celles du siège de Madrid réalisées en 1936. « Le même enthousiasme, les mêmes divergences politiques, le même échantillon de professions et d'âges », écrira-t-il. Il croise dans les rangs de cette armée juive des brigadistes d'Espagne, des résistants français ou des émigrés hongrois. La route reliant Tel-Aviv à Jérusalem étant coupée par la Légion arabe, Capa assiste à la construction dans la montagne d'une route de ravitaillement ouverte par la force sous le commandement de David « Mickey » Marcus. Cet ancien colonel de l'armée américaine, héros de Guadalcanal et de la bataille de Normandie en 1944, trouvera la mort pendant la bataille de Jérusalem. *Regards* publie son portrait avec la légende suivante : « Capa était près de lui quand il fut tué dix minutes avant le cessez-le-feu. » Grand ami et complice de Capa, Marcus demeure l'une des légendes de la guerre d'indépendance israélienne, que l'acteur Kirk Douglas incarnera en 1966 dans le film hollywoodien *L'Ombre des géants*. Sur la plage de Tel-Aviv, Capa assiste en juin 1948 aux combats fratricides entre les partisans de l'Irgoun de Menahem Begin et ceux de la Haganah de David Ben Gourion. Les premiers souhaitent briser la trêve et le blocus imposés par les seconds en livrant les armes importées clandestinement par le cargo *Altalena*. C'est alors que Capa est touché par une balle. Blessé, il rentre à Paris et lâche furieux à la cantonade : « Ce serait le bouquet d'être tué par des Juifs ! » Pierre Gassmann, le tireur pour Magnum, se rendra également à Tel-Aviv pour voir sa mère et réaliser un reportage porr l'Unicef en 1949. Il dira : « C'était trop difficile de passer en Israël après Capa, il avait tout fait. » ■

Les dernières heures du siège de Jérusalem

PREMIÈRE EXCLUSIVITÉ **regards**

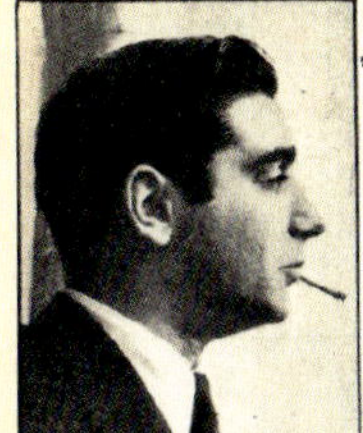

ROBERT CAPA nous envoie aujourd'hui de Palestine ces extraordinaires documents sur les derniers jours de combat dans Jérusalem.

Capa est un reporter de classe internationale, le premier sans doute des photographes contemporains. La qualité de ses images, l'émotion, en un mot la vie qu'il parvient par son talent à y garder présente font de lui un artiste incomparable.

« REGARDS » s'honore d'avoir été à l'origine de sa notoriété. C'est en effet comme envoyé spécial de notre journal en Espagne qu'il se révéla au grand public. Nombreux sont sans doute nos lecteurs qui n'ont pas oublié les bouleversantes images de guerre que « REGARDS » publiait alors chaque semaine et qui constituaient le plus saisissant témoignage de l'héroïsme des républicains espagnols.

Depuis, Capa a fait bien d'autres reportages sensationnels, en Chine, à Bikini, en U.R.S.S. (où il accompagnait récemment le célèbre écrivain américain John Steinbeck). Ses photos sont publiées dans les plus grands hebdomadaires mondiaux. Et Capa est resté un fidèle ami de « REGARDS ».

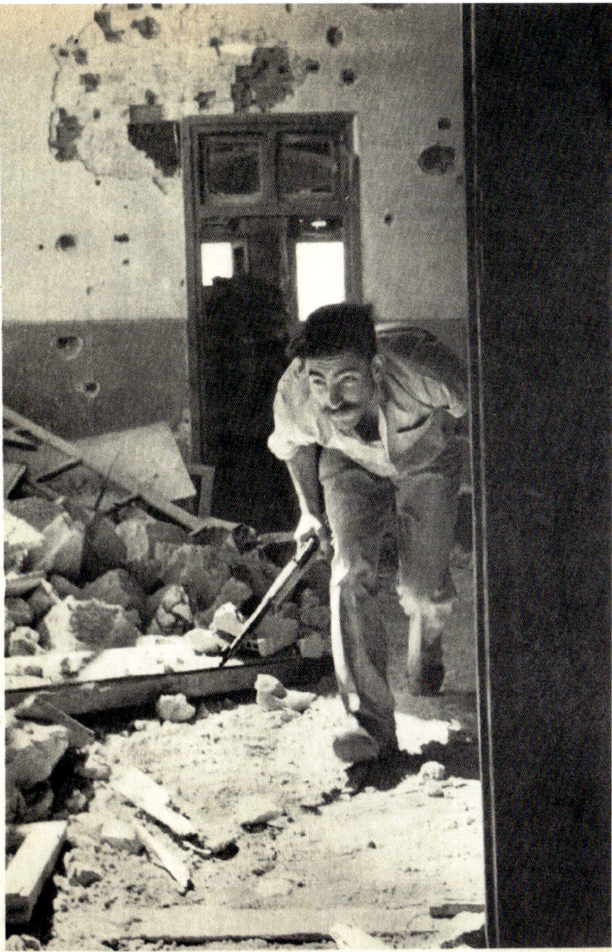

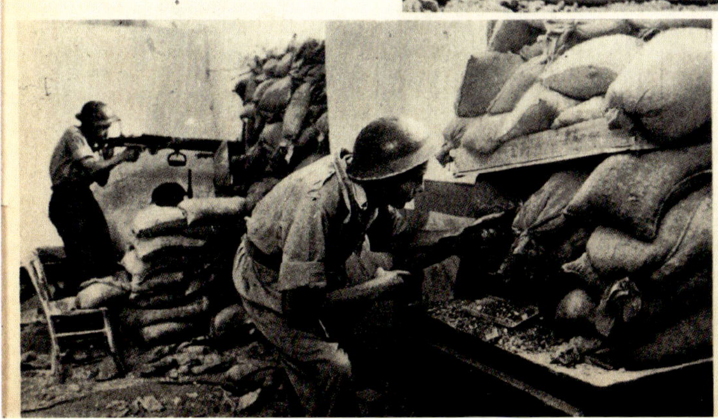

« SI JE T'OUBLIE, O JERUSALEM, que l'on me tranche la main droite... » chantait jadis le prophète. Quand les troupes d'Abdullah pénétrèrent dans le vieux Jérusalem, la parole n'avait pas perdu de son actualité bi-millénaire et il leur fallut arracher littéralement les civils juifs de leurs demeures. La nuit précédent le « cessez le feu! » des volontaires de la Haganah réoccupèrent les quartiers arabes entourant la vieille ville, et ces deux instantanés dramatiques donnent l'exacte physionomie de la bataille. Après l'infiltration maison par maison, ruine par ruine, on défend les positions.

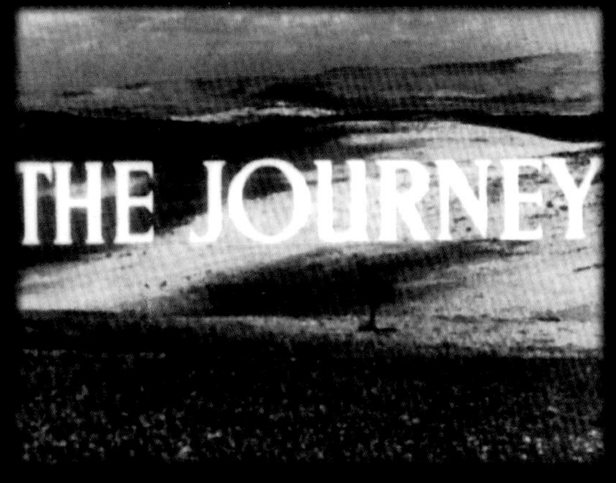
THE JOURNEY

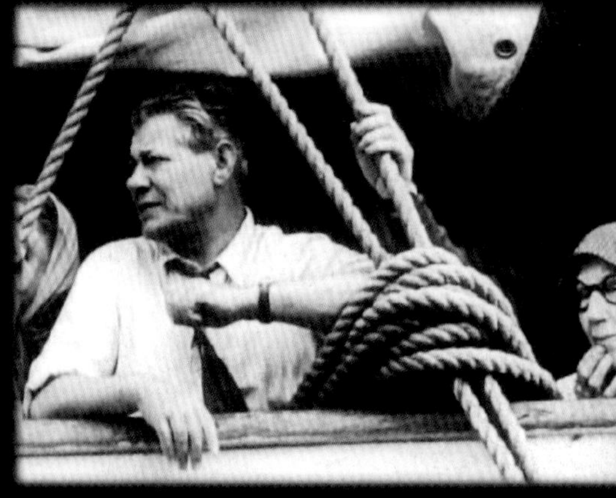

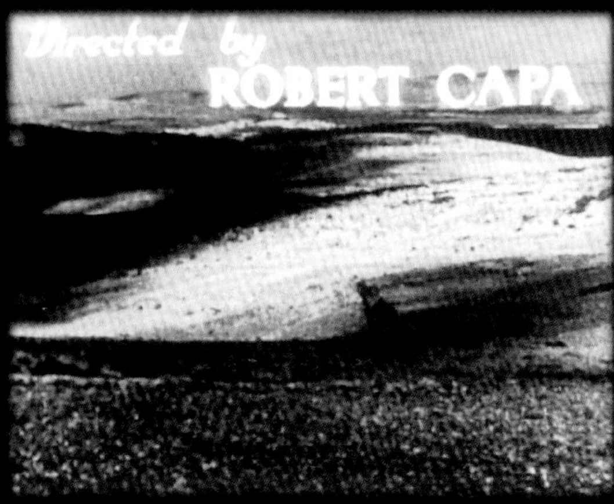
Directed by
ROBERT CAPA

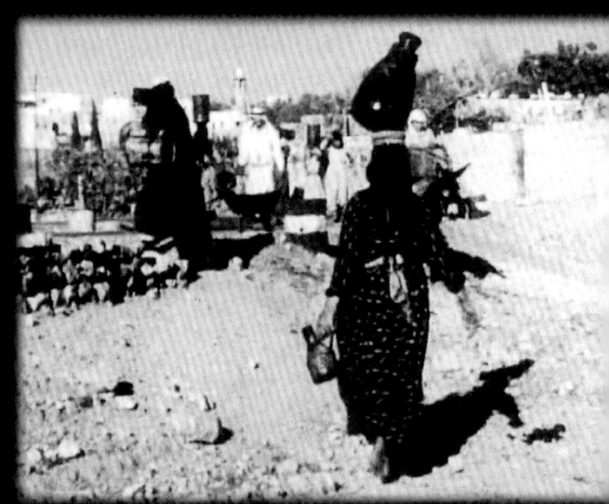

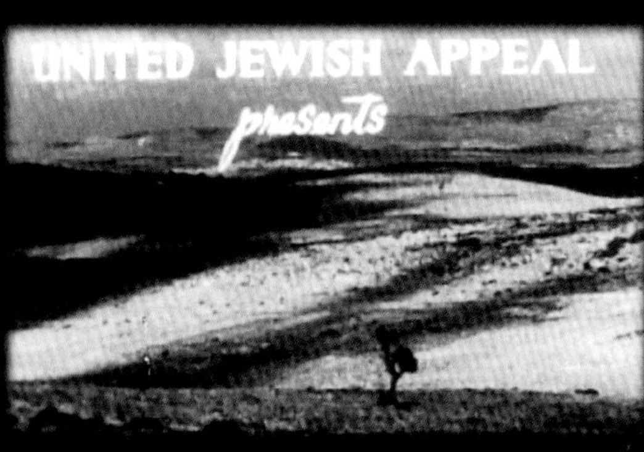
UNITED JEWISH APPEAL
presents

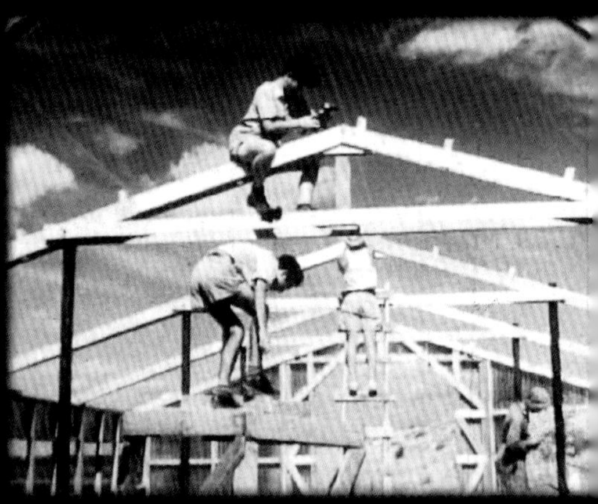

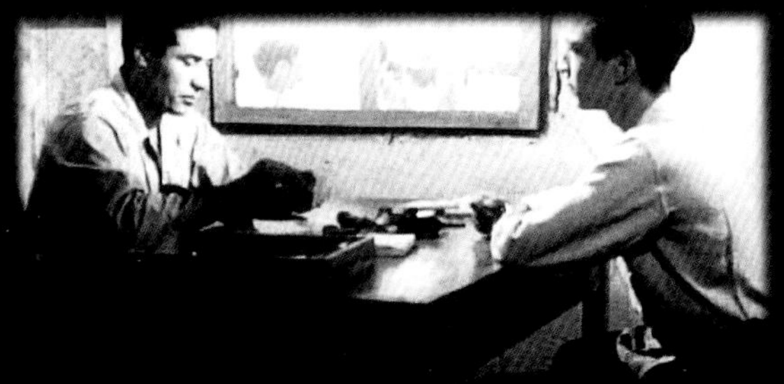

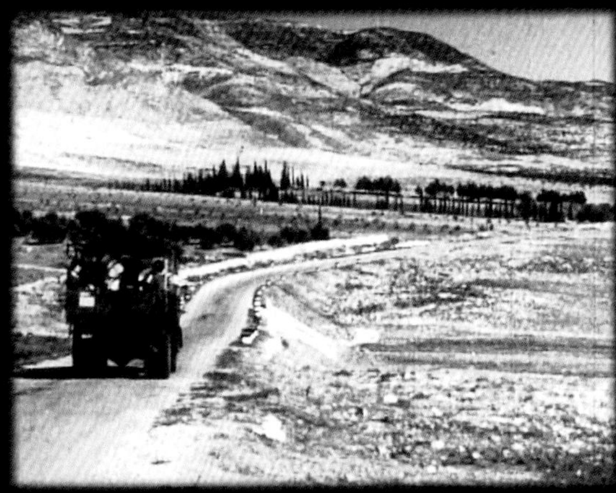

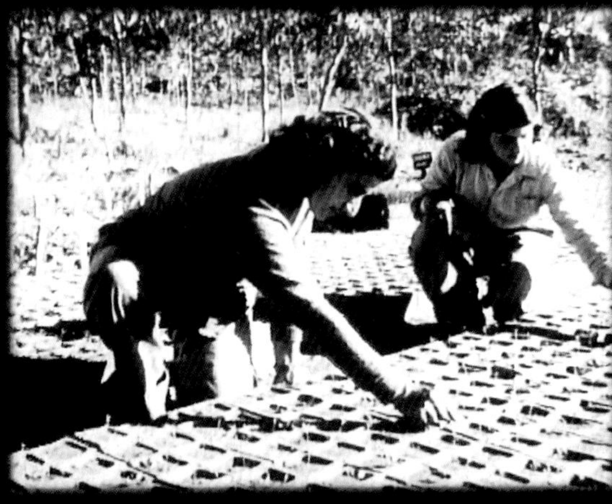

Un film sur les débuts d'Israël

Robert Capa séjourne en Israël du début octobre à la mi-novembre 1950. En six semaines, il tourne un documentaire de vingt-six minutes consacré aux survivants de la Shoah qui, d'émigrants dans le port d'Haïfa, deviennent citoyens israéliens, puis *kibboutzis* dans le désert du Néguev. Dans *The Journey*, il filme ce périple des émigrés d'Europe, à la demande de l'United Jewish Appeal (UJA), la puissante organisation juive américaine. Le Français Jacques Letellier est à la caméra, le scénariste est l'Américain Millard Lampell. Après un long trajet en camion à travers le pays, les « pionniers » s'installent dans un kibboutz précaire, à l'extrémité sud de la mer Morte. Tout est à défricher, tout reste à construire. Pita Wolff, la petite amie de Capa en Israël, est du voyage ; elle joue le rôle d'une responsable du kibboutz. Le film sera monté à Paris par Françoise Diot, sur une musique originale de Maurice Thiriet, et projeté aux États-Unis en 1951. La campagne de récolte de fonds de l'UJA sera un échec, mais *The Journey* est considéré par la Cinémathèque de Jérusalem comme « un documentaire historique irremplaçable et mythique sur les débuts difficiles d'Israël ». ■

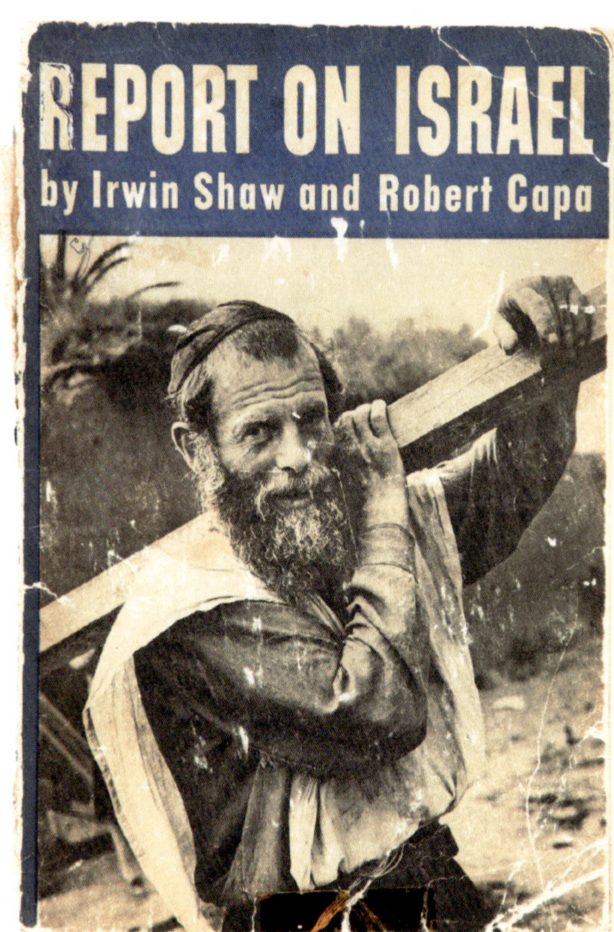

Un chef-d'œuvre du reportage

L'auteur dramatique et journaliste Irwin Shaw se rend en Israël pour une série de trois longs articles destinés au *New Yorker* en mai 1949. Avant de partir ensemble pour Jérusalem, il retrouve Bob Capa à Tel-Aviv, lors du premier anniversaire du nouvel État. Cette collaboration ne sera pas utilisée par le *New Yorker*, qui ne publie aucune photo. Mais Robert Capa convainc Irwin Shaw de faire un livre dès leur retour aux États-Unis. Considéré comme une totale réussite et un chef-d'œuvre du reportage, cet ouvrage a été publié à New York en avril 1950 par Simon & Schuster. Shaw y reprend ses textes parus dans le *New Yorker*, en ajoutant un article rédigé pour *Holiday*. Grâce aux photographies de Capa, il peut ainsi conter la naissance d'Israël en 1948. Irving Shaw revendique aussi la paternité des 109 légendes de ce livre de 144 pages. Les textes ne cachent pas les doutes et interrogations de leur auteur quant à l'avenir d'Israël. Il note à quel point les « Palestiniens arabes [comme on les nommait alors] ont souffert de la création sur leur terre de ce foyer national pour les survivants de l'Holocauste ». Sous le titre « Chaleureux et perspicace », le *New York Times* soulignera que « l'appareil photo de Capa, braqué sur les différentes facettes de ce pays et de ses habitants, chercha à en photographier les qualités humaines aussi bien que les jalons de son histoire ». ■

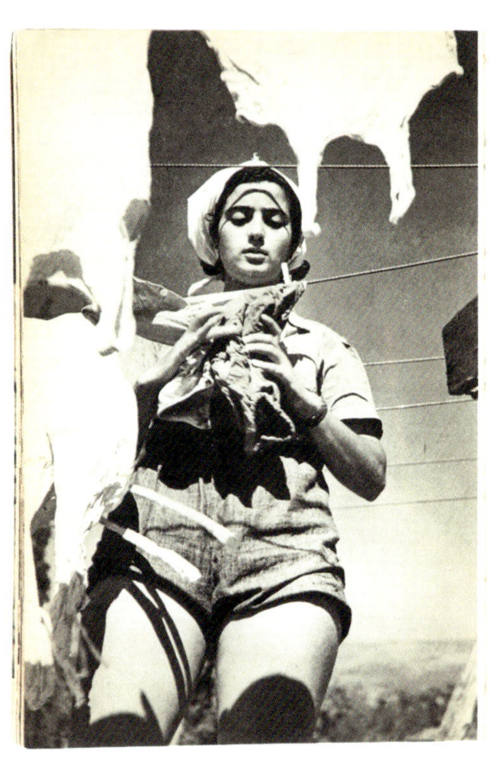

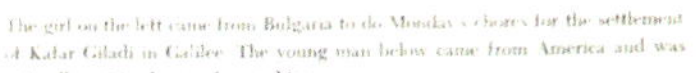

The girl on the left came from Bulgaria to do Monday's chores for the settlement of Kafar Giladi in Galilee. The young man below came from America and was naturally put in charge of a machine.

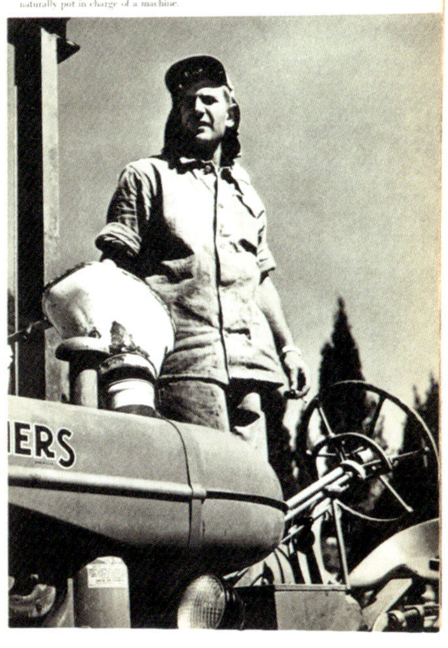

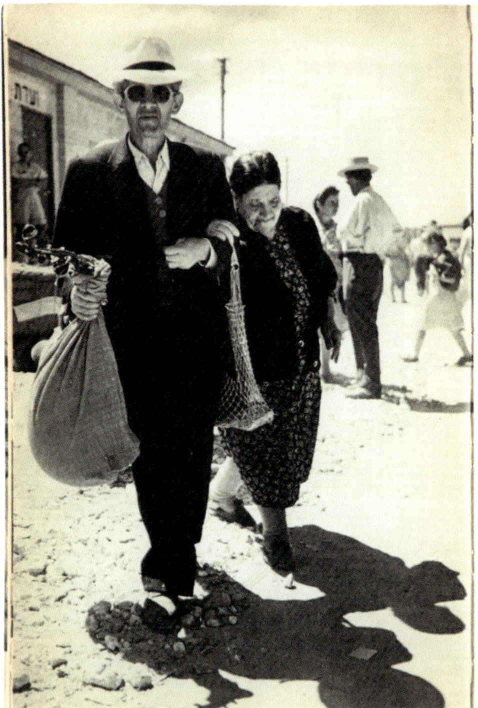

Luggage from Constantinople—one guitar.

No porters in Poland, Hungary, Czechoslovakia, Rumania, or Israel.

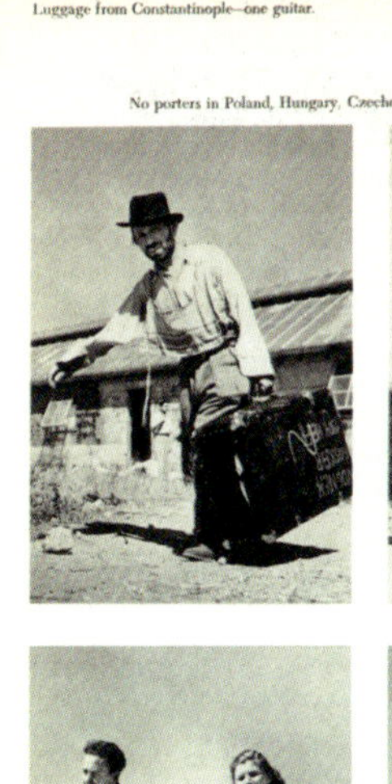

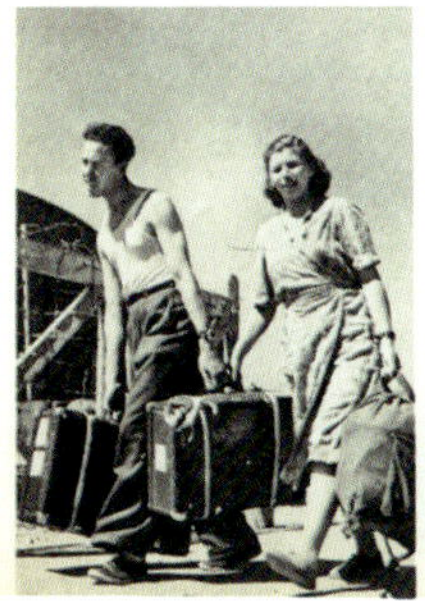

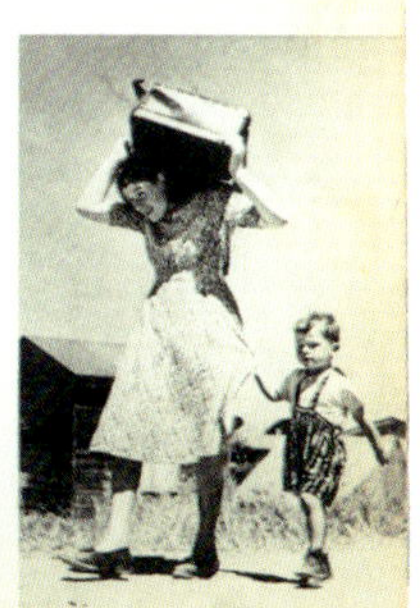

La belle vie

De retour à Paris au début de l'année 1948, Capa manifeste davantage d'intérêt pour monsieur Dior, le maître du New Look, et ses mannequins vedettes Bettina Graziani ou Suzy Parker, que pour l'existentialisme, les tensions politiques ou même le génie du *bebop* Charlie Parker. C'est la belle vie : le ski, les courses de chevaux, le poker, les soirées… Installé sur la rive droite, entre le bar des Théâtres, l'hôtel Lancaster où il vit et les bureaux de Magnum (rue du Faubourg-Saint-Honoré) où il travaille, il est à l'affût de commandes des magazines américains (*This Week*, *Holiday*, *Harper's Bazaar*) et s'investit dans la photographie de mode. Ayant grandi à Budapest dans l'atelier de couture de ses parents, ce milieu lui est donc familier. Son camarade de poker, Dmitri Kessel (1902-1995), photographe attaché au bureau parisien de *Life* pendant trente ans, l'immortalise dans le grand salon de Dior, avenue Montaigne. Dans un élégant costume taillé sur mesure, Rolleiflex autour du cou, il indique à Suzy Parker quelle pose adopter pour présenter le modèle. Malgré tout, Capa voit toujours ses amis. Il conseille à Pierre Gassmann de fonder le laboratoire Pictorial Service qui tirera les photos de Magnum. Taci Czigany, qui habite dans le studio de la rue Froidevaux, y est employé. Il soutient Ata Kando, revenue de Hongrie, qui essaie de survivre comme photographe. Pourtant, en voyage à Paris au début des années 1950, son amie d'enfance Eva Besnyö, celle qui à Berlin lui ouvrit les voies de la photographie, ne le reconnaît pas : venue solliciter du travail, Capa juge son style trop peu « journalistique » ! À son retour d'URSS, Capa, très impressionné par l'influence de la télévision aux États-Unis, crée une société de production du nom de World Video. Henry White, ancien directeur d'United Artists, est nommé président et directeur commercial, John Steinbeck, vice-président et superviseur des scénarios, et Bob Capa, vice-président adjoint, endosse le rôle de réalisateur. À son initiative, une série de vingt-neuf films de quinze minutes, tous consacrés à des portraits de couturiers parisiens, est lancée sous le titre « Paris, cavalcade of fashion ». Les films sont diffusés aux États-Unis par CBS Television du 4 juin 1948 au 20 janvier 1949. Le premier sera bien sûr consacré à Christian Dior. Puis viendront Robert Piguet, Jacques Fath, Lucien Lelong, Elsa Schiaparelli, Edward Molyneux, Pierre Balmain, Jean Patou (tourné à Deauville), la maison Lanvin… L'équipe de tournage et de production à Paris se compose de Paul Martellière à la caméra et de Frances Healy Geyelin au scénario. La directrice de World Video à Paris n'est autre qu'Ann Buydens, ancienne assistante de John Huston pour *Moulin Rouge* et future épouse de Kirk Douglas. Les films n'ont jamais été retrouvés ; ils auraient été déposés à la chambre syndicale de la Haute Couture à Paris. L'entreprise se termine par un fiasco financier, sans doute en raison des extravagantes notes de frais de Capa… Une certitude demeure : sans l'aide des mannequins Suzy Parker, qui travaillera à Magnum en 1953, et de sa sœur, Dorian Leigh, Capa n'aurait jamais pu réussir ces tournages.

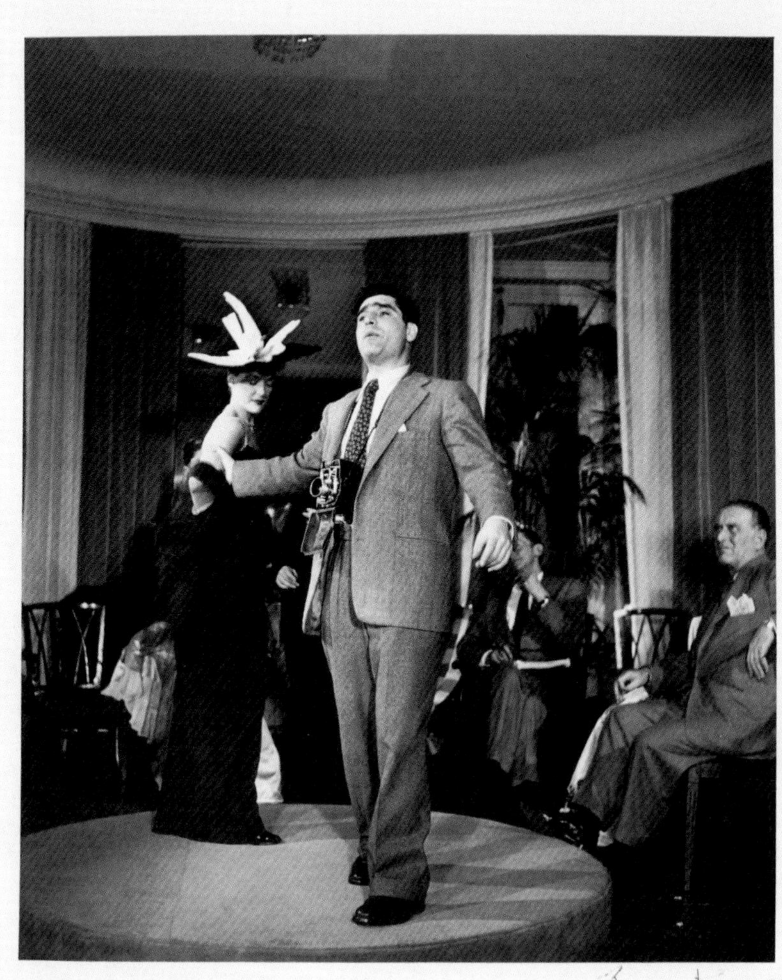

À cette époque, l'écrivain Romain Gary était également un habitué de l'avenue Montaigne. Dans *La nuit sera calme*, un livre d'entretien avec François Bondy, il raconte : « […] l'hôtel des Théâtres [était] fréquenté alors par les plus beaux mannequins du monde, Dorian Leigh, Assia, Maxime de la Falaise, Bettina [Graziani] naturellement, Nina de Voogt et Suzy Parker, parmi d'autres. L'hôtel avait un ascenseur minuscule et quand tu avais la chance de le prendre par hasard avec une de ces déesses, tu montais au paradis. […] Y trônaient Capa, le célèbre photographe de *Life*, qui avait photographié le débarquement de Normandie et devait sauter plus tard sur une mine en Indochine, Irwin Shaw, Peter Viertel, Ali Khan, et il se passait dans les chambres des choses merveilleuses, que j'ose à peine imaginer, par moralité et faute d'expérience. » ■

Les créations de chez Dior passionnent l'Amérique… et Capa de prendre la pause chez le couturier de l'avenue Montaigne pour Dmitri Kessel.

Reportage, texte et photos, de quatorze pages de Robert Capa dans le magazine américain *Holiday*, en 1951, où il écrit : « Skier c'est exactement comme faire l'amour. »

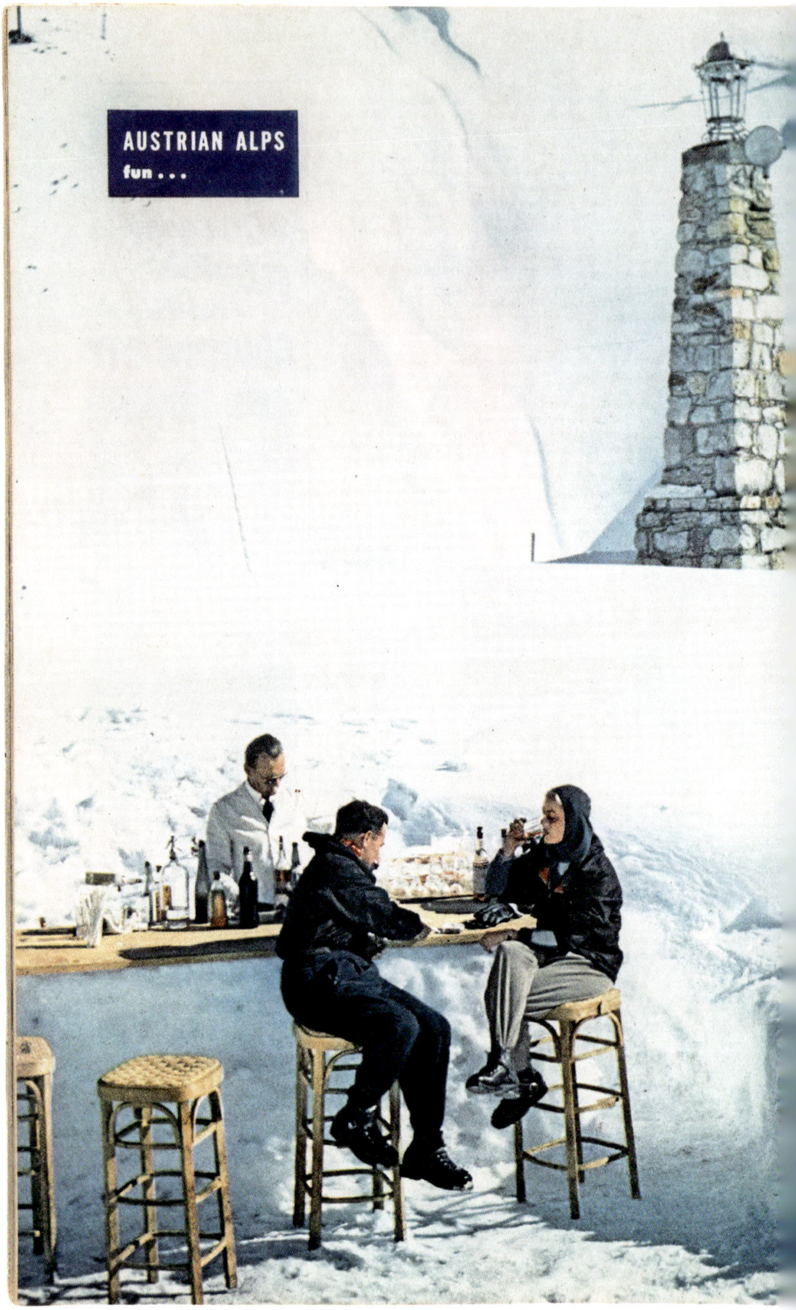

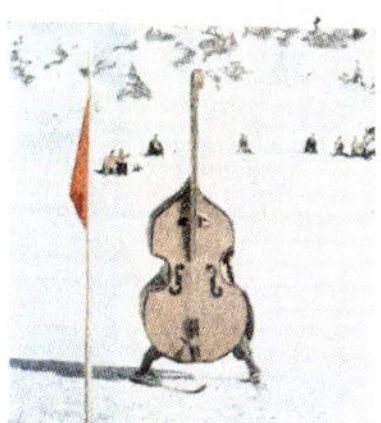

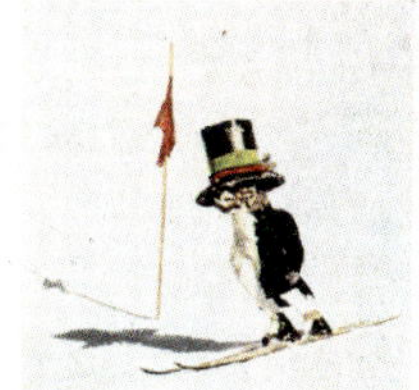

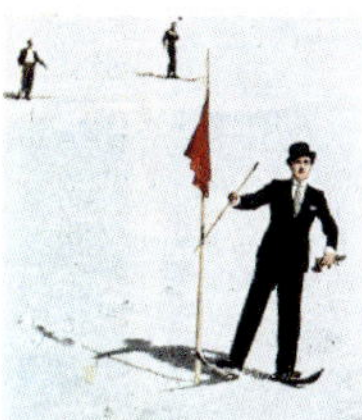

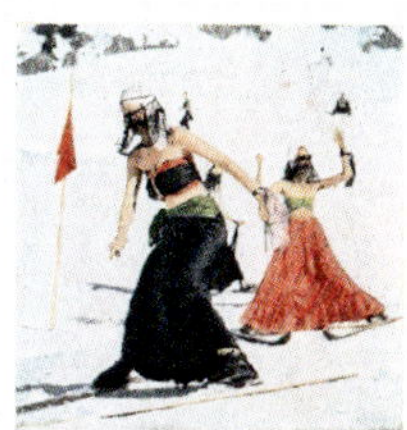

A cello, a gnome, Charlie Chaplin and even several harem girls come skiing down the mountain during Zürs' carnival, when local inhabitants dress up in costume.

THE WINTER ALPS

Experts in the great Alpine snow resorts of three nations agree on only one point—that skiing is exactly like making love

By Robert Capa

With Photographs by the Author

MOST historians agree that until the 20th Century skiing was strictly an uphill proposition. The first downhill character was an Austrian fanatic named Mathias Zdarsky. He read a book by the famous Norwegian explorer, Doctor Nansen, ordered a pair of skis, cut himself a big stick and climbed to the top of a mountain near Lilienfeld, in his native Austria. He put the long stick between his legs in the best fashion of witches, slid down the slope and founded the first method—the Lilienfeld technique of downhill skiing. He published his findings in the early '90's: "On the descent the ski runner leans back on his stick, and shuts his eyes. Then he darts downward straight as an arrow, and continues till he can no longer breathe. He then throws himself sideways on the snow, and waits until he regains his breath, and then once again hurls himself downward till once more he loses his breath and throws himself on the snow, and so forth until he reaches the valley." Modern skiers do the opposite of Zdarsky's recommendation: they lean forward while skiing downhill and lean backward only while drinking.

I first set eyes and feet on a pair of skis twenty-five years ago. I tried one stick, tried two sticks, and gave up very soon. With this expert background, I set out last winter to search for the skiing truth among the fighting tribes of the European ski resorts.

My first stop was Mégève, in France, the birthplace of Émile Allais, the French ski idol and inventor of the Allais System. The expert on skiing at Mégève was an old French mountaineer who now runs the local night club. I asked him about the difference between the French method of skiing and the other, inferior ones. He said without hesitation, "*Monsieur, faire le ski*—it is just like making love. Everybody is talking about it, many people are writing about it and very few are doing it. Also, they talk about different ways of skiing but when they do it, they ski more or less the same way. Only we French, we put our legs close together, and while others wiggle hips, we swing our shoulders, *(Continued on Page 93)*

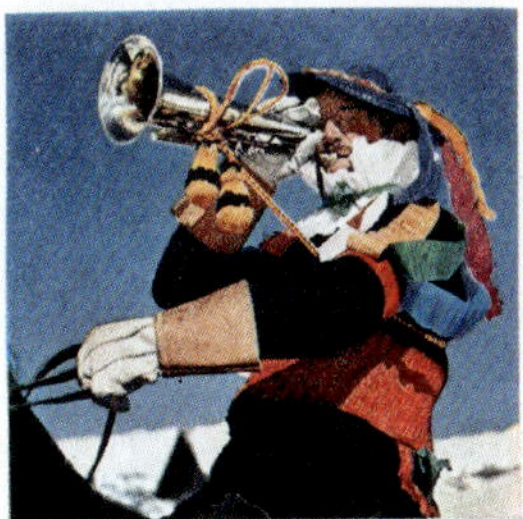

Carnival costumes and pomp add to the fun at Zürs.

←
Ice cubes are not required at the ice bar of the fashionable Zürshof, one of the largest hotels in Zürs. The Vorarlberg resort offers lots of snow, lots of fun, all at low prices.

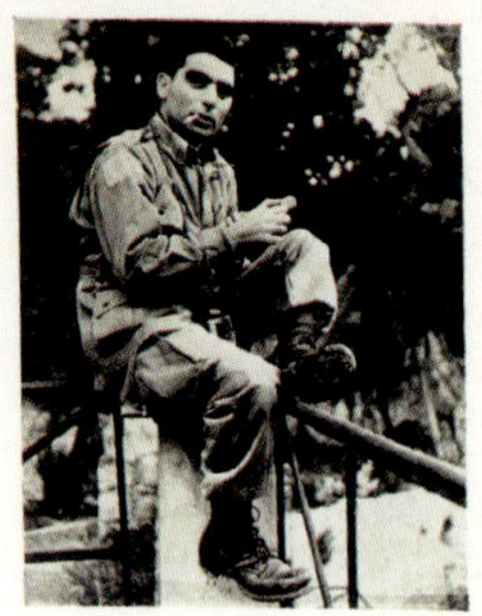

Robert Capa was born in Budapest in 1913. Due to disagreement with a Mr. Horthy (then dictator, now Admiral retired) he left Hungary at the age of 18 and became a photographer in Germany. In 1932, due to disagreement with a Mr. Hitler (then dictator, now suspected retired) Capa left Germany and found his way to Spain. Due to disagreement with a Mr. Franco (not retired) he left Spain in 1939 and came to America, going back to cover World War II with the U. S. Army. He has been the only enemy alien to be a war photographer and war correspondent with the U. S. Army; he got involved with secret bombsights, a pink girl, high and low poker, and too many invasions. After the war Capa went out to be a movie producer in Hollywood, ended up playing an Egyptian heavy, directed a March of Time film in Turkey, and proceeded to get fired; one wonders what Mr. Capa (not retiring) will be doing by the time this book comes out.

HENRY HOLT AND COMPANY
257 Fourth Avenue, New York 10
Chicago *San Francisco*

SLIGHTLY OUT OF FOCUS
ROBERT CAPA
HENRY HOLT

Summer, 194

There was absolutely no reason to get up in the mornings any mor My studio was on the top floor of a small three-story building on Nint Street, with a skylight all over the roof, a big bed in the corner, and telephone on the floor. No other furniture — not even a clock. The ligl woke me up. I didn't know what time it was, and I wasn't especially in terested. My cash was reduced to a nickel. I wasn't going to move unt the phone rang and someone suggested something like lunch, a job, c at least a loan.

I rolled over and saw that the landlady had pushed three lette under the door. For the last few weeks my only mail had been from th phone and electric companies, so the mysterious third letter finally ge me out of bed.

The third letter was from the editor of *Collier's* magazine. He sai that *Collier's*, after pondering over my scrapbook for two months, w suddenly convinced that I was a great war photographer, and woul be very pleased to have me do a special assignment; that a reservatic had been obtained for me on a boat leaving for England in forty-eig hours; and that enclosed was a check for $1500 as an advance.

Here was an interesting problem. If I'd had a typewriter and su ficient character, I would have written back to *Collier's*, telling the that I was an enemy alien, that I could not go even to New Jersey, alone England, and that the only place I could take my cameras w the Enemy Aliens' Property Board down at City Hall.

I had no typewriter, but I had a nickel in my pocket. I decided flip it. If it came up heads, I would try to get away with murder a go to England; if it came up tails, I would return the check and expla the situation to *Collier's*.

I flipped the nickel, and it was — tails!

The subway accepted the nickel. The bank accepted the check had breakfast at Janssen's, next to the bank — a big breakfast that car to $2.50. That settled it. I couldn't very well go back to *Collier's* wi $1497.50, and *Collier's* was definitely in for trouble.

Le roman de sa vie

Tout est dans le détail. Nombre d'éditions originales de ce livre rare, paru au printemps 1947 à New York chez Henry Holt and Company, ont perdu leur fameuse jaquette, chère aux bibliophiles. Or, sans elle, ce livre perd un peu de son sens. Sur le rabat, on peut lire : « Robert Capa, *Slightly out of Focus*, With photographs by the author ». Une précision importante pour celui qui a tant bataillé contre les photos non signées ou réduites à de simples illustrations, ainsi que contre les légendes fausses. La liberté qu'il chérissait par-dessus tout, c'était de pouvoir écrire lui-même le texte qui complétait son regard de photographe, car il en avait vu de toutes les couleurs quant à la publication de son travail dans les journaux. Le titre de ce « roman de sa vie » pendant la Seconde Guerre mondiale – le livre ne couvre que la période 1942-1945 – est lié à la publication par *Life* de ce qui restait de ses photographies du débarquement. Dans le numéro de *Life* du 19 juin 1944, les photos parurent accompagnées de la légende : *Immense excitement of*

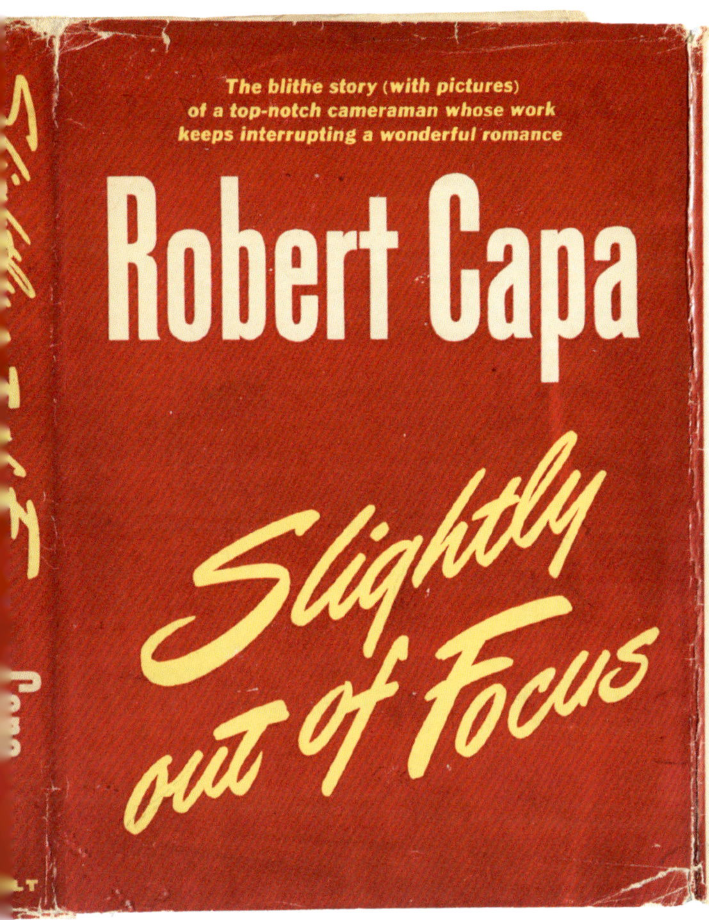

The blithe story (with pictures) of a top-notch cameraman whose work keeps interrupting a wonderful romance

Robert Capa

Slightly out of Focus

Robert Capa

Slightly out of Focus

With photographs by the author

SLIGHTLY OUT OF FOCUS is a contradiction in terms, being the natural climax of a special kind of publishing achievement at the same time that it is a completely different sort of book. With it Henry Holt and Company will have published the three top reporters of World War II: Ernie Pyle, who wrote the war, Bill Mauldin, who drew it, and now Bob Capa, who photographed it and wrote about it too.

This is *not* a book of photographs with captions. These are the hundreds of pictures Bob Capa took throughout the fighting in the ETO. They have been made into chapters and they alternate with the frank, airy, true story of a fabulous young man, Bob Capa, whose romance with a girl called Pinky kept getting involved with his trips to the fighting fronts.

You know the story – or some similar story – of a hundred people who participate in a battle and come out of it with a hundred different reports. Each report may be true; all may be contradictory. "This," Mr. Capa points out, "goes for poker games, drinking parties, and love. Writing the truth being obviously so difficult, I have in the interests of it allowed myself to go sometimes slightly beyond and slightly this side of it. All events and persons in this book are accidental and have something to do with the truth."

This, certainly, is obvious about life and writing – even writing about oneself, as Mr. Capa has done. But though his words may be slightly, occasionally, and riotously out of focus, his pictures never are.

(Continued on back flap)

moment made photographer Capa move his camera and blur picture. (« Le photographe Capa ressentit une telle exaltation qu'il bougea son appareil et rendit l'image floue »). Cette pure invention d'un rédacteur bien au chaud, à New York, inspira à Capa le titre *Slightly out of Focus* (*Juste un peu flou*). Sur le rabat de la jaquette, l'auteur avertit : « Écrire la vérité est tellement difficile, alors pour mieux la traduire, je me suis permis de faire quelques retouches à ma façon. Tous les événements et les personnages de ce livre sont fortuits et ont un certain rapport avec la vérité. » L'humour est au rendez-vous à chaque page. L'émotion aussi. Mais ce qui est finalement le plus perceptible, c'est la rage de Capa d'être sur tous les fronts ; lui qui, apatride et originaire d'un pays ennemi – la Hongrie –, fut malgré cela photographe de l'armée américaine. Sans cesse, Capa dut séduire et convaincre l'administration militaire ; montrer plus de courage qu'un autre en acceptant les premières vagues ou les sauts en parachute.

Pinky, sa maîtresse anglaise, est incontestablement l'autre héroïne de ce livre. Cette part de

« La joyeuse histoire (avec photos) d'un excellent photographe dont le travail n'eut de cesse d'interrompre une merveilleuse histoire d'amour ». Cette mention figurant sur la couverture de *Slightly out of Focus*, publié en 1947, donne le ton de l'ouvrage. (Texte de la jaquette traduit, page 262.)

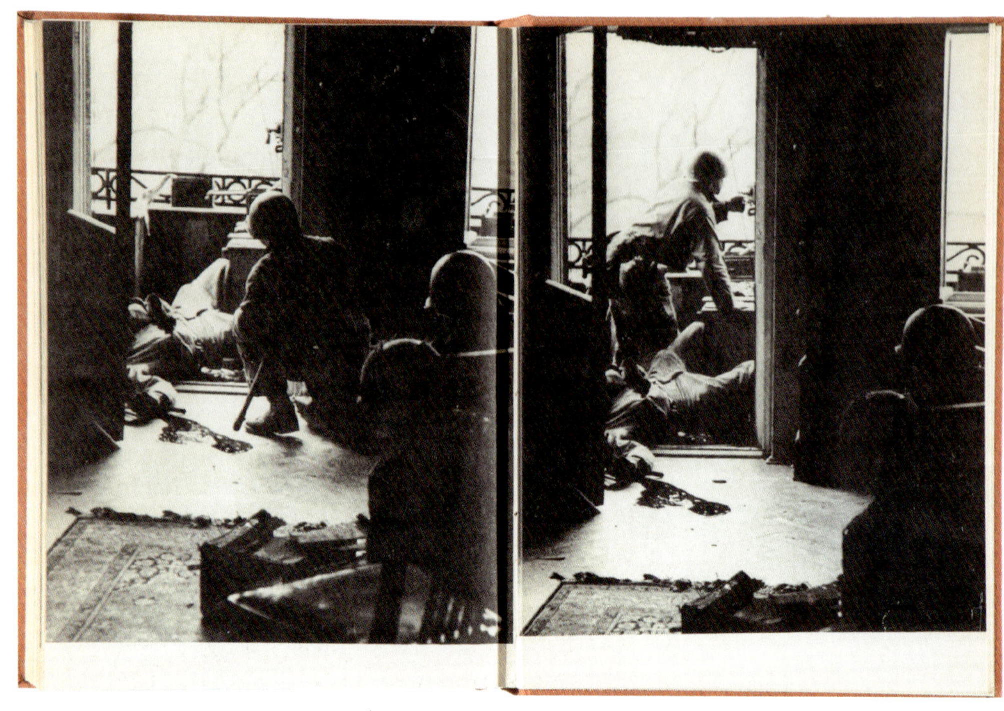

vie privée glissée dans un « récit de guerre » plut à la critique. Dans son article « L'homme qui s'est inventé lui-même », paru dans le magazine 47, le prix Pulitzer John Hersey écrivit ainsi : « Malgré toutes ses inventions et ses fanfaronnades, Capa a, quelque part au fond de lui, une vérité. Son talent est un mélange d'humanité, de courage, de goût, d'élégance romantique, de méfiance vis-à-vis de la pure technique, un instinct pour voir juste et un don pour se détendre. Jalousement cachée, il a même de la modestie. Il possède l'intuition du joueur… Il a de l'humour. Il sait parfaitement ce qui fait une bonne photo : "C'est un condensé de l'événement tout entier", dit Capa, qui montre à celui qui n'y était pas, la réalité mieux que la scène tout entière. » Ce livre unique, dicté en grande partie en Turquie – d'où le ton – à une dactylographe anglophone, est passionnant même si les imprécisions qui le parsèment n'ont pas fini d'alimenter la réflexion des professionnels des Capa *studies*. La qualité du cahier photo (qui réunit 121 clichés) de la version originale, dont quelques pages sont ici reproduites, et le rapport avec le texte en font un modèle du livre photo. L'ouvrage paraît au Japon neuf ans après sa publication aux États-Unis, et en France cinquante-six ans après. Ce livre n'a jamais été republié dans la version conçue par Capa. ■

À la fin de son livre de souvenirs, Capa publie deux photos de la libération de Leipzig par l'armée américaine peu avant la reddition allemande du 8 mai 1945. Il saisit cette scène extraordinaire d'un soldat sur le balcon touché par une balle. L'immeuble a été retrouvé et réhabilité par une association locale qui a réussi à implanter au rez-de-chaussée un petit musée Capa. La rue qui passe devant l'immeuble porte le nom de Capa.

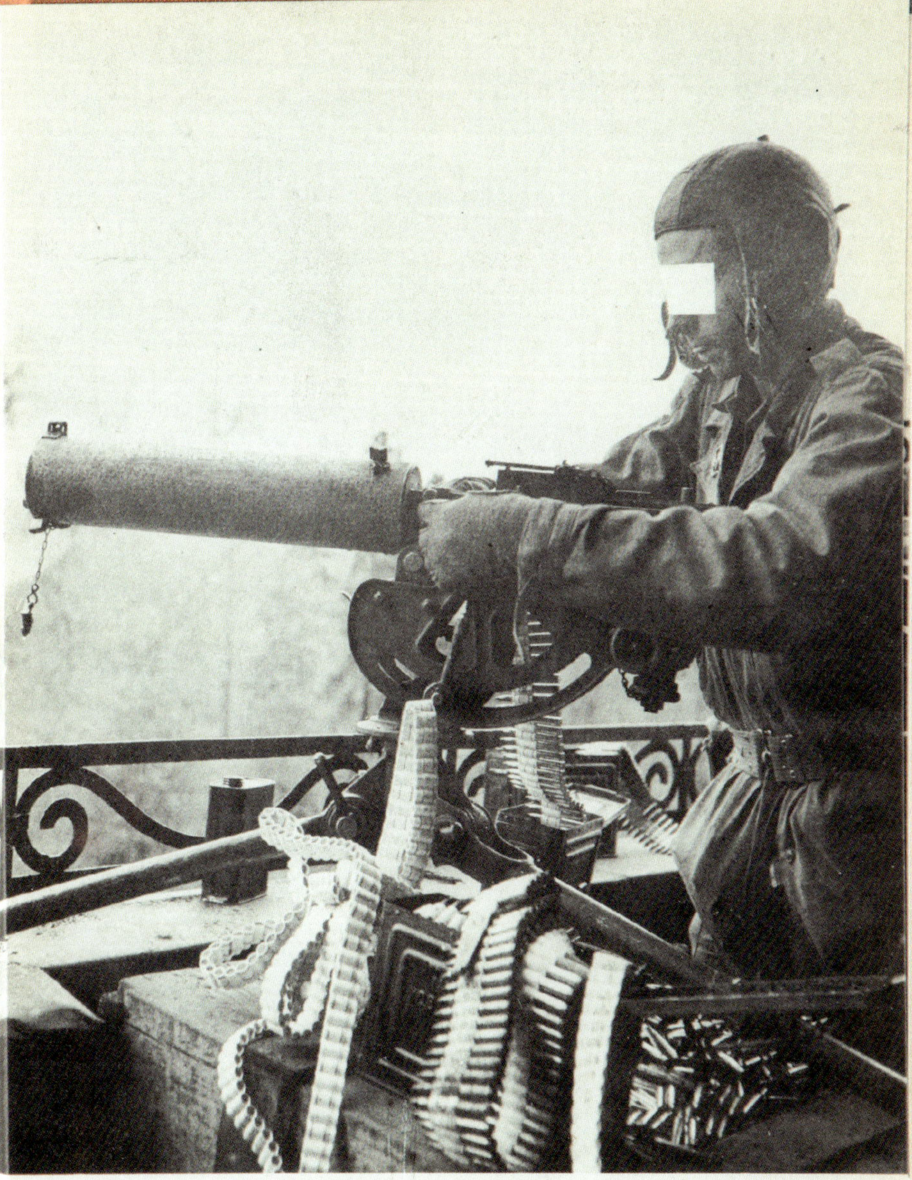

THE LAST SHOT

CI-DESSUS : **Avant de quitter le restaurant Michi Kuza à Tokyo, fin avril 1954, Robert Capa a laissé sur une nappe en papier sa signature et ce dessin de boîtier, un « idéogramme » en quelque sorte. Alors qu'il n'est plus « Leicaïste » depuis 1937, le dessin avec les formes oblongues du boîtier fait penser à un Leica avec son mushroom et son déclencheur en relief. Le bout de cette nappe a été pieusement conservé et retrouvé par Arao Yokogi pour son livre *Le Dernier Jour de Robert Capa*, paru en 2004 à Tokyo.**

À DROITE : **Bob Capa et son premier Nikon S dans les rues de Tokyo, en avril 1954. Des années plus tard, lors d'un voyage au Japon, son frère Cornell offrit ce boîtier au Japan Camera Industry Institute (JCII) que dirigeait alors l'auteur de cette photographie, Kakugoro Saeki. L'appareil, son second boîtier avec lequel il est mort, y est toujours exposé.**

La dernière mission

Quartier de Marunouchi, Tokyo, mi-avril 1954 : journal américain dans la poche, appareil photo autour du cou, Bob Capa arpente les rues du quartier de la gare. Soudain, avec son tout nouveau boîtier Nikon S, il cadre à la verticale et appuie sur le déclencheur. À ses côtés, Kakugoro Saeki (1927-2004), rédacteur en chef du magazine photographique *Camera Mainichi*, saisit Capa à la volée. Cette photographie inédite a été découverte à Tokyo par Bernard Matussière. À 40 ans, accueilli tel un héros et un « trésor national vivant », Capa passe trois semaines au Japon. « On m'a offert cinq appareils photo, quinze objectifs et trente bouquets de fleurs en seulement quelques jours », écrit-il au bureau de Magnum à Paris, qu'il a quitté le 11 avril. Dès son arrivée à l'aéroport, il retrouve son ami Hiroshi Kawazoe. Étudiant à Paris de 1934 à 1939, ce dernier résidait à la Cité internationale universitaire de Paris, tout comme Seiichi Inoue, cotraducteur en japonais de *Slightly out of Focus* (1956) et futur réalisateur. Homme fortuné, Hiroshi Kawazoe a beaucoup aidé André, lui ayant même offert son premier imperméable rapporté de Londres. Ils ont tous les deux le même âge et ne se sont pas revus depuis 1939. Mais la guerre d'Indochine, non loin de là, vient perturber le séjour de Capa : le réduit militaire français de Diên Biên Phu est sur le point de tomber. Howard Sochurek, un photographe américain de *Life*, couvre la bataille mais, suite à la crise cardiaque de sa mère, il demande un congé d'un mois. *Life* propose à Capa de le remplacer ; il hésite. John Morris, depuis New York, lui téléphone : « Bob, tu n'as pas à faire ce boulot, ce n'est pas notre guerre ! » Capa tranche. Le 1er mai, il écrit à John Morris : « Sois sûr que je n'ai pas accepté ce travail par sens du devoir, mais parce que j'en ai vraiment envie. [...] Je sais que l'Indochine risque de ne susciter que des frustrations, mais cela mérite tout de même un reportage. Alors j'y vais. » Le 9 mai, alors que Diên Biên Phu est tombé deux jours auparavant, Capa arrive à Hanoï. Il prend ses quartiers au Modern Hotel et ses habitudes au restaurant La Bonne Casserole, au cœur de la vieille ville. Accompagné de Don Wilson, un reporter de *Life*, Capa s'envole quelques jours après pour Luang Prabang, dans le nord du Laos, sur les rives du Mékong. C'est sur l'aérodrome militaire français de cette ville qu'entre le 13 et le 17 mai 1954, Michel Descamps, de *Paris Match*, a pris l'ultime photographie connue de Robert Capa vivant. Devant un Dakota, il marche en tenue de correspondant de guerre accompagné d'un major de l'armée de l'air, son Contax en bandoulière. ■

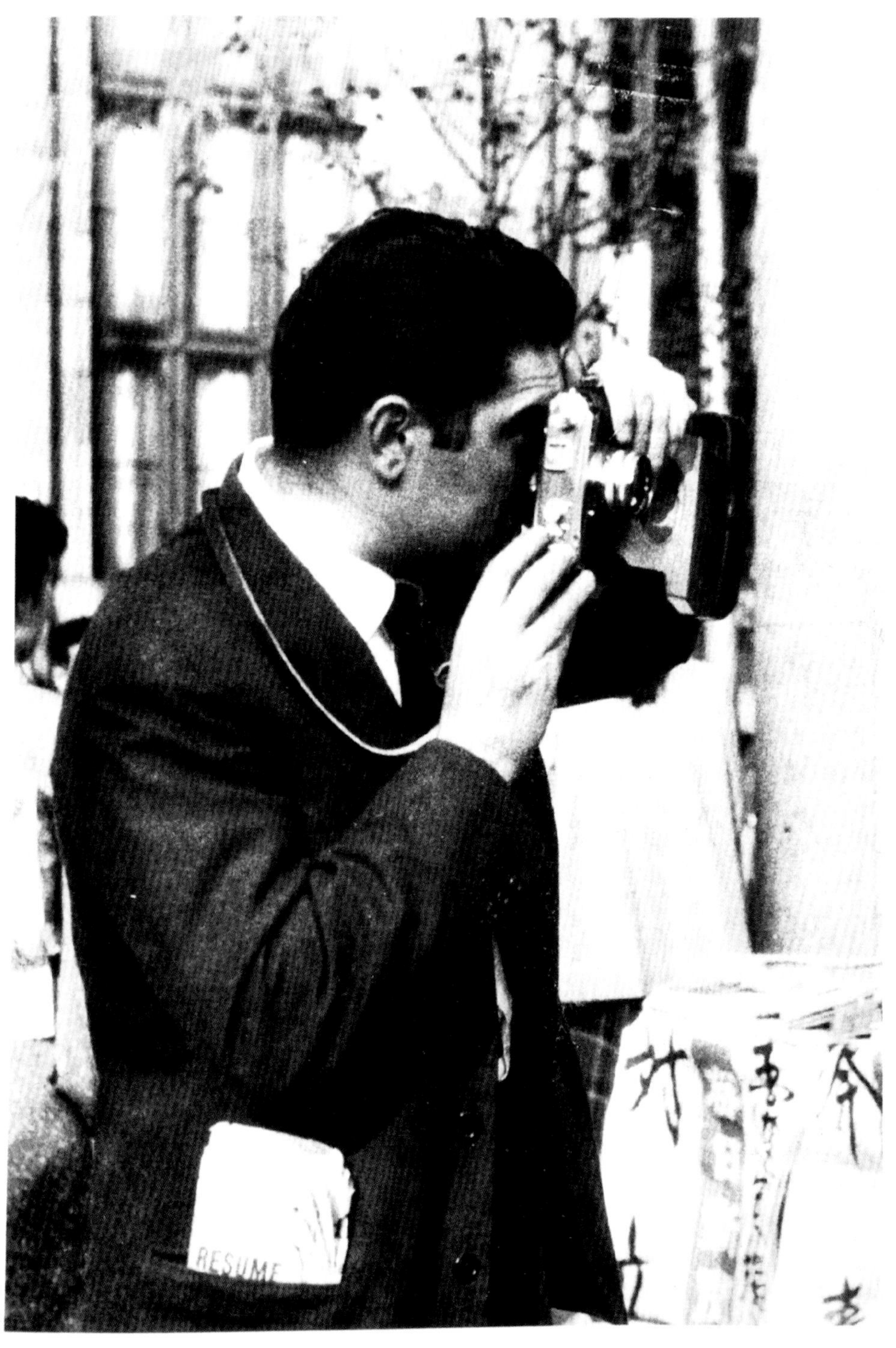
RESUME

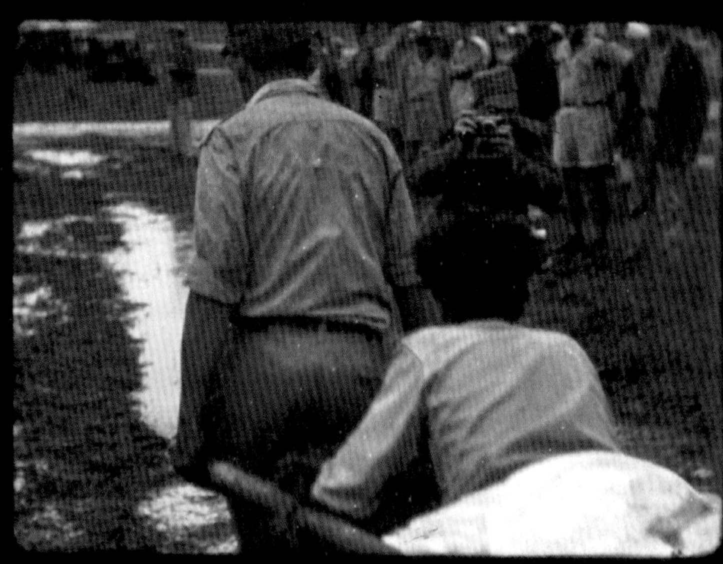

Dans le champ de la caméra

Une semaine après la chute de Diên Biên Phu, le général Giap, commandant des forces viêt-minh, autorise le premier transfert des grands blessés de l'armée française. Du 15 au 26 mai 1954, 858 blessés ainsi que leur infirmière, Geneviève de Galard, sont évacués. Des hélicoptères font la navette entre Diên Biên Phu – où plus de 11 000 soldats français ont été faits prisonniers le soir de la reddition du 7 mai – et l'aérodrome militaire de Luang Prabang (Laos), où un hôpital de campagne a été dressé. Il est dirigé par le professeur Pierre Huard (1901-1983), doyen de la faculté de médecine de Hanoï. Depuis cette base médicale, des avions acheminent les blessés vers Hanoï. C'est la première fois que la presse peut recueillir les témoignages des soldats français assiégés pendant cinquante-sept jours. L'Établissement cinématographique et photographique des armées (ECPA) est présent. Lucien Millet est à la caméra. Il côtoie Capa jusqu'au dernier jour, lors de son déplacement dans le delta du fleuve Rouge. Les soldats sur les civières – « Après Diên Biên Phu, la tragédie des blessés » titre *Paris Match* – sont le principal sujet de ce reportage diffusé en France dans les actualités cinématographiques. Alors que Capa tente de prendre en contre-plongée le visage d'un soldat blessé, la caméra de Millet le filme. Ce précieux document, appartenant à l'Établissement de communication et de production audiovisuelle de la Défense (ECPAD) et conservé au Fort de Vincennes sous la référence ACT 2617, a été retrouvé par l'équipe de Patrick Jeudy, le réalisateur du film *Robert Capa, l'homme qui voulait croire à sa légende*, sorti en 2004. ■

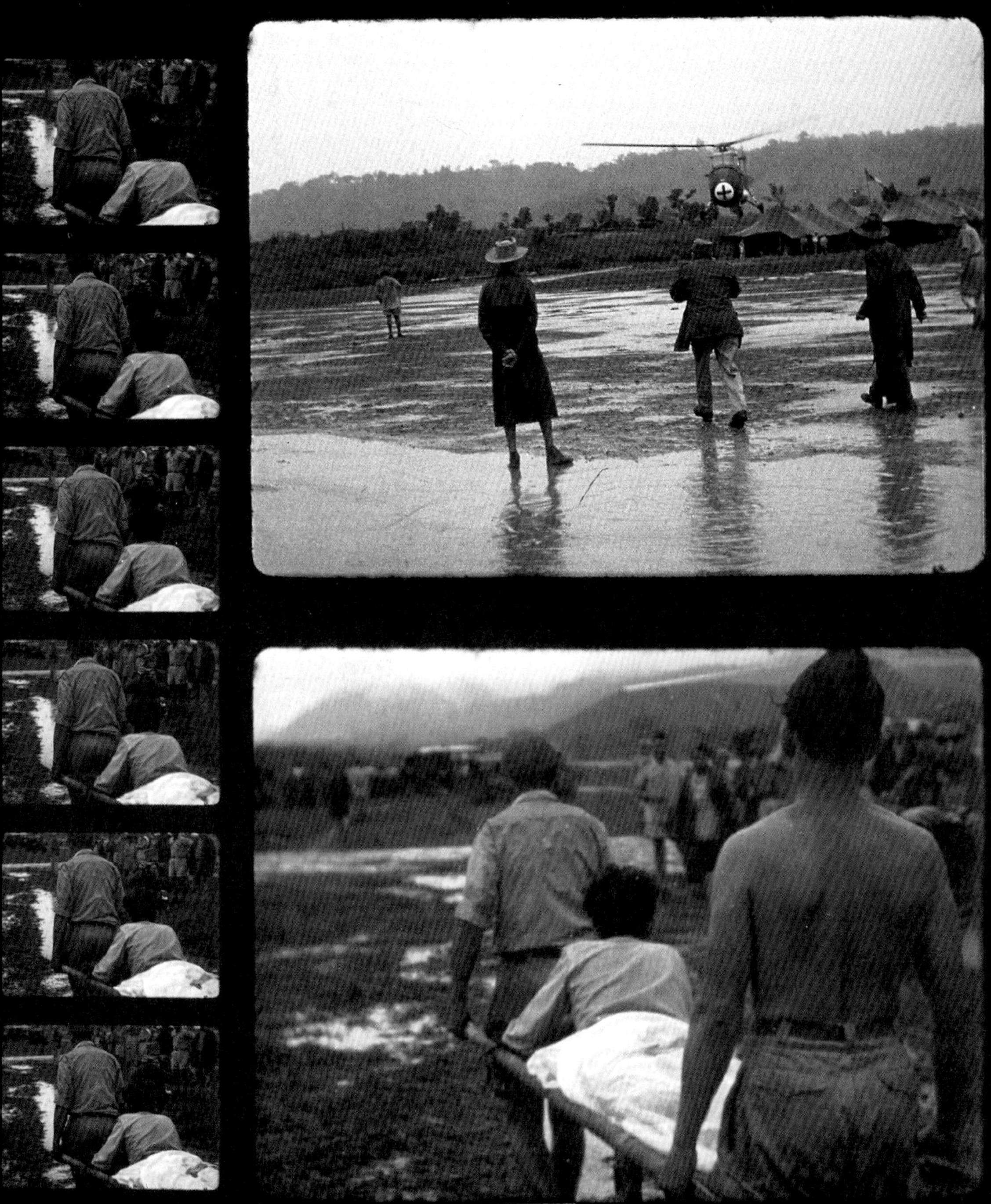

« Il était 3 h 10 de l'après-midi »

John Martin Mecklin (1918-1971) est le dernier rédacteur à avoir fait équipe avec Bob Capa. Dans l'édition de *Life* du 7 juin 1954, il décrit les conditions dans lesquelles Capa a trouvé la mort. Le titre de l'article : « Il disait : "Ça va être une belle histoire" ». Le 25 mai 1954, de bon matin, une Jeep de l'armée française prend Capa, Mecklin et le journaliste Jim Griffin Lucas à leur hôtel. À Nam Dinh, ville située à 90 kilomètres au sud-est d'Hanoï, ils rejoignent un long convoi de deux cents véhicules de la Légion étrangère. Ils traversent le fleuve sur un bac, puis prennent la direction de Thai Binh. Le long des digues, Capa photographie les paysans qui conduisent leurs buffles dans les rizières. À 8 h 40, le convoi est attaqué. « Capa était partout, écrit Jim Lucas. Une fois, sous les tirs de mortier, il transporta un soldat vietnamien blessé dans la Jeep et le conduisit à l'arrière dans un endroit plus sûr. » Plus tard, impatient, il saute du camion : « Je vais voir un peu plus loin. Vous me retrouverez quand vous vous remettrez en marche. » Il était 14 h 50, selon Mecklin. Capa photographie alors les patrouilles qui progressent dans les champs. « Riz amer ! » Il avait parlé à ses confrères de son projet : réaliser un livre sur ce pays et ses habitants qui font la guerre dans les rizières. Soudain, une explosion. Une mine antipersonnel. Accourant, Mecklin découvre Capa grièvement blessé, tenant encore son Contax en main. Il l'appelle à plusieurs reprises. « La deuxième ou la troisième fois, ses lèvres ont bougé légèrement comme celles d'un homme dérangé dans son sommeil. Ce fut son dernier mouvement. Il était 3 h 10 de l'après-midi. » À l'hôpital, le médecin militaire demande : « Est-ce le premier correspondant américain tué en Indochine ? » Mecklin acquiesce. Et le médecin d'ajouter : « C'est un rude apprentissage pour l'Amérique. » Deux semaines après les honneurs militaires de l'armée française à Hanoï, le corps de Capa est finalement inhumé près de New York, dans le petit cimetière quaker d'Amawalk. Sur les deux photographies de la cérémonie, on aperçoit le cercueil militaire avec des inscriptions en français, puis couvert du drapeau américain. L'homme aux 70 000 négatifs avait 40 ans. Il fut le premier photographe de *Life* et le second de l'agence Magnum à mourir lors d'un reportage. Werner Bischof avait trouvé la mort sur les routes d'Amérique du Sud, le 16 mai 1954, mais son décès accidentel ne fut connu que le 25. Le mardi matin même de la mort de Bob Capa. ■

PAGE DE DROITE ET DOUBLE PAGE SUIVANTE : **Dans son numéro du 7 juin 1954, *Life* rend un vibrant hommage à Robert Capa, mort en Indochine lors d'un reportage pour le magazine**

Vol. 36, No. 23 LIFE June 7, 1954

A GREAT WAR REPORTER AND HIS LAST BATTLE

Although the Red River Delta of Vietnam is 7,500 miles from American shores the bitter meaning of no-quarter war in the paddy fields came close to Americans last week. As outnumbered French Union troops continued a desperate struggle to defend the rice-rich delta, U.S. Navy Chief Admiral Robert B. Carney warned the U.S. it must soon decide which road to take: the highway that looks smooth but ends in quick oblivion, or the rough road that offers the hope of some decent destiny.

In Indochina one American had been finding out how imminent that decision might be. Robert Capa, most famous war photographer of his generation, flew into Indochina four weeks ago to report the war for LIFE, first at Luang Prabang, then in the Red River Delta. On May 25 in the delta's fluid front line he stepped on a land mine. And so, on an operation so routine that it rated only three lines in a communique, Robert Capa—who had survived the dangers of 18 years of war—was killed. He was the first U.S. correspondent killed in Indochina and the first LIFE war photographer ever killed in line of duty.

Born Andrè Friedmann in Budapest 40 years ago, he invented the name of Capa shortly after he left Hungary at 18. He soon was wrapped in a legendary mantle of bohemianism. He scorned possessions and was devoted to the ideals of freedom; he frequently lacked cash and always loved good living; he poured mock insults on his friends—and unexpected kindnesses. In World War II the brass came to respect him for his knowledge of tactics (the late Brig. General Theodore Roosevelt once said, "Bob knows more about the art of war than many four-star generals"). Combat soldiers revered him for his relaxed, wisecracking, unbelievable bravery in desperate situations.

As Capa's last war pictures were flown to LIFE for publication on these pages, his flag-draped coffin awaited its journey from Hanoi back to his chosen land, and a distinguished career that had spanned four wars (*pp. 28, 29*) and ended with an ominous fifth, was closed.

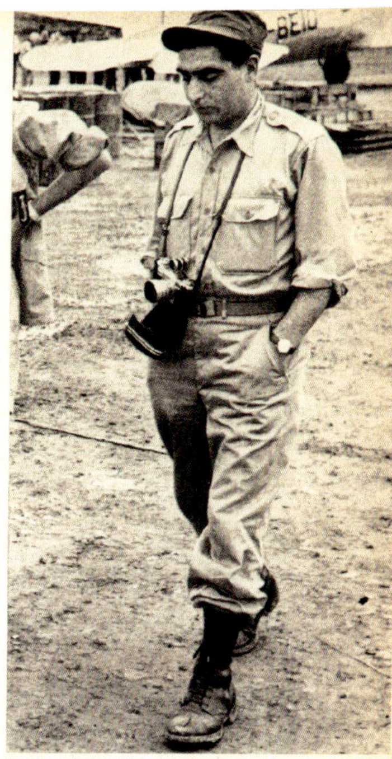

LAST PICTURE of Bob Capa was taken at Luang Prabang, where he did the story in last week's LIFE.

HEADED FOR THE DELTA FRONT, CAPA PICTURED FRENCH CONVOY'S SWIRLING DUST AND A LONE VIETNAM PEASANT MAKING HIS WAY IN THE BROILING SUN

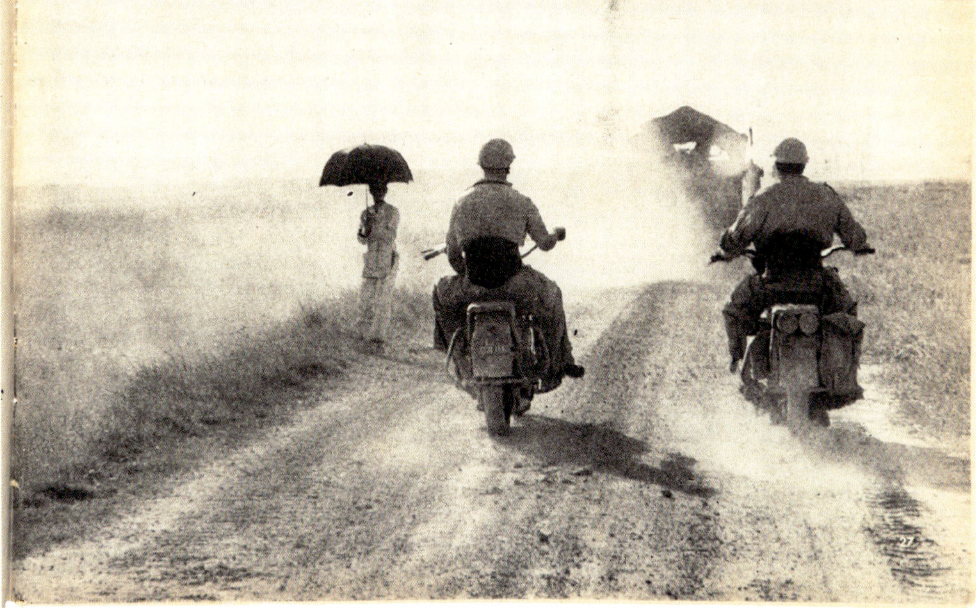

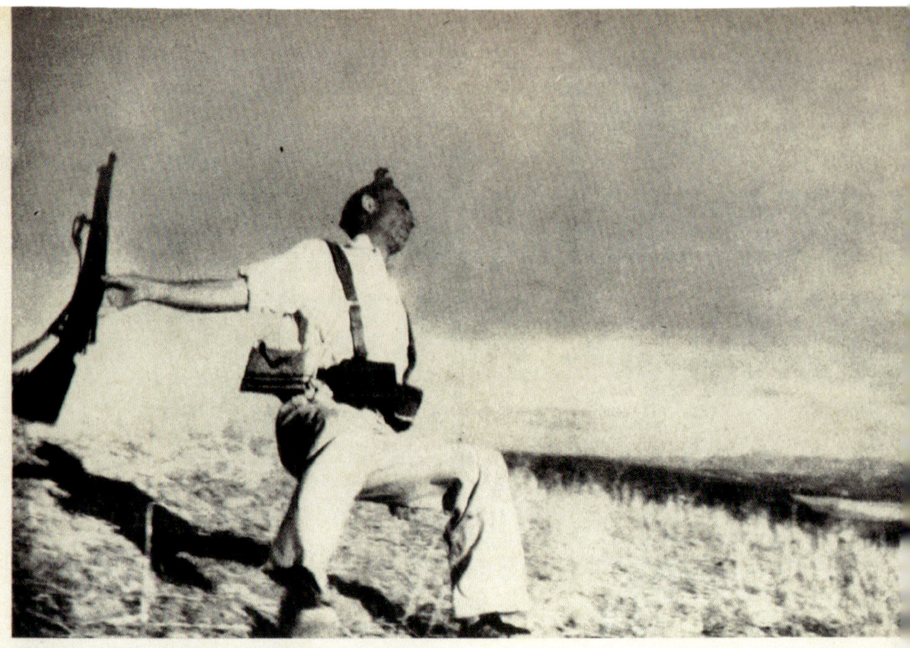

A PHOTOGRAPHER'S JOURNAL
. . . UP TO HIS FINAL WAR

MOTHERS OF NAPLES lament their children, killed in the abortive uprising of September 1943 before Allies took over from retreating Germans. Of this story Capa said in an expression of his hatred for war: ". . . Those were my truest pictures of victory, the ones I took at that simple schoolhouse funeral."

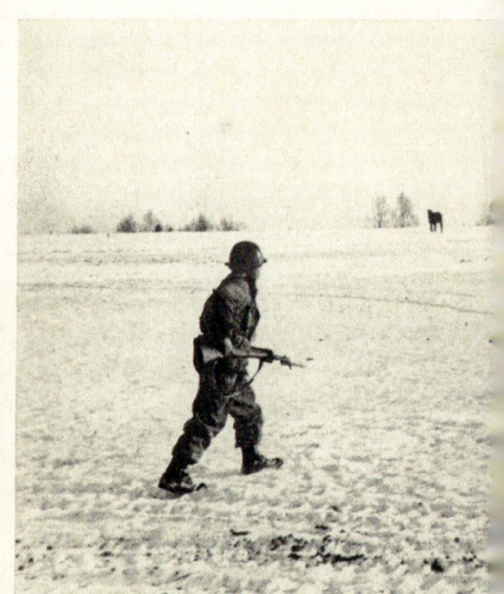

INFANTRYMAN AT BASTOGNE approaches a German paratrooper lyi in the snow, near the end of the fateful Battle of the Bulge in December 1944. was on this occasion that Capa was taken for an enemy soldier by trigger-hap GIs, saved himself by yelling, with as little accent as possible, "Take it easy

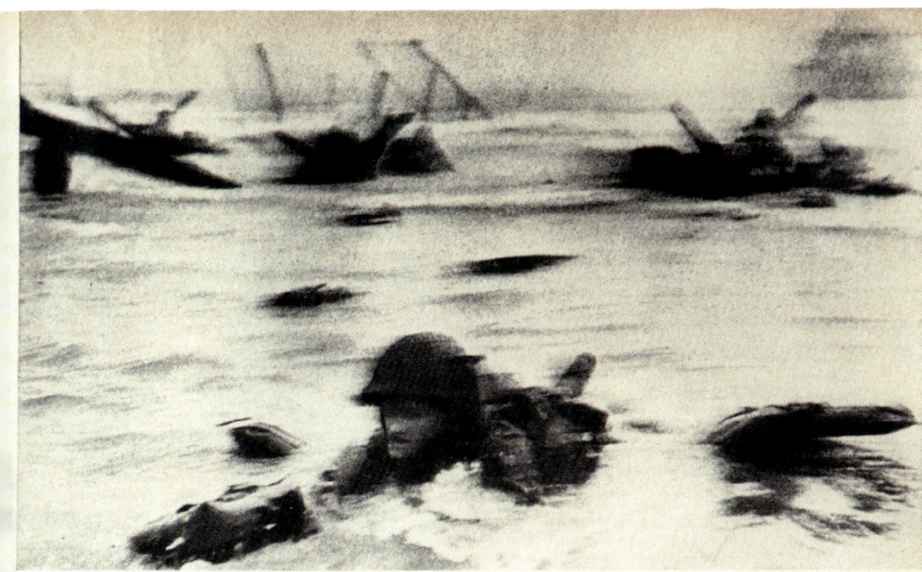

A VOLUNTEER IN SPAIN falls with a Falangist machine-gun bullet through his head, near Cordoba in the summer of 1936. Capa had joined up with a hastily organized, amateur Loyalist force, watched from a trench while wave after wave of them were destroyed trying to attack a professionally placed Franco position.

THE LANDING ON D-DAY brought Capa in with the first wave, turning around to photograph a rifleman in the surf off "Easy Red" beach in Normandy. "I just stayed behind my tank," wrote Capa, "repeating a sentence from my Spanish Civil War days, *Es una cosa muy seria*. This is a very serious business. . . ."

Not long ago Robert Capa announced he was "happy to be an unemployed war photographer" and hoped to stay so for the rest of his life. Specializing in peaceful subjects, he remained one of the world's top photographers. Circumstances surrounding the beginning and end of his career, however, make it inevitable that his professional biography is written mostly in his great war pictures. It began with Spain in 1936 where 22-year-old Capa took a picture (*above, left*) that made him famous almost overnight. He left Spain for China to cover the fight against Japan, eventually came to the U.S. In London he reported the 1941 blitz, later went with U.S. troops to North Africa and Italy where he photographed the mourning Neapolitan mothers (*below, left*). He got back to England in time to land on a Normandy beach (*above*) on D-day, 10 years ago this week. He went on to the siege of Bastogne and the Rhine (*below*). In Israel in 1948 he saw his fourth war—his next to last.

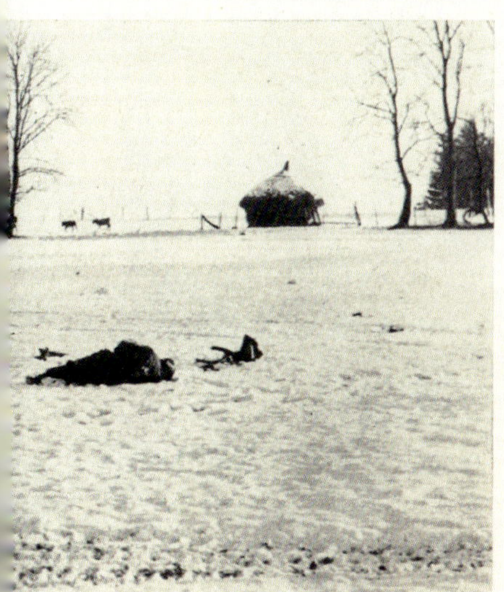

PARATROOPER BEHIND THE RHINE carries wounded buddy to med-al aid station after the drop in March 1945, as spent chute flaps from telephone [wi]res overhead. U.S. officers had asked combat veteran Capa to jump with a [ne]w outfit rather than a seasoned one in order to improve the men's morale. →

CONTINUED ON NEXT PAGE

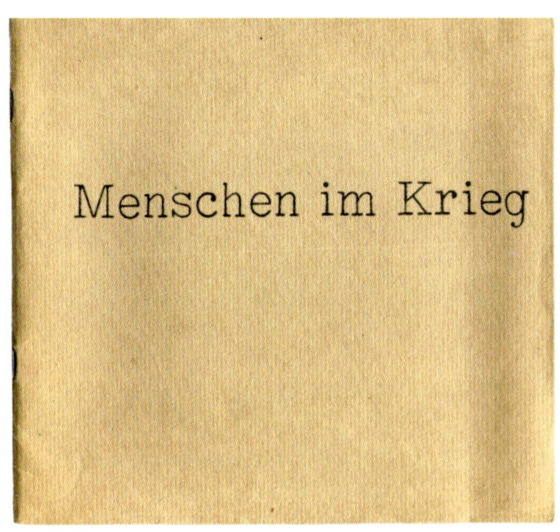

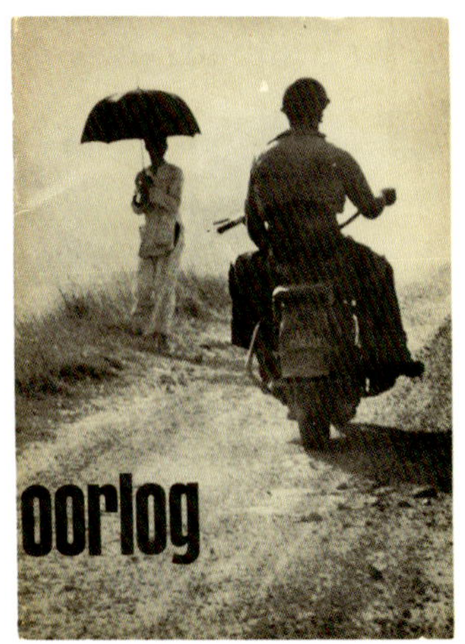

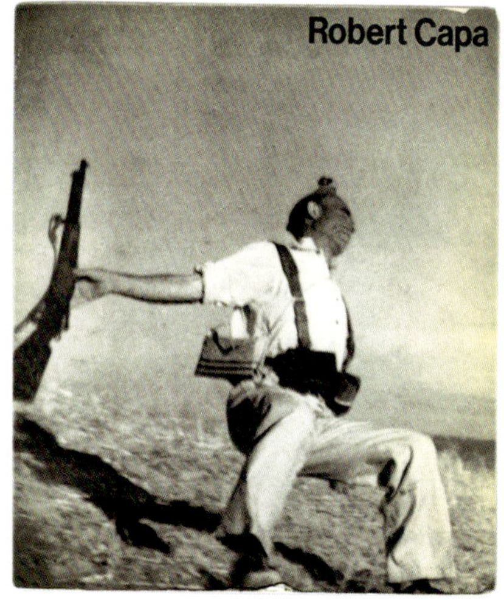

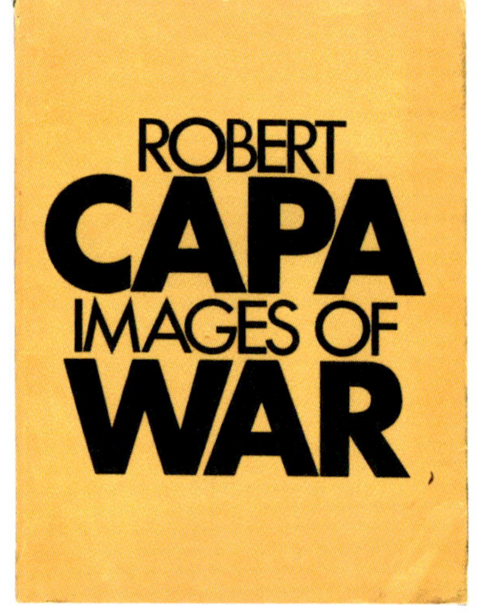

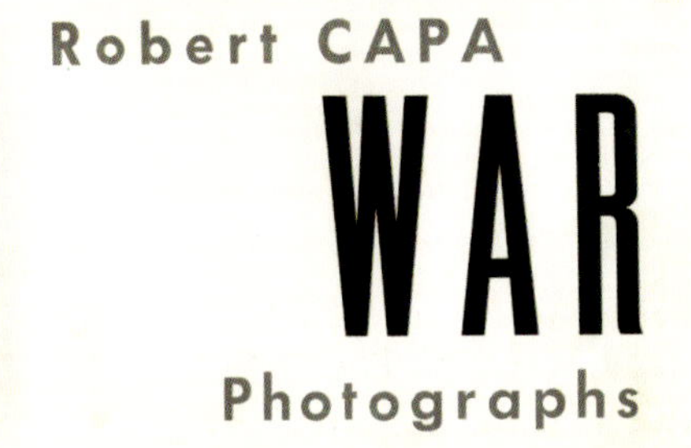

Catalogues d'exposition de photographies de Robert Capa, dans les années 1960-1970

Traces d'une légende

71 ans après sa mort, l'œuvre et la vie de Robert Capa demeurent comme les tombes des pharaons : il y en aura *toujours* une d'inexplorée ! Les archéologues ne manquent pas – ou plutôt les « capalogues » –, dont on mesure sur Internet l'intérêt passionné. En dix-huit centièmes de seconde sur un moteur de recherche, 2 millions d'occurrences s'affichent sous le nom de Robert Capa. Sur la Toile, « capaphobes » et « capaphiles » s'affrontent dans une cacophonie planétaire, briseurs de mythes contre amateurs de légendes. L'homme avait-il entretenu la légende de son vivant ? Pas si sûr. Voici un témoignage, venu de Suisse, de Charles-Henri Favrod, alors reporter qui partagea à Hanoï les derniers jours de Robert Capa. « Ce que j'ai vite remarqué, aussi, c'est que les photographes parlent peu de la photographie et de leurs exploits. À la différence des journalistes, mes confrères. Un Lucien Bodard, que j'ai bien connu en Indochine, était bien plus bavard sur ses faits d'armes que Capa sur les siens… » Nous avons essayé de démêler les fils de la légende et de la réalité, et il en reste beaucoup à tirer.

Ce n'est pas une légende. Capa écrivait aussi. Et les textes de ses articles, disséminés dans de nombreux journaux (*Ce Soir, Picture Post, The Illustrated*, *Look*… et surtout *Holiday* à partir de 1949) demeurent méconnus et quasi inaccessibles. Un exemple, son reportage sur Deauville – découvert par Philippe Normand –, publié aux États-Unis dans *Holiday* en septembre 1953 : « Au-delà de la mer et des attraits naturels de la belle et opulente Normandie, Deauville offre en août : deux jours de soleil sur sept, un tournoi de tennis pour les cracks, un tournoi de golf pour les moins bons, un concours de la chanson pour les ambitieux, un tir aux pigeons pour ceux qui aiment les jeux de plein air et un casino pour attraper les pigeons qui aiment les jeux d'intérieur. » Les Franciscaines de Deauville ont organisé en 2024 une exposition sur Capa faisant une large place à son reportage. Ce texte de 14 feuillets, ou celui qu'il écrivit sur Budapest, sa ville natale, pour la même revue américaine, ou encore ses deux textes consacrés à la « renaissance » d'Israël en 1948 et beaucoup d'autres valent d'être réunis et publiés.

C'est une légende. « Capa n'a jamais été exposé de son vivant » (préface du catalogue de la Bibliothèque nationale de France, 2004). Eh bien si, son travail est montré dès 1938 à New York à la New School, à Paris en 1947 à l'Institut hongrois avec David Seymour-Chim et Jean Reissmann, et au MoMA en 1952 pour les photos de Picasso et encore au MoMA en 1953. Le *Falling Soldier* est même venu à Paris à l'invitation du musée d'Art moderne, dans le cadre de l'exposition itinérante du MoMA « 50 ans d'art aux États-Unis », en 1955.

Ce n'est pas une légende. Le carnet de contacts numéro 1 sur la guerre d'Espagne n'a toujours pas été retrouvé. Précisément, celui du premier voyage accompli en 1936 avec Gerda Taro durant lequel fut réalisé le *Falling Soldier*. Les Archives nationales à Paris possèdent huit de ces carnets, soit 4 600 contacts de Capa, Taro et Chim, probablement à la suite d'une saisie policière. Un neuvième carnet a été retrouvé à New York dans les affaires de Cornell Capa et se trouve à l'ICP. Mais le dixième manque toujours à l'appel. Les 4 500 négatifs récupérés dans la « valise mexicaine » ne couvrent pas tout le spectre des parutions de Capa dans la presse. Bien sûr, l'ICP possède de nombreux négatifs originaux mais leur catalogue n'est pas publié. D'autres négatifs originaux demeurent dispersés dans des collections publiques ou privées. Les Archives nationales vont organiser début 2027 une exposition accompagnée d'un catalogue qui permettra d'accroître la connaissance sur le travail des trois photographes.

C'est une légende. « J'ai vu la planche-contact de Capa contenant la célèbre image du soldat républicain tué », affirme Charles-Henri Favrod, fondateur et conservateur du Musée de l'Élysée de Lausanne, dans *Comme dans un miroir* (p. 144). Étonnant, il est bien le seul. Il n'existe ni planche-contact ni négatif de ce cliché mythique, et c'est bien le problème. Les observateurs avisés pensent que le mystère sera levé quand on aura les photos prises avant et après. Il n'est même pas évident que cela réponde à toutes les interrogations sur cette photo.

Ce n'est pas une légende. Robert Capa était marié. Dans sa biographie, Richard Whelan explique qu'il épousa « pour des raisons administratives liées à son passeport » en mars 1940 aux États-Unis, l'actrice Toni Sorel, de son vrai nom Nona Teilenbogen. Mais il semble aussi, selon le site Internet américain « Find a Grave », qu'il eut pour épouse Hazel Louise di Fede (1932-2005), qui repose en Californie. L'énigme reste entière.

Ce n'est pas une légende. Capa a failli être enterré au Père-Lachaise. Près de Gerda Taro, bien sûr, qui repose dans la 97e division du cimetière parisien depuis l'été 1937. Mais c'était beaucoup trop loin pour l'autre femme de sa vie, sa mère Julia, qui vivait aux États-Unis. Là-bas, le cimetière militaire d'Harlington fut aussi envisagé quelques instants. Julia Friedmann s'y opposa en invoquant le fait que son fils détestait la guerre et n'était pas un militaire. Capa et Taro ne furent donc pas réunis dans la mort car, disaient les proches de Bob, « tant de femmes étaient passées dans ses bras depuis Gerda ». En 1954, il leur semblait que c'était de l'histoire ancienne et que Capa avait tourné la page. Alors, au plus près de New York, John G. Morris proposa le cimetière quaker d'Amawalk. La famille Capa, sans descendance directe, y repose toute entière désormais.

C'est une légende. « Capa adorait le Leica et c'est l'utilisation de cet appareil qui fait de lui le précurseur du photojournalisme moderne. » Eh non, pas du tout, il abandonne le Leica dès 1937 et donne le sien à Gerda Taro. Il lui préfère le Contax et son cher Rolleiflex, et meurt avec deux Nikon autour du cou.

Ce n'est pas une légende. Capa photographiait aussi en couleurs. Depuis la découverte de ses Kodachrome au fond d'un tiroir de chez Magnum, les Japonais s'y sont intéressés en éditant, en 2005, avec Magnum-Tokyo, un excellent *Capa in Color* à l'occasion d'une exposition. L'ICP a aussi réalisé une magnifique exposition, Capa in Color, accompagnée d'un catalogue en 2014. Mais nombre de sujets – depuis le premier réalisé en Chine en 1938 – demeurent méconnus ou jamais vus, qu'il s'agisse de l'URSS, d'Israël ou encore des portraits de villes qu'il fit pour *Holiday*.

Ce n'est pas une légende. Robert Capa a réalisé un film en Turquie, après-guerre. Il tourna pendant deux mois, en plein hiver 1946-1947, un documentaire pour *March of Time* avec le cameraman français, Paul Martellière, sur l'occidentalisation du pays d'Atatürk. Ce film n'a pas été retrouvé.

Ce n'est pas une légende. Robert Capa a passé six mois à Mexico en 1940, couvrant pour *Life* la campagne électorale qui opposait les généraux Camacho et Almazàn. Plus largement, son travail au Mexique n'a jamais été réellement diffusé. Dans ce pays post-révolutionnaire, 20 000 républicains espagnols ont trouvé refuge, et c'est à cette époque que s'y déroula l'assassinat de Trotski.

Ce n'est pas une légende. Robert Capa a fait l'acteur dans un film d'Hollywood. Grâce à son accent, Capa décrocha une figuration très courte, celle d'un porteur égyptien sur le quai de la gare centrale du Caire, appelé Hamza. C'était pendant l'été 1946, sur l'un des plateaux d'International Pictures, dans le film *Temptation* réalisé par Irving Pichel. Difficile d'y reconnaître Capa dans le rôle, son visage est caché par le capuchon de son burnous. Mais dans la version originale, en prêtant l'oreille, on entend le son de sa voix.

Ce n'est pas une légende. Le caporal-chef de l'armée française Pierre Schoendoerffer, 24 ans, alors cinéaste aux armées et prisonnier des communistes vietnamiens après la chute de Diên Biên Phu en mai 1954, apprendra du cinéaste soviétique Roman Karmen, qui filmait la reconstitution de la bataille, la mort de Robert Capa. D'un camp, l'autre. Robert Capa faisait l'admiration des deux cinéastes. Karmen avait connu et fréquenté Capa à Madrid, pendant la guerre d'Espagne. Il épargnera le pire au prisonnier Schoendoerffer en soutenant sa libération, ainsi que celle de Daniel Camus de *Paris Match*, le 24 août 1954.

Ce n'est pas une légende. À la mort de Capa, un reporter de Magnum quitta immédiatement l'agence, effrayé par les risques du métier de correspondant de guerre. Le Zurichois Ernst Scheidegger, grand ami de Giacometti, se spécialisa alors dans la photographie d'art et d'architecture, réalisant en Inde en 1956, à Chandigarh, le premier ouvrage sur la cité de Le Corbusier.

Ce n'est pas une légende. Capa n'a jamais eu le prix Pulitzer. C'est en 1942 qu'est pourtant créée la catégorie « Photographie » au sein du plus prestigieux prix de journalisme, créé en 1917, par cet autre natif de Hongrie, Joseph Pulitzer. En 1945, c'est Joe Rosenthal (Associated Press) qui l'emporte pour sa célèbre photo *Raising the Flag on Iwo Jima*. En 1944, c'est Earl « Buddy » L. Bunker qui le gagne pour sa photo du retour au pays du major Bob Moore, *Homecoming*. « Buddy », qui n'a jamais quitté les États-Unis, travaillait pour *The World-Herald* d'Omaha, au Nebraska. Les célèbres photos de Capa sur la plage d'Omaha étaient hors concours. Pour une raison simple, le prix était réservé aux journalistes de nationalité américaine. Capa ne le deviendra qu'en 1946.

Ce n'est pas une légende. Bob Capa pressentait déjà la fin du photojournalisme. À Marc Riboud qu'il recruta à Magnum en 1953, il prédisait la mort de la photographie de presse face à l'énorme succès que remportait la télévision aux États-Unis. Ce qui n'empêchera pas des générations de jeunes photographes de marcher dans les pas de Capa et, pour les meilleurs, de recevoir la Robert Capa Gold Medal, prestigieuse médaille que créa en sa mémoire, en 1955, l'Oversea Press Club of America. Chris Hondros reçut cette distinction en 2005 pour son travail en Irak. Chris disait : « Ce n'est pas le photojournalisme qui est mort, mais la manière dont il était pratiqué jusque dans les années 1990. » Pour autant, depuis Capa, rien n'a changé quant à l'engagement nécessaire et aux dangers qu'encourent les correspondants de guerre. Chris Hondros, fils de parents allemands et grecs émigrés aux États-Unis après la guerre, est mort en mission à Misrata, en Libye, le 20 avril 2011. Il venait d'avoir 41 ans. Son confrère et ami Tim Hetherington est mort à ses côtés. Il avait 40 ans.

REMERCIEMENTS

Bernard Lebrun, disparu en 2021, aurait été content que ce livre auquel il a tant contribué reparaisse, sa précision et son enthousiasme irriguent toutes les pages. Merci au photographe Bernard Matussière, gardien de la mémoire de Robert Capa, 37, rue Froidevaux, qui avait accompagné la première édition de ce livre et qui m'a toujours soutenu pour cette republication. Ce livre doit beaucoup à Richard Whelan, auteur de la biographie de référence de Robert Capa, et à Cynthia Young (ex-International Center of Photography). Merci aussi à John G. Morris pour ses conseils et à Jimmy Fox pour sa générosité ; à Anne Mathieu pour l'article de Capa dans Ce Soir ; à Csaba Morocz pour ses photos et ses connaissances ; à Jorge Amat pour les propos recueillis de Pierre Gassmann ; à Marion et Philippe Jacquier, Adnan Sezer, Yves Casagrande, et Guillaume Cerutti (Pinault Collection) pour l'autorisation de reproduire leurs photos. Merci à Ernest Alos, Violaine Challeat-Fonck (Archives nationales), Ata Kando et son fils Tom, Kristen Lubben de l'ICP, Claude Maire, Gérard Malgat, Jean-Mathieu Martini, Victor Matussière, Carol Naggar, Alex Novak, Denis Ozanne, François Pillu, Serge Plantureux, Carles Querol, Pierre-Marc Richard, Jean-Luc Rosoux, Juan Salas, Irme Schaber, Ben Schneiderman (Seymour-Chim Estate), Peter Stein (Fred Stein Estate), José María Susperregui, Georges Teboul, Annick Tournier, Henri Vignes.
Merci à Laure Beaumont-Maillet dont l'exposition à la Bibliothèque nationale en 2004, pour le cinquantenaire de la mort de Robert Capa, démontra qu'il demeurait un « Capa Inconnu » pourtant proche de nous, le Capa parisien.
Merci aux Éditions de la Martinière qui ont publié la première édition, en particulier à Nathalie Mayevski, et à Yannick Dehée (Nouveau monde éditions), qui édite cette republication. Merci aussi à Sophie Malexis et à Cathy Rémy pour leur aide pour l'iconographie, et à Philippe Ghielmetti et Delphine Ribeyre pour leur graphisme attentif.
Bernard Lebrun dédie ce travail à la mémoire de Térésa et Joaquim Roig qui lui ont greffé « l'Espagne au cœur » et tient à remercier Nancy et Victor pour leur soutien indéfectible.
Michel Lefebvre dédie ce travail à son père qui lui a transmis sa part d'Espagne et remercie de leur attention Dominique Seban, Antoine et Camille.

Lettre de Capa à sa mère écrite le 8 avril 1936 depuis le restaurant *Le Marignan* 27, rue des Champs-Élysées, Paris.

Ma chère mère,
Comme tu vois le papier à lettres est prestigieux mais cela ne veut rien dire. J'attends quelqu'un ici et je profite du beau papier et du temps. J'étais heureux d'avoir reçu ta lettre et juste hier celle de mon petit frère (Öcsi), ça m'a fait rire à mort. Le petit, il grandit et il est devenu un homme remarquable.
Je me suis mis au boulot. J'espère qu'à la fin de ce mois-ci je pourrai régler mes dettes et j'espère surtout que je gagnerai plus parce que sinon c'est impossible. Sur les 1 100 francs que je reçois par mois, j'ai 500 de frais. J'aimerais bien avoir 500 pour les frais et 250 comme chaque semaine. Probablement ça va marcher.
Je travaille sous un autre nom, je m'appelle Robert Capa et on pourrait dire que c'est une renaissance (et cette fois elle ne fera de mal à personne).
À la fin du mois on va quitter notre chambre et avant de trouver un petit appartement on va habiter dans un hôtel correct. De toute façon, tout ça n'est pas important, la seule chose qui compte c'est que le travail marche parce que vivre dans les projets m'ennuie prodigieusement. Maintenant je fais trois reportages par semaine, tu peux imaginer donc combien je cours partout. Mais de tout ça on va parler très vite.

Slightly out of Focus (p. 242-243) Accompagné de photographies de l'auteur

1er rabat

Slightly out of Focus est une contradiction dans les termes : point d'acmé normal d'une carrière d'écrivain, il propose en même temps un livre d'un tout autre genre. Henry Holt and Company aura publié les trois grands reporters de la Seconde Guerre mondiale : Ernie Pyle, qui écrivit la guerre, Bill Mauldin, qui la dessina, et maintenant Robert Capa, qui la photographia, mais la commenta aussi. Il ne s'agit pas ici d'un livre de photographies accompagnées de légendes. Mais de centaines d'images que Bob Capa prit tout au long des combats sur le théâtre européen. Elles ont été réparties par chapitres et alternent avec le récit authentique, sincère et impétueux d'un fabuleux jeune homme, Bob Capa, dont la liaison avec une fille du nom de Pinky ne cessa de s'imbriquer dans la trame de ses déplacements sur les divers fronts du conflit. On connaît l'histoire – ou des expériences similaires : une centaine d'acteurs participent à une bataille et en sortent avec cent comptes-rendus différents. Chacun des témoignages est peut-être vrai ; tous sont parfois contradictoires. « Cela vaut, souligne M. Capa, pour les parties de poker, les soirées alcoolisées et l'amour. La vérité étant manifestement si difficile à consigner, je me suis autorisé dans son propre intérêt à aller parfois juste au-delà et juste en deçà. Tous les événements et personnes figurant dans ce livre s'y trouvent fortuitement et ont un rapport avec la vérité. » C'est certes l'évidence dans la vie et l'écriture – y compris le mode autobiographique qu'a choisi M. Capa. Mais même s'il arrive à ses mots d'être juste un peu ou carrément flous, ses photos ne le sont jamais.

2e rabat

Robert Capa est né à Budapest en 1913. En désaccord avec un certain M. Horthy (alors dictateur, aujourd'hui amiral à la retraite), il quitta la Hongrie à dix-huit ans et devint photographe en Allemagne. En 1932, en désaccord avec un certain M. Hitler (alors dictateur, aujourd'hui soupçonné d'être à la retraite), Capa quitta l'Allemagne et finit par gagner l'Espagne. En 1939, en désaccord avec un certain M. Franco (toujours en activité), il quitta l'Espagne pour les États-Unis, revenant en Europe avec l'armée américaine pour couvrir la Seconde Guerre mondiale. Seul étranger ennemi à travailler comme photographe et correspondant de guerre auprès des forces américaines, il s'est intéressé à des viseurs secrets de bombardement, à une fille rose, au poker *high* et *low*, ainsi qu'à de nombreux débarquements. Après la guerre, Capa s'essaya à la production cinématographique à Hollywood, finit par interpréter un poids lourd égyptien, tourna un film pour *The March of Time* en Turquie et entreprit de se faire virer. On se demande ce qui occupera M. Capa (en activité) lors de la sortie de ce livre.

4e de couverture

Été 1942 Il n'y avait absolument plus aucune raison de se lever le matin. Mon studio se situait au dernier étage d'un petit immeuble de deux étages de la 9e Rue, avec une verrière qui occupait tout le toit, un grand lit dans un coin et un téléphone par terre. Pas d'autre meuble – pas même une pendule. La lumière me réveilla. Je ne savais pas quelle heure il était, d'ailleurs je m'en moquais. Mes ressources se réduisaient à un nickel. Je ne comptais pas bouger avant que le téléphone sonne et qu'on me propose une invitation à déjeuner, un travail ou au moins un prêt. En me retournant, je vis que la logeuse avait glissé trois lettres sous la porte. Comme depuis plusieurs semaines mon seul courrier me venait des compagnies de gaz et d'électricité, la mystérieuse troisième lettre réussit à me tirer du lit. Elle émanait du rédacteur en chef de *Collier's*. Il me disait que le magazine, après deux mois de réflexion sur mon album, ne doutait soudain plus que j'étais un grand photographe de guerre et serait très heureux de me confier une commande spéciale ; que ma place avait été réservée sur un bateau qui partait pour l'Angleterre dans quarante-huit heures ; et que je trouverais ci-joint un chèque de 1 500 dollars à titre d'avance. Le problème ne manquait pas de piquant. Si j'avais eu une machine à écrire et assez de culot, j'aurais répondu à *Collier's* par retour de courrier pour lui préciser que j'étais un étranger ennemi, que je ne pouvais même pas aller dans le New Jersey, encore moins en Angleterre, et que le seul endroit où il m'était possible d'emporter mes appareils était l'Enemy Aliens' Property Board, à l'hôtel de ville. Je ne possédais pas de machine à écrire ; en revanche un nickel traînait au fond de ma poche. Je décidai de jouer la proposition à pile ou face. Pile, je renvoyais le chèque et expliquais la situation à *Collier's* ; face, je me passais d'autorisation et gagnais l'Angleterre. Je lançai la pièce en l'air : elle retomba sur pile ! Le métro voulut bien de la pièce, la banque accepta le chèque. Je pris un petit déjeuner au Janssen's, à côté de la banque – un énorme petit déjeuner qui me coûta 2,5 dollars. Ce qui régla l'affaire. Je ne me voyais pas décliner l'offre de *Collier's* en lui restituant 1 497,50 dollars, et le magazine allait à coup sûr au-devant des ennuis.

Lettre de Cornell parue dans *The Sunday Times Magazine* (page 109) La déclaration suivante figure ici à la demande du frère de Robert Capa, Cornell Capa.

« Pendant trente-neuf ans, l'"Instant exact de la mort", photographié par Robert Capa, a fait l'objet de l'examen particulièrement attentif de rédacteurs en chef expérimentés et a été sans cesse réimprimé et vu par des millions de personnes dans le monde entier. Pendant trente-neuf ans, la réputation de photojournaliste courageux et honnête que s'acquit Bob est demeurée à son plus haut dans la communauté de la presse, celle de ses pairs. Il semblerait que Phillip Knightley fonde ses spéculations diffamatoires sur des entretiens supposés entre mon frère et un correspondant du *Daily Express*, O. D. Gallagher, qui couvrait la guerre d'Espagne. Est-il concevable qu'au cours de ces trente-neuf années, y compris du vivant de Bob, Gallagher soit resté le témoin silencieux d'une prétendue supercherie ? Pourquoi n'a-t-il pas révélé ce que lui seul savait quand Bob vivait encore, afin de répondre à ses allégations ?
Cela m'attriste de penser que Phillip Knightley s'en soit pris, à partir d'un dossier si peu solide, à la crédibilité du photographe et à son intégrité. »

BIBLIOGRAPHIE

Livres

• *50 ans d'art aux États-Unis*, Collections du Museum of Modern Art de New York, préface de Jean Cassou, avril-mai 1955. Catalogue de l'exposition du musée d'Art moderne de Paris.
• ASENJO, Mariano, CUESTA, Manuel Fernandez, RAMOS, Victoria, RICO, Lolo, *Fotógrafo de guerra, España* 1936-1939, Fontarabie (Espagne), Hiru Argitaletxea, 2000.
• AUDEN, Wystan-Hugh, ISHERWOOD, Christopher, *Journal de guerre en Chine*, Monaco, Anatolia – Éditions du Rocher, 2003 ; édition originale : Londres, Faber & Faber, 1939.
• BARRETT, James Wyman, *The World, the Flesh and Messrs, Pulitzer*, New York, The Vanguard Press, 1931.
• BEAUMONT-MAILLET, Laure (dir.), *Capa connu et inconnu*, Paris, Bibliothèque nationale de France, 2004.
• BERGALA, Alain, *Magnum Cinéma*, Paris, Cahiers du Cinéma, 1994.
• BESSIE, Alvah, *Alvah Bessie's Spanish Civil War Notebooks*, edited by Dan Bessie, The University Press of Kentucky, 2002.
• BEURIER, Joëlle, *Images et violences 1914-1918, Quand Le Miroir racontait la Grande guerre*, Paris, Nouveau monde éditions, 2007.
• BONDI, Inge, *Chim : The Photographs of David Seymour*, New York, Bulfinch, 1996.
• BORKENAU, Franz, *The Spanish Cockpit*, Londres, Faber & Faber, 1937. Traduit de l'anglais par Michel Pétris, sous le titre *Spanish Cockpit, Rapport sur les conflits sociaux et politiques en Espagne (1936-1937)* Paris, Champ Libre, 1979.
• BRINKLEY, Alan, *The Publisher, Henry Luce and His American Century*, New York, Alfred A. Knopf, 2010.
• BROTHERS, Caroline, *War and Photography : a Cultural History*, Londres, Routledge, 1997.
• BUCKLEY, Henry W., *Life and Death of the Spanish Republic*, Londres, Hamish Hamilton, 1940.
• CAPA, Robert, *Capa in color*, Tokyo, Magnum Photos, 2005. Catalogue de l'exposition de la Mitsukoshi Gallery en février 2005 et au Musée de Kobe en mai 2006.
• CAPA, Robert, *Death in the Making*, New York, Covici-Friede, 1938 ; édition française : Paris, Delpire, 2020.
• CAPA, Robert, *Slightly out of Focus*, New York, Henry Holt and Co, 1947 ; édition française : Paris, Delpire, 2003.
• CAPA Robert, SHAW Irwin, *Report on Israël*, New York, Simon and Schuster, 1950.
• CARROLL, Peter N., FERNANDEZ, James D., *Facing Fascism, New York & the Spanish Civil War*, New York, Museum of the City of New York, 2007.
• CARTIER-BRESSON, Henri, ESPARZA, Ramón, MONZÓ, Josep Vicent, MORRIS, John G., SHNEIDERMAN, Ben et Eileen, *David Seymour Chim*, Valence, IVAM, 2003.
• COHEN, Peter, HEINE, Achim, HOLZHERR, Andréa, ed., *Magnum's First*, Ostfildern, Hatje Cantz Verlag, 2008.
• DENOYELLE, Françoise, *La Lumière de Paris. Le marché* et *Les usages de la photographies, 1919-1939*, Paris, L'Harmattan, 1997, 2 vol.
• DENOYELLE, Françoise, *La Photographie d'actualité et de propagande sous le régime de Vichy*, CNRS éditions, 2003.
• DESQUENES, Rémy, *Les Photographes de Magnum sur le front de la Seconde Guerre mondiale*, préface de James A. Fox, Rennes, Éditions Ouest-France, 2009.

• DIOR, Christian, *Christian Dior et moi,* Paris, Bibliothèque Amiot Dumont, 1956.
• EISNER, Alexei, *La 12ª Brigada internacional,* Valence, Prometeo, 1972.
• FAAS, Horst, PAGE Tim, *Requiem, par les photographes morts au Viêt-Nam et en Indochine,* Paris, Marval, 1998.
• FAVROD, Charles-Henri, FOVANNA, Christophe, *Comme dans un miroir, Entretiens sur la photographie,* Gollion (Suisse), Infolio, 2010.
• FONTAINE, François, *La guerre d'Espagne : un déluge de feu et d'images,* Paris, BDIC/BERG international, 2003.
• *Fotografias de Robert Capa sobre la Guerra Civil española,* Colección del ministerio de Asuntos Exteriores, texte de Carlos Serrano, Madrıd,
Ediciones el Viso, 1990.
• GARY, Romain, *La nuit sera calme, Entretiens avec François Bondy (France-Culture),* Paris, Gallimard, coll. « L'Air du Temps », 1974.
• HALLETT, Michael, *Stefan Lorant : Godfather of Photojournalism,* Lanham MD, The Scarecrow Press, 2005.
• HEMINGWAY, Ernest, *En ligne,* Paris, Gallimard, 1970.
• *Israël : 50 ans. Par les photographes de Magnum,* photographies de Robert Capa, David Seymour, George Rodger, Inge Morath, Abbas, Don McCullin, Larry Towell, Raymond Depardon, James Nachtwey, Paris, Hazan, 1998.
• JOTTERAND, Franck, *J'aime... le Cinéma,* Paris, Denoël, 1962.
• KEE, Robert, *The Picture Post Album, 1939-1959,* préface de Sir Tom Hopkinson, Londres, Barrie & Jenkins, 1989.
• KERSHAW, *Alex, Blood and Champagne, the life and times of Robert Capa,* Londres, Pan Books, 2003. Traduit de l'anglais par Daniel Roche, sous le titre *Robert Capa, L'homme qui jouait avec la vie*, Paris, JC Lattès, 2003.
• KNIGHTLEY, Philipp, *The First Casualty,* New York, Harcourt-Brace, 1975. Traduit de l'anglais sous le titre, *Le Correspondant de guerre de la Crimée au Vietnam, Héros ou propagandiste,* Paris, Flammarion, 1976.
• LACOUTURE, Jean, *Robert Capa,* Paris, Nathan, coll. « Photo Poche », 2001.
• LEBRUN, Bernard, LEFEBVRE, Michel, « Where does the "Mexican suitcase" come from ? », in *The Mexican Suitcase,* New York, ICP/Steidl, 2010, vol. 1, p. 75-82 ; version française in *La Valise mexicaine,* Arles, Actes Sud, 2011. Catalogue de l'ICP.
• LEFEBVRE, Michel, SKOUTELSKY, Rémi, *Les Brigades internationales : Images retrouvées,* Paris, Seuil, 2003.
• LEFEBVRE, Michel, *Kessel-Moral, deux reporters dans la guerre d'Espagne*, Paris, Tallandier, 2006.
• LEFEBVRE, Michel, *Guerra grafica, Espagne 1936-1939. Photographes, artistes et écrivains en guerre,* Éditions de La Martinière, 2013.
• LEFEBVRE, Michel, *Robert Capa, icônes,* Atelier EXB, 2024.
• LE GOFF, Hervé, *Pierre Gassmann, La photographie à l'épreuve,* Paris, Éditions France Delory, 2000.
• LIEBLING, Abbott J., *The Road Back to Paris,* New York, Doubleday, Doran & Co, 1944.
• MILLER, Russell, *Magnum, Fifty Years at the Front Line of History,* Londres, Secker & Warburg, 1997.
• MORA, Constancia de la, *Fière Espagne : Souvenirs d'une républicaine,* trad. de l'espagnol par C. Dalsace et L. Viñes, Paris, Éditions hier et aujourd'hui, 1948.
• MORRIS, John G., *Get the picture, A Personal Hstory of Photojournalism,* New York, Random House, 1998. Traduit de l'anglais sous le titre *Des hommes d'images, Une vie de photojournalisme,* Paris, Éditions de La Martinière, 1999.
• NAGGAR, Carole, *George Rodger, An Adventure in Photography, 1908-1995,* New York, Syracuse University Press, 2003.
• NAGGAR, Carole, *David "Chim" Seymour, Searching for the Light, 1911-1956,* Berlin/Boston, Walter De Gruyter, 2022.
• NAMUTH, Hans, REISNER, Georg, *Spanisches Tagebuch 1936,* Berlin, Nishen, 1986.
• *Paris Magnum, Photographies 1935-1981,* textes d'Irwin Shaw et Inge Morath, New York, Aperture, 1981.
• PRESTON, Paul, *We Saw Spain Die, Foreign Correspondents in the Spanish Civil War,* Londres, Constable, 2008.
• QUEROL Y ROVIRA Carles, *El darrer dia de la Tarragona republicana, el reportatge de Robert Capa del 15 de gener de 1939,* Tarragona, Ajuntament de Tarragona, 2009.
• QUEROL Y ROVIRA, Carles, QUEROL, Oriol, *Henry Buckley, corresponsal britànic del* The Daily Telegraph *a la Guerra civil espanyola,* Sitges, Ajuntament de Sitges, 2009.
• QUÉTEL, Claude (dir.), *Dictionnaire du débarquement,* Rennes, Éditions Ouest-France, 2011.
• QUÉTEL, Claude, *Robert Capa : L'œil du 6 juin 1944,* Paris, Gallimard, hors-série coll. « Découvertes », 2004.
• SCHABER, Irme, *Gerda Taro, Fotoreporterin im spanischen Bürgerkrieg,* Marburg, Jonas Verlag, 1994 ; édition française : Monaco, Anatolia – Éditions du Rocher, 2006.
• SCHABER, Irme, WHELAN, Richard, LUBBEN, Kristen, *Gerda Taro,* Steidl, 2007. Catalogue de l'International Center of Photography.
• SERRANO, Carlos, *Robert Capa, Cuadernos de guerra en España (1936-1939),* Valence, Sala Parpalló – Diputación Provincial de Valencia, 1987, 157 p., 86 photographies.
• SORIA, Georges, *Robert Capa, David Seymour-Chim : Les grandes photos de la guerre d'Espagne,* Paris, Jannink, 1980.
• STEINBECK, John, *A Russian Journal, with photographs by Robert Capa,* Londres, Penguin Books, 2000 ; édition originale : New York, Viking Press, 1948.
• STEINBECK, John, *Un Américain à New York et à Paris,* Paris, Julliard, 1956.
• STEINBECK, John, *Un artiste engagé,* Paris, Gallimard, 2003.
• STEINBECK, John, *Il était une fois une guerre,* Paris, Del Duca, 1960.
• STONE, J. F., *This is Israël,* photos de

Robert Capa, Jerry Cook, Tim Gidal, New York, Boni and Gaer, 1948.
• SUSPERREGUI, José M., *Sombras de la fotografía, Los enigmas desvelados de [...] Muerte de un miliciano [...]*, Bilbao, Universidad del País Vasco, 2009.
• *Walter Reuter, el viento limpia el alma*, entrevista John Miraz y Jaime Vélez, textos de John Miraz, Michel Lefebvre, Luis Rius, Barcelone, Lunwerg, 2009.
• WEBER, Eugen, *La France des années 1930, Tourments et perplexités*, Paris, Fayard, 1995.
• WEBER, Olivier, *Lucien Bodard, un aventurier dans le siècle*, Paris, Plon, 1997.
• WERTENBAKER, Charles Christian, *Invasion ! with 16 pages photographs by Robert Capa*, New York et Londres, D. Appleton-Century Co, 1944.
• WHELAN, Richard, *Robert CAPA. La Collection*, Londres, Phaidon, 2001.
• WHELAN, Richard, *Robert CAPA*, New York, Alfred A. Knopff, 1985 ; édition française : Paris, Mazarine, 1985.
• WHELAN, Richard, *This is War, Robert Capa at work*, Steidl, 2007.
• YOKOGI, Arao, *Dernier jour de Robert Capa*, Tokyo, éd. Shoseki, 2004.

Articles

• *'47 The Magazine of the Year*, vol. 1, n° 8, New York, octobre 1947. Après l'article de six pages de John Hersey « The man who invented himself » publié dans le numéro de septembre 1947, cinq lettres sont adressées au journal à propos de Capa par Irwin Shaw, Vincent Sheean, William Saroyan, Bill Graffis et le « jumping general » James Gavin de la 82ᵉ Airborn.
• « Adieu Capa », article de Louis Aragon, *Les Lettres françaises*, 27 mai–3 juin 1954.
• « A great war reporter and his last battle », *Life*, vol. 36, n° 23, 7 juin 1954, p. 27-30.
• Appel de Cornell Capa pour retrouver les négatifs disparus de son frère, *Photo*, n° 143, août 1979.
• « Capa's Camera », *Time*, 28 février 1938.
• « Espagne 1936 : les inédits », article de Cornell Capa, *Photo*, n° 156, septembre 1980.
• « The Press : Death Stops the shutter », *Time magazine*, 7 juin 1954.
• « Robert Capa : 124 photos retrouvées », article de Jean-Jacques Naudet, *Photo*, n° 189, juin 1983.
• « Robert Capa est mort en Indochine », *Le Soir Illustré*, n° 1145, 3 juin 1954, p. 23.
• « Robert Capa, Gerda Taro, Paul Nizan, parcours croisés », article de Michel Lefebvre, Paris, *Aden*, n° 5, 2006.
• « Robert Capa, le chasseur d'images est mort comme il avait vécu, en première ligne », *Paris-Match*, n° 271, 5 juin 1954.
• « Un photographe américain saute sur une mine dans le delta tonkinois », article de Lucien Bodard, *France-Soir*, 26 mai 1954.
• « Vision of a New State : Israël as mythologized by Robert Capa », article de Andrew L. Mendelson (Temple University, Philadelphie, PA) et Zoe C. Smith (University of Missouri, Columbia, MO), *Journalisme Studies*, Routledge, avril 2006, vol. 7, p. 187-211.

Documentaires

• *Eleven frames, John G. Morris*, 2010, 8 min, réalisateur : Douglas Sloan, États-Unis (en ligne sur YouTube).
• *Heros never die*, 2004, 89 min, réalisateur : Jan Arnold, production : Marea Films and co, distribution en France : Les Productions de la Lanterne (film consacré au *Falling Soldier*, tourné en Espagne).
• *Robert Capa, In Love and War*, 2003, 90 min, réalisateur : Anne Makepeace, production : « American Masters », PBS TV (USA), distribution : Films transit, mai 2003.
• *Robert Capa, L'homme qui voulait croire en sa légende*, 2004, 52 min, réalisateur : Patrick Jeudy, production : Point du Jour (France), DVD Naïve 2007.
• *La Valise mexicaine*, 2011, 90 min, réalisateur : Trisha Ziff, production : 21 BERLIN & co, (sortie en salles, automne 2011).

Internet

• elrectanguloenlamano.blogspot.com, site internet espagnol de Javier Izquierdo Vidal et Joseba Bolot, en anglais et en castillan, présentant d'excellents articles de José Manuel Serrano Esparza consacrés à John. G. Morris, mais aussi à Robert Capa à Cerro Muriano le même jour que Hans Namuth et Georg Reisner.
• flickr.com/photos/photosnormandie, site de crowdsourcing sur la bataille de Normandie, fondé en janvier 2007 par Patrick Pecatte et Michel Le Querrec Fondamental sur Capa en Normandie. On trouve sur ce site l'analyse de A. D. Coleman sur les photos du 6 juin 1944.
• « *Robert Capa messa in scena di un mito* », pages web de Luca Pagni (https://www.photographers.it/articoli/capa.htm), Rome, depuis 2003. Fort utile sur Capa en Italie.

CRÉDITS PHOTOGRAPHIQUES

Couverture : collection Michel Lefevbre.
4e de couverture : © Robert Capa / Pinault Collection.
p. 1 © collection Bernard Matussière (BM).
p. 6 © DR.
p. 9 © collection Michel Lefebvre (ML).
p. 10-12 © BM.
p. 14-15 Csiki Weisz © collection BM.
p. 16 © BM.
p. 17 © DR, collection BM.
p. 18–19 © BM.
p. 20- 21h © DR, collection ML.
p. 21 b © BM.
p. 22–23 © collection ML.
p. 24-25 Robert Capa © collection BM.
p. 26 Rosie Rey © collection BM.
p. 27 © DR, collection Csaba Morocz Photographies/ParisGlobe.
p. 28-29 © DR, collection BM.
p. 31 G © DR p.31d Archives nationales de France
p. 32 © BM.
p. 33 Robert Capa © collection BM.
p. 34–35 © Archives nationales de France / Robert Capa.
p. 36 © Archives nationales de France / Gerda Taro.
p. 38-39 © BM.
p. 42-43 Robert Capa © cliché BnF.
p. 44 © collection ML.
p. 47 Robert Capa © collection BM.
p. 48 à 59 © collection ML.
p. 60-62 © David Seymour Estate.
p. 63 à 67 © collection ML.
p. 68-69 © Fred Stein Archive.
p. 72-73 Robert Capa © collection ML.
p. 74 © DR.
p. 77-78 © collection ML.
p. 81-83 Robert Capa © collection BM.
p. 84 © collection ML.
p. 85 à 87 Robert Capa © collection BM.
p. 88 h © collection ML p.88 b © DR, collection ML.
p. 89 © collection ML.
p. 90 Robert Capa © collection BM.
p. 92-93 Gerda Taro © collection BM.
p. 94 à 95 Robert Capa © collection BM.
p. 97 © collection ML.
p. 98 Robert Capa © collection ML.
p. 99 © collection ML.
p. 100-101 © Robert Capa / Pinault Collection.
p. 102-103 Robert Capa © 2011. Digital image, The Museum of Modern Art, New York/Scala, Florence.
p. 104 à 115 © collection ML.
p. 116-117 Robert Capa © collection ML.
P. 118-119 © collection Csaba Morocz// ParisGlobe.
p. 120-121 Robert Capa © collection ML.
p. 123-129 © collection ML.
p. 130 © Ministère de la Culture – Médiathèque du Patrimoine, Dist. RMN/François Kollar p. 130b © collection ML.
p. 131 à 133 © Ministère de la Culture – Médiathèque du Patrimoine, Dist. RMN/François Kollar.
p. 135 © DR.
p. 136 © collection BM.
p. 137 Gerda Taro © collection ML.
p.138-139 Walter Reuter © Fondo Guillermo Fernández Zúniga.
p. 140-141 © collection ML.
p. 142 © BM.
p. 143 © collection ML.
p. 145 © Filmoteca Española.
p. 146 © DR, collection Juan Salas.
p. 147 © collection Juan Salas.
p. 149 © DR.
p. 151 à 155 © collection ML.
p. 156 Robert Capa © collection ML.
p. 157 © collection ML.
p. 159 Robert Capa © collection ML.
P. 160 à 165 © collection Henri Vignes.
p. 166 à 169 © collection ML.
p. 171 à 177 Robert Capa © collection BM.
p. 178 © collection BM.
P. 179 Robert Capa © collection BM.
p. 180-181 © collection ML.
P. 182-183 Robert Capa © collection ML.
p. 184-185 Robert Capa © collection BM.
p. 186-187 © Arxiu Comarcal de l'Alt Penedès/ Fondo Henry Buckley. Ml
p. 188-189 Robert Capa © collection Yves Casagrande.
p. 1990 © Juan Guzman, collection Carles Querol.
p. 1991 à 1995 © collection ML.
p. 198-199 Courtesy Marion et Philippe Jacquier.
p. 200 © collection ML.
p. 203 © Herbert Bregstein, collection John G. Morris.
p. 204-205 Robert Capa © collection YC.
p. 206 à 209 Collection ML.
p. 210-211 Robert Capa © collection Bernard Lebrun.
p. 212-213 © DR.
p. 214-217 © National Archives USA/Archives de Normandie 39-45.
p. 218-219 Robert Capa © courtesy Adnan Sezer.
p. 220 Robert Capa © YC.
p. 221 © collection ML.
p. 222 © DR, collection BM.
p. 223 Robert Capa © collection Yves Casagrande.
p. 224-227 © Life Magazine National Portrait Gallery, Smithsonian Institution.
p. 228 à 233 © collection ML.
p. 234-235 © DR.
p. 236-237 © collection ML.
p. 239 © Dmitri Kessel.
p. 240-245 © collection ML.
p. 247 Kakugoro Saeki © collection BM.
p. 248-249 © Archives ECPAD, Ministère de la Défense.
p. 251 à 255 © collection Michel Lefebvre.

GRAPHISME
Delphine Ribeyre

ICONOGRAPHIE
Cathy Rémy, Sophie Malexis et Michel Lefebvre

PHOTOGRAVURE
Graphium

CORRECTION
Catherine Garnier

SUIVI ÉDITORIAL
Pierre Virié

Achevé d'imprimé en Union Européenne sur les presses de Printek.
Dépôt légal : octobre 2025
ISBN : 978-2-3809-4687-1